新编行政事业单位会计

王国生 编著

根据 2019 年 1 月 1 日实施的
《政府会计制度——行政事业单位会计科目和报表》编写

首都经济贸易大学出版社
Capital University of Economics and Business Press
·北 京·

图书在版编目(CIP)数据

新编行政事业单位会计/王国生编著. --北京:首都经济贸易大学出版社, 2019.10
ISBN 978-7-5638-2965-1

Ⅰ.①新… Ⅱ.①王… Ⅲ.①单位预算会计 Ⅳ.①F810.6

中国版本图书馆CIP数据核字(2019)第153143号

新编行政事业单位会计
Xinbian Xingzheng Shiye Danwei Kuaiji
王国生　编著

责任编辑　薛晓红
封面设计　风得信·阿东 FondesyDesign
出版发行　首都经济贸易大学出版社
地　　址　北京市朝阳区红庙（邮编100026）
电　　话　(010)65976483　65065761　65071505(传真)
网　　址　http://www.sjmcb.com
E-mail　publish@cueb.edu.cn
经　　销　全国新华书店
照　　排　北京砚祥志远激光照排技术有限公司
印　　刷　北京建宏印刷有限公司
成品尺寸　185毫米×260毫米　1/16
字　　数　499千字
印　　张　19.5
版　　次　2019年10月第1版　2023年8月第2次印刷
书　　号　ISBN 978-7-5638-2965-1
定　　价　39.00元

前 言

2017年10月，财政部印发了《政府会计制度——行政事业单位会计科目和报表》(财会〔2017〕25号，以下简称《政府单位会计制度》)，自2019年1月1日起施行。

《政府单位会计制度》是我国政府会计改革工作取得的重要成果之一，它将现行的《行政单位会计制度》《事业单位会计制度》及相关的事业单位行业会计制度有机地整合，构建了统一的政府单位会计制度。该制度的出台，标志着具有中国特色的政府会计标准体系初步建成。

与现行行政事业单位会计制度相比，《政府单位会计制度》具有以下重大创新与突破：

1. 统一了现行各项行政事业单位会计制度。《政府单位会计制度》实施后，会计制度不再区分行政单位会计制度和事业单位会计制度、事业单位行业会计制度，所有的行政事业单位(不包括纳入企业化管理的事业单位)的会计核算都由《政府单位会计制度》予以规范。

2. 重构了政府会计核算模式。《政府单位会计制度》创造性地构建了"财务会计和预算会计适度分离并相互衔接"的会计核算模式。在行政事业单位中，实现财务会计和预算会计双重功能，通过财务会计核算形成财务报告，通过预算会计核算形成决算报告，预算会计要素和财务会计要素相互协调，决算报告和财务报告相互补充，共同反映行政事业单位的预算执行信息和财务信息。

3. 强化了财务会计功能。为了准确反映行政事业单位财务状况和运行成本等情况，《政府单位会计制度》在财务会计核算中全面引入了权责发生制。一是广泛地运用了权责发生制的重要概念和方法，如：计提坏账准备，确认预计负债、待摊费用和预提费用等，对长期股权投资采用权益法核算，对固定资产、公共基础设施、保障性住房和无形资产计提折旧或摊销，对应收账款计提坏账准备等；二是扩大了资产负债核算范围，如增加了公共基础设施、政府储备物资、文物文化资产、保障性住房、受托代理资产和预计负债等内容；三是增加了收入和费用财务会计要素核算内容，重新对净资产按其来源进行了分类。此外，对基本建设投资不再单独建账，统一纳入《政府单位会计制度》进行规范。

4. 改进了预算会计功能。一是强化了收付实现制会计核算基础，预算会计除按《预算法》要求的权责发生制事项外，均采用收付实现制核算。二是调整和优化了预算会计科目及其核算内容。三是扩大了预算会计核算范围，将依法纳入部门预算管理的现金收支均纳入预算会计核算范围，如增设了债务预算收入、债务还本支出、投资支出等科目。

5. 完善了报表体系和结构。《政府单位会计制度》将报表分为预算会计报表和财务报表两大类。预算会计报表由预算收入表、预算结转结余变动表和财政拨款预算收入支出表组成。财务报表由会计报表和附注构成，会计报表包括资产负债表、收入费用表、净资产变动表和现金流量表。

为了满足从事行政事业单位会计工作、政府会计理论研究和政府会计教学的需要，作者编写了《新编行政事业单位会计》一书，希望为广大读者提供一个在最短时间内快速学习和掌握《政府单位会计制度》的有效平台。

本书具有以下特点：

1. 内容新颖。本书以《政府单位会计制度》为依据，向读者介绍了该制度的框架和结构，着重阐述了其核心理念、内容实质，反映了我国行政事业单位会计发展的最新状况。

2. 内容务实、丰富。本书通过丰富的实例，对《政府单位会计制度》中的难点和重点内容，深入浅出地做了剖析。而且各实例都是针对学习该制度可能面临的共同问题而精心打造的，体现了该制度的精髓。通过这些实例，读者可以轻松地掌握制度的要领，提高解决实际问题的能力。

3. 体例合理。“读者至上”是作者一贯秉承的编写理念，本书充分考虑了读者的特点和行政事业单位会计内在的规律性，在体例安排上，构建了以财务会计、预算会计基本理论为基础，以财务会计 5 要素、预算会计 3 要素为核心，以财务报表和预算会计报表为目标的“三位一体”框架结构。这有助于读者从整体上掌握行政事业单位的会计理论和知识结构。

4. 讲解通俗。以读者为本是本书的宗旨，在文字叙述上，本书力求深入浅出、通俗易懂、例证清晰，既适合教师讲授，也便于读者自学；对难以理解的内容，以流程图反映会计科目之间的对应关系，帮助读者掌握经济交易或事项的来龙去脉。为了提高读者的学习效率，各章均附有思考题和练习题。

本书既可作为高等学校会计、审计、理财等经济管理类专业开设《政府会计》《政府与非营利组织会计》《政府与事业单位会计》等课程的教材，也可作为财政机关、审计、其他履行政府管理职能的行政单位以及医院、基层医疗卫生机构、高等学校、中小学校、科学事业单位、测绘、地质、文化、文物、广播电视、计划生育、体育、农业、国家物资储备、彩票机构等事业单位财会人员、经济管理者、会计师事务所从业人员等的自学用书，同时也是广大会计人员，尤其是行政事业单位财会人员完成继续教育的参考资料。

在本书写作过程中，首都经济贸易大学出版社薛晓红编辑给予作者许多建议和帮助，特致以谢意。同时，本书参考了相关图书，一并致以谢意。

由于时间因素和作者水平有限，书中难免存在疏漏和错误，恳请读者批评指正。

作者

2018 年10 月

目 录

第一章

总　论

【导言】

行政事业单位会计是我国政府会计体系的重要分支,它运用会计专门方法,对行政单位和事业单位的财务状况、运行情况、现金流量、预算执行等情况进行全面核算、监督和报告,向各级政府所属有关部门、行政事业单位管理者、社会公众和其他利益相关者提供决策所需要的各类信息,反映公共受托责任履行情况。行政事业单位会计由预算会计和财务会计构成,预算收入、预算支出和预算结余是预算会计要素,资产、负债、净资产、收入和费用构成财务会计要素。对于纳入部门预算管理的现金收支业务,分别进行预算会计和财务会计的核算;对于非现金的其他业务,仅进行财务会计的核算。预算会计和财务会计核算结果要通过预算会计报表和财务报表传递给会计信息使用者。

【本章纲要】

总论

行政事业单位会计的概念及特征	行政事业单位会计的目标、基础和信息质量要求	行政事业单位会计要素和会计科目	行政事业单位会计核算模式
1.行政事业单位的概念 2.行政事业单位的会计特征	1.会计目标 2.会计基础 3.会计信息质量要求	1.会计要素 (1)财务会计要素:资产、负债、净资产、收入、费用 (2)预算会计要素:预算收入、预算支出、预算结余 2.会计科目	1.财务会计与预算会计的关系 2.行政事业单位会计核算模式

【学习目标、重点和难点】

● 通过本章的学习,应了解行政事业单位的组成与经济特征,熟悉行政事业单位的经济环境、行政事业单位会计信息质量要求、财务会计与预算会计的关系,掌握行政事业单位的会计目标、会计基础、会计要素和会计科目等内容。

● 行政事业单位的经济环境特征、会计目标、会计基础、会计要素、会计科目等为本章重点。

● 行政事业单位的会计目标、会计要素以及会计核算模式为本章难点。

第一节　行政事业单位会计的概念及特征

一、行政事业单位的组成与经济特征

众所周知,人类的社会活动大多是通过社会组织完成的。企业、非营利组织和政府是现代社会三类典型意义的社会组织。现代社会是一个错综复杂的有机组合体,任何组织的生存与发展都离不开企业所创造的物质财富的支持,也需要非营利性组织提供教育、科技、文化、医疗等公益服务,更需要政府的指导、管理、协调、监督、服务和保障。在人类社会的发展史上,对人类行为能够产生巨大影响的社会组织首先是政府。自古以来政府一直处于社会秩序的中心。[1] 美国经济学家约瑟夫 · E. 施蒂格里兹对政府的功能曾经有过这样一段精辟的论述:"从摇篮到坟墓,我们的生活无不受政府活动的影响。"[2]。在人类历史的实践中,政府一直充当着国家的代理人,既时刻左右着一国经济的发展,也无处不在地影响着人们的生活。伴随人类文明程度的不断提升,政府对社会的作用和影响日趋扩大。按照社会组织的类别分类,行政单位和事业单位属于政府范畴,它们是我国社会公共服务的提供者和社会事务的监督管理者,同时也是政府职能的承担者和践行者。

(一)行政单位

行政单位可以从狭义和广义来认识。狭义的行政单位是指行使国家权力、管理国家事务的各级国家机关。其中包括:国家权力机关,即全国人民代表大会和地方各级人民代表大会及其常务委员会;国家行政机关,即国务院和地方各级人民政府及其所属工作机构;国家审判机关,即各级人民法院;国家检察机关,即各级人民检察院。

广义讲,行政单位除上述狭义范围外,还包括以下两个方面:一是政党组织的中央和地方各级常设工作机构,其中政党组织包括中国共产党、中国国民党革命委员会、中国民主同盟、中国民主建国会、中国民主促进会、中国农工民主党、中国致公党、九三学社、台湾民主自治同盟等;二是中国人民政治协商会议各级常设工作机构。

行政单位作为公共服务的提供者和社会事务管理者,担负着行使国家权力、管理国家事务的重要任务,代表政府履行相关职能,在强化政府行政管理、维护社会公共秩序等方面发挥着举足轻重的作用。

(二)事业单位

事业单位是指国家为了社会公益目的,由国家机关举办或者其他组织利用国有资产举办的,从事教育、科技、文化、卫生等活动的社会服务组织。[3] 它是我国国民经济和社会发展的一个重要组成部分。事业单位的特征主要表现在三个方面。一是数量众多,涉及行业或领域广泛,人才济济。目前,中国有100多万个事业单位,其职工总数接近3 000万人,占公共部门就业人数的41%,占全国劳动力总量的4%,涉及教育、科技、文化、卫生等领域。中

[1] 刘勇华著:西方政府理论的逻辑结构新论——以洛克的理论构建为基础,《河南社会科学》,2011年第3期。

[2] 约瑟夫 · E. 施蒂格里兹著,曾强、何志雄等译:《政府经济学》,春秋出版社1988年版,第2页。

[3] 《事业单位登记管理暂行条例》,2004年国务院修改发布。

国的经济资源有相当大一部分投入到了事业单位，绝大多数事业单位是以脑力劳动为主体的知识密集性组织，专业人才是事业单位的主要人员构成，其中包括60%受过良好教育的专业技术人员（如教师、医生、科学家、工程师、演员、作家等）、大量的国有土地、大约2/3的非经营性国有资产，以及各级政府综合预算经常性开支的1/3[1]。二是事业单位不是从事生产经营的单位，一般不直接提供物质产品，或者虽然提供物质产品但是作为新知识、信息、技术的载体来提供，即使从事部分生产经营活动也不具有经常性，其社会职能是提供非生产性的公共服务。三是事业单位的运营资金主要来源于国家财政拨款，其开展专业及辅助活动支付的款项也属于国家财政开支的范围，一般由国家财政予以全部或部分补贴。

事业单位作为以提供公益服务为主要宗旨的公益性单位或非公益性职能部门，在参与社会事务管理，履行公共管理和公共服务职责，促进我国教育、科技、文化、卫生等各项事业的不断发展壮大，推动社会进步等方面都发挥了重要的作用。

（三）行政事业单位的经济特征

与企业、非营利组织等相比，行政事业单位的经济特征主要表现在以下三个方面：

1. 经济资源来源的单一性和经济资源使用的无偿性

行政事业单位是政府为了满足社会公共需要而设立的社会组织。它们一般不直接从事物质资料的生产、流通和服务等经营活动，而主要以提供公共服务和监督管理社会公共事务等非生产性活动为活动宗旨。因此，行政事业单位在履职和开展业务活动中所拥有的经济资源不是采取商业手段获取的，主要是通过财政全额拨款或部分补助形式取得的。从不同渠道取得的财政资金，按照预算规定的用途和开支标准支付各项费用，不需要返还，也无须支付任何代价，具有无偿性的特点。

2. 提供的产品为公共产品

行政事业单位履职和开展业务活动提供的产品属于公共产品，这些产品范围广泛、形态各异。它们既有实物形态的，如交通（如公路、铁路、运河、桥梁等）、水利（如堤防、闸坝、河渠、渡槽、水库等）或电力（如发电设施、变电设施和电力线路设施）等设施，城市建设设施（街道、公园、游乐场、地下水或煤气管道、通信设施等），环境保护设施及园林、街道绿化等；也有服务形态的，如公安局、检察院、法院、行政管理部门等国家机关提供的公共服务以及文化、教育、卫生、体育等领域提供的公共事业服务等。公共产品垄断性强，有些公共产品是由行政事业单位免费向社会提供的，公民不以直接享用多少而交费（或纳税）；也有些公共产品是有偿提供的，但收取的费用很低，仅为弥补一定的支出。

3. 预算管理是一切理财活动的中心

行政事业单位的资金来源主要依靠财政拨款。为了确保各项业务活动的连续性，行政事业单位的财务收支必须在年度开始前按照规定的程序编制预算。预算反映了行政事业单位预算年度内的资金收支规模、结构、来源和去向，行政事业单位发挥社会管理和公共服务作用也主要是通过预算来实现的。在现代社会中，预算过程是行政事业单位日常财务管理和财务收支活动的核心，预算编制、审批、执行和调整等一系列预算管理活动贯穿了行政事业单位各项财务活动的始终。预算管理是行政事业单位一切理财活动的基础和前提。

---

[1] 世界银行东亚和太平洋地区减贫和经济管理局：《中国：深化事业单位改革，改善公共服务提供》，中信出版社，2005年版，第1页。

二、行政事业单位会计的概念

行政事业单位会计是适用于行政事业单位的一门专业会计，是政府会计的重要组成部分。它以货币为主要计量单位，对行政事业单位资金运动的过程及结果进行确认、计量、记录和报告，向会计信息使用者提供与行政事业单位财务状况、运行情况、现金流量、预算执行情况等相关的会计信息，反映行政事业单位受托责任的履行情况，以帮助会计信息使用者进行监督、管理和决策的一项管理活动。

根据行政事业单位会计的概念，对行政事业单位会计有如下认识：

(1)行政事业单位会计是政府会计的一个分支。政府会计一般包括财政总预算会计和政府单位会计(包括行政单位会计和事业单位会计)，行政事业单位会计是政府会计的组成部分。

(2)行政事业单位会计是一门专业会计。首先，行政事业单位从事行政管理、各类专业及辅助活动所需要的资金主要来自财政拨款，因此，行政事业单位会计应以预算资金运动为其反映和监督的主要内容，体现预算会计的特点；其次，事业单位的辅助活动以及非独立核算的经营活动专业性强，如高校、医院、科研等事业单位的加工业务以及这些单位所属超市、食堂或招待所发生的服务活动体现了生产加工、商品流通、餐饮服务等特点，对这些业务的核算要采用成本会计、商品流通会计、饮食服务会计等专门方法；最后，事业单位涉及的行业众多，比如有工业型事业单位、农业型事业单位、流通型事业单位、科技型或文化型等事业单位，它们彼此之间业务活动特点、管理要求也不尽同，采用的会计核算方法也各具特色。因此，行政事业单位会计融合了多种专业会计的理论与方法，是一门专业会计。

(3)行政事业单位会计的目标是反映受托责任履行情况、提供相关决策所需要的会计信息。行政事业单位会计活动本身仅是一种手段而非目的。行政事业单位会计的目标是向会计信息使用者提供与行政事业单位财务状况、预算执行等有关的会计信息，反映管理层受托责任履行情况，有助于会计报告使用者做出各种经济决策。

(4)行政事业单位会计的内容是经济资源的增减变动情况。行政事业单位会计以经济资源的增减变动为核算内容。经济资源可能是有形的，如仪器或设备、房屋、建筑物、自然资源、各类基础设施等；也可能是无形的，如专利权、著作权、土地使用权等。经济资源的范围有广义狭义之分。当行政事业单位会计内容为广义的经济资源时，该资源包括全部的资产(流动资产和非流动资产)和全部的负债(流动负债和非流动负债)，以此为基础，构成了行政事业单位财务会计的内容；当行政事业单位会计内容为狭义的经济资源时，即经济资源仅为全部的货币资金(主要是指预算资金)，以此为基础，便构成了行政事业单位预算会计的内容。

(5)行政事业单位会计的基本程序为确认、计量、记录和报告。“确认”是指将经济事项是否作为资产、负债等会计要素加以记录和列入报表的过程；“计量”是指依据一定的计量标准和计量方法，将符合确认条件的会计要素加以衡量、计算、入账、列报，以确定其金额的过程；“记录”是指在确认和计量的基础上对经济业务运用会计科目进行账务处理的方法；“报告”，即编制会计报告(包括财务报表和预算会计报表)，它是确认、计量和记录的结果，是连接会计信息使用者的载体和桥梁。

(6)行政事业单位会计的性质是一项经济管理活动。行政事业单位会计是基于人们为反映行政事业单位财务状况、运行情况和现金流量等情况，加强预算资金管理的需要而产生的一项重要的经济管理活动。它既是处理经济资源信息与预算信息的载体,为行政事业单位加强管理提供真实、完整的会计信息,又直接对行政事业单位经济活动的合法性、合规性、资产安全进行有效的监督和管理,履行规划、组织、实施和控制等一系列管理职能,是一项重要的经济管理活动。

三、行政事业单位会计的组成

(一)财务会计

财务会计是指以权责发生制为基础对行政事业单位发生的各项经济业务或者事项进行会计核算,主要反映和监督行政事业单位财务状况、运行情况和现金流量等的会计。它主要以各级政府及其有关部门、债权人、行政事业单位自身和其他利益相关者为服务对象,以行政事业单位的财务状况(如行政事业单位控制经济资源的存量与消耗、承担的债务与偿还能力等)、运行情况(如运行成本及其补偿情况、资金的使用效率等)和现金流量等有关信息为核算内容。通过提供相关的财务信息,反映行政事业单位公共受托责任的履行情况,有助于财务报告使用者客观地评价行政事业单位过去的运营业绩,预测未来的发展趋势,并做出相关决策或者进行监督和管理。

(二)预算会计

预算会计是指以收付实现制为基础对行政事业单位预算执行过程中发生的全部收入和全部支出进行会计核算,主要反映和监督预算收支执行情况的会计。

预算会计以各级政府及其有关部门、行政事业单位自身、社会公众和其他利益相关者为服务对象,以立法机构批准的行政事业单位预算为核算依据和内容,通过设立预算收入、预算支出和预算结余一套自我平衡的预算账户体系,核算预算资金的来源、预算资金的分配以及预算资金流转的全过程,比较分析预算与实际执行情况,期末报告预算执行结果,帮助预算会计报表使用者评价和考核行政事业单位预算任务完成情况,为编制后续年度预算提供参考和依据。

由于财务会计和预算会计的服务对象主要是行政事业单位外部与其存在一定经济利益关系的各方,所以,财务会计和预算会计又称为“对外报告会计”。

四、行政事业单位会计的特征

(一)从会计的性质看,行政事业单位会计具有公共性、非营利性和财政性的特点[1]

1. 公共性

行政事业单位会计主体属于公共部门,它以社会公共利益为组织目标,履行提供公共产品、管理公共事务的职责。其运营活动的资金主要来源于一般公共预算拨款,主要以公共事务为核算依据,以预算资金运动(公共资金)为核算对象,以公共业务成果为主要考核指标。因此,公共性是行政事业单位会计的主要特征之一。

2. 非营利性

行政事业单位会计的非营利性是指其会计目标主要满足公共服务接受者和预算资金提

[1] 全国预算会计改革课题组:预算会计改革的成就、经验及其深化,《预算会计》,1998 年第 11 期。

供者对会计信息的需求，会计对象主要是预算资金的运动，收入核算内容一般是为提供公共产品或公共服务而取得的财政拨款资金，费用或支出核算内容一般是占用公共资源（纳税人的税赋、捐赠人的捐款等）耗费，财务报表或预算会计报表列报对象主要是各级人民代表大会常务委员会、各级政府及其有关部门、行政事业单位自身和其他利益相关者，它们取得和使用会计信息的目的不是获利。

3. 财政性

财政性是指行政事业单位会计与政府财政存在着千丝万缕的联系。行政事业单位会计是财政工作的重要组成部分，是预算制度的基础。行政事业单位会计核算和监督的对象为财政资金，会计科目的设置也是以国家预算收支科目为依据设置的。

（二）从会计核算模式看，行政事业单位会计采取预算会计和财务会计"适度分离"模式

所谓"适度分离"，是指适度分离政府预算会计和财务会计功能、决算报告和财务报告功能，全面反映政府会计主体的预算执行信息和财务信息。具体来说，"适度分离"主要体现在三个方面：一是在同一会计核算系统中实现财务会计和预算会计双重功能，通过资产、负债、净资产、收入、费用五个要素进行财务会计核算，主要反映和监督行政事业单位财务状况、运行情况和现金流量；通过预算收入、预算支出和预算结余三个要素进行预算会计核算，主要反映和监督预算收支执行情况。二是财务会计采用权责发生制、预算会计采用收付实现制，使行政事业单位会计核算既能反映预算收支等预算管理所需信息，又能反映资产、负债、运行成本等财务管理所需信息。三是在同一会计核算系统中，预算会计要素和财务会计要素相互协调，分别搭建不同的报告体系，即财务会计核算形成财务报告，预算会计核算形成决算报告。决算报告和财务报告相互补充，共同反映行政事业单位会计主体的预算执行信息和财务信息。

第二节 行政事业单位会计的目标、基础和信息质量要求

一、行政事业单位会计目标

前已述及，行政事业单位会计的本质是一项经济管理活动。而作为人类有意识的社会实践活动，行政事业单位会计必须有其明显的目的性与明确的目标，否则，它将毫无价值。概括地讲，行政事业单位的会计目标是向会计信息使用者提供反映其受托责任履行情况以及对其决策有用的经济信息。行政事业单位会计目标明确了会计信息的内容和范围，确立了行政事业单位的会计核算模式或方法，决定了财务报表和预算会计报表的框架结构，它既是行政事业单位会计核算的起点、引领行政事业单位会计行为的导向，也是制定行政事业单位会计规范的依据，还是评价、鉴定行政事业单位会计工作质量的最终标准。

行政事业单位会计由财务会计和预算会计构成。行政事业单位会计目标也具体分为财务会计目标和预算会计目标，两者既有联系但又不相同。

《政府会计准则——基本准则》[1](以下简称《基本准则》)指出,财务会计的目标是“向财务报告使用者提供与政府的财务状况、运行情况(含运行成本)和现金流量等有关信息,反映政府会计主体公共受托责任履行情况,有助于财务报告使用者做出决策或者进行监督和管理”。预算会计的目标是“向决算报告使用者提供与政府预算执行情况有关的信息,综合反映政府会计主体预算收支的年度执行结果,有助于决算报告使用者进行监督和管理,并为编制后续年度预算提供参考和依据”。

无论是财务会计目标还是预算会计目标,其基本内容主要包括以下三个方面,即向谁提供信息(会计信息使用者)、提供什么信息(信息内容、信息质量)、以什么方式提供信息(财务报表和预算会计报表系统)。这三者的关系可以用图1-1表示。

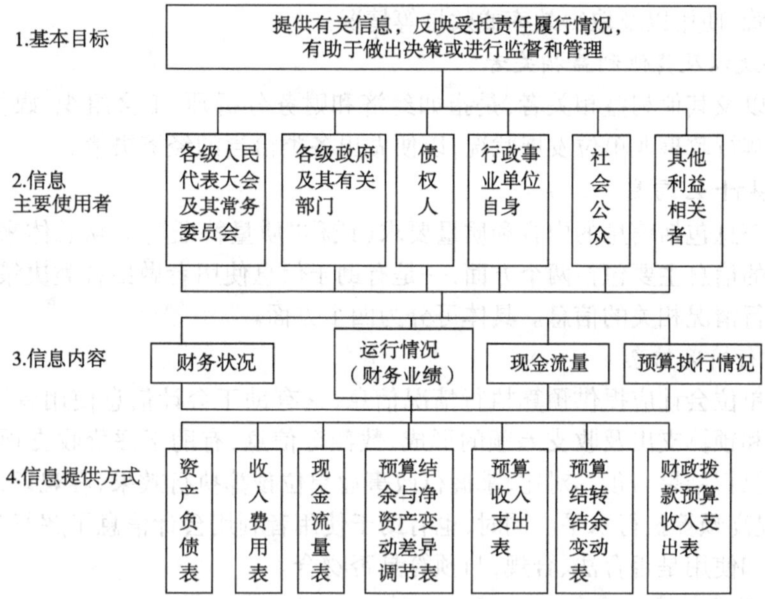

图1-1 行政事业单位会计目标框架

(一)向谁提供会计信息

向谁提供会计信息,“谁”即会计信息使用者。《基本准则》分别规定了政府决算报告(即预算会计报告)和政府财务报告(即财务会计报告)的使用者。根据《基本准则》的规定,政府决算报告使用者包括各级人民代表大会及其常务委员会、各级政府及其有关部门、政府会计主体自身、社会公众和其他利益相关者。政府财务报告使用者包括各级人民代表大会常务委员会、债权人、各级政府及其有关部门、政府会计主体自身和其他利益相关者。

1. 各级政府及其有关部门

各级政府及其有关部门,主要是指各级财政机关、上级机关、审计机关等。它们利用行政事业单位提供的会计信息,一是取得行政事业单位运营目标实现程度的信息,二是监督检查行政事业单位遵守预算、法律规章、行政法令等情况。

---

[1] 2015年财政部公布的《政府会计准则——基本准则》。

2. 债权人

债权人,主要是指国内外银行等金融机构、国外政府或国际组织(国际货币基金组织或者世界银行组织等)以及为行政事业单位赊销提供经济资源的各类经济主体等。这些债权人需要利用会计信息,做出是否继续向行政事业单位提供贷款或提供更多的贷款和信用或是否对行政事业单位进行赊销的决策。潜在的债权人,也需要根据相关的会计信息决定是否未来继续保持与行政事业单位的资金信贷或其他合作关系。

3. 行政事业单位自身

行政事业单位自身,主要是指行政事业单位负责人、纪检部门、预算管理委员会、资产管理部门、内部审计等部门。它们要用会计信息表现或检查自身受托职责履行情况或取得的工作业绩与实现运行目标的程度。相关会计信息有助于会计信息使用者评价行政事业单位对受托资源保管、使用以及取得效率或效果等情况。

4. 社会公众以及其他利益相关者

社会公众以及其他利益相关者,是指如经济和财务分析师、工会组织、媒体、职工等,通过会计信息了解行政事业单位发展状况,以便做出各类恰当的经济决策。

(二)提供什么信息

提供什么信息包括信息的内容和质量要求(或称"质量特征")。从总体来说,行政事业单位会计提供的信息主要包括两个方面:一是有助于信息使用者做出各类决策的信息;二是与受托责任履行情况相关的信息。具体可分为四个方面。

1. 预算执行情况信息

行政事业单位会计应提供预算执行情况信息,这有助于会计信息使用者了解行政事业单位预算收入和预算支出及收支差额的形成、数额等信息,有助于评价收支预算执行情况,并将预算实际执行结果与预算对比,掌握行政事业单位预算执行效果,客观评价行政事业单位工作业绩,提高预算执行水平。同时,也有助于使用者利用会计信息了解行政事业单位财务资源的筹集和使用是否合法、合规,与预算是否吻合。

2. 业务活动运行情况信息

行政事业单位运行情况通常是以其职能履行情况作为评价标准的。而履行职责需要耗费资源,会计信息使用者首先关注的是如何获得资源以及如何使用资源情况。对此,行政事业单位会计需要提供当期财务资源的取得和使用的信息,帮助使用者了解行政事业单位资源来源和使用情况。行政事业单位履职状况一般不以取得收入的多少作为标准或依据,而提供公共服务所发生的费用或支出甚至比收入更能说明问题,行政事业单位会计应提供公共服务成本费用情况,有助于评价行政事业单位对资源的购买是否经济、使用资源以实现公共服务目标是否做到高质量和高效率等。

3. 财务状况信息

财务状况即行政事业单位的资产、负债、净资产及其结构。它是行政事业单位日常活动、投资和筹资活动的结果。提供财务状况信息,有助于会计信息使用者了解行政事业单位资产的规模、结构及其流动性,负债的规模、结构和偿债能力,净资产的规模、结构及其变化趋势。

4. 现金流量

充裕的货币资金(广义现金)是保证行政事业单位正常运行的前提。虽然行政事业单位不以营利为目的,但其众多的决策内容很少是由现金以外的东西所决定的,能否取得持续稳定的现金流入、合理使用现金,对于行政事业单位履职和开展业务活动具有非凡的意义。因此,有关现金流入、现金流出以及现金流量净额(现金结余)等信息,在评价行政事业单位支付能力、偿债能力和工作业绩等方面发挥了不可替代的作用,该信息也为全方位评价行政事业单位受托责任履行情况提供了重要依据。

(三)以何种方式提供信息

行政事业单位会计是以财务报表和预算会计报表形式将会计信息传输给使用者的,供他们做出正确决策,以揭示其受托责任履行情况。应该说,会计信息使用者的范围非常广泛,对会计信息需求的侧重点有所不同,但财务报表和预算会计报表的容量毕竟是有限的,它不可能同时满足信息使用者所有的要求,只能提供一般的、通用的财务信息。这些信息是通过会计报表(财务会计报表和预算会计报表)和附注两种方式传递给使用者的。

1. 财务会计报表和预算会计报表

财务会计报表主要包括资产负债表、收入费用表和现金流量表。其中,资产负债表是反映行政事业单位在某一特定日期全部资产、负债和净资产情况的会计报表;收入费用表是反映行政事业单位在某一会计期间内全部收入、费用及净资产变动情况的会计报表;现金流量表是反映行政事业单位在某一会计年度内现金流入和流出信息的会计报表。

预算会计报表包括预算收入支出表、预算结转结余变动表和财政拨款预算收入支出表。其中,预算收入支出表是反映行政事业单位在某一会计年度内各项预算收入、预算支出和预算结转结余情况,以及年末非财政拨款结余分配情况的会计报表;预算结转结余变动表是反映行政事业单位在某一会计年度内预算结转结余的变动情况,以及与资金结存勾稽关系的会计报表;财政拨款预算收入支出表是反映行政事业单位某一会计年度财政补助收入、支出、结转及结余情况的报表。

2. 附注

附注是"会计报表附注"的简称,是对财务会计报表和预算会计报表中列示项目的文字描述或明细资料,以及对未能在这些报表中列示项目所做的说明等。

二、行政事业单位会计基础

从广义看,会计基础是指关于会计交易或事项在时间上进行安排的原则;从狭义看,会计基础是指收入与费用(支出)何时确认的标准。会计基础主要分为权责发生制和收付实现制。

(一)权责发生制

《基本准则》指出:权责发生制是指以取得收取款项的权利或支付款项的义务为标志来确定本期收入和费用的会计核算基础。凡是当期已经实现的收入和已经发生的或应当负担的费用,不论款项是否收付,都应当作为当期的收入和费用;凡是不属于当期的收入和费用,即使款项已在当期收付,也不应当作为当期的收入和费用。

根据权责发生制的概念,可对权责发生制核算特征总结如下:

(1)采用权责发生制核算,以经济资源为核算对象,需要报告全部经济资源的增加、减少以及余额。[1]

(2)权责发生制一般在交易和其他事项发生时(而不是在收到或支付现金或现金等价

[1] 王彦、王建英编著:《政府与事业单位会计》(第5版),中国人民大学出版社,2017年11月版,第13页。

物时）确认其对行政事业单位的财务影响，并在相关期间的财务报表中予以列报。

（3）广泛采用应计、递延及摊销等技术方法，形成应计、递延和摊销等会计项目。

权责发生制是在交易和其他事项发生时（而不是在收到或支付现金或现金等价物时）确认其对行政事业单位财务状况、运行情况的影响，并在相关期间的财务报表中予以列报。以此基础编制的财务报表不仅告诉会计信息使用者过去发生的、关系到现金收付的交易，而且告诉他们未来支付现金的义务和未来将要收到现金等经济资源的权利。

其作用表现在三方面。一是使行政事业单位管理决策更为相关。采用权责发生制，能够全面反映行政事业单位资产、债务情况，有助于行政事业单位做出更为科学、谨慎的各类决策。二是有助于行政事业单位防范各类风险。权责发生制能够准确地反映行政事业单位已经发生的未来债务、未来发生的债务（预计负债）情况，使行政事业单位偿付债务和履行义务的持续能力等信息能够真实、全面地得到反映，有助于会计信息使用者及时了解各种风险情况，提高其防范风险的能力。三是能够全面反映行政事业单位对资源的有效管理，及其在服务成本、效率、成果方面取得的业绩。

根据《基本准则》的规定，行政事业单位财务会计实行权责发生制。

（二）收付实现制

《基本准则》指出：收付实现制是指以现金的实际收付为标志来确定本期收入和支出的会计核算基础。凡在当期实际收到的现金收入和支出，均应作为当期的收入和支出；凡是不属于当期的现金收入和支出，均不应作为当期的收入和支出。

概括地讲，收付实现制是以某一期间的现金收支差额来计量财务结果的会计基础。它具有如下特征：

（1）在确认环节，收付实现制确认的对象始终是现金。行政事业单位会计确认的全部资产都是现金，它没有现金形式以外的资产，也不可能有债权债务。

（2）在计量、记录环节，计量对象仅局限于现金收入、现金支出及结余。

（3）在报告环节，表内列报收到和支付的所有现金，并分别确认为当期收入和当期支出，收入与支出配比结果为现金结余；表外披露也仅局限于现金的收支与结存。

根据《基本准则》的规定，行政事业单位预算会计实行收付实现制。

三、行政事业单位会计信息质量要求

会计信息质量要求，是指财务报表提供的信息对使用者反映受托责任履行情况、做出相关决策有用而应具备的基本特征。它主要回答的问题是什么样的会计信息才算有用或有助于反映受托责任并做出正确决策。行政事业单位会计信息质量要求主要包括可靠性、全面性、相关性、及时性、可比性、可理解性和实质重于形式。

（一）可靠性

可靠性要求行政事业单位会计必须以实际发生的经济业务为依据，如实记录和反映各项财务（财政）收支情况和结果。

（二）全面性

全面性是指行政事业单位会计应当将发生的各项经济业务或者事项统一纳入会计核算，确保会计信息能够全面反映行政事业单位预算执行情况和财务状况、运行情况、现金流量等。

(三)相关性

相关性是指行政事业单位会计提供的会计信息,应当与反映行政事业单位公共受托责任履行情况以及会计信息使用者决策或者监督、管理的需要相关,有助于会计信息使用者对行政事业单位过去、现在或者未来的情况做出评价或者预测。

(四)及时性

及时性是指行政事业单位会计对已经发生的经济业务或者事项,应当及时进行会计核算,不得提前或者延后。

(五)可比性

可比性是指行政事业单位会计提供的会计信息应当具有可比性。可比性包括两层含义:①对于同一行政事业单位不同时期发生的相同或者相似的经济业务或者事项,应当采用一致的会计政策,不得随意变更。确需变更的,应当将变更的内容、理由及其影响在附注中予以说明。②对于不同行政事业单位发生的相同或者相似的经济业务或者事项,应当采用一致的会计政策,确保行政事业单位会计信息口径一致,相互可比。

(六)可理解性

可理解性是指行政事业单位提供的会计信息应当清晰明了,便于报告使用者理解和使用。

(七)实质重于形式

实质重于形式是指行政事业单位会计应当按照经济业务或者事项的经济实质进行会计核算,不限于以经济业务或者事项的法律形式为依据。

第三节 行政事业单位会计要素和会计科目

行政事业单位会计要素是对经济业务的基本分类,是行政事业单位用于反映其财务状况、运行情况、现金流量和预算执行情况的基本单位。与行政事业单位会计分类相对应,行政事业单位会计要素分为财务会计要素和预算会计要素。其中,财务会计要素侧重于提供反映行政事业单位财务状况、运行情况和现金流量等方面的信息;预算会计要素则侧重于提供反映行政事业单位预算执行情况方面的信息。

一、财务会计要素

(一)资产、负债和净资产

行政事业单位资产是指过去的经济业务或者事项形成的,由行政事业单位控制的,预期能够产生服务潜力或者带来经济利益流入的经济资源。行政事业单位的资产按照流动性分为流动资产和非流动资产。行政事业单位负债是指过去的经济业务或者事项形成的,预期会导致经济资源流出政府会计主体的现时义务。行政事业单位的负债按照流动性分为流动负债和非流动负债。行政事业单位净资产是指资产扣除负债后的净额。

行政事业单位的资产、负债及净资产是同一资金的两个不同方面。资产表明行政事业单位拥有哪些经济资源,其数额是多少。负债和净资产则表明是谁提供了这些经济资源。

有一定数额的资产，就必然有一定数额的负债和净资产。反之，有一定数额的负债与净资产，也必然会形成一定数额的资产。在数量上，任何行政事业单位的资产都等于该行政事业单位负债与净资产之和。资产、负债和净资产之间的关系可用下面的会计等式表示：

$$资产 = 负债 + 净资产 \tag{1-1}$$

（二）收入和费用

收入是指报告期内导致行政事业单位净资产增加的、含有服务潜力或者经济利益的经济资源的流入。收入是行政事业单位履行公共受托责任的资金来源，取得收入表现为资产的增加或负债的减少，最终导致行政事业单位净资产增加。

行政事业单位在一定时期内会获得收入，同时，还会发生一定的费用。这里的费用是指报告期内导致行政事业单位净资产减少的、含有服务潜力或者经济利益的经济资源的流出。费用是行政事业单位履行公共受托责任引起的经济资源的流出，发生费用表现为资产的流出、资产的消耗或负债的增加，最终引起净资产的减少。

如果将收入、费用要素考虑进去，会计等式就转化为以下形式：

$$资产 = 负债 + 净资产 + (收入 - 费用) \tag{1-2}$$

或

$$资产 + 费用 = 负债 + 净资产 + 收入 \tag{1-3}$$

期末，将收入及费用转入净资产后，公式（1－2）或公式（1－3）也就转化为公式（1－1）的形式。

会计等式反映了会计要素之间的基本数量关系，它是设置会计科目、复式记账、编制资产负债表、编制收入费用表的依据。

二、预算会计要素

根据《基本准则》的规定，政府预算会计要素包括预算收入、预算支出与预算结余。

（一）预算收入

预算收入是指行政事业单位在预算年度内依法取得并纳入预算管理的现金流入。根据《政府单位会计制度》的规定，预算收入包括财政拨款预算收入、事业预算收入、上级补助预算收入、附属单位上缴预算收入、经营预算收入、其他类预算收入。

（二）预算支出

预算支出是指行政事业单位在预算年度内依法发生并纳入预算管理的现金流出。根据《政府单位会计制度》规定，行政事业单位预算支出包括行政支出、事业支出、经营支出、上缴上级支出、对附属单位补助支出、投资支出和其他支出。

（三）预算结余

预算结余是指行政事业单位预算年度内预算收入扣除预算支出后的资金余额，以及历年滚存的资金余额。根据《政府单位会计制度》规定，预算结余包括财政拨款结转结余、非财政拨款结转、经营结余和其他资金结余。

预算结余反映了行政事业单位报告期内控制现金经济资源的净流入，用公式可表示为：预算结余＝预算收入－预算支出。可见，预算结余是现金资源流入、现金资源流出两个因素共同作用的结果，其数额的大小取决于预算收入、预算支出的确认和计量。它不存在确认标准和计量的问题。

需要说明的是，上述预算收入、预算支出确认和计量的基础为收付实现制，因此，预算结余也是在收付实现制基础上形成的。

三、政府单位会计制度和会计科目

这里所说的“政府单位会计制度”，是 2017 年 10 月 24 日财政部印发的《政府会计制度——行政事业单位会计科目和报表》(财会〔2017〕25 号，在本书中简称《政府单位会计制度》)，自 2019 年 1 月 1 日起施行。

《政府单位会计制度》是以《会计法》为依据，根据政府会计准则的要求，结合单位特点和管理要求制定的，它直接对单位会计核算工作发挥规范作用。《政府单位会计制度》的内容，如图 1－2 所示。

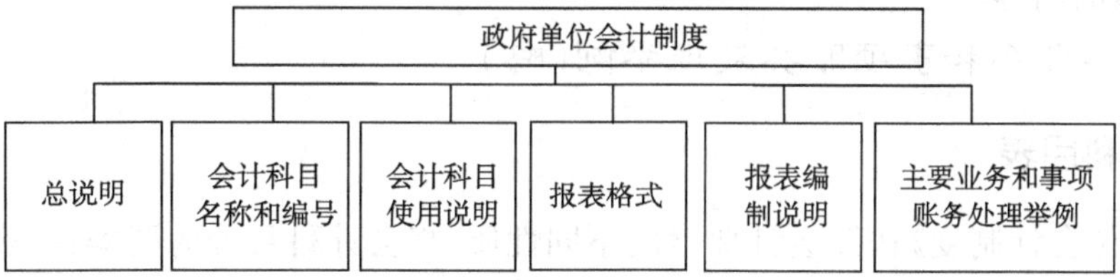

图 1－2 《政府单位会计制度》内容

(一) 总说明

总说明是会计制度的总纲或基本规定，是对会计制度的重要原则性问题、各部分核心内容以及不宜在各部分中提出具体要求等方面做出的规定。它说明了会计制度制定依据、会计制度适用范围、会计核算模式、会计基础、会计要素、运用会计科目原则、财务报表和预算会计报表的组成内容、报表责任、会计工作组织等内容。

《政府单位会计制度》适用于各级各类行政单位和事业单位。纳入企业财务管理体系执行企业会计准则或小企业会计准则的行政单位和事业单位，不执行本制度。

(二) 会计科目名称和编号

关于“会计科目名称和编号”部分，《政府单位会计制度》主要对会计科目名称、分类和编号统一做出规定，如表 1－1、1－2 所示。

(三) 会计科目使用说明

“会计科目使用说明”是政府会计制度的核心内容。该部分对会计科目核算范围、明细账设置方法、涉及该科目经济业务的会计处理原则及方法做出了具体规定。此外，也对与该科目相关的重要概念进行了界定。

为了保证行政事业单位会计核算工作的正常进行，并满足会计资料使用者的需要，行政事业单位在会计科目的使用上，必须遵循以下原则：

(1) 行政事业单位应当按照《政府单位会计制度》的规定设置和使用会计科目。在不影响会计处理和编制报表的前提下，行政事业单位可以根据实际情况自行增设或减少某些会计科目。

(2) 行政事业单位应当执行《政府单位会计制度》统一规定的会计科目编号，以便于填制会计凭证、登记账簿、查阅账目，实行会计信息化管理。

(3) 行政事业单位在填制会计凭证、登记会计账簿时，应当填列会计科目的名称，或者同时填列会计科目的名称和编号，不得只填列会计科目编号、不填列会计科目名称。

(4)行政事业单位设置明细科目或进行明细核算,除遵循《政府单位会计制度》规定外,还应当满足权责发生制政府部门财务报告和政府综合财务报告编制的其他需要。

(四)报表格式

关于"报表格式"部分,《政府单位会计制度》主要就行政事业单位对外报送财务报表和预算会计报表的编号、名称、格式和编制期等内容做出统一规定。其中,财务报表包括资产负债表、收入费用表、净资产变动表、现金流量表及报表附注,预算会计报表包括预算收入支出表、预算结转结余变动表和财政拨款预算收入支出表。

(五)报表编制说明

"报表编制说明"部分,详细说明了财务、预算报表相关项目的含义及编制方法,以及报表附注应披露的内容。

(六)主要业务和事项账务处理举例(略)

四、会计科目表

《政府单位会计制度》按照会计要素的不同性质,将会计科目分为两类:一类是按照权责发生制基础设置的财务会计类科目,具体分为资产、负债、净资产、收入和费用五类77个一级会计科目,如表1-1所示;另一类是按照收付实现制基础设置的预算会计类科目,具体分为预算收入、预算支出和预算结余三类26个一级科目,如表1-2所示。

表1-1 会计科目名称和编号(财务会计类)

序号	科目编号	科目名称	序号	科目编号	科目名称
		(一)资产类	40	2201	应付职工薪酬
1	1001	库存现金	41	2301	应付票据
2	1002	银行存款	42	2302	应付账款
3	1011	零余额账户用款额度	43	2303	应付政府补贴款
4	1021	其他货币资金	44	2304	应付利息
5	1101	短期投资	45	2305	预收账款
6	1201	财政应返还额度	46	2307	其他应付款
7	1211	应收票据	47	2401	预提费用
8	1212	应收账款	48	2501	长期借款
9	1214	预付账款	49	2502	长期应付款
10	1215	应收股利	50	2601	预计负债
11	1216	应收利息	51	2901	受托代理负债
12	1218	其他应收款			(三)净资产类
13	1219	坏账准备	52	3001	累计盈余

续表

序号	科目编号	科目名称	序号	科目编号	科目名称
14	1301	在途物品	53	3101	专用基金
15	1302	库存物品	54	3201	权益法调整
16	1303	加工物品	55	3301	本期盈余
17	1401	待摊费用	56	3302	本年盈余分配
18	1501	长期股权投资	57	3401	无偿调拨净资产
19	1502	长期债券投资	58	3501	以前年度盈余调整
20	1601	固定资产	（四）收入类		
21	1602	固定资产累计折旧	59	4001	财政拨款收入
22	1611	工程物资	60	4101	事业收入
23	1613	在建工程	61	4201	上级补助收入
24	1701	无形资产	62	4301	附属单位上缴收入
25	1702	无形资产累计摊销	63	4401	经营收入
26	1703	研发支出	64	4601	非同级财政拨款收入
27	1801	公共基础设施	65	4602	投资收益
28	1802	公共基础设施累计折旧（摊销）	66	4603	捐赠收入
29	1811	政府储备物资	67	4604	利息收入
30	1821	文物文化资产	68	4605	租金收入
31	1831	保障性住房	69	4609	其他收入
32	1832	保障性住房累计折旧	（五）费用类		
33	1891	受托代理资产	70	5001	业务活动费用
34	1901	长期待摊费用	71	5101	单位管理费用
35	1902	待处理财产损溢	72	5201	经营费用
（二）负债类			73	5301	资产处置费用
36	2001	短期借款	74	5401	上缴上级费用
37	2101	应交增值税	75	5501	对附属单位补助费用
38	2102	其他应交税费	76	5801	所得税费用
39	2103	应缴财政款	77	5901	其他费用

表1-2 会计科目名称和编号(预算会计类)

预算收入类			预算支出类			预算结余类		
序号	科目编号	科目名称	序号	科目编号	科目名称	序号	科目编号	科目名称
1	6001	财政拨款预算收入	10	7101	行政支出	18	8001	资金结存
2	6101	事业预算收入	11	7201	事业支出	19	8101	财政拨款结转
3	6201	上级补助预算收入	12	7301	经营支出	20	8102	财政拨款结余
4	6301	附属单位上缴款预算收入	13	7401	上缴上级支出	21	8201	非财政拨款结转
5	6401	经营预算收入	14	7501	对附属单位补助支出	22	8202	非财政拨款结余
6	6501	债务预算收入	15	7601	投资支出	23	8301	专用结余
7	6601	非同级财政拨款预算收入	16	7701	债务还本支出	24	8401	经营结余
8	6602	投资预算收益	17	7901	其他支出	25	8501	其他结余
9	6609	其他预算收入				26	8701	非财政拨款结余分配

第四节 行政事业单位会计核算模式

一、预算会计与财务会计的联系

前已述及,预算会计与财务会计构成了行政事业单位会计两个重要分支,彼此既有区别又相互联系。

(1)财务会计和预算会计存在共同的会计主体,这个会计主体可能是行政单位,也可能是事业单位。每个单位的会计活动都是财务会计与预算会计的有机融合。通过财务会计反映行政事业单位的财务状况、运行情况和现金流量状况,同时,通过预算会计反映预算收入、预算支出和预算结余情况,实现对预算执行过程的管理和控制。

(2)财务会计和预算会计存在同样的会计对象。财务会计和预算会计具有同样的会计对象,也就是二者反映和监督的对象均为行政事业单位的各项经济活动。其区别在于:预算会计侧重于对预算资金来源和使用情况的核算,以及对预算资金流量进行监督控制;财务会计则侧重于反映行政事业单位全部财务资源的来源和运营情况。

(3)财务会计包含预算会计。行政事业单位会计一般由预算会计和财务会计共同构成。预算会计专门确认、计量、记录和报告当年的预算收支及结果,而财务会计除了反映预算编制、调整与执行过程中的预算信息外,还需要全面反映行政事业单位的财务状况、营运业绩等情况。可见,预算会计寓于财务会计之中,财务会计包括预算会计。

二、预算会计与财务会计的区别

(一)会计目标不同

在会计目标方面,财务会计融合了受托责任观与决策有用观,一方面通过财务报表向经济资源提供者、债权人和其他外部使用者反映其受托责任履行情况,另一方面通过财务会计信息客观评价行政事业单位运营业绩,预测未来的发展趋势,做出各类公共管理决策,提高公共管理绩效;而预算会计的目标相对简单,即监控行政事业单位的预算执行过程,防止预算超支等。

(二)会计基础不同

由于我国现阶段的预算编制仍采用收付实现制作为基础,因此,以预算资金运动为对象,对预算及预算收支执行情况进行确认、计量、记录和报告的预算会计,其核算基础自然与预算编制基础保持一致,即采用收付实现制作为基础。

与预算会计不同,财务会计基础采用权责发生制。通过权责发生制,反映行政事业单位经济业务或者事项的本质以及权责义务,有助于加强资产负债管理、防范财务风险,客观评价行政事业单位受托责任的履行情况。

(三)会计对象范围不同

预算会计是以纳入预算管理的现金资源,即预算资金运动为对象,反映预算及预算执行情况及结果。由于预算是以"年度"为期间基础编制、执行和调整,因此预算会计确认、计量、记录和报告的对象就是当年预算收支的情况及结果。

财务会计对象除了反映当期预算资金运动情况及结果外,还应该全面、系统、完整地反映行政事业单位财务状况、运行情况、现金流量以及受托责任履行情况等。可见,财务会计的对象范围要比预算会计宽泛。

(四)会计要素不同

根据不同的会计基础,行政事业单位会计要素区分为现金基础(预算会计)要素和权责发生制(财务会计)要素。预算会计要素分为预算收入、预算支出和预算结余三类,以连续、系统地反映预算执行的过程和结果;财务会计要素分为资产、负债、净资产、收入和费用,以完整地反映资产负债状况和财务收支情况。

(五)会计报告提供的信息不完全相同

根据《政府单位会计制度》的规定,预算会计应编制预算收入支出表、预算结转结余变动表和财政拨款预算收入支出表等预算会计报表,集中提供预算执行情况的信息;财务会计应编制资产负债表、收入费用表、现金流量表、预算结余与净资产变动差异调节表、附注等财务报表。可见,财务会计提供的是关于资产、负债、净资产、收入和费用等经济业务的信息。

三、预算会计与财务会计核算模式

《政府单位会计制度》确立了行政事业单位会计的核算模式,即预算会计和财务会计适度分离又相互衔接。在行政事业单位内部构建预算会计和财务会计体系,分别承担预算管理和财务管理的相应职责,发挥两类不同会计系统各自的优势和功能,以全面、清晰地反映预算执行信息和财务状况,满足会计信息使用者的需要。

(一)预算会计与财务会计的适度分离

预算会计与财务会计是行政事业单位会计的两个子系统,彼此之间的适度分离表现在

以下方面:

(1)在同一会计核算系统中实现财务会计和预算会计双重功能,通过资产、负债、净资产、收入、费用五个要素进行财务会计核算,通过预算收入、预算支出和预算结余三个要素进行预算会计核算。在完善预算会计功能的基础上,强化财务会计功能,提供更加完整的政府会计信息。

(2)在同一会计核算系统中,分别设置财务会计类科目和预算会计类科目。财务会计设置资产、负债、净资产、收入和费用五类会计科目;预算会计设置预算收入、预算支出和预算结余三类会计科目。

(3)在同一会计核算系统中,财务会计采用权责发生制,预算会计采用收付实现制。这使行政事业单位会计核算既能反映预算收支等预算管理所需信息,又能反映资产、负债、运行成本等财务管理所需信息。

(4)在同一会计核算系统中,分别提供财务报告和决算报告实现其目标。财务报告和决算报告的目标不同,各自内容也不同。财务会计主要通过资产负债表、收入费用表、现金流量表、预算结余与净资产变动差异调节表和附注,提供关于行政事业单位的全面和完整的财务状况、财务业绩、现金流量甚至成本等信息,从而促进行政事业单位更好地履行公共受托责任;决算报告主要通过预算收入支出表、预算结转结余变动表、财政拨款预算收入支出表,及时提供行政事业单位预算执行情况信息,以提升行政事业单位的预算管理水平。

(二)预算会计与财务会计的衔接

预算会计与财务会计的衔接主要采用财务会计和预算会计"平行记账"方式,即行政事业单位发生纳入预算管理的现金收支业务,在进行财务会计核算的同时,也需进行预算会计核算,各自编制会计分录,记入相关账簿中。对于其他业务,仅财务会计对此进行确认,编制财务会计分录,并记入相关账簿。预算会计与财务会计的衔接关系如图 1-3 所示。

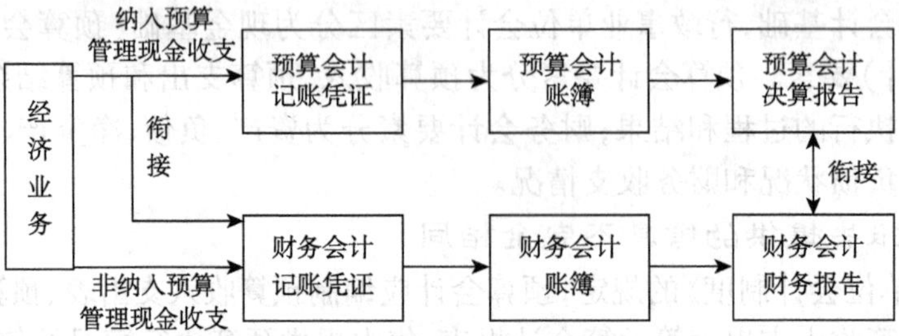

图 1-3　预算会计与财务会计的衔接关系

【例 1-1】某事业单位(增值税一般纳税人)各项经济业务均纳入预算管理。2×19 年,该单位根据发生的经济业务,编制相关的会计分录。

(1)职工张某出差预借差旅费 1 500 元,以现金付讫。

编制财务会计分录:

借:其他应收款——职工张某	1 500
贷:库存现金	1 500

不编制预算会计分录。

(2)计提固定资产折旧共计 35 000 元,其中:用于业务活动的设备计提折旧 15 000 元,行政管理用设备计提折旧200 000元。

编制财务会计分录：

借：业务活动费用 15 000

单位管理费用 20 000

贷：固定资产累计折旧 35 000

不编制预算会计分录。

(3)购入材料一批，增值税专用发票上注明的价款为120 000元，增值税税额为15 600元，材料尚未到达。同日，与运输公司结清运输费用，增值税专用发票注明的运输费用为5 000元，增值税税额为450元。全部款项已用转账支票付讫。

编制财务会计分录：

借：在途物资 125 000

应交增值税——应交税金（进项税额） 16 050

贷：银行存款 141 050

同时，编制预算会计分录：

借：事业支出 141 050

贷：资金结存——货币资金 141 050

(4)3月20日，采用财政直接支付方式购入一台不需要安装的设备，设备价款为60 000元。另以银行存款支付运输费、保险费等费用5 000元（不考虑增值税）。

编制财务会计分录：

借：固定资产 65 000

贷：财政补助收入 60 000

银行存款 5 000

同时，编制预算会计分录：

借：事业支出 65 000

贷：财政拨款预算收入 60 000

资金结存——货币资金 5 000

(5)向乙单位转让开发新产品500件，每件收取工料补偿费400元，收到乙单位开具并承兑面值为200 000元、期限3个月的商业汇票一张。不考虑相关税费。

编制财务会计分录：

借：应收票据——乙单位 200 000

贷：事业收入 200 000

不编制预算会计分录。

行政事业单位采用适度分离又相互衔接的行政事业单位会计核算模式，兼顾了现行部门决算报告制度的需要，又能满足部门编制权责发生制财务报告的要求，使公共资金管理中预算管理、财务管理和绩效管理相互联结、融合，全面提高管理水平和资金使用效率，对于规范行政事业单位会计行为、夯实行政事业单位预算和财务管理基础、强化行政事业单位绩效管理具有深远的影响。

思考题

1. 与企业会计相比,行政事业单位会计的特点表现在哪些方面?

2. 如果您想了解一家公立学校或医院运行情况,需要知道它的哪些具体情况?其中哪些可由会计信息提供?

3. 行政事业单位会计基础主要包括哪些?为什么行政事业单位财务会计基础采用权责发生制?

4. 行政事业单位会计的信息质量要求有哪些?在具体的会计确认、计量和报告中,这些信息质量要求是如何体现的?

5. 什么是会计要素?行政事业单位财务会计和预算会计包括哪些会计要素?会计要素之间的关系如何?行政事业单位会计科目是如何分类的?

6. 什么是预算会计、财务会计?预算会计、财务会计的关系如何?

第二章

预算收入、预算支出和预算结余的核算

【导言】

《基本准则》指出：政府预算会计要素包括预算收入、预算支出与预算结余。

行政事业单位管理社会公共事务、提供公共产品或服务所需要的经济资源主要来自税收、社会捐赠和公共收费等非交易活动，其拥有或控制的经济资源必须按照法律法规、合同协议规定或限定用途使用。行政事业单位预算是约束其财务资源的来源渠道和限定财务资源用途的根本制度。预算资金的增减变动构成了行政事业单位预算会计的对象和内容，行政事业单位运营活动起始于预算资金或者终于预算资金。

需要说明的是，根据《政府单位会计制度》的要求，对于纳入部门预算管理的现金收支业务，应同时进行财务会计和预算会计核算，本章仅介绍了预算会计的核算，财务会计核算内容见后续章节。

【本章纲要】

预算收入、预算支出和预算结余的核算

预算收入的核算	预算支出的核算	预算结余的核算
1.预算收入概述	1.预算支出概述	1.预算结余概述
2.财政拨款预算收入的核算★▲	2.行政支出的核算★	2.资金结存的核算★▲
3.事业预算收入的核算▲	3.事业支出的核算▲	3.财政拨款结转和结余的核算★▲
4.上级补助预算收入和附属单位上缴预算收入的核算▲	4.经营支出的核算▲	4.非财政拨款结转和结余的核算★▲
5.经营预算收入的核算▲	5.上缴上级支出和对附属单位补助支出的核算▲	5.专用结余的核算▲
6.债务预算收入的核算▲	6.投资支出和债务还本支出的核算▲	6.经营结余的核算▲
7.非同级财政拨款预算收入的核算★▲	7.其他支出的核算★▲	7.其他结余的核算★▲
8.投资预算收益的核算▲		8.非财政拨款结余分配的核算▲
9.其他预算收入的核算★▲		

注：★表示行政单位有此项核算，▲表示事业单位有此项核算，★▲表示行政单位和事业单位均有此项核算。

【学习目标、重点和难点】

- 通过本章的学习，了解预算收入、预算支出和预算结余的概念、内容和特征，熟悉预算收入、预算支出和预算结余的核算内容,掌握预算收入、预算支出和预算结余的核算方法。

- 财政拨款预算收入、事业预算收入、行政支出、事业支出、资金结存、财政拨款结转和结余、非财政拨款结转和结余、专用结余、经营结余的核算为本章重点。
- 财政拨款结转和结余、非财政拨款结转和结余的核算为本章难点。

第一节 预算收入的核算

一、预算收入概述

(一)预算收入的概念

预算收入是指行政事业单位在预算年度内依法取得并纳入预算管理的现金流入,其中包括现金、支付权力(国库集中支付额度)、非现金资产(财政直接支付形成非资产)、借入债务资金、资产出售或变现取得的资金等。预算收入是行政事业单位在预算年度内通过一定的形式和程序,有计划地筹措到的运行资金,是行政事业单位履职和开展管理公共事务、提供公共服务、维护和实现社会公共利益、保障国家机器正常运转的重要财力保证。同时,预算收入活动上接预算编制,下承行政事业单位预算支出,是行政事业单位会计的主要内容和重要环节。

(二)预算收入的内容

(1)财政拨款预算收入,是指行政事业单位从同级政府财政部门取得的各类财政拨款。

(2)事业预算收入,是指事业单位开展专业业务活动及其辅助活动取得的现金流入。

(3)上级补助预算收入,是指事业单位从主管部门和上级单位取得的非财政补助现金流入。

(4)经营预算收入,是指事业单位在专业业务活动及其辅助活动之外开展非独立核算经营活动取得的现金流入。

(5)债务预算收入,是指事业单位按照规定从银行和其他金融机构等借入的、纳入部门预算管理的、不以财政资金作为偿还来源的债务本金。

(6)非同级财政拨款预算收入,是指行政事业单位从非同级政府财政部门取得的财政拨款,包括本级横向转拨财政款和非本级财政拨款。

(7)投资预算收益,是指事业单位取得的按照规定纳入部门预算管理的属于投资收益性质的现金流入,包括股权投资收益、出售或收回债券投资所取得的收益、债券投资利息收入。

(8)其他预算收入,是指行政事业单位除财政拨款预算收入、事业预算收入、上级补助预算收入、附属单位上缴预算收入、经营预算收入、债务预算收入、非同级财政拨款预算收入、投资预算收益之外的纳入部门预算管理的现金流入,包括捐赠预算收入、利息预算收入、租金预算收入、现金盘盈收入等。

(三)预算收入的特点

(1)预算收入是行政事业单位通过开展业务活动和完成工作任务而取得的收入。如履职和开展业务活动取得的财政预算拨款、事业预算收入,开展非独立核算经营活动取得的经营收入,还有运行中举借债务资金取得的债务收入、获得的捐赠收入等。

(2)预算收入的取得和使用是依法进行的。一方面,行政事业单位获得的预算收入必须符合国家有关法律、法规和规章制度,并按照规定纳入行政事业单位部门收入预算;另一方面,财政预算拨款必须按照《预算法》和规定的科目、内容及程序进行申报、审批、领拨及使用。获得其他收入,也必须符合国家有关法律、法规和规章制度。

(3)预算收入是非偿还性资金。行政事业单位取得的各项预算收入是不需要偿还的,可以按照规定安排用于开展业务工作。行政事业单位取得的需要偿还的资金,包括:应付款项、应缴预算资金、应缴财政专户等款项,属于负债的范畴,需要偿还债权人或上缴财政,不能作为预算收入。

(四)预算收入的确认标准

根据《基本准则》的规定,行政事业单位预算收入一般在实际收到时予以确认,以实际收到的金额计量。由于预算收入取得方式不同,《政府单位会计制度》具体确认收入的标准也不尽相同。

(1)财政直接支付方式下,各行政事业单位根据财政国库支付执行机构委托代理银行转来的财政直接支付入账通知书及相关原始凭证,按照通知书中的直接支付入账金额,确认预算收入。

(2)财政授权支付方式下,各行政事业单位根据代理银行转来的财政授权支付额度到账通知书,按照通知书中的授权支付额度确认预算收入。

(3)在其他方式下,按照实际收到的金额确认预算收入。

二、财政拨款预算收入的核算

(一)财政拨款预算收入概述

财政拨款预算收入是指行政事业单位从同级政府财政部门取得的各类财政拨款。

为了反映财政拨款预算收入的增减变动情况,行政事业单位应设置"财政拨款预算收入"科目。该科目的贷方登记财政拨款预算收入的增加;借方登记财政拨款预算收入的减少。年末将"财政拨款预算收入"科目本年发生额转入财政拨款,结转后无余额。

"财政拨款预算收入"科目应当设置"基本支出"和"项目支出"两个明细科目,并按照《政府收支分类科目》中"支出功能分类科目"的项级科目进行明细核算;同时,在"基本支出"明细科目下按照"人员经费"和"日常公用经费"进行明细核算,在"项目支出"明细科目下按照具体项目进行明细核算。有一般公共预算财政拨款、政府性基金预算财政拨款等两种或两种以上财政拨款的行政事业单位,还应当按照财政拨款的种类进行明细核算。

根据上述要求,"财政拨款预算收入"总账和明细账的设置参见表2-1。

需要说明的是,明细账级次顺序的设置,并没有相应的严格限制,行政事业单位根据自身管理和财政部门编制报表的需要,清晰地标示相应科目的类别即可。

为了反映纳入部门预算管理的资金的流入、流出、调整和滚存等情况,行政事业单位应设置"资金结存"科目。该科目的借方登记资金结存的流入或增加;贷方登记资金结存的流出、减少。年末借方余额,反映单位预算资金的累计滚存情况。

"资金结存"科目应当设置"零余额账户用款额度"、"货币资金"和"财政应返还额度"三个明细科目。年末,三个明细账科目余额情况如下:"零余额账户用款额度"明细科目年末结账后无余额;"货币资金"明细科目年末借方余额反映单位尚未使用的货币资金;"财政应返还额度”明细科目年末借方余额反映单位应收财政返还的资金额度。

表 2－1 “财政拨款预算收入”明细账设置方法

<table>
<tr><td rowspan="2">总账</td><td colspan="9">明细账</td><td rowspan="2">用途</td></tr>
<tr><td>级次</td><td colspan="8">明细科目</td></tr>
<tr><td rowspan="6">财政拨款预算收入</td><td>一级</td><td colspan="8">一般预算拨款收入,政府性基金拨款收入</td><td>提供预算资金种类信息</td></tr>
<tr><td>二级</td><td colspan="4">财政直接支付</td><td colspan="4">财政授权支付</td><td>满足与国库和银行对账的需要</td></tr>
<tr><td>三级</td><td colspan="2">基本支出</td><td colspan="2">项目支出</td><td colspan="2">基本支出</td><td colspan="2">项目支出</td><td>满足部门决算对基本支出、项目支出业务资金管理和报告的需要,以及政府报告中对支出功能分类数据的需要</td></tr>
<tr><td>四级</td><td>人员经费</td><td>日常公用经费</td><td>A 项目</td><td>B 项目</td><td>人员经费</td><td>日常公用经费</td><td>A 项目</td><td>B 项目</td><td>区分财政资金收入限定的不同用途</td></tr>
<tr><td>五级</td><td colspan="8">按照支出功能分类设置</td><td></td></tr>
</table>

下面通过举例说明财政拨款预算收入明细科目的运用方法。

【例 2－1】2×19 年 3 月 10 日,某行政单位以财政直接支付方式购入库存物资一批并验收入库,库存物资成本为 50 000 元。编制会计分录如下:

借:行政支出　　50 000

　贷:财政拨款预算收入——一般预算拨款收入——行政运行——日常公用经费

　　50 000

为了便于读者掌握会计处理的主要方法,后续的会计分录一般不列出明细科目。

(二)财政拨款的方式

行政事业单位财政拨款预算收入和支出的核算方法与财政拨款方式密切相关。财政拨款的方式主要有两种:一是划拨资金方式;二是国库集中支付方式。

1. 划拨资金方式

划拨资金,也称实拨资金,是财政部门根据核定的部门预算和单位用款计划,填制预算拨款凭证,通过本级国库将资金划拨到主管预算单位在银行设立的预算经费存款户,由主管预算单位按照规定用途办理支用,或转拨到所属单位的拨款方式。

划拨资金的具体方法是,由财政部门签发拨款凭证,通过国库办理库款支拨手续,将预算资金直接转入用款的主管部门在银行开立的存款账户,然后,由主管部门开出银行结算凭证,通过开户行,从其存款中将预算资金转拨到所属用款单位的存款账户。

2. 国库集中支付方式

国库集中支付方式是指通过建立国库单一账户体系,将所有财政性资金都纳入国库单一账户体系管理,收入直接缴入国库或财政专户,支出通过国库单一账户体系支付到商品和劳务供应者或用款单位。

实行国库集中支付的单位，财政资金的支付方式包括财政直接支付和财政授权支付。

(1)财政直接支付。财政直接支付是指财政部门向人民银行和代理财政支付业务的商业银行签发支付指令，代理银行根据支付指令，通过与国库单一账户清算的办法，将资金直接支付给收款人，即商品供应商、劳务提供者等。

财政直接支付的程序是：预算单位按照批复的部门预算和资金使用计划，向财政国库支付执行机构提出支付申请，财政国库支付执行机构根据批复的部门预算和资金使用计划及相关要求对支付申请审核无误后，向代理银行发出支付令，并通知中国人民银行国库部门，通过代理银行进入全国银行清算系统实施清算，财政资金国库单一账户划拨到收款人的银行账户。财政直接支付方式流程如图 2－1 所示。

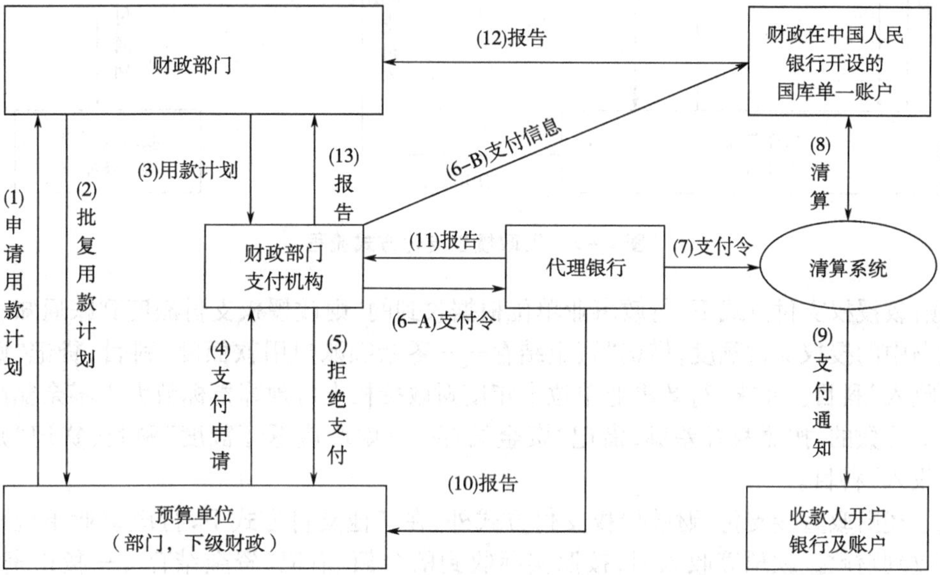

图 2－1　财政直接支付方式流程

(2)财政授权支付。财政授权支付是指预算单位根据财政授权，自行开具支付令，通过国库单一账户体系，将资金支付到收款人账户。实行财政授权支付的支出包括未实行财政直接支付的购买支出和零星支出。

财政授权支付的程序是：预算单位按照批复的部门预算和资金使用计划，向财政国库支付执行机构申请授权支付的月度用款限额，财政国库支付执行机构将批准后的限额通知代理银行和预算单位，并通知中国人民银行国库部门。预算单位在月度用款限额内，自行开具支付令，通过财政国库支付执行机构转由代理银行向收款人付款，并与国库单一账户清算。财政授权支付方式流程如图 2－2 所示。

(三)财政拨款预算收入取得的核算

在财政直接支付方式下，行政事业单位根据收到的“财政直接支付入账通知书”及相关原始凭证，按照通知书中的直接支付金额，借记“行政支出(行政单位)”“事业支出(事业单位)”等科目，贷记“财政拨款预算收入”科目。年末，根据本年度财政直接支付预算指标数与当年财政直接支付实际支出数的差额，借记“资金结存——财政应返还额度”科目，贷记“财政拨款预算收入”科目。

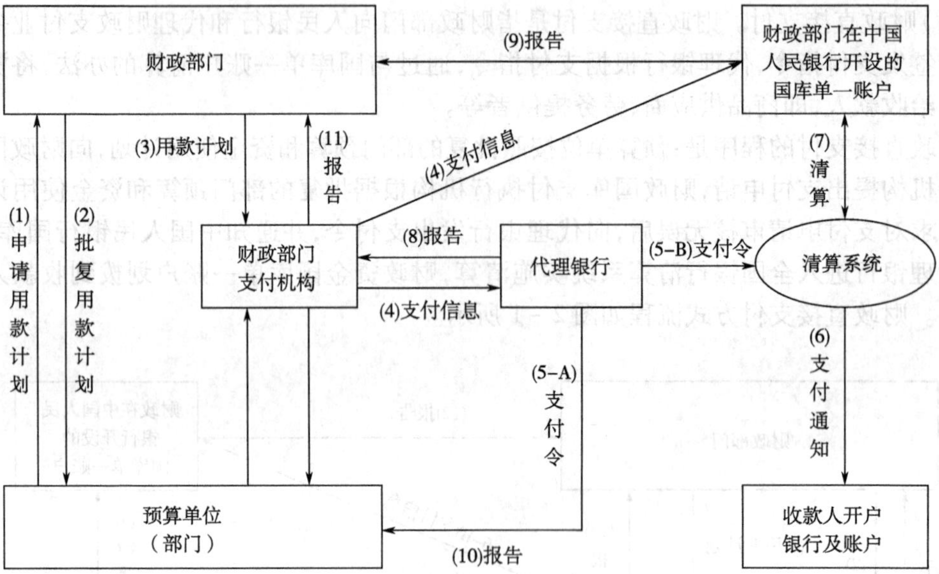

图 2-2　财政授权支付方式流程

在财政授权支付方式下,行政事业单位根据收到的“财政授权支付额度到账通知书”,按照通知书中的授权支付额度,借记“资金结存——零余额账户用款额度”科目,贷记“财政拨款预算收入”科目。年末,行政事业单位本年度财政授权支付预算指标数大于零余额账户用款额度下达数的,按照两者差额,借记“资金结存——财政应返还额度”科目,贷记“财政拨款预算收入”科目。

除上述财政直接支付、财政授权支付方式外,在其他支付方式下,行政事业单位按照本期预算收到财政拨款预算收入时,按照实际收到的金额,借记“资金结存——货币资金”科目,贷记“财政拨款预算收入”科目。行政事业单位收到下期预算的财政预拨款,应当在下个预算期,按照预收的金额,借记“资金结存——货币资金”科目,贷记“财政拨款预算收入”科目。

如果行政事业单位因差错更正、购货退回等原因发生国库直接支付款项退回的,对于属于本年度支付的款项,按照退回金额,借记“财政拨款预算收入”科目,贷记“行政支出”“事业支出”等科目。

(四)财政拨款预算收入期末结转的核算

年末,行政事业单位将“财政拨款预算收入”科目本年发生额转入财政拨款结转,借记“财政拨款预算收入”科目,贷记“财政拨款结转——本年收支结转”科目。

【例 2-2】甲事业单位实行国库集中支付。2×19 年 12 月,根据发生的财政拨款预算收入业务,编制相关的会计分录。

(1)10 日,收到代理银行转来的财政直接支付入账通知书及固定资产发票等原始凭证,财政部门直接支付从乙企业采购的医疗设备一台,其合同价款为 150 000 元。

借:事业支出　　150 000

　贷:财政拨款预算收入　　150 000

(2)15 日,收到代理银行转来的财政直接支付入账通知书,由财政直接支付科研楼维修工程款 250 000 元。

借:事业支出　　250 000

　贷:财政拨款预算收入　　250 000

(3)18 日,收到代理银行转来的"财政授权支付额度到账通知书",通知书中注明的本月授权额度为 450 000 元,用于单位基本业务活动支出。

借:资金结存——零余额账户用款额度　　450 000

　贷:财政拨款预算收入　　450 000

(4)25 日,收到代理银行退款通知书(已经财政确认),本月 10 日从乙企业采购的设备因质量问题发生退货。

借:财政拨款预算收入　　150 000

贷:事业支出　　150 000

(5)31 日经计算,全年财政直接支付预算指标数为 65 300 000 元,当年财政直接支付实际支出数为 64 800 000 元,财政应返还额度 500 000 元;财政授权支付预算指标数为 45 600 000元,当年零余额账户用款额度下达数为 45 200 000 元,财政应返还额度 400 000元。

借:资金结存——财政应返还额度　　900 000

　贷:财政拨款预算收入　　900 000

(6)31 日,结转全年财政拨款预算收入共计 600 000 000 元,其中直接支付 350 000 000 元,授权支付 250 000 000 元。

借:财政拨款预算收入　　600 000 000

　贷:财政拨款结转——本年收支结转　　600 000 000

三、事业预算收入的核算

事业预算收入是指事业单位开展专业业务活动及其辅助活动取得的现金流入。其中,专业业务活动又称主营业务,是指事业单位根据本单位专业特点所从事或开展的主要业务活动,如歌剧院的演出活动、高校的教学活动、研究院的科研活动、医院的医疗保健活动等;辅助活动是指与专业业务活动相关,直接为专业业务活动服务的单位行政管理、后勤服务活动及其他有关活动。

根据《事业单位财务规则》的规定,事业单位应当将各项收入全部纳入单位预算,实行统筹安排使用,统一管理。纳入预算管理的事业收入形成了事业单位的事业预算收入。

为了反映事业预算收入增减变动情况,事业单位应设置"事业预算收入"科目。该科目的贷方登记实际收到的事业预算收入;借方登记年末转入非财政拨款结转或其他结余的事业预算收入。年末结转后,"事业预算收入"科目应无余额。

事业单位因开展科研及其辅助活动而从非同级政府财政部门取得的经费拨款,也通过"事业预算收入"科目核算。

"事业预算收入"科目应当按照事业预算收入类别、项目、来源、《政府收支分类科目》中"支出功能分类科目"项级科目等进行明细核算。对于因开展科研及其辅助活动而从非同级政府财政部门取得的经费拨款,应当在"事业预算收入"科目下单设"非同级财政拨款"明细科目进行明细核算;事业预算收入中如有专项资金收入,还应按照具体项目进行明细核算。

事业单位采用财政专户返还方式管理的事业预算收入，收到从财政专户返还的事业预算收入时，按照实际收到的返还金额，借记“资金结存——货币资金”科目，贷记“事业预算收入”科目；收到其他事业预算收入时，按照实际收到的款项金额，借记“资金结存——货币资金”科目，贷记“事业预算收入”科目。

年末，事业单位将“事业预算收入”科目本年发生额中的专项资金收入转入非财政拨款相关科目结转，借记“事业预算收入”科目下各专项资金收入明细科目，贷记“非财政拨款结转——本年收支结转”科目；将“事业预算收入”科目本年发生额中的非专项资金收入转入其他结余，借记“事业预算收入”科目下各非专项资金收入明细科目，贷记“其他结余”科目。

【例 2－3】2×19 年 12 月，某事业单位根据发生的预算收入业务，编制相关的会计分录。

(1)20 日，收到从财政专户返还的事业预算收入 2 000 000 元，存入银行。

借：资金结存——银行存款	2 000 000
贷：事业预算收入	2 000 000

(2)25 日，收到经核准无须上缴的资金 150 000 元，存入银行。

借：资金结存——货币资金	150 000
贷：事业预算收入	150 000

(3)31 日，结转全年事业预算收入 45 000 000 元，其中专项资金收入 5 000 000 元，非专项资金收入 40 000 000 元。

借：事业收入	45 000 000
贷：非财政拨款结转——本年收支结转	5 000 000
其他结余	40 000 000

四、上级补助预算收入和附属单位上缴预算收入的核算

（一）上级补助预算收入的核算

上级补助预算收入是指事业单位从主管部门和上级单位取得的非财政补助现金流入。

为了反映上级补助预算收入，事业单位应设置“上级补助预算收入”科目。该科目贷方登记收到上级补助预算收入；借方登记年末转入非财政拨款结转或其他结余的上级补助预算收入。年末结转后，“上级补助预算收入”科目应无余额。

“上级补助预算收入”科目应当按照发放补助单位、补助项目、《政府收支分类科目》中“支出功能分类科目”的项级科目等进行明细核算。上级补助预算收入中如有专项资金收入，还应按照具体项目进行明细核算。

事业单位收到上级补助预算收入时，按照实际收到的金额，借记“资金结存——货币资金”科目，贷记“上级补助预算收入”科目；年末，将“上级补助预算收入”科目本年发生额中的专项资金收入转入非财政拨款结转，借记“上级补助预算收入”科目下各专项资金收入明细科目，贷记“非财政拨款结转——本年收支结转”科目；将“上级补助预算收入”科目本年发生额中的非专项资金收入转入其他结余，借记“上级补助预算收入”科目下各非专项资金收入明细科目，贷记“其他结余”科目。

（二）附属单位上缴预算收入的核算

附属单位上缴预算收入是指事业单位取得附属独立核算单位根据有关规定上缴的现金流入。

为了反映附属单位上缴预算收入增减变动情况，事业单位应设置“附属单位上缴预算收

入”科目。该科目的贷方登记实际收到附属单位上缴的预算收入；借方登记年末转入非财政拨款结转或其他结余的附属单位上缴的预算收入。年末结转后，“附属单位上缴预算收入”科目应无余额。

“附属单位上缴预算收入”科目应当按照附属单位、缴款项目、《政府收支分类科目》中“支出功能分类科目”的项级科目等进行明细核算。附属单位上缴预算收入中如有专项资金收入，还应按照具体项目进行明细核算。

附属单位收到附属单位缴来预算收入款项时，按照实际收到的金额，借记“资金结存——货币资金”科目，贷记“附属单位上缴预算收入”科目。年末，将“附属单位上缴预算收入”科目本年发生额中的专项资金收入转入非财政拨款结转，借记“附属单位上缴预算收入”科目下各专项资金收入明细科目，贷记“非财政拨款结转——本年收支结转”科目；将本科目本年发生额中的非专项资金收入转入其他结余，借记“附属单位上缴预算收入”科目下各非专项资金收入明细科目，贷记“其他结余”科目。

【例2－4】2×19年，某事业单位根据发生的上级补助预算收入和附属单位上缴预算收入业务，编制相关的会计分录。

(1)7月5日，收到上级主管部门非财政补助收入5 000 000元，款项已存入银行。

借:资金结存——货币资金	5 000 000	
贷:上级补助预算收入		5 000 000

(2)9月30日，收到下属独立核算乙单位缴款4 000 000元，丙单位缴款1 350 000元。两单位缴款均为非专项资金并全部存入银行。

借:资金结存——货币资金	5 350 000	
贷:附属单位上缴预算收入——乙单位		4 000 000
——丙单位		1 350 000

(3)12月31日，结转上级补助预算收入和附属单位上缴预算收入 。

借:上级补助预算收入	5 000 000	
附属单位上缴预算收入——乙单位	4 000 000	
——丙单位	1 350 000	
贷:非财政拨款结转——本年收支结转		5 000 000
其他结余		5 350 000

五、经营预算收入的核算

经营预算收入是指事业单位在专业业务活动及其辅助活动之外开展非独立核算经营活动取得的现金流入。经营预算收入通常是事业单位向公众提供商品或服务收到他们所支付的对价。事业单位应按照预算管理要求，对经营预算收入区分收入项目分别编制预算，取得的收入作为经营预算收入核算。

为了反映经营活动增减变动情况，事业单位应设置“经营预算收入”科目。该科目贷方登记取得的经营预算收入；借方登记年末结转的经营预算收入。年末结转后，“经营预算收入”科目应无余额。“经营预算收入”科目应当按照经营活动类别、项目、《政府收支分类科目》中“支出功能分类科目”的项级科目等进行明细核算。

事业单位收到经营预算收入时，按照实际收到的金额，借记“资金结存——货币资金”科目，贷记“经营预算收入”科目；年末，将“经营预算收入”科目本年发生额转入经营结余，借记“经营预算收入”科目，贷记“经营结余”科目。

【例 2 - 5】2×19 年 12 月 1 日，某科研机构（属于增值税小规模纳税人）“经营预算收入”全年累计发生额合计6 300 000元。12 月份根据发生的经营收入业务，编制相关的会计分录。

(1)销售新开发的科技产品一批，开具增值税专用发票注明价款 180 000 元，增值税为 5 400元，全部款项存入银行。

借：资金结存——货币资金　　185 400

　贷：经营预算收入　　185 400

(2)取得本月出租房屋租金收入 30 000 元，增值税 1 500 元。全部款项已存入银行。

借：资金结存——货币资金　　31 500

　贷：经营预算收入　　31 500

(3)年末结转经营预算收入。

借：经营预算收入　　6 516 900

　贷：经营结余　　6 516 900

六、债务预算收入的核算

债务预算收入是指事业单位按照规定从银行和其他金融机构等借入的、纳入部门预算管理的、不以财政资金作为偿还来源的债务本金。

事业单位的债务资金，如银行借款等，虽然不是其主要的资金来源，但举借资金作为一种经济行为，已经客观地存在于事业单位。为了防范财务风险，必须将债务资金纳入预算，加强债务资金监督与管理。

为了反映债务预算收入的增减变动情况，事业单位应设置“债务预算收入”科目。该科目的贷方登记事业单位实际借入的金额；借方登记年末转入非财政拨款结转的专项资金收入或转入其他结余的非专项资金收入。年末结转后，“债务预算收入”科目应无余额。

“债务预算收入”科目应当按照贷款单位、贷款种类、《政府收支分类科目》中“支出功能分类科目”的项级科目等进行明细核算。债务预算收入中如有专项资金收入，还应按照具体项目进行明细核算。

事业单位借入各项短期或长期借款时，按照实际借入的金额，借记“资金结存——货币资金”科目，贷记“债务预算收入”科目；年末，将“债务预算收入”科目本年发生额中的专项资金收入转入非财政拨款结转，借记“债务预算收入”科目下各专项资金收入明细科目，贷记“非财政拨款结转——本年收支结转”科目；将“债务预算收入”科目本年发生额中的非专项资金收入转入其他结余，借记“债务预算收入”科目下各非专项资金收入明细科目，贷记“其他结余”科目。

【例 2 - 6】2×19 年，某事业单位根据发生的债务收入业务，编制相关的会计分录。

(1)9 月 1 日，向银行借入一笔款项，借款金额 80 000 元，利率 5%，期限 6 个月，资金已转入单位的账户。

借：资金结存——货币资金　　80 000

　贷：债务预算收入　　80 000

(2)11 月 10 日，单位为修建职工食堂向银行借入专门借款 3 000 000 元，期限 2 年，分期付息到期还本，年利率为 6%。

借：资金结存——货币资金　　3 000 000

　贷：债务预算收入　　3 000 000

(3)12 月 31 日，结转债务预算收入 3 080 000 元，其中专项资金收入 3 000 000 元，非专项资金收入 80 000 元。

借：债务预算收入　　3 080 000

　贷：非财政拨款结转——本年收支结转　　3 000 000

　　其他结余　　80 000

七、非同级财政拨款预算收入的核算

非同级财政拨款预算收入是指行政事业单位从非同级政府财政部门取得的财政拨款，包括本级横向转拨财政款和非本级财政拨款。

需要说明两点：

一是行政事业单位因开展科研及其辅助活动而从非同级政府财政部门取得的经费拨款，不确认为非同级财政拨款预算收入，应作为事业预算收入核算。

二是本级、非本级是针对行政事业单位预算编报关系而言的：隶属于中央管理的，俗称中央单位；隶属于各级地方管理的，俗称地方单位。“本级横向”是指与本单位预算编报关系一致，且不是本单位上级主管部门的单位，比如，中国科学院隶属于中央管理，对其而言，教育部就是本级横向；“非本级”是指与本单位预算编报关系不一致的单位，比如，北京市民政局隶属于北京市政府管理，对其而言，民政部就是非本级单位。

为了反映非同级财政拨款预算收入增减变动情况，行政事业单位应设置“非同级财政拨款预算收入”科目。该科目的贷方登记取得的非同级财政拨款预算收入；借方登记年末转入非财政拨款结转的专项资金收入或转入其他结余的非专项资金收入。年末结转后，“非同级财政拨款预算收入”科目应无余额。

“非同级财政拨款预算收入”科目应当按照非同级财政拨款预算收入的类别、来源、《政府收支分类科目》中“支出功能分类科目”的项级科目等进行明细核算。非同级财政拨款预算收入中如有专项资金收入，还应按照具体项目进行明细核算。

行政事业单位取得非同级财政拨款预算收入时，按照实际收到的金额，借记“资金结存——货币资金”科目，贷记“非同级财政拨款预算收入”科目；年末，将“非同级财政拨款预算收入”科目本年发生额中的专项资金收入转入非财政拨款结转，借记“非同级财政拨款预算收入”科目下各专项资金收入明细科目，贷记“非财政拨款结转——本年收支结转”科目；将“非同级财政拨款预算收入”科目本年发生额中的非专项资金收入转入其他结余，借记“非同级财政拨款预算收入”科目下各非专项资金收入明细科目，贷记“其他结余”科目。

【例 2－7】2×19 年 10 月 20 日，某市级事业单位从省财政取得财政拨款 500 000 元额度用于 M 项目研发活动，已收到代理银行转来财政授权支付额度到账通知书。编制相关会计分录。

(1)取得财政拨款。

借：资金结存——零余额账户用款额度　　500 000

　贷：非同级财政拨款预算收入　　500 000

(2)年末结转非同级财政拨款预算收入。

借：非同级财政拨款预算收入　　500 000

贷:非财政拨款结转——本年收支结转　　500 000

八、投资预算收益的核算

(一)投资预算收益概述

投资预算收益是指事业单位取得的按照规定纳入部门预算管理的属于投资收益性质的现金流入,包括股权投资收益、出售或收回债券投资所取得的收益和债券投资利息收入。

为了反映投资预算收益的增减变动情况,事业单位应设置"投资预算收益"科目。该科目贷方登记获得的投资收益;借方登记发生的投资损失以及年末转入其他结余的投资收益。年末结转后,"投资预算收益"科目应无余额。

"投资预算收益"科目应当按照《政府收支分类科目》中"支出功能分类科目"的项级科目等进行明细核算。

(二)债权投资预算收益的核算

事业单位持有的短期投资以及分期付息、一次还本的长期债券投资收到利息时,按照实际收到的金额,借记"资金结存——货币资金" 科目,贷记"投资预算收益"科目。

事业单位出售或到期收回本年度取得的短期、长期债券,按照实际取得的价款或实际收到的本息金额,借记"资金结存——货币资金"科目,按照取得债券时"投资支出"科目的发生额,贷记"投资支出" 科目,按照其差额,贷记或借记"投资预算收益"科目;出售或到期收回以前年度取得的短期、长期债券,按照实际取得的价款或实际收到的本息金额,借记"资金结存——货币资金"科目,按照取得债券时"投资支出"科目的发生额,贷记"其他结余"科目,按照其差额,贷记或借记"投资预算收益"科目。

事业单位出售、转让以货币资金取得的长期股权投资的,其账务处理参照出售或到期收回债券投资。

【例2-8】2×19年,某事业单位根据发生的债权投资预算收益业务,编制相关的会计分录。

(1)1月5日,收到2×18年度购买国债的利息40 000元存入银行,该国债取得成本1 000 000元,与其面值相同,年利率为4%。

借:资金结存——货币资金　　40 000

　贷:投资预算收益　　40 000

(2)6月30日,处置2×18年使用经营结余资金购买国债的40%,其成本为400 000元,取得收入450 000元存入银行。

借:资金结存——货币资金　　450 000

　贷:投资支出　　400 000

　　投资预算收益　　50 000

(三)长期股权投资预算收益的核算

事业单位因持有长期股权投资而取得被投资单位分派的现金股利或利润时,按照实际收到的金额,借记"资金结存——货币资金"科目,贷记"投资预算收益"科目。

事业单位出售、转让以非货币性资产取得的长期股权投资时,按照实际取得的价款扣减支付的相关费用和应缴财政款后的余额(按照规定纳入单位预算管理的),借记"资金结存——货币资金"科目,贷记"投资预算收益"科目。

【例2-9】2×19年,某事业单位根据发生的长期股权投资预算收益业务,编制相关的会计分录。

(1)4 月 20 日,收到被投资甲企业分配的利润 100 000 元,存入银行。

借:资金结存——货币资金 100 000

贷:投资预算收益 100 000

(2)9 月 10 日,转让投资于甲企业的部分股权,确认投资预算收益 400 000 元,存入银行。

借:资金结存——货币资金 400 000

贷:投资预算收益 400 000

(四)投资预算收益的年末结转

年末,事业单位将“投资预算收益”科目本年发生额转入其他结余,借记或贷记“投资预算收益”科目,贷记或借记“其他结余”科目。

【例 2 - 10】承例 2 - 9,2 ×19 年 12 月 31 日,该单位将“投资预算收益”科目本年发生额转入其他结余。编制如下会计分录:

借:投资预算收益 500 000

贷:其他结余 500 000

九、其他预算收入的核算

(一)其他预算收入的内容

其他预算收入是指行政事业单位除财政拨款预算收入、事业预算收入、上级补助预算收入、附属单位上缴预算收入、经营预算收入、债务预算收入、非同级财政拨款预算收入、投资预算收益之外的纳入部门预算管理的现金流入,包括捐赠预算收入、利息预算收入、租金预算收入、现金盘盈收入等。

(二)其他预算收入日常的核算

为了反映其他预算收入增减变动情况,行政事业单位应设置“其他预算收入”科目。该科目的贷方登记取得其他预算收入,借方登记年末转入非财政拨款结转的专项资金收入或转入其他结余的非专项资金收入。转入年末结转后,“其他预算收入”科目应无余额。

“其他预算收入”科目应当按照其他收入类别、《政府收支分类科目》中“支出功能分类科目”的项级科目等进行明细核算。其他预算收入中如有专项资金收入,还应按照具体项目进行明细核算。行政事业单位发生的捐赠预算收入、利息预算收入、租金预算收入金额较大或业务较多的,可单独设置“捐赠预算收入”“利息预算收入”“租金预算收入”等科目。

行政事业单位接受捐赠现金资产、收到银行存款利息、收到资产承租人支付的租金时,按照实际收到的金额,借记“资金结存——货币资金”科目,贷记“其他预算收入”科目。

行政事业单位每日现金账款核对中如发现现金溢余,按照溢余的现金金额,借记“资金结存——货币资金”科目,贷记“其他预算收入”科目。经核实,属于应支付给有关个人和单位的部分,按照实际支付的金额,借记“其他预算收入”科目,贷记“资金结存——货币资金”科目。

行政事业单位收到其他预算收入时,按照收到的金额,借记“资金结存 ——货币资金”科目,贷记“其他预算收入”科目。

(三)其他预算收入期末的核算

年末,行政事业单位将“其他预算收入”科目本年发生额中的专项资金收入转入非财

政 拨款结转，借记“其他预算收入”科目下各专项资金收入明细科目，贷记“非财政拨款结转——本年收支结转”科目；将“其他预算收入”科目本年发生额中的非专项资金收入转入其他结余，借记“其他预算收入”科目下各非专项资金收入明细科目，贷记“其他结余”科目。

【例2-11】2×19年，某事业单位根据发生的其他预算收入业务，编制相关的会计分录。

(1)3月31日，取得利息收入15 000元存入银行。

借：资金结存——货币资金　15 000

　贷：其他预算收入　15 000

(2)6月30日接到银行通知，某公司支付的房屋租金300 000元转入本单位财政零余额账户。

借：资金结存——零余额账户用款额度　300 000

　贷：其他预算收入　300 000

(3)9月1日，收到社会捐赠款1 000 000元存入银行。

借：资金结存——货币资金　1 000 000

　贷：其他预算收入　1 000 000

(4)12月31日，结转其他预算收入，其中专项资金收入为15 000元。

借：其他预算收入　1 315 000

　贷：非财政拨款结转——本年收支结转　15 000

　　其他结余　1 300 000

第二节　预算支出的核算

一、预算支出概述

(一)预算支出的概念

预算支出是指行政事业单位在预算年度内依法发生并纳入预算管理的现金流出。行政事业单位在履行职能或开展业务活动过程中，必然要发生各种各样的耗费或支出，如支付职工薪酬、支付购置设备和库存物品款、日常办公支出等。根据《行政单位财务规则》《事业单位财务规则》的规定，行政事业单位应当将各项支出全部纳入单位预算，由财务部门统一归口管理，建立健全支出管理制度，统筹安排各项支出。行政事业单位发生各项支出，财务部门严格按照批准的预算和相关规定审核办理。

(二)预算支出的内容

(1)行政支出，是指行政单位履行其职责实际发生的各项现金流出。

(2)事业支出，是指事业单位开展专业业务活动及其辅助活动实际发生的各项现金流出。

(3)经营支出，是指事业单位在专业业务活动及其辅助活动之外开展非独立核算经营活动实际发生的各项现金流出。

(4)上缴上级支出，是指事业单位按照财政部门和主管部门的规定上缴上级单位款项发生的现金流出。

(5)对附属单位补助支出,是指事业单位用财政拨款预算收入之外的收入对附属单位补助发生的现金流出。

(6)投资支出,是指事业单位以货币资金对外投资发生的现金流出。

(7)债务还本支出,是指事业单位偿还自身承担的纳入预算管理的从金融机构举借的债务本金的现金流出。

(8)其他支出,是指单位除行政支出、事业支出、经营支出、上缴上级支出、对附属单位补助支出、投资支出、债务还本支出以外的各项现金流出,包括利息支出、对外捐赠现金支出、现金盘亏损失、接受捐赠(调入)和对外捐赠(调出)非现金资产发生的税费支出、资产置换过程中发生的相关税费支出、罚没支出等。

(三)预算支出的特点

行政事业单位预算支出具有以下特点:

(1)预算支出是行政事业单位在履职和开展业务活动过程中发生的支出。行政事业单位发生预算支出的活动,如提供管理服务和公益服务活动、非独立核算经营活动、其他活动等。导致预算支出发生的活动应当是已经发生的活动,不包括尚未发生的活动。

(2)预算支出是一种资源流出。属于预算支出的资源包括:现金、非现金资产、支付权力(国库集中支付额度)等。如归还政府借款本金、购买资本性资产付出的资金等。

(3)预算支出是限定性支出。该支出属于纳入行政事业单位预算管理的资源流出,其内容和金额是由经过法定程序批准的单位预算所规定和约束的。

(4)预算支出不具有可补偿性。行政事业单位除经营性支出外,其他支出均不能从任何渠道、以任何形式予以补偿。行政事业单位只能依靠预算拨款以及社会捐赠等方法获得各项支出所需的资金,而取得的收入通常与行政事业单位发生的支出并无任何直接关系。

(四)预算支出的确认、计量标准

根据《基本准则》的规定,预算会计采用收付实现制,其支出一般应当在支付款项时予以确认,并按照实际支付金额进行计量。

二、行政支出的核算

(一)行政支出概述

1. 行政支出的概念

行政支出有广义、狭义之分。广义的行政支出包括行政单位实际发生的各项资源耗费或流出,包括现金流出、库存物品耗用、设备折旧、自然灾害造成的毁损丧失等非现金支出。狭义的行政支出是指行政单位履行其职责实际发生的各项现金流出。它们是以预算资金反映的行政单位为保障机构正常运转和完成任务所发生的资金耗费或损失。

2. 行政支出的分类

为了便于研究分析各项行政支出的范围和特点,弄清它们之间的区别和联系,有针对性地加强行政支出管理和监督,不断提高资金使用效益,必须对行政单位支出进行科学的分类。

行政支出按照不同标志分类的结果如表 2－2 所示。

表 2－2　行政支出的分类

分类标志	分类项目	内　容
1. 按单位性质分类	党政机关支出	人大机关、政府机关（不含公安、安全、司法行政机关）、政协机关、民主党派机关、社会团体机关等单位支出
	公检法司支出	公安机关、国家安全机关、法院、检察院、司法机关、监狱、劳教部门等单位支出
	驻外机构支出	驻外领事馆、常驻联合国及其专门机构等国际组织的代表团、行政单位非外交性质的驻外机构等单位支出
2. 按支出性质分类	基本支出	为保障行政单位机构正常运转、完成日常工作任务而必须发生的支出。其分为人员经费支出和日常公用经费支出两类
	项目支出	行政单位为完成其特定工作任务和行政工作任务而发生的支出。一般包括大型修缮支出、大型会议支出、专项设备购置费支出、专项业务费支出等
3. 按支出经济性质分类	工资福利支出	单位开支的在职职工和编制外长期聘用人员的各类劳动报酬，以及为上述人员缴纳的各项社会保险费等，包括基本工资、津贴补贴、奖金、绩效工资、机关事业单位基本养老保险缴费、职业年金缴费、职工基本医疗保险缴费、其他社会保障缴费、住房公积金、其他工资福利支出等
	商品和服务支出	单位购买商品和服务的支出，包括办公费、印刷费、咨询费、手续费、水费、电费、邮电费、取暖费、物业管理费、差旅费、因公出国（境）费用、维修（护）费、租赁费、会议费、培训费、公务接待费、专用材料费、被装购置费、专用燃料费、劳务费、委托业务费、工会经费、福利费、公务用车运行维护费、其他交通费用、税金及附加费用、其他商品和服务支出等。
	对个人和家庭的补助	单位用于对个人和家庭的补助支出，包括离休费、退休费、退职（役）费、抚恤金、生活补助、救济费、医疗费补助、助学金、奖励金、个人农业生产补贴、其他对个人和家庭的补助等
	资本性支出（基本建设）	单位使用发展与改革部门集中安排的用于购置固定资产以及购建基础设施、大型修缮所发生的支出，包括房屋建筑物购建、办公设备购置、专用设备购置、基础设施建设、大型修缮、信息网络及软件购置更新、物资储备、公务用车购置、其他交通工具购置、文物和陈列品购置、无形资产购置、其他基本建设支出等
	资本性支出（各单位安排的资本性支出）	单位使用非发展与改革部门集中安排的用于购置固定资产以及购建基础设施、大型修缮所发生的支出，包括房屋建筑物购建、办公设备购置、专用设备购置、基础设施建设、大型修缮、信息网络及软件购置更新、物资储备、土地补偿、安置补助、地上附着物和青苗补偿、拆迁补偿、公务用车购置、其他交通工具购置、文物和陈列品购置、无形资产购置、其他资本性支出等

（二）“行政支出”科目的设置

为了反映行政单位履行其职责实际发生各项现金流出情况，行政单位应设置“行政支出”科目。该科目借方登记行政支出的增加数额，贷方登记行政支出的减少数额；年末，将“行政支出”科目本年发生额分别转入财政拨款结转和其他资金结转结余，结转后，“行政支出”科目应无余额。

“行政支出”科目明细账设置方法如表 2－3 所示。

需要说明的是，对于预付款项，可通过在“行政支出”科目下设置“待处理”明细科目进行核算,待确认具体支出项目后再转入"行政支出"科目下相关明细科目。年末结账前,应将"行政支出"科目"待处理"明细科目余额全部转入"行政支出"科目下相关明细科目。

表 2－3 "行政支出"科目明细账设置方法

<table>
<tr><th rowspan="2">总账科目</th><th colspan="6">明细科目</th></tr>
<tr><th>一级明细科目</th><th>二级明细科目</th><th>三级明细科目</th><th>四级明细科目</th><th>五级明细科目</th><th>六级明细科目</th></tr>
<tr><td rowspan="10">行政支出</td><td rowspan="6">财政拨款支出</td><td rowspan="3">一般公共预算财政拨款</td><td rowspan="3">支出功能分类项级科目</td><td>基本支出</td><td>支出经济分类款级科目</td><td></td></tr>
<tr><td rowspan="2">项目支出</td><td>××项目</td><td rowspan="2">支出经济分类款级科目</td></tr>
<tr><td>××项目</td></tr>
<tr><td rowspan="3">政府性基金预算财政拨款</td><td rowspan="3">支出功能分类项级科目</td><td>基本支出</td><td>支出经济分类款级科目</td><td></td></tr>
<tr><td rowspan="2">项目支出</td><td>××项目</td><td rowspan="2">支出经济分类款级科目</td></tr>
<tr><td>××项目</td></tr>
<tr><td rowspan="3">非财政专项资金支出</td><td rowspan="3">支出功能分类项级科目</td><td>基本支出</td><td>支出经济分类款级科目</td><td></td><td></td></tr>
<tr><td rowspan="2">项目支出</td><td>××项目</td><td rowspan="2">支出经济分类款级科目</td><td rowspan="2"></td></tr>
<tr><td>××项目</td></tr>
<tr><td>其他资金支出</td><td>支出功能分类项级科目</td><td>同上</td><td>同上</td><td>同上</td><td></td></tr>
</table>

下面通过举例说明"事业支出"总账科目及其明细科目的应用方法。

【例 2－12】2×19 年 12 月份,通过财政直接支付转入个人工资账户和住房公积金个人账户资金 1 129 600 元,其中基本工资总额 480 000 元,津贴 400 000 元,发放退休人员退休费 192 000 元,代职工转入住房公积金管理中心的住房公积金 57 600 元。单位配套补贴住房公积金 57 600 元。编制会计分录:

借:行政支出——财政拨款支出——一般公共预算拨款支出——基本支出
　　　　　　——基本工资——基本工资　　672 000
　　　　　　　　　　　——津贴补贴　　400 000
　　　　　　　　　　　——住房公积金　　57 600
　贷:资金结存——货币资金　　1 129 600

(三)行政支出日常的核算

行政单位日常发生的行政支出业务主要包括:向单位职工个人支付薪酬,按照规定代扣代缴个人所得税以及代扣代缴或为职工缴纳职工社会保险费、住房公积金等,实际支付给外部人员个人的劳务报酬,按照规定代扣代缴个人所得税,支付购买存货、固定资产、无形资产等以及在建工程支付相关款项,发生预付账款等。发生上述支出时,行政单位应按照实际支付的数额,借记"行政支出"科目,贷记"财政拨款预算收入""资金结存"科目。

有时,行政单位因购货退回等发生款项退回,或者发生差错更正的,属于当年支出收回的,按照收回或更正金额,借记"财政拨款预算收入""资金结存"科目,贷记"行政支出"

科目。

【例2-13】2×19年10月份，某行政单位根据发生的经济业务，编制相关的预算会计分录。

(1)6日，收到代发工资银行盖章转回的工资发放明细表，发放基本工资总额450 000元，款项已通过财政直接支付划入个人工资账户和住房公积金个人账户。

借：行政支出　　450 000

　贷：财政拨款预算收入　　450 000

(2)15日，接受外单位有关人员提供劳务，应付劳务费13 000元，代扣代缴个人所得税2 080元，尚未支付。劳务费以财政零余额账户支付。

借：行政支出　　13 000

　贷：资金结存——零余额账户用款额度　　13 000

(3)20日，购买一批库存物品并交付使用，共支付3 500元；购入一台不需要安装的设备，支付款项150 000元。全部款项以银行存款付讫。

借：行政支出　　153 500

　贷：资金结存——货币资金　　153 500

(4)25日，按合同约定以财政零余额账户资金预付乙单位租赁房屋款项300 000元。

借：行政支出　　300 000

　贷：资金结存——零余额账户用款额度　　300 000

(5)31日，以银行存款支付邮电费共计39 560元，其中：物品的邮寄费1 360元，电话费12 400元，传真费800元，网络通信费25 000元。

借：行政支出　　39 560

　贷：资金结存——银行存款　　39 560

(6)当年4月份购进一批办公家具，价值65 000元，因无法使用，经与生产厂商联系，同意退货。10月31日，收回退货款并存入银行。

借：资金结存——货币资金　　65 000

　贷：行政支出　　65 000

(四)行政支出期末的核算

年末，行政单位应将“行政支出”科目本年发生额中的财政拨款支出转入财政拨款结转，借记“财政拨款结转——本年收支结转”科目，贷记“行政支出”科目下各财政拨款支出明细科目；将“行政支出”科目本年发生额中的非财政专项资金支出转入非财政拨款结转，借记“非财政拨款结转——本年收支结转”科目，贷记“行政支出”科目下各非财政专项资金支出明细科目；将“行政支出”科目本年发生额中的其他资金支出（非财政非专项资金支出）转入其他结余，借记“其他结余”科目，贷记“行政支出”科目下其他资金支出明细科目。

【例2-14】承例2-13，12月31日结转行政支出。该单位“行政支出”科目发生额合计891 060元，其中非财政专项资金为150 000元，其余部分为财政拨款支出。

借：非财政拨款结转——本年收支结转　　741 060

　　其他结余　　150 000

　贷：行政支出　　891 060

三、事业支出的核算

(一)事业支出概述

1. 事业支出的概念

事业支出是指事业单位开展专业业务活动及其辅助活动实际发生的各项现金流出。

事业单位在参与社会事务管理,履行公共管理和社会服务职能,开展教育、科技、文化、卫生等专业业务活动及其辅助活动过程中,必然要支付各种款项,以满足各类事业发展的需要。事业支出是事业单位从事其主营或核心业务时发生的主要现金支出,具有经常性、数额大的特点,反映了事业单位在履行其职责、提供公益服务过程中发生的必要的耗费,是考核事业成果和资金使用效益的重要依据。

2. 事业支出的分类

事业支出可以按照不同标志进行分类:

(1)按行业分类,事业支出可以分为中小学校事业支出、高等学校事业支出、科学事业单位事业支出、医院事业支出、基层医疗卫生机构事业支出、彩票机构事业支出、测绘事业单位事业支出、地质事业单位事业支出、文物事业单位事业支出、文化事业单位事业支出、广播电视事业单位事业支出、计划生育事业单位事业支出、体育事业单位事业支出、农业事业单位事业支出、国家物资储备事业单位事业支出等。

(2)按支出的经济性质分类。根据《政府收支分类科目》,事业支出可以分为"工资福利支出""商品和服务支出""对个人和家庭的补助""债务利息及费用支出""资本性支出(基本建设)""资本性支出"类级科目。具体内容见"行政支出分类"。

(3)按支出的资金来源性质分类。按支出的资金来源性质分类,事业单位的事业支出可以分为财政拨款支出和非财政拨款支出两类。其中:财政拨款支出是指事业单位使用财政预算拨入经费和财政预算外资金返还收入而发生的事业支出;非财政拨款支出是指事业单位使用除财政预算拨款以外的资金而发生的支出。

(4)事业支出的综合分类。综合分类是指按照预算管理要求,根据事业支出特点,将事业支出不同分类进行有机结合而形成的事业支出类别。事业支出的综合分类一般先按不同经费来源性质将事业支出分为财政拨款支出和非财政拨款支出两类。在财政拨款支出种类下,再按财政拨款所属时期区分为当年财政拨款支出和以前年度财政拨款结余支出两类。在当年财政拨款支出和以前年度财政拨款结余支出类别下,再按部门预算管理的要求分为基本支出和项目支出。在基本支出类别下再区分为人员经费支出和日常公用经费支出。在项目支出种类下再按具体支出项目进行分类。在人员经费和日常公用经费以及相应的项目支出下,再按《政府收支分类科目》中的支出经济分类科目进行分类。非财政拨款支出种类下按部门预算管理的要求区分为基本支出和项目支出两类。

(二)"事业支出"科目的设置

为了反映事业支出增减变动情况,单位应设置"事业支出"科目。该科目借方登记事业支出的增加;贷方登记事业支出的减少。

事业单位发生教育、科研、医疗、行政管理、后勤保障等活动的,可在"事业支出"科目下设置相应的明细科目进行核算,或单设"教育支出""科研支出""医疗支出""行政管理支出""后勤保障支出"等一级会计科目进行核算。

"事业支出"科目应当分别按照"财政拨款支出""非财政专项资金支出""其他资金支

出”“基本支出”“项目支出”等进行明细核算，并按照《政府收支分类科目》中“支出功能分类科目”的项级科目进行明细核算；“基本支出”和“项目支出”明细科目下应当按照《政府收支分类科目》中“部门预算支出经济分类科目”的款级科目进行明细核算，同时在“项目支出”明细科目下按照具体项目进行明细核算。

有一般公共预算财政拨款、政府性基金预算财政拨款等两种或两种以上财政拨款的事业单位，还应当在“财政拨款支出”明细科目下按照财政拨款的种类进行明细核算。

对于预付款项，可通过在“事业支出”科目下设置“待处理”明细科目进行明细核算，待确认具体支出项目后再转入“事业支出”科目下相关明细科目。年末结账前，应将本科目“待处理”明细科目余额全部转入“事业支出”科目下相关明细科目。

“事业支出”明细科目的设置方法，如表 2－4 所示。

表 2－4 “事业支出”明细科目设置方法表

总账科目	二级明细科目	三级明细科目	四级明细科目	五级明细科目	六级明细科目
事业支出	财政拨款支出	支出功能分类项级科目	基本支出	部门预算支出经济分类款级科目	
			项目支出	部门预算支出经济分类款级科目	××项目
		支出功能分类项级科目	同上		
	非财政专项资金支出	支出功能分类项级科目	××项目		
			××项目		
	其他资金支出	支出功能分类项级科目			

下面通过举例说明“事业支出”总账科目及其明细科目的应用方法。

【例 2－15】2×19 年 9 月 10 日，某文化事业单位通过零余额账户支付图书馆大修费 85 000元（属于项目支出预算）。根据上述经济业务，该单位编制预算会计分录如下：

借：事业支出——财政拨款支出——图书馆——项目支出——图书馆大修　85 000

　贷：零余额账户用款额度　85 000

（三）事业支出日常的核算

事业单位日常发生的事业支出业务主要包括：支付单位职工（经营部门职工除外）薪酬；按照规定代扣代缴个人所得税以及代扣代缴或为职工缴纳职工社会保险费和住房公积金等；为专业业务活动及其辅助活动实际支付外部人员劳务费；开展专业业务活动及其辅助活动过程中为购买存货、固定资产、无形资产等，以及在建工程支付的相关款项；开展专业业务活动及其辅助活动过程中实际缴纳的相关税费以及发生的其他各项支出。发生上述事业支出时，事业单位应按照实际支付的数额，借记“事业支出”科目，贷记“财政拨款预算收入”“资金结存”科目。

事业单位在开展专业业务活动及其辅助活动过程中发生预付账款时，按照实际支付的金额，借记“事业支出”科目，贷记“财政拨款预算收入”“资金结存”科目。对于暂付款项，在支付款项时可不做预算会计处理，待结算或报销时，按照结算或报销的金额，借记“事业支出”科目，贷记“资金结存”科目。事业单位按照实际支付的金额，借记“事业支出”科目，贷记“财政拨款预算收入”“资金结存”科目。

有时，事业单位开展专业业务活动及其辅助活动过程中因购货退回等发生款项退回，或者发生差错更正的，属于当年支出收回的，按照收回或更正金额，借记“财政拨款预算收入”“资金结存”科目，贷记“事业支出”科目。

（四）事业支出期末的核算

年末，事业单位将“事业支出”科目本年发生额中的财政拨款支出转入财政拨款结转，借记“财政拨款结转——本年收支结转”科目，贷记“事业支出”科目下各财政拨款支出明细科目；将“事业支出”科目本年发生额中的非财政专项资金支出转入非财政拨款结转，借记“非财政拨款结转——本年收支结转”科目，贷记“事业支出”科目下各非财政专项资金支出明细科目；将“事业支出”科目本年发生额中的其他资金支出（非财政非专项资金支出）转入其他结余，借记“其他结余”科目，贷记“事业支出”科目下其他资金支出明细科目。

【例2－16】某事业单位为增值税小规模纳税人，2×19年10月份根据发生的事业支出业务，编制相关会计分录。

（1）该单位职工薪酬实行财政直接支付方式。10月5日，收到代理银行开具的工资发放明细表支付职工工资总额为4 600 000元。

借：事业支出 4 600 000

　贷：财政拨款预算收入 4 600 000

（2）10月15日，购入自用库存物品一批并验收入库，以银行存款支付价税款35 100元。

借：事业支出 35 100

　贷：资金结存——货币资金 35 100

（3）10月20日，用非财政专项资金购买一台不需安装的设备，设备价款为3 000 000元，由财政直接支付。该事业单位根据收到的“财政授权支付入账通知书”及有关凭证编制会计分录。

借：事业支出——非财政专项资金支出 3 000 000

　贷：资金结存——零余额账户用款额度 3 000 000

（4）28日，开展辅助活动并以非财政专项资金支付单位外部人员劳务费15 000元。

借：事业支出 15 000

　贷：资金结存——货币资金 15 000

（5）年末，结转“事业支出”科目本年累计发生额。该单位1月至11月“事业支出”科目所属明细科目累计发生额合计如下：“财政拨款支出”明细科目36 000 000元，“非财政专项资金支出”明细科目25 000 000元，“其他资金支出”明细科目185 000元。

借：财政拨款结转——本年收支结转

（36 000 000＋4 600 000＋35 100）40 635 100

　非财政拨款结转——本年收支结转 （25 000 000＋3 000 000）28 000 000

　其他结余 （185 000＋15 000）200 000

　贷：事业支出 68 835 100

四、经营支出的核算

（一）经营支出的概念

经营支出是指事业单位在专业业务活动及其辅助活动之外开展非独立核算经营活动实际发生的各项现金流出。如以货币资金支付的职工薪酬、库存物品采购支出、设备或仪器购置支出、日常办公费支出等。

关于经营支出可以从以下三个方面理解：

第一，经营支出是专业业务活动及其辅助活动之外发生的支出。

第二，经营支出是非独立核算经营活动发生的支出。

第三，经营支出的核算基础为收付实现制，核算依据是事业单位编制的经营支出预算，核算对象是经营支出预算增减变动情况。

（二）经营支出日常的核算

为了反映经营支出增减变动情况，事业单位应设置“经营支出”科目。该科目的借方登记开展经营活动发生现金支出；贷方登记年末将经营支出转入经营结余数。年末结转后，“经营支出”科目应无余额。

“经营支出”科目应当按照经营活动类别项目、《政府收支分类科目》中“支出功能分类科目”的项级科目和“部门预算支出经济分类科目”的款级科目等进行明细核算。

事业单位经营支出日常业务活动主要包括：支付经营部门职工薪酬，按照规定代扣代缴个人所得税以及代扣代缴或为职工缴纳职工社会保险费、住房公积金，为经营活动支付外部人员劳务费，开展经营活动过程中为购买存货、固定资产、无形资产等以及在建工程支付相关款项，因开展经营活动缴纳的相关税费以及发生的其他各项支出等。事业单位发生经营支出支付上述款项时，借记“经营支出”科目，贷记“资金结存”科目。

需要说明两点：一是事业单位开展日常经营活动过程中发生预付账款时，按照实际支付的金额，借记“经营支出”科目，贷记“资金结存”科目。具体来说，发生的预付款项，可通过在“经营支出”科目下设置“待处理”明细科目进行明细核算，待确认具体支出项目后再转入“经营支出”科目下相关明细科目。年末结账前，应将“经营支出”科目“待处理”明细科目余额全部转入“经营支出”科目下相关明细科目。为了简化核算，也可以在支付款项时不做预算会计处理，待结算或报销时，按照结算或报销的金额，借记“经营支出”科目，贷记“资金结存”科目。二是事业单位开展经营活动中因购货退回等发生款项退回，或者发生差错更正的，属于当年支出收回的，按照收回或更正金额，借记“资金结存”科目，贷记“经营支出”科目。

（三）经营支出年末的核算

年末，事业单位将“经营支出”科目本年发生额转入经营结余，借记“经营结余”科目，贷记“经营支出”科目。

【例 2－17】2×19 年 10 月份，某事业单位所属非独立核算印刷厂根据发生的经营支出业务，编制相关的会计分录。

（1）以银行存款支付外部人员设备维修费 1 500 元。

借：经营支出	1 500	
贷：资金结存——货币资金		1 500

（2）以零余额账户支付经营部门电费、网费 15 800 元。

借:经营支出　15 800
　贷:资金结存——零余额账户用款额度　15 800

(3)车间主任王某出差归来报销差旅费850元,以现金付讫。

借:经营支出　850
　贷:资金结存——货币资金　850

(4)购置印刷设备一台,以零余额账户支付设备款46 000元。

借:经营支出　46 000
　贷:资金结存——零余额账户用款额度　46 000

(5)本月取得经营收入应交增值税35 000元、城市维护建设税2 450元、教育费附加1 050元。全部税费以银行存款支付。

借:经营支出　38 500
　贷:资金结存——货币资金　38 500

(6)收到上月购货退回的款项5 000元,存入银行。

借:资金结存——货币资金　5 000
　贷:经营支出　5 000

(7)月末,将经营支出97 650元转入经营结余。

借:经营结余　97 650
　贷:经营支出　97 650

五、上缴上级支出和对附属单位补助支出的核算

(一)上缴上级支出的核算

上缴上级支出是指事业单位按照财政部门和主管部门的规定上缴上级单位款项发生的现金流出。

根据《事业单位财务规则》的规定,非财政补助收入超出其正常支出较多的事业单位的上级单位可会同同级财政部门,根据该事业单位的具体情况,确定对这些事业单位实行收入上缴的办法。收入上缴主要有两种形式,一是定额上缴,即在核定预算时,确定一个上缴的绝对数额;二是按比例上缴,即根据收支情况,确定按收入的一定比例上缴。事业单位按已确定的定额或比例上缴的预算收入即为上缴上级支出。

为了反映上缴上级支出增减变动情况,事业单位应设置"上缴上级支出"科目。该科目借方登记实际上缴的支出;贷方登记年末将"上缴上级支出"科目本年发生额转入其他结余的数额。年末结转后,本科目应无余额。

"上缴上级支出"科目应当按照收缴款项单位、缴款项目、《政府收支分类科目》中"支出功能分类科目"的项级科目和"部门预算支出经济分类科目"的款级科目等进行明细核算。

事业单位按照规定将款项上缴上级单位的,按照实际上缴的金额,借记"上缴上级支出"科目,贷记"资金结存"科目;年末,将"上缴上级支出"科目本年发生额转入其他结余,借记"其他结余"科目,贷记"上缴上级支出"科目。

(二)对附属单位补助支出的核算

对附属单位补助支出是指事业单位用财政拨款预算收入之外的收入对附属单位补助发生的现金流出。从性质看,对附属单位补助也是一种对外投资,但由于补助的对象为所属单位,是本单位的组成部分,所以与对其他单位的投资相比又有所区别。因此,对附属单位补

助不通过"对外投资"账户进行核算,而另单设"对附属单位补助支出"科目。

为了反映对附属单位补助支出增减变动情况,事业单位应设置"对附属单位补助支出"科目。该科目的借方登记对附属单位实际补助的数额;贷方登记期末转入其他结余的对附属单位的补助数额;期末结账后,该科目应无余额。

"对附属单位补助支出"科目应当按照接受补助单位、补助项目、《政府收支分类科目》中"支出功能分类科目"的项级科目和"部门预算支出经济分类科目"的款级科目等进行明细核算。

事业单位发生对附属单位补助支出的,按照实际补助的金额,借记"对附属单位补助支出"科目,贷记"资金结存"科目;年末,将"对附属单位补助支出"科目本年发生额转入其他结余,借记"其他结余"科目,贷记"对附属单位补助支出"科目。

【例2-18】某市教育局所属M大学,根据发生的上缴上级支出和对附属单位补助支出业务编制相关的会计分录。

(1)按规定的标准上缴上级单位资金35 000元,款项以银行存款付讫。

借:上缴上级支出　　25 000

　贷:资金结存——货币资金　　25 000

(2)根据预算安排,对所属机构拨款500 000元。

借:对附属单位补助支出　　500 000

　贷:资金结存——货币资金　　500 000

(3)收到所属单位根据章程规定缴回的30 000元剩余资金。

借:资金结存——货币资金　　30 000

　贷:对附属单位补助支出——甲单位　　30 000

(4)年末,结转上缴上级支出和对附属单位补助支出。

借:其他结余　　470 000

　贷:对附属单位补助支出　　470 000

借:其他结余　　25 000

　贷:上缴上级支出　　25 000

六、投资支出和债务还本支出的核算

(一)投资支出的核算

投资支出是指事业单位以货币资金对外投资发生的现金流出。

事业单位对外投资可以按照不同标志进行分类。按投资形式分类,投资可以分为货币投资、实物投资和无形资产投资。这里所讲的投资支出是指以货币资金投资发生的支出。

为了反映投资支出增减变动情况,事业单位应设置"投资支出"科目。该科目的借方登记以货币资金对外投资的金额和所支付的相关税费;贷方登记年末转入其他结余的投资支出。年末结转后,"投资支出"科目应无余额。

"投资支出"科目应当按照投资类型、投资对象、《政府收支分类科目》中"支出功能分类科目"的项级科目和"部门预算支出经济分类科目"的款级科目等进行明细核算。

事业单位以货币资金对外投资时,按照投资金额和所支付的相关税费金额的合计数,借记"投资支出"科目,贷记"资金结存"科目。

事业单位出售、对外转让或到期收回本年度以货币资金取得的对外投资的,如果按规定将投资收益纳入单位预算，按照实际收到的金额，借记“资金结存”科目，按照取得投资时“投资支出”科目的发生额，贷记“投资支出”科目，按照其差额，贷记或借记“投资预算收益”科目；如果按规定将投资收益上缴财政的，按照取得投资时“投资支出”科目的发生额，借记“资金结存”科目，贷记“投资支出”科目。

事业单位出售、对外转让或到期收回以前年度以货币资金取得的对外投资的，如果按规定将投资收益纳入单位预算，按照实际收到的金额，借记“资金结存”科目，按照取得投资时“投资支出”科目的发生额，贷记“其他结余”科目，按照其差额，贷记或借记“投资预算收益”科目；如果按规定将投资收益上缴财政的，按照取得投资时“投资支出”科目的发生额，借记“资金结存”科目，贷记“其他结余”科目。

年末，事业单位将“投资支出”科目本年发生额转入其他结余，借记“其他结余”科目，贷记“投资支出”科目。

（二）债务还本支出的核算

债务还本支出是指事业单位偿还自身承担的纳入预算管理的从金融机构举借的债务本金的现金流出。

为了反映债务还本支出的增减变动情况，事业单位应设置“债务还本支出”科目。该科目的借方登记偿还各项短期或长期借款的本金；贷方登记年末转入其他结余的各项短期或长期借款的本金。年末结转后，“债务还本支出”科目应无余额。

“债务还本支出”应当按照贷款单位、贷款种类、《政府收支分类科目》中“支出功能分类科目”的项级科目和“部门预算支出经济分类科目”的款级科目等进行明细核算。

事业单位偿还各项短期或长期借款时，按照偿还的借款本金，借记“债务还本支出”科目，贷记“资金结存”科目。

年末，将“债务还本支出”科目本年发生额转入其他结余，借记“其他结余”科目，贷记“债务还本支出”科目。

【例 2-19】2×19 年，某事业单位根据发生的纳入预算管理的投资支出和债务还本支出业务，编制相关的会计分录。

(1)4 月 1 日，购买 5 个月到期国债，支付价款 200 000 元，票面利率为 3%，一次还本付息，另支付相关交易费用 600 元。全部款项以银行存款支付。

借：投资支出	200 600
贷：资金结存——货币资金	200 600

(2)6 月 30 日，以银行存款归还长期借款本金 500 000 元。

借：债务还本支出	500 000
贷：资金结存——货币资金	500 000

(3)6 月 30 日，将 4 月 1 日购买的国债的 40% 予以出售，取得款项 82 000 元存入银行。该投资收益纳入单位预算。

借：资金结存——货币资金	82 000
贷：投资支出	[(200 000 + 600) × 40%]80 240
投资预算收益	(82 000 − 80 240)1 760

(4)年末，结转投资支出和债务还本支出。

借：其他结余	620 360
贷：投资支出	120 360

债务还本支出　　500 000

七、其他支出的核算

（一）其他支出的内容

其他支出是指除行政支出、事业支出、经营支出、上缴上级支出、对附属单位补助支出、投资支出、债务还本支出以外的各项现金流出，包括利息支出、对外捐赠现金支出、现金盘亏损失、接受捐赠（调入）和对外捐赠（调出）非现金资产发生的税费支出、资产置换过程中发生的相关税费支出、罚没支出等。

为了反映其他支出的增减变动情况，应设置“其他支出”科目。该科目的借方登记其他支出的增加金额，贷方登记其他支出的减少金额。年末结转后，“其他支出”科目应无余额。

“其他支出”科目应当按照其他支出的类别，即“财政拨款支出”“非财政专项资金支出”和“其他资金支出”，《政府收支分类科目》中“支出功能分类科目”的项级科目和“部门预算支出经济分类科目”的款级科目等进行明细核算。其他支出中如有专项资金支出，还应按 照具体项目进行明细核算。有一般公共预算财政拨款、政府性基金预算财政拨款等两种或两种以上财政拨款的事业单位，还应当在“财政拨款支出”明细科目下按照财政拨款的种类进行明细核算。

需要说明的是，单位发生利息支出、捐赠支出等其他支出金额较大或业务较多的，可单独设置“利息支出”“捐赠支出”等科目。

（二）其他支出日常的核算

行政事业单位支付银行借款利息时，按照实际支付金额，借记“其他支出”科目，贷记“资金结存”科目；行政事业单位对外捐赠现金资产时，按照捐赠金额，借记“其他支出”科目，贷记“资金结存——货币资金”科目；每日现金账款核对中如发现现金短缺，按照短缺的现金金额，借记“其他支出”科目，贷记“资金结存——货币资金”科目。经核实，属于应当由有关人员赔偿的，按照收到的赔偿金额，借记“资金结存——货币资金”科目，贷记“其他支出”科目。

行政事业单位接受捐赠（无偿调入）和对外捐赠（无偿调出）非现金资产发生的税费支出、接受捐赠（无偿调入）非现金资产发生的归属于捐入方（调入方）的相关税费、运输费等，以及对外捐赠（无偿调出）非现金资产发生的归属于捐出方（调出方）的相关税费、运输费等，按照实际支付金额，借记本科目，贷记“资金结存”科目。

行政事业单位资产置换过程中发生的相关税费支出、资产置换过程中发生的相关税费，按照实际支付金额，借记“其他支出”科目，贷记“资金结存”科目。

行政事业单位发生罚没等其他支出时，按照实际支出金额，借记“其他支出”科目，贷记“资金结存”科目。

（三）其他支出年末的核算

年末，将“其他支出”科目本年发生额中的财政拨款支出转入财政拨款结转，借记“财政拨款结转——本年收支结转”科目，贷记“其他支出”科目下各财政拨款支出明细科目；将“其他支出”科目本年发生额中的非财政专项资金支出转入非财政拨款结转，借记“非财政拨款结转——本年收支结转”科目，贷记“其他支出”科目下各非财政专项资金支出明细科目；将“其他支出”科目本年发生额中的其他资金支出（非财政非专项资金支出）转入其他结余，借记“其他结余”科目，贷记“其他支出”科目下各其他资金支出明细科目。

【例2－20】2×19年某事业单位根据发生的其他支出业务，编制相关的会计分录。

(1)3月1日，支付短期借款利息3 000元，长期借款利息5 000元，全部利息以银行存款支付。

借：其他支出　　8 000

　贷：资金结存——货币资金　　8 000

(2)9月1日，经批准向西部欠发达地区教育部门捐赠现金100 000元。

借：其他支出　　100 000

　贷：资金结存——货币资金　　100 000

(3)10月28日，盘点库存现金时发现现金短缺200元。因短缺原因不明，经批准作其他支出处理。

借：其他支出　　200

　贷：资金结存——货币资金　　200

(4)12月5日，经批准，从其他事业单位调入库存物品一批，以银行存款支付与调入物品相关的税费支出3 000元。

借：其他支出　　3 000

　贷：资金结存——货币资金　　3 000

(5)12月31日，结转其他支出111 200元，其中，转入财政拨款结转8 000元、其他结余103 200元。

借：财政拨款结转——本年收支结转　　8 000

　　其他结余　　103 200

　贷：其他支出　　111 200

第三节　预算结余的核算

一、预算结余概述

（一）预算结余的概念和特点

预算结余是指行政事业单位预算年度内预算收入扣除预算支出后的资金余额，以及历年滚存的资金余额。预算结余包括结余资金和结转资金，其中：结余资金是指年度预算执行终了，预算收入实际完成数扣除预算支出和结转资金后剩余的资金；结转资金是指预算安排项目的支出到年终尚未执行完毕或者因故未执行，且下年需要按原用途继续使用的资金。

预算结余具有以下特点：

第一，预算结余是行政事业单位全部预算收入与全部预算支出相抵后的余额，是行政事业单位的财务成果。其数额的多少取决于预算收入、预算支出的确认和计量，不存在单独对预算结余确认的问题。

第二，由于行政事业单位的业务活动不以营利为目的，因此，形成预算结余的原因可能是增收节支所致，也可能是对工作任务调整的结果。

第三，预算结余在一定程度上表明行政事业单位可动用预算资金的数额。

(二)预算结余的分类

预算结余按资金来源的性质分两类:

1. 财政拨款结转结余

财政拨款结转结余是指行政事业单位一定时期财政拨款的结转资金和结余资金。它是根据年初预算结转结余加减年初余额调整、本年财政拨款结转结余增减变动额计算确定。其计算公式如下:

年末财政拨款结转结余 = 年初预算结转结余 ± 年初余额调整金额 ± 本年收支差额 + 本年归集调入 − 本年归集上缴或调出

2. 其他资金结转结余

其他资金结转结余是指行政事业单位一定时期除财政拨款结转结余资金以外的结转资金和结余资金。其中包括非财政拨款结转、非财政拨款结余、专用结余、经营结余。它是根据年初其他预算资金结转结余加/减年初其他预算资金余额调整额、本年其他预算资金结转结余增减变动额计算确定。其计算公式如下:

年末其他预算资金结转结余 = 年初其他预算资金结转结余 ± 年初其他预算资金余额调整额 ± 本年收支差额 ± 本年的缴回资金 ± 本年使用的专用结余 ± 本年支付的所得税

二、资金结存的核算

资金结存是指行政事业单位纳入部门预算管理的资金结存额。它随着预算资金的流入或收到预算资金使用额度而增加,随着预算资金的流出或支用预算资金款额度而减少。

资金结存包括以下三个方面:

(1)零余额账户用款额度。零余额账户用款额度是指,实行国库集中支付的行政事业单位根据财政部门批复的用款计划,收到和支用的零余额账户用款额度。

(2)货币资金。货币资金是指行政事业单位以库存现金、银行存款、其他货币资金形态存在的资金。

(3)财政应返还额度。财政应返还额度是指,实行国库集中支付的行政事业单位可以使用的以前年度财政直接支付资金额度和财政应返还的财政授权支付资金额度。

为了反映纳入部门预算管理的资金的流入、流出、调整和滚存等情况,行政事业单位应设置“资金结存”科目。该科目结构、使用方法已在本章前两节做了说明。

三、财政拨款结转和结余的核算

(一)财政拨款结转的核算

结转资金是指当年预算已执行但未完成,或者因故未执行,下一年度需要按照原用途继续使用的资金。按形成时间,资金结转分为当年资金结转和累计资金结转,当年结转是指当年形成的财政拨款结转、累计结转是指截至年底形成的历年累计财政拨款结转资金。按结转资金来源,资金结转分为基本支出结转资金和项目支出结转资金。其中,基本支出结转资金包括人员经费结转资金和日常公用经费结转资金。

为了反映取得同级财政拨款结转资金的调整、结转和滚存情况,单位应设置“财政拨款结转”科目。

“财政拨款结转”科目所属明细科目的设置如表 2 − 5 所示。

表 2－5　财政拨款结转明细科目

归属类别	名称	核算内容
与会计差错更正、以前年度支出业务收回相关	年初余额调整	因发生会计差错更正、以前年度支出收回等原因，需要调整财政拨款结转的金额
与财政拨款调拨业务相关	归集调入	按照规定从其他单位调入财政拨款结转资金时，实际调增的额度数额或调入的资金数额
	归集调出	按照规定向其他单位调出财政拨款结转资金时，实际调减的额度数额或调出的资金数额
	归集上缴	按照规定上缴财政拨款结转资金时，实际核销的额度数额或上缴的资金数额
	单位内部调剂	经财政部门批准对财政拨款结余资金改变用途，调整用于本单位其他未完成项目等的调整金额
与年末财政拨款结转业务相关	本年收支结转	本年度财政拨款收支相抵后的余额
	累计结转	滚存的财政拨款结转资金

需要说明的是，年末结账后，表 2－5 财政拨款结转明细科目中除“累计结转”外，其他明细科目均无余额。

“财政拨款结转”科目应当设置“基本支出结转”“项目支出结转”两个明细科目，并在“基本支出结转”明细科目下按照“人员经费”“日常公用经费”进行明细核算，在“项目支出结转”明细科目下按照具体项目进行明细核算；同时，“财政拨款结转”科目还应按照《政府收支分类科目》中“支出功能分类科目”的相关科目进行明细核算。

有一般公共预算财政拨款、政府性基金预算财政拨款等两种或两种以上财政拨款的，还应当在“财政拨款结转”科目下按照财政拨款的种类进行明细核算。

1. 年初余额调整业务的核算

行政事业单位因发生会计差错更正退回以前年度国库直接支付、授权支付款项或财政性货币资金，或者因发生会计差错，更正增加以前年度国库直接支付、授权支付支出或财政性货币资金支出，属于以前年度财政拨款结转资金的，借记或贷记“资金结存——财政应返还额度、零余额账户用款额度、货币资金”科目，贷记或借记“财政拨款结转——年初余额调整”科目。

行政事业单位因购货退回、预付款项收回等发生以前年度支出又收回国库直接支付、授权支付款项或收回财政性货币资金，属于以前年度财政拨款结转资金的，借记“资金结存——财政应返还额度、零余额账户用款额度、货币资金”科目，贷记“财政拨款结转——年初余额调整”科目。

2. 财政拨款结转结余资金调整业务的核算

行政事业单位按照规定从其他单位调入财政拨款结转资金的，按照实际调增的额度数额或调入的资金数额，借记“资金结存——财政应返还额度、零余额账户用款额度、货币资金”科目，贷记“财政拨款结转——归集调入”科目。

行政事业单位按照规定向其他单位调出财政拨款结转资金的，按照实际调减的额度数额或调出的资金数额，借记“财政拨款结转——归集调出”科目，贷记“资金结存——财政应返还额度、零余额账户用款额度、货币资金”科目。

行政事业单位按照规定上缴财政拨款结转资金或注销财政拨款结转资金额度的，按照实际上缴资金数额或注销的资金额度数额，借记“财政拨款结转——归集上缴”科目，贷记“资金结存——财政应返还额度、零余额账户用款额度、货币资金”科目。

行政事业单位经财政部门批准对财政拨款结余资金改变用途，调整用于本单位基本支出或其他未完成项目支出的，按照批准调剂的金额，借记“财政拨款结余——单位内部调剂”科目，贷记“财政拨款结转——单位内部调剂”科目。

3. 年末财政拨款结转业务的核算

年末，行政事业单位将财政拨款预算收入本年发生额转入“财政拨款结转”科目，借记“财政拨款预算收入”科目，贷记“财政拨款结转——本年收支结转”科目；将各项支出中财政拨款支出本年发生额转入本科目，借记“财政拨款结转——本年收支结转”科目，贷记“财政拨款支出”等支出科目。

年末，冲销财政拨款结转科目有关明细科目的余额，将“财政拨款结转——本年收支结转、年初余额调整、归集调入、归集调出、归集上缴、单位内部调剂”科目余额转入“财政拨款结转——累计结转”科目。结转后，“财政拨款结转”科目除“累计结转”明细科目外，其他明细科目应无余额。

年末完成上述财政拨款结转后，应当对财政拨款结转各明细项目执行情况进行分析，按照有关规定将符合财政拨款结余性质的项目余额转入财政拨款结余，借记“财政拨款结转——累计结转”科目，贷记“财政拨款结余——结转转入”科目。

财政拨款结转账务处理程序，如图2-3所示。

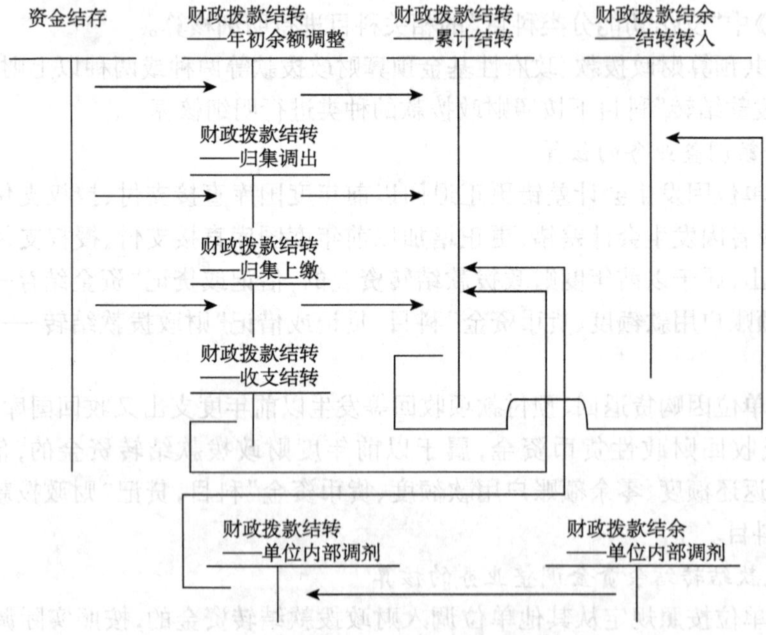

图2-3　财政拨款结转账务处理程序

【例2-21】2×19年，甲行政单位根据发生的财政拨款结转业务，编制相关的会计分录。

(1)因单位发生会计差错,更正增加以前年度国库直接支付款项100 000元,该资金属于以前年度财政拨款结转资金。

借:资金结存——财政应返还额度　100 000

　贷:财政拨款结转——年初余额调整　100 000

(2)按照规定从其他单位调入财政拨款结余资金5 000 000元,款项存入银行。

借:资金结存——货币资金　5 000 000

　贷:财政拨款结转——归集调入　5 000 000

(3)按照规定上缴财政拨款结转资金2 000 000元,款项以零余额账户结算。

借:财政拨款结转——归集上缴　2 000 000

　贷:资金结存——零余额账户用款额度　2 000 000

(4)经财政部门批准,该单位将其财政拨款结余资金300 000元调剂给乙行政单位。

借:财政拨款结余——单位内部调剂——甲行政单位　300 000

　贷:财政拨款结转——单位内部调剂——乙行政单位　300 000

(5)年末,财政拨款结转相关业务的处理。

①年末结转本年财政拨款预算收入和支出。经计算,该单位财政拨款预算收入总额为235 000 000元,财政拨款支出为220 000 000元。

借:财政拨款预算收入　235 000 000

　贷:财政拨款结转——本年收支结转　235 000 000

借:财政拨款结转——本年收支结转　220 000 000

　贷:财政拨款支出　220 000 000

②年末冲销财政拨款结转科目相关明细科目的余额。

借:财政拨款结转——本年收支结转　15 000 000

　　　　　　　——年初余额调整　100 000

　　　　　　　——归集调入　5 000 000

　　　　　　　——单位内部调剂　300 000

　贷:财政拨款结转——累计结转　18 400 000

　　　　　　　　——归集上缴　2 000 000

③年末完成上述结转后,按照有关规定将累计结转的60%转入财政拨款结余。

借:财政拨款结转——累计结转　(18 400 000×60%)11 040 000

　贷:财政拨款结余——结转转入　11 040 000

(二)财政拨款结余的核算

1. 财政拨款结余的概念

财政拨款结余是指当年预算工作目标已完成,或者因故终止,当年剩余的资金。它是“财政拨款”和“结余”复合而成的概念。前者是说明结余资金的性质,即行政事业单位主要采取预算方式、无偿取得和使用财政资金,直接用于行使和实现国家职能的需要。“结余”是结余资金的简称。结余的概念有广义和狭义之分。广义讲,结余是全部收入与全部支出相抵后的余额;狭义讲,结余资金一般具体指财政拨款结余、事业结余和经营结余。其中,财政拨款结余包括两个方面的内容:一是行政事业单位在完成行政或事业计划的前提下,因节约开支而形成的收支结余;二是因行政或事业计划未完成或项目需跨年度进行而要结转下年度使用的资金结存。可见,财政拨款形成结余的原因是多方面的,既有各级政府预算部门加强资金管理形成的结余,又有制度、政策性因素及预算编制、调整等原因形成的结余。

行政事业单位应设置"财政拨款结余"科目,核算行政事业单位取得的同级财政拨款项目支出结余资金的调整、结转和滚存情况。其贷方登记财政拨款结余的增加数;借方登记财政拨款结余的减少数。"财政拨款结余"科目的年末贷方余额,反映行政事业单位滚存的财政拨款结余资金数额。

"财政拨款结余"科目所属明细科目的设置如表 2－6 所示。

表 2－6 "财政拨款结余"科目所属明细科目

归属类别	明细科目的名称	核算内容
与会计差错更正、以前年度支出收回相关	年初余额调整	因发生会计差错更正、以前年度支出收回等原因,需要调整财政拨款结余的金额
与财政拨款结余资金调整业务相关	归集上缴	按照规定上缴财政拨款结余资金时,实际核销的额度数额或上缴的资金数额
	单位内部调剂	经财政部门批准对财政拨款结余资金改变用途,调整用于本单位其他未完成项目等的调整金额
与年末财政拨款结余业务相关	结转转入	按照规定转入财政拨款结余的财政拨款结转资金
	累计结余	滚存的财政拨款结余资金

需要说明的是,"财政拨款结余"科目还应当按照具体项目、《政府收支分类科目》中"支出功能分类科目"的相关科目等进行明细核算。

有一般公共预算财政拨款、政府性基金预算财政拨款等两种或两种以上财政拨款的,还应当在本科目下按照财政拨款的种类进行明细核算。

2. 年初余额调整业务的核算

行政事业单位因发生会计差错更正退回以前年度国库直接支付、授权支付款项或财政性货币资金,或者因发生会计差错更正增加以前年度国库直接支付、授权支付支出或财政性货币资金支出,属于以前年度财政拨款结余资金的,借记或贷记"资金结存——财政应返还额度、零余额账户用款额度、货币资金"科目,贷记或借记"财政拨款结余——年初余额调整"科目;因购货退回、预付款项收回等发生以前年度支出又收回国库直接支付、授权支付款项或收回财政性货币资金,属于以前年度财政拨款结余资金的,借记"资金结存——财政应返还额度、零余额账户用款额度、货币资金"科目,贷记"财政拨款结余——年初余额调整"科目。

3. 财政拨款结余资金调整业务的核算

行政事业单位经财政部门批准对财政拨款结余资金改变用途,调整用于本单位基本支出或其他未完成项目支出的,按照批准调剂的金额,借记"财政拨款结余——单位内部调剂"科目,贷记"财政拨款结转——单位内部调剂"科目。

行政事业单位按照规定上缴财政拨款结余资金或注销财政拨款结余资金额度的,按照实际上缴资金数额或注销的资金额度数额,借记"财政拨款结余——归集上缴"科目,贷记"资金结存——财政应返还额度、零余额账户用款额度、货币资金"科目。

4. 财政拨款结余年末结转业务的核算

年末,行政事业单位对财政拨款结转各明细项目执行情况进行分析,按照有关规定将符合财政拨款结余性质的项目余额转入财政拨款结余，借记“财政拨款结转——累计结转”科目，贷记“财政拨款结余——结转转入”科目；年末冲销有关明细科目余额时，将“财政拨款结余——年初余额调整、归集上缴、单位内部调剂、结转转入”科目余额转入“财政拨款结余——累计结余”科目。结转后，“财政拨款结余”科目除“累计结余”明细科目外，其他明细科目应无余额。

财政拨款结余账务处理程序，如图 2－4 所示。

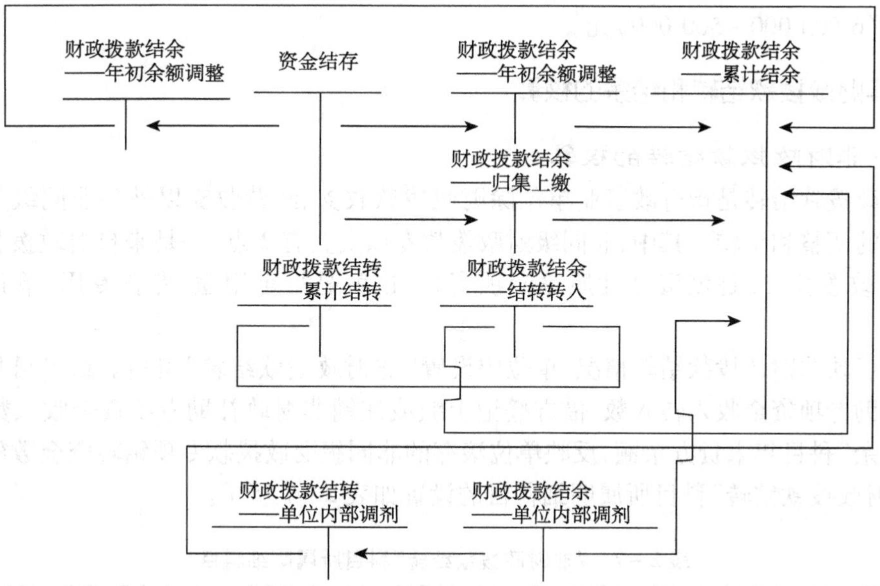

图 2－4 财政拨款结余账务处理程序

【例 2－22】2×19 年初，某事业单位“财政拨款结余——累计结余”科目贷方余额为 6 800 000元。2×19 年该单位根据发生的财政拨款结余业务，编制相关的会计分录。

(1)因发生会计差错，退回财政部门 2×18 年度财政授权支付的相关款项 150 000 元。

借:财政拨款结余——年初余额调整　　150 000

　贷:资金结存——零余额账户用款额度　　150 000

(2)经财政部门批准，对财政拨款结余资金 100 000 元改变用途，调整用于本单位 M 研发未完成项目支出。

借:财政拨款结余——单位内部调剂　　100 000

　贷:财政拨款结转——单位内部调剂　　100 000

(3)注销财政拨款结余资金额度 300 000 元。

借:财政拨款结余——归集上缴　　300 000

　贷:资金结存——财政应返还额度　　300 000

(4)年末，按照有关规定将符合财政拨款结余性质的项目余额 50 000 元转入财政拨款结余。

借:财政拨款结转——累计结转　　50 000

　贷:财政拨款结余——结转转入　　50 000

(5)假定该单位 2×19 年仅上述财政拨款结余业务，年末结转财政拨款结余有关明细科目余额。

借:财政拨款结余——结转转入　　50 000

　　——累计结余　　500 000

贷:财政拨款结余——年初余额调整　　150 000

　　——单位内部调剂　　100 000

　　——归集上缴　　300 000

经上述结转,该单位 2×19 年 12 月 31 日“财政拨款结余——累计结余”科目余额为 6 300 000(6 800 000－500 000)元。

四、非财政拨款结转和结余的核算

(一)非财政拨款结转的核算

非财政拨款结转是指行政事业单位除财政拨款收支、经营收支以外各非同级财政拨款专项资金的调整和结转。其中,非同级财政拨款专项资金有 2 点:一是来自财政拨款但不属于同级财政拨款;二是该资金性质是专项资金,也就是指定用途、专款专用、单独核算的资金。

为了反映非财政拨款结转情况,单位应设置“非财政拨款结转”科目。该科目贷方登记非财政补助专项资金收入转入数;借方登记上缴或注销非财政补助专项资金收入数;“非财政拨款结余”科目年末贷方余额,反映单位滚存的非同级财政拨款专项结转资金数额。

“非财政拨款结转”科目所属明细科目的设置如表 2－7 所示。

表 2－7　“非财政拨款结转”科目所属明细科目

明细科目	核算内容	年末余额情况
年初余额调整	因发生会计差错更正、以前年度支出收回等原因,需要调整非财政拨款结转的资金	无余额
缴回资金	按照规定缴回非财政拨款结转资金时,实际缴回的资金数额	无余额
项目间接费用或管理费	取得的科研项目预算收入中,按照规定计提项目间接费用或管理费的数额	无余额
本年收支结转	本年度非同级财政拨款专项收支相抵后的余额	无余额
累计结转	滚存的非同级财政拨款专项结转资金	年末贷方余额,反映单位非同级财政拨款滚存的专项结转资金数额

“非财政拨款结余”科目还应当按照具体项目、《政府收支分类科目》中“支出功能分类科目”的相关科目等进行明细核算。

1. 非财政拨款结转日常业务的核算

行政事业单位按照规定从科研项目预算收入中提取项目管理费或间接费时,按照提取金额,借记“非财政拨款结余——项目间接费用或管理费”科目,贷记“非财政拨款结转——项目间接费用或管理费”科目。

行政事业单位因会计差错更正收到或支出非同级财政拨款货币资金，属于非财政拨款结转资金的，按照收到或支出的金额，借记或贷记“资金结存——货币资金”科目，贷记或借记“非财政拨款结转——年初余额调整”科目。

行政事业单位因收回以前年度支出等收到非同级财政拨款货币资金，属于非财政拨款结转资金的，按照收到的金额，借记“资金结存——货币资金”科目，贷记“非财政拨款结转——年初余额调整”科目。

行政事业单位按照规定缴回非财政拨款结转资金的，按照实际缴回资金数额，借记“非财政拨款结转——缴回资金”科目，贷记“资金结存——货币资金”科目。

2. 年末非财政拨款结转业务的核算

年末，将事业预算收入、上级补助预算收入、附属单位上缴预算收入、非同级财政拨款预算收入、债务预算收入、其他预算收入本年发生额中的专项资金收入转入“非财政拨款结转——本年收支结转”科目，借记“事业预算收入”“上级补助预算收入”“附属单位上缴预算收入”“非同级财政拨款预算收入”“债务预算收入”“其他预算收入”科目下各专项资金收入明细科目，贷记“非财政拨款结转——本年收支结转”科目；将行政支出、事业支出、其他支出本年发生额中的非财政拨款专项资金支出转入“非财政拨款结转”科目，借记“非财政拨款结转——本年收支结转”科目，贷记“行政支出”“事业支出”“其他支出”科目下各非财政拨款专项资金支出明细科目。

年末冲销有关明细科目余额时，将“非财政拨款结转——年初余额调整、项目间接费用或管理费、缴回资金、本年收支结转”科目余额转入“非财政拨款结转——累计结转”科目。结转后，“非财政拨款结余”科目除“累计结转”明细科目外，其他明细科目应无余额。

年末完成上述结转后，应当对非财政拨款专项结转资金各项目情况进行分析，将留归本单位使用的非财政拨款专项（项目已完成）剩余资金转入非财政拨款结余，借记“非财政拨款结转——累计结转”科目，贷记“非财政拨款结余——结转转入”科目。

【例2－23】2×19年，某事业单位根据发生的非财政拨款结转业务，编制相关的会计分录。

（1）收回2×18年已列支出的非同级财政拨款150 000元，存入银行。

借：资金结存——货币资金	150 000	
贷：非财政拨款结转——年初余额调整		150 000

（2）根据与拨款单位签订的《项目管理办法》的相关规定，年末该单位按照科研项目预算收入的5%提取项目管理费30 000元。

借：非财政拨款结余——项目间接费用或管理费	30 000	
贷：非财政拨款结转——项目间接费用或管理费		30 000

（3）因拨款单位工作原因，收到拨款单位追加2×18年非同级财政拨款50 000元，存入银行。

借：资金结存——货币资金	50 000	
贷：非财政拨款结转——年初余额调整		50 000

（4）按照相关规定，该单位以银行存款缴回非财政拨款结转资金20 000元。

借：非财政拨款结转——缴回资金	20 000	
贷：资金结存——货币资金		20 000

（5）年末，经计算全年专项资金收入、支出情况如表2－8所示。

表 2-8　与专项资金相关的收入、支出科目余额　　单位:元

一级科目	借方余额	贷方余额
事业预算收入		1 500 000
上级补助预算收入		2 000 000
非同级财政拨款预算收入		1 000 000
债务预算收入		600 000
其他预算收入		400 000
事业支出	3 800 000	
其他支出	500 000	
合计	4 300 000	5 500 000

根据表 2-8 资料,编制会计分录如下:

借:事业预算收入　　1 500 000
　　上级补助预算收入　　2 000 000
　　非同级财政拨款预算收入　　1 000 000
　　债务预算收入　　600 000
　　其他预算收入　　400 000
　贷:非财政拨款结转——本年收支结转　　5 500 000

借:非财政拨款结转——本年收支结转　　4 300 000
　贷:事业支出　　3 800 000
　　其他支出　　500 000

经计算,2×19 年该单位非财政拨款收支结余为 1 200 000(5 500 000 - 4 300 000)元。

(6)年末冲销有关明细科目余额。

借:非财政拨款结转——年初余额调整　　150 000
　　——项目间接费用或管理费　　30 000
　　——年初余额调整　　50 000
　　——本年收支结转　　1 200 000
　贷:非财政拨款结转——缴回资金　　20 000
　　——累计结转　　1 410 000

(7)年末,将留归本单位使用的非财政拨款专项资金剩余的 350 000 元转入非财政拨款结余。

借:非财政拨款结转——累计结转　　350 000
　贷:非财政拨款结余——结转转入　　350 000

年末,"非财政拨款结转——累计结转"科目余额为 1 060 000(1 410 000 - 350 000)元。

(二)非财政拨款结余的核算

非财政拨款结余是指行政事业单位历年滚存的非限定用途的非同级财政拨款结余资金,主要包括非财政拨款结余扣除结余分配后滚存的金额。

为了反映非财政拨款结余增减变动情况,行政事业单位应设置"非财政拨款结余"科目。

该科目贷方登记非财政拨款结余的增加数额；借方登记调整减少、因计提间接费用或管理费上缴或注销非财政拨款结余数额；年末贷方余额，反映行政事业单位非同级财政拨款结余资金的累计滚存数额。

"非财政拨款结余"科目明细账的设置如表2－9所示。

表2－9　"非财政拨款结余"科目所属明细科目

明细科目	核算内容	年末余额情况
年初余额调整	因发生会计差错更正、以前年度支出收回等原因，需要调整非财政拨款结余的资金	无余额
项目间接费用或管理费	取得的科研项目预算收入中，按照规定计提的项目间接费用或管理费数额	无余额
结转转入	按照规定留归行政事业单位使用，由行政事业单位统筹调配，纳入行政事业单位非财政拨款结余的非同级财政拨款专项剩余资金	无余额
累计结余	历年滚存的非同级财政拨款、非专项结余资金	年末贷方余额，反映行政事业单位非同级财政拨款滚存的非专项结余资金数额

需要说明的是，"非财政拨款结余"科目还应当按照《政府收支分类科目》中"支出功能分类科目"的相关科目进行明细核算。

1. 非财政拨款结余日常的核算

行政事业单位按照规定从科研项目预算收入中提取项目管理费或间接费时，借记"非财政拨款结转——项目间接费用或管理费"科目，贷记"非财政拨款结余——项目间接费用或管理费"科目。

有企业所得税缴纳义务的事业单位实际缴纳企业所得税时，按照缴纳金额，借记"非财政拨款结余——累计结余"科目，贷记"资金结存——货币资金"科目。

行政事业单位因会计差错更正收到或支出非同级财政拨款货币资金，属于非财政拨款结余资金的，按照收到或支出的金额，借记或贷记"资金结存——货币资金"科目，贷记或借记"非财政拨款结余——年初余额调整"科目。因收回以前年度支出等而收到非同级财政拨款货币资金，属于非财政拨款结余资金的，按照收到的金额，借记"资金结存——货币资金"科目，贷记"非财政拨款结余——年初余额调整"科目。

2. 非财政拨款结余年末的核算

年末，将留归本行政事业单位使用的非财政拨款专项（项目已完成）剩余资金转入"非财政拨款结余"科目，借记"非财政拨款结转——累计结转"科目，贷记"非财政拨款结余——结转转入"科目。

年末冲销有关明细科目余额，将"非财政拨款结余——年初余额调整、项目间接费用或管理费、结转转入"科目余额结转入"非财政拨款结余——累计结余"科目。结转后，"非财政拨款结余"科目除"累计结余"明细科目外，其他明细科目应无余额。

年末，事业单位将"非财政拨款结余分配"科目余额转入非财政拨款结余。"非财政拨款结余分配”科目为借方余额的，借记“非财政拨款结余——累计结余”科目，贷记“非财政拨款结余分配”科目；“非财政拨款结余分配”科目为贷方余额的，借记“非财政拨款结余分配”科目，贷记“非财政拨款结余——累计结余”科目。

年末，行政单位将“其他结余”科目余额转入非财政拨款结余。“其他结余”科目为借方余额的，借记“非财政拨款结余——累计结余”科目，贷记“其他结余”科目；“其他结余”科目为贷方余额的，借记“其他结余”科目，贷记“非财政拨款结余——累计结余”科目。

【例 2－24】某具有企业所得税缴纳义务的事业单位，2×20 年初“非财政拨款结余——累计结余”科目贷方余额为 5 800 000 元。2×20 年根据发生的非财政拨款结余业务，编制相关的会计分录。

（1）1 月 20 日，更正上年会计差错，以银行存款支付非同级财政拨款 200 000 元。

借：非财政拨款结余——年初余额调整	200 000	
贷：资金结存——货币资金		200 000

（2）3 月初，以银行存款交纳 2×19 年该单位负担的所得税 400 000 元。

借：非财政拨款结余——累计结余	400 000	
贷：资金结存——货币资金		400 000

（3）按照规定从科研项目预算收入中提取项目管理费 150 000 元。

借：非财政拨款结转——项目间接费用或管理费	150 000	
贷：非财政拨款结余——项目间接费用或管理费		150 000

（4）年末，结转项目已完成留归本单位使用的非财政拨款专项剩余资金 30 000 元。

借：非财政拨款结转——累计结转	30 000	
贷：非财政拨款结余——结转转入		30 000

（5）年末：

①冲销有关明细科目余额。

借：非财政拨款结余——项目间接费用或管理费	150 000	
——结转转入	30 000	
——累计结余	20 000	
贷：非财政拨款结余——年初余额调整		200 000

②将“非财政拨款结余分配”科目余额 300 000 元转入非财政拨款结余。

借：非财政拨款结余——累计结余	300 000	
贷：非财政拨款结余分配		300 000

2×20 年末，“非财政拨款结余——累计结余”科目余额为 5 080 000（5 800 000－400 000－20 000－300 000）元。

五、专用结余的核算

专用结余是指事业单位按照规定从非财政拨款结余中提取的具有专门用途的资金。如职工福利基金就是按照非财政拨款结余一定比例提取，用于单位职工的集体福利设施、集体福利待遇等资金。

为了反映从非财政拨款结余中提取具有专门用途资金的增减变动情况，事业单位应设置“专用结余”科目。该科目贷方登记提取的专用基金；借方登记使用已经提取的专用基金。年末贷方余额，反映事业单位从非同级财政拨款结余中提取的专用基金的累计滚存数额。

"专用结余"科目应当按照专用结余的类别进行明细核算。

事业单位根据有关规定从本年度非财政拨款结余或经营结余中提取基金的，按照提取金额，借记"非财政拨款结余分配"科目，贷记"专用结余"科目；根据规定使用从非财政拨款结余或经营结余中提取的专用基金时，按照使用金额，借记"专用结余"科目，贷记"资金结存——货币资金"科目。

【例2－25】2×19年至2×20年，某科学事业单位根据发生的专用基金业务，编制相关的会计分录。

(1)2×19年12月31日，非财政拨款本年结余3 000 000元，按照规定的20%比例提取职工福利基金。

借：非财政拨款结余分配　　600 000

　贷：专用结余　　600 000

(2)2×19年12月31日，该单位分别根据全年事业收入和经营收支结余的10%比例提取科技成果转化基金。该单位全年事业收入365 000 000元，经营结余53 000 000元。

应提取专用基金＝(365 000 000＋53 000 000)×10%＝41 800 000(元)

借：非财政拨款结余分配　　41 800 000

　贷：专用结余　　41 800 000

(3)2×20年3月10日，该单位使用专用基金奖励科研部门3 000 000元用于研发活动，款项以银行存款支付。

借：专用结余　　3 000 000

　贷：资金结存——货币资金　　3 000 000

六、经营结余的核算

(一)经营结余的概念

经营结余是指事业单位本年度经营活动收支相抵后，余额弥补以前年度经营亏损后的余额。当事业单位年度经营收入大于其经营支出时，其差额表现为当年的经营盈余；反之，当事业单位年度经营收入小于其经营支出时，其差额表现为当年的经营亏损。

经营结余是事业单位在一定期间从事经营活动的最终成果。它既反映了事业单位管理者从事经营活动对公共资源受托责任的履行情况，同时也反映了管理者工作业绩和经营效率。

(二)经营结转结余形成与结转的核算

为了反映经营结余增减变动情况，事业单位应设置"经营结余"科目。该科目贷方登记期末转入的经营预算收入；借方登记期末转入的经营预算支出。"经营结余"科目一般无余额；如为借方余额，反映事业单位累计发生的经营亏损。

"经营结余"科目可以按照经营活动类别进行明细核算。

年末，事业单位将经营预算收入本年发生额转入"经营结余"科目，借记"经营预算收入"科目，贷记"经营结余"科目；将经营支出本年发生额转入"经营结余"科目，借记"经营结余"科目，贷记"经营支出"科目。

年末，事业单位完成上述结转后，如"经营结余"科目为贷方余额，将"经营结余"科目贷方余额转入"非财政拨款结余分配"科目，借记"经营结余"科目，贷记"非财政拨款结余分配"科目；如"经营结余"科目为借方余额，为经营亏损，不予结转。

【例 2－26】2×19 年 1 月至 11 月"经营结余"科目借方余额 35 000 元。该年 12 月份"经营预算收入"科目贷方发生额 168 000 元,"经营支出"科目借方发生额 108 000 元。12 月末,编制会计分录如下:

(1)结转经营预算收入:

借:经营预算收入　　168 000

　贷:经营结余　　168 000

(2)结转支出:

借:经营结余　　108 000

　贷:经营支出　　108 000

借:经营结余　　5 000

　贷:其他支出　　5 000

(3)计算年度经营损益并将其转入"非财政拨款结转"科目:

年度经营损益＝－35 000＋(168 000－108 000)＝25 000(元)

借:经营结余　　25 000

　贷:非财政补助结余分配　　25 000

七、其他结余的核算

其他结余是指行政事业单位本年度除财政拨款收支、非同级财政专项资金收支和经营收支以外各项收支相抵后的余额。

为了反映其他结余增减变动情况,行政事业单位应设置"其他结余"科目。

年末,行政事业单位将事业预算收入、上级补助预算收入、附属单位上缴预算收入、非同级财政拨款预算收入、债务预算收入、其他预算收入本年发生额中的非专项资金收入以及投资预算收益本年发生额转入"其他结余"科目,借记"事业预算收入""上级补助预算收入""附属单位上缴预算收入""非同级财政拨款预算收入""债务预算收入""其他预算收入"科目下各非专项资金收入明细科目和"投资预算收益"科目,贷记"其他结余"科目("投资预算收益"科目本年发生额为借方净额时,借记"其他结余"科目,贷记"投资预算收益"科目);将行政支出、事业支出、其他支出本年发生额中的非同级财政、非专项资金支出,以及上缴上级支出、对附属单位补助支出、投资支出、债务还本支出本年发生额转入"其他结余"科目,借记"其他结余"科目,贷记"行政支出""事业支出""其他支出"科目下各非同级财政、非专项资金支出明细科目和"上缴上级支出""对附属单位补助支出""投资支出""债务还本支出"科目。

年末,完成上述结转后,行政单位将"其他结余"科目余额转入"非财政拨款结余——累计结余"科目;事业单位将"其他结余"科目余额转入"非财政拨款结余分配"科目。

【例 2－27】2×19 年 12 月 31 日,某事业单位除财政拨款收支、非同级财政专项资金收支和经营收支以外,收支科目余额如表 2－10 所示。

表 2－10　与经营收入和经营支出相关科目余额表

科目名称	借方发生额	贷方发生额
事业预算收入		53 000 000
上级补助预算收入		17 000 000

续表

科目名称	借方发生额	贷方发生额
附属单位上缴预算收入		5 000 000
非同级财政拨款预算收入		8 000 000
债务预算收入		12 000 000
其他预算收入		3 000 000
投资预算收益	2 000 000	
事业支出	45 000 000	
其他支出	8 000 000	
上缴上级支出	4 000 000	
对附属单位补助支出	3 000 000	
投资支出	5 000 000	
债务还本支出	6 000 000	
合计	73 000 000	98 000 000

注："事业支出""其他支出"科目支出为非同级财政、非专项资金支出。

根据表 2－10 资料，编制会计分录如下：

借：事业预算收入　53 000 000
　　上级补助预算收入　17 000 000
　　附属单位上缴预算收入　5 000 000
　　非同级财政拨款预算收入　8 000 000
　　债务预算收入　12 000 000
　　其他预算收入　3 000 000
　贷：其他结余　98 000 000

借：其他结余　73 000 000
　贷：投资预算收益　2 000 000
　　　事业支出　45 000 000
　　　其他支出　8 000 000
　　　上缴上级支出　4 000 000
　　　对附属单位补助支出　3 000 000
　　　投资支出　5 000 000
　　　债务还本支出　6 000 000

经计算，该单位其他结余年末余额为 25 000 000（98 000 000－73 000 000）元。将其结转计入非财政拨款结余分配。

借：其他结余　25 000 000
　贷：非财政拨款结余分配　25 000 000

八、非财政拨款结余分配的核算

非财政拨款结余分配是指事业单位按照规定的程序、方法对其非财政补助结余进行结转和处理。根据《事业单位财务规则》的规定，非财政拨款结余可以按照国家有关规定提取职工福利基金，剩余部分作为事业基金用于弥补以后年度单位收支差额；国家另有规定的，从其规定。

为了反映本年度非财政拨款结余分配的情况和结果，事业单位应设置“非财政拨款结余分配”科目。该科目贷方登记从本期其他结余、经营结余转入的结余数以及年末转入非财政拨款结余数；借方登记根据有关规定提取的专用基金和年末转入非财政拨款结余数等。年末结转后，“非财政拨款结余分配”科目无余额。

年末，事业单位将“其他结余”科目余额转入“非财政拨款结余分配”科目，当“其他结余”科目为贷方余额时，借记“其他结余”科目，贷记“非财政拨款结余分配”科目；当“其他结余”科目为借方余额时，借记“非财政拨款结余分配”科目，贷记“其他结余”科目。

年末，事业单位将“经营结余”科目贷方余额转入“非财政拨款结余分配”科目，借记“经营结余”科目，贷记“非财政拨款结余分配”科目。

事业单位根据有关规定提取专用基金的，按照提取的金额，借记“非财政拨款结余分配”科目，贷记“专用结余”科目。

年末，事业单位按照规定完成上述“其他结余”科目余额、“经营结余”科目结转后，将“非财政拨款结余分配”科目余额转入非财政拨款结余。当“非财政拨款结余分配”科目为借方余额时，借记“非财政拨款结余——累计结余”科目，贷记“非财政拨款结余分配”科目；当本科目为贷方余额时，借记“非财政拨款结余分配”科目，贷记“非财政拨款结余——累计结余”科目。

【例 2 - 28】2 × 19 年 12 月 31 日，某事业单位根据发生的非财政拨款结余分配业务，编制相关的会计分录。

(1)结转其他结余和经营结余，其中：“其他结余”科目借方余额 800 000 元；“经营结余”科目贷方余额 1 200 000 元。

借：非财政拨款结余分配	800 000	
贷：其他结余		800 000
借：经营结余	1 200 000	
贷：非财政拨款结余分配		1 200 000

(2)根据当年事业结余和经营结余提取职工福利费 30 000 元。

借：非财政拨款结余分配	300 000	
贷：专用结余		300 000

(3)结转非财政拨款结余分配。

借：非财政拨款结余分配	100 000	
贷：非财政拨款结余——累计结余		100 000

思考题

1. 简述预算收入的概念、特点和内容。
2. 事业单位事业收入和经营收入的区别和各自的特点表现在哪些方面?
3. 简述财政拨款预算收入和非同级财政拨款预算收入之间的关系。
4. 简述预算支出的概念、特点和内容。
5. 试说明财务会计收入与预算会计预算收入之间的异同。
6. 简述经营费用和经营支出核算的异同。
7. 什么是预算结余? 简述预算结余的特点和内容。
8. 试说明财政拨款结转与财政拨款结余之间的关系。

练习题

1. 资料:2×19 年,某行政单位发生以下预算收入业务:

(1)通过财政直接支付方式,向某社会养老服务机构支付养老服务政府补贴款 35 000元。

(2)收到单位零余额账户代理银行转来的财政授权支付额度到账通知书,列明本期财政授权支付额度为 200 000 元。

(3)收到开户银行转来的收款通知,收到财政按照实拨资金方式拨入预算资金 500 000元。

(4)收到纳入预算管理资金 350 000 元,其中接受捐赠收入 200 000 元,租金预算收入 150 000 元。

(5)年末,将"财政拨款预算收入"科目本年发生额转入财政拨款结转。

要求:根据上述业务,逐笔编制预算会计分录。

2. 资料:2×19 年,某事业单位发生以下预算收入业务:(1)收到从财政专户返还的事业预算收入 500 000 元,上级补助预算收入 100 000 元,附属单位缴来款项 150 000 元,经营预算收入 250 000 元,借入短期借款 50 000 元、长期借款 350 000 元,收到从非同级政府财政部门拨款 180 000 元,取得被投资单位分派的现金股利 120 000 元,利息预算收入 30 000 元。

要求:

(1)逐笔编制上述业务的预算会计分录。

(2)年末,结转"财政拨款预算收入""经营预算收入""投资预算收入"科目的本年发生额。

(3)年末,结转"事业预算收入""上级补助预算收入""附属单位上缴预算收入""非同级财政拨款预算收入"科目的本年发生额。本年发生额的 40% 为专项资金收入,其余部分为非专项资金收入。

3. 资料:2×19 年,某行政单位发生经济业务如下:

(1)实际向职工支付应付职工薪酬 1 650 000 元,其中基本工资 750 000 元,津贴补贴

600 000 元,社会保险费 160 000 元,住房公积金 140 000 元。采用财政直接支付方式,将职工薪酬计入个人工资账户。

(2)采用财政授权支付方式,支付某审计事务所审计费用 35 000 元。以现金支付临时聘用清洁工的工资 3 600 元。

(3)购买办公设备作为固定资产管理,取得增值税普通发票注明价款 65 000 元,增值税 8 450 元。全部款项通过零余额账户支付。

(4)本期发生办公费、印刷费、水电费共计 25 000 元,款项以零余额账户支付。

(5)通过财政授权支付方式预付采购福利救济物资 80 000 元。福利救济物资尚未收到。

(6)收回上年度通过财政授权支付方式采购的电脑耗材 8 000 元。款项已存入单位银行账户,电脑耗材已退还供货单位。

(7)通过财政直接支付方式支付施工单位办公楼大修改造项目工程款 150 000 元。

要求:

(1)根据上述经济业务,逐笔编制预算会计分录。

(2)年末,结转"行政支出"科目的本年发生额。"行政支出"科目本年发生额的 50% 为财政拨款支出,30% 为非财政专项资金支出,20% 为非财政非专项资金支出。

4. 资料:2×19 年 12 月,某事业单位发生以下经济业务:

(1)使用公务卡购买办公用品 16 000 元,已办理报账手续。通过零余额账户归还公务卡款。

(2)使用上级补助资金(非财政专项资金)购买事业用一项无形资产,其价款 50 000 元,以银行存款支付。

(3)租入事业用房若干间,使用自有资金支付租金 60 000 元。

(4)收到代理银行转来的"财政直接支付入账通知书",按工程进度拨付施工单位专项拨款 3 000 000 元。

(5)通过财政授权支付方式支付专业业务活动发生的相关费用共计 165 000 元,其中水费 97 000 元,电费 68 000 元,

(6)购进图书一批,其全部价款为 35 000 元,以零余额账户支付。

(7)购进一批专业用耗材 18 000 元,通过零余额账户支付,材料已入库。

(8)通过财政直接支付方式支付专业活动人员薪酬 1 850 000 元,其中基本工资 950 000 元、津贴补贴 400 000 元、岗位绩效 500 000 元。

(9)12 月初,"事业支出"科目借方发生额合计 68 000 000 元,年末,结转"事业支出"科目本年发生额,其中 60% 为财政拨款资金,30% 为非财政专项资金,10% 为非财政非专项资金。

要求:根据上述经济业务,逐笔编制预算会计分录。

5. 资料:2×19 年,某事业单位发生以下经济业务:

(1)对外转让本年度以货币资金取得的对外投资,按规定将投资收益纳入单位预算。对外转让投资实际收到资金 1 500 000 元存入银行,取得投资的成本为 1 400 000 元。

(2)对附属单位实际补助资金 300 000 元,款项以银行存款付讫。

(3)按照财政部门的规定上缴上级单位款项 200 000 元,款项以银行存款支付。

(4)偿还长期借款本金 1 000 000 元,款项以银行存款支付。

(5)期末,将上述支出转入其他结余。

要求:根据上述业务,逐笔编制预算会计分录。

6. 资料:2×19年12月,某高校非独立核算服务中心发生经济业务如下:

(1)通过财政直接支付方式支付经营人员薪酬65 000元,以零余额账户代扣代缴个人所得税3 000元,为职工缴纳职工社会保险费12 000元,住房公积金4 500元。

(2)代理银行转来委托收款共计15 000元,其中电信局委托收取电话费6000元,供电局委托收取电费9000元,根据自动划款协议从单位零余额账户办理相关款项的划转。

(3)该中心招待所购进毛巾、浴巾、茶叶等服务用品15 000元,零售店购进库存商品30 000元,支付增值税15 300元,全部款项以银行存款付讫。

(4)通过财政授权方式支付增值税20 000元,城市维护建设税1 400元,教育费附加600元。

(5)因上月购进零售商品有瑕疵将其退回,收到退回的商品款5 000元、增值税650元,已存入零余额账户。

(6)年末,将"经营支出"科目本年发生额合计转入"经营结余"科目。11月初,"经营结余"科目贷方余额360 000元。

要求:根据上述经济业务,逐笔编制预算会计分录。

7. 资料:某事业单位全部收支纳入预算管理。2×19年度财政补助收入50 000 000元(其中:专项10 000 000元),事业收入为100 000 000元(其中,科研事业收入20 000 000元),上级补助收入1 000 000元,附属单位上缴收入1 000 000元,经营收入3 000 000元,其他收入500 000元。事业支出120 000 000元(基本支出100 000 000元,其中,财政补助基本支出全部形成支出;项目支出20 000 000元,其中,财政补助项目支出8 000 000元,科研项目支出5 000 000元),经营支出2 000 000元,上缴上级单位支出500 000元,对附属单位补助支出1 000 000元。若规定的职工福利基金提取比例为非财政拨款结余的20%。

要求:根据上述资料,计算该单位2×19年以下项目的金额:

(1)收支差额。

(2)财政拨款结转金额。

(3)财政拨款结余。

(4)非财政拨款结转金额。

(5)非财政拨款结余。

(6)职工福利基金提取额。

8. 资料:2×19年某行政单位发生财政拨款结转业务如下:

(1)年初发现2×18年采购日常业务用材料的质量存在问题,材料已全部退回,支付的40 000元款项已收回。

(2)年初收到财政授权支付额度到账通知书,列明主管部门从其他单位调剂的财政拨款结余资金60 000元。

(3)经财政部门批准,将2×18年已完成的M专项活动结余资金34 000元,转入本年N项目。

(4)年末,将"财政拨款预算收入"科目及其明细科目的余额转入"财政拨款结转"科目及其明细科目。财政拨款预算收入总额为181 498 800元,其中:人员经费拨款12 490 800元、日常公用经费拨款22 400 000元;项目支出拨款146 608 000元。

年末,将“行政支出”科目及其明细科目的余额转入“财政拨款结转”科目及其明细科目。行政支出总额为180 643 400元,其中:基本支出34 274 800元,项目支出146 368 600元。

(5)年末,将“财政拨款结转”科目的“本年收支结转”“年初余额调整”“归集调入”“单位内部调剂”等明细科目余额转入“财政拨款结转——累计结转”科目。

(6)按照有关规定将“财政拨款结转——累计结转”科目余额转入财政拨款结余。

要求:根据上述经济业务,逐笔编制预算会计分录。

9. 资料:2×19年,某事业单位发生以下与财政拨款结转有关的业务,按照要求编制相关的预算会计分录。

(1)年初,财政部门拨来财政调剂资金4.5万元,增加单位财政应返还额度。

(2)年初收到某设备厂退回2018年多收取的科研备维修费24 000元,款项已转入零余额账户。

(3)年末,结转各种收入和支出,其中:财政拨款预算收入总额为57 400 000元,其中:人员经费拨款32 600 000元、日常公用经费拨款14 400 000元;项目支出拨款10 400 000元。上级补助预算收入总额为1 460 000元,其中:非专项资金940 000元,专项资金520 000元。事业预算收入总额8 140 000元,其中:非专项资金8 000 000元,专项资金140 000元。经营收入334 000元。附属单位上缴预算收入总额为710 000元,其中:非专项资金210 000元,专项资金500 000元。其他收入总额为1 200 000元,其中:非专项资金800 000元,专项资金400 000元。

事业支出总额为63 547 800元,其中:财政拨款预算支出56 025 800元(基本支出46 515 800元,9 510 000元);非财政专项资金支出1 522 000元,其他资金支出6 000 000元。经营支出336 000元。上缴上级支出600 000元,对附属单位补助支出1 000 000元。

(4)年末,结转“财政拨款结转”“非财政拨款结转”科目相关明细科目的余额。

(5)年末,将“财政拨款结转——累计结转”科目余额(符合财政拨款结余性质)转入财政拨款结余,将“非财政拨款结转——累计结转”科目余额(留归本单位使用已完成项目的剩余资金)转入财政拨款结余。

(6)结转经营结余。

(7)结转其他结余。

第三章 行政事业单位流动资产的核算

【导言】

《基本准则》指出：资产是指政府会计主体过去的经济业务或者事项形成的，由政府会计主体控制的，预期能够产生服务潜力或者带来经济利益流入的经济资源。资产的本质是一种经济资源，它由行政事业单位占有或使用，必须能以货币计量。资产按照流动性，分为流动资产和非流动资产。流动资产是指预计在1年内（含1年）耗用或者可以变现的资产，包括货币资金、短期投资、应收及预付款项、存货等。与非流动资产相比，流动资产流动性大，周转期限短，不断改变形态，其价值一次消耗、转移或实现。

【本章纲要】

流动资产的核算

- 货币资产及短期投资的核算
  - 1.货币资金的核算★▲
  - 2.短期投资的核算▲
- 应收及预付款项的核算
  - 1.应收票据和应收账款的核算▲
  - 2.坏账的核算▲
  - 3.预付账款和待摊费用的核算★▲
  - 4.应收股利、利息的核算▲
  - 5.其他应收账款的核算★▲
- 财政应返还额度的核算
  - 1.财政直接支付支付方式下的财政应返还额度的核算★▲
  - 2.财政授权支付方式下的财政应返还额度的核算★▲
- 存货的核算
  - 1.存货的概念、特征和分类
  - 2.存货的取得的核算★▲
  - 3.存货的发出的核算★▲
  - 4.存货清查盘点的核算★▲
  - 5.委托加工物品的核算★▲

注：★表示行政单位有此项核算，▲表示事业单位有此项核算，★▲表示行政单位和事业单位均有此项核算。

【学习目标、重点和难点】

● 通过本章的学习，了解货币资产、短期投资的核算，了解应收及预付款项、财政应返还额度、存货的概念及特点，熟悉上述资产的内容，并掌握其核算方法。

● 短期投资、应收票据和应收账款、预付款项、财政应返还额度、存货的核算为本章重点。

● 应收票据、坏账及其处理、存货发出的计价、换入库存物品、加工物品的核算为本章难点。

第一节　货币资金及短期投资的核算

货币资金是指行政事业单位在运营过程中处于货币形态的那部分资金，包括库存现金、银行存款、零余额账户用款额度和其他货币资金。短期投资是指事业单位取得的持有时间不超过1年(含1年)的投资。

一、库存现金的核算

(一)库存现金的管理要求

库存现金是由出纳人员保管，供日常零星开支使用的一种货币资金。现金是行政事业单位全部资产中流动性最强的资产，行政事业单位的经济业务活动始于现金，或者终于现金。由于现金收付频繁，容易出现差错，甚至还可能被挪用或侵吞。因此，行政事业单位必须严格遵守《现金管理条例》《现金管理条例实施细则》及国家关于现金管理的其他各项规定，加强和健全现金收支管理制度，正确进行现金核算，监督现金使用的合法性与合理性，确保现金的安全与完整。

(二)库存现金日常收支业务的核算

为了反映库存现金的增减变动情况，行政事业单位应设置“库存现金”科目核算库存现金收支和结存情况。该科目的借方登记库存现金的增加额；贷方登记库存现金减少额；期末借方余额，反映行政事业单位实际持有的库存现金。

行政事业单位应当设置“库存现金日记账”，由出纳人员根据收付款凭证，按照业务发生顺序逐笔登记。每日终了，应当计算当日的现金收入合计额、现金支出合计额和结余额，将结余额与实际库存额核对，做到账款相符。有外币现金的行政事业单位，还应当分别按照人民币和外币进行明细核算。

需要说明的是，“库存现金”科目应当设置“受托代理资产”明细科目，核算行政事业单位受托代理、代管的现金。

1. 库存现金增加的核算

行政事业单位从银行等金融机构提取现金，按照实际提取的金额，借记“库存现金”科目，贷记“银行存款”科目；将现金存入银行等金融机构，借记“银行存款”科目，贷记“库存现金”科目。按规定从行政事业单位零余额账户提取现金，借记“库存现金”科目，贷记“零余额账户用款额度”科目。

行政事业单位因提供服务、商品或者其他事项收到现金，按实际收到的金额，借记“库存现金”科目，贷记“事业收入”“应收账款”等相关科目；按照应交的增值税，贷记“应交增值税”科目。因购买服务、商品或者其他事项支付现金，按照实际支付的金额，借记“业务活动费用”“单位管理费用”“库存物品”等相关科目，贷记“库存现金”科目；按照支付的增值税(增值税一般纳税人)，借记“应交增值税——应交税金”科目。

行政事业单位收到受托代理、代管的现金时，按照实际收到的金额，借记“库存现金——受托代理资产”科目，贷记“受托代理负债”科目；支付受托代理、代管的现金时，按照实际支付的金额，借记“受托代理负债”科目，贷记“库存现金——受托代理资产”科目。

2. 库存现金减少的核算

行政事业单位内部职工由于出差等原因从财会部门借出现金时，按照实际支付的金额，借记“其他应收款”科目，贷记“库存现金”科目；出差人员报销差旅费时，按照实际报销的金额，借记“业务活动费用”“单位管理费用”等科目，按照实际借出的现金金额，贷记“其他应收款”科目，按照其差额，借记或贷记“库存现金”科目。行政事业单位将现金退回单位零余额账户，借记“零余额账户用款额度”科目，贷记“库存现金”科目。以库存现金对外捐赠，按照实际捐出的金额，借记“其他费用”科目，贷记“库存现金”科目。

【例 3－1】2×19 年 5 月 10 日，某事业单位根据发生的库存现金收支业务，编制相关的会计分录。[1]

(1)签发现金支票，从银行提取现金 6 000 元备用。编制该业务的财务会计分录：

借：库存现金	6 000	
贷：银行存款		6 000

(2)支付现金 500 元购买零星办公用品，并直接交行政管理部门使用。编制该业务的财务会计分录：

借：单位管理费用	500	
贷：库存现金		500

同时，编制该业务的预算会计分录：

借：事业支出	500	
贷：资金结存——货币资金		500

(3)职工张某出差预借差旅费 1 500 元，以现金付讫。张某出差归来报销差旅费 2 000 元，以现金补足差额。

①编制张某预借差旅费的财务会计分录：

借：其他应收款——职工张某	1 500	
贷：库存现金		1 500

②编制张某报销差旅费的财务会计分录：

借：单位管理费用	2 000	
贷：其他应收款——职工张某		1 500
库存现金		500

同时，编制该业务的预算会计分录：

借：事业支出	2 000	
贷：资金结存——货币资金		2 000

(4)开展专业活动取得零星现金收入 3 000 元。编制该业务的财务会计分录：

借：库存现金	3 000	
贷：事业收入		3 000

同时，编制该业务的预算会计分录：

借：资金结存——货币资金	3 000	
贷：事业预算收入		3 000

[1] 单位发生同一笔经济业务或事项，如果需要财务会计和预算会计分别处理的，财务会计分录在前，预算会计分录在后，并在预算会计分录前标明“同时”两字。后同。

3. 库存现金清查盘点的核算

为了加强库存现金的管理,出纳或有关人员应对库存现金进行定期或不定期的盘点清查。清查方法是将库存现金的实有数与账面余额进行核对。清查时,不仅要查明库存现金实有数和账面结存数是否相符,还要审查现金收支是否符合现金管理制度。如果清点的库存现金实有数大于现金日记账余额,为现金溢余;反之,则为现金短缺。清查结束,应根据清查结果编制现金盘点报告单,列明实存、账存、溢余或短缺金额。

每日账款核对中发现现金短缺,应按照实际短缺的金额,借记“待处理财产损溢”科目,贷记“库存现金”科目;发现现金溢余,按照实际溢余的金额,借记“库存现金”科目,贷记“待处理财产损溢”科目。如经查明,属于应由责任人赔偿或应向有关人员追回的现金短缺憾,借记“其他应收款”科目,贷记“待处理财产损溢”科目;属于无法查明原因的,报经批准核销时,借记“资产处置费用”科目,贷记“待处理财产损溢”科目。如为现金溢余,属于应支付给有关人员或单位的,借记“待处理财产损溢”科目,贷记“其他应付款”科目;属于无法查明原因的,报经批准后,借记“待处理财产损溢”科目,贷记“其他收入”科目。

二、银行存款的核算

银行存款是指行政事业单位存入银行和其他金融机构的各种存款。任何独立核算的行政事业单位都必须在当地银行开设账户。除规定可用现金直接支付的款项外,其他一切收支业务均须通过银行存款账户核算。同时,行政事业单位必须在经国家有关部门正式批准的银行或非银行金融机构开立账户及办理有关存款、取款和转账结算等业务。

为了反映银行存款增减变动情况,行政事业单位应设立“银行存款”科目核算银行存款收支和结存情况。该科目的借方登记银行存款的增加额;贷方登记银行存款的减少额;期末借方余额,反映行政事业单位存在银行或其他金融机构的款项。

行政事业单位应当按开户银行或其他金融机构、存款种类及币种等,分别设置“银行存款日记账”,由出纳人员根据收付款凭证,按照业务的发生顺序逐笔登记,每日终了应结出余额。“银行存款日记账”应定期与“银行对账单”核对,至少每月核对一次。月度终了,行政事业单位银行存款账面余额与银行对账单余额之间如有差额,必须逐笔查明原因并进行处理,按月编制“银行存款余额调节表”,调节相符。

行政事业单位将款项存入银行或者其他金融机构时,借记“银行存款”科目,贷记“库存现金”“事业收入”“经营收入”“其他收入”等相关科目;提取现金时,借记“库存现金”科目,贷记“银行存款”科目;以银行存款支付相关费用时,借记“业务活动费用”“单位管理费用”等相关科目,贷记“银行存款”科目,涉及增值税业务,应借记“应交增值税——应交税金(进项税额)”科目(增值税一般纳税人单位)或将增值税计入相关资产成本或相关成本费用(小规模纳税人单位);收到银行存款利息,借记“银行存款”科目,贷记“利息收入”等科目;支付银行手续费等时,借记“业务活动费用”“单位管理费用”等科目,贷记“银行存款”科目。

收到受托代理、代管的银行存款时,借记“银行存款——受托代理资产”科目,贷记“受托代理负债”科目;支付受托代理、代管的银行存款时,编制相反的会计分录。

【例3-2】某事业单位为增值税一般纳税人。2×19年6月份,该事业单位根据发生的银行存款业务,编制相关的会计分录。

(1)开展非独立核算的经营活动销售产品一批,取得增值税专用发票上注明的价款为

16 000 元,增值税为 2 560 元,全部款项存入银行。编制该业务的财务会计分录:

借:银行存款　　18 080
　贷:经营收入　　16 000
　　应交增值税——应交税金(进项税额)　　2 080

同时,编制该业务的预算会计分录:

借:资金结存——货币资金　　18 560
　贷:经营预算收入　　18 560

(2)购进专业业务活动需要的材料一批,增值税专用发票注明的价款为 50 000 元,增值税为 8 500 元,全部款项以零余额账户支付。编制该业务的财务会计分录:

借:库存物品　　58 500
　贷:零余额账户用款额度　　58 500

同时,编制该业务的预算会计分录:

借:事业支出　　58 500
　贷:资金结存——零余额账户用款额度　　58 500

(3)接到银行结息通知,第二季度存入银行资金取得存款利息收入 5 000 元已转入银行存款账户。

借:银行存款　　5 000
　贷:利息收入　　5 000

同时,编制该业务的预算会计分录:

借:资金结存——货币资金　　5 000
　贷:其他预算收入　　5 000

(4)暂收某单位交纳的保证金 1 200 元存入银行。编制该业务的财务会计分录:

借:银行存款　　1 200
　贷:其他应付款　　1 200

(5)收到银行转来电费结算通知,本月电费 60 000 元,其中专业活动用电 35 000 元,非独立核算经营部门用电 25 000 元。电费通过零余额账户支付。编制该业务的财务会计分录:

借:业务活动费用　　35 000
　经营费用　　25 000
　贷:零余额账户用款额度　　60 000

同时,编制该业务的预算会计分录:

借:事业支出　　35 000
　经营支出　　25 000
　贷:资金结存——零余额账户用款额度　　60 000

三、汇兑损益的核算

在经济日益全球化的趋势下,行政事业单位与境外政府或组织的经济交往日益扩大,外币业务日趋频繁,外币收支数额也在不断增加,加强外币核算、提供外币会计信息已成为行政事业单位会计工作的重要内容之一。

汇兑损益是指在外币业务的会计处理过程中,因汇率变化而产生的差额。产生汇兑损益的原因众多，主要包括以下三个方面：①债权收回、债务清偿时选用的记账汇率，与该业务发生时已入账的账面汇率不同产生的差额；②货币兑换时，不同货币之间因选用不同的记账汇率产生的差额；③货币资金减少时使用的记账汇率与按一定方法（如先进先出法）确认的账面汇率不同产生的差异。

行政事业单位发生外币业务的，应当按照业务发生当日或当期期初的即期汇率，将外币金额折算为人民币金额记账，并登记外币金额和汇率。期末，各种外币账户的期末余额，应当按照期末的即期汇率折算为人民币，作为外币账户期末人民币余额。调整后的各种外币账户人民币余额与原账面余额的差额，作为汇兑损益计入当期费用。具体会计处理方法如下：

（1）行政事业单位以外币购买物资、设备等，按照购入当日的即期汇率，将支付的外币或应支付的外币折算为人民币金额，借记“库存物品”等科目，贷记“银行存款”科目“应付账款”等科目的外币账户。涉及增值税业务的，按照支付或应付的增值税税额，借记“应交增值税——应交税金（进项税额）”科目。

（2）事业单位销售物品、提供服务以外币收取相关款项时，按照收入确认当日的即期汇率将收取的外币或应收取的外币折算为人民币金额，借记“银行存款”“应收账款”等科目，贷记“事业收入”等相关科目。

（3）期末，根据各外币银行存款账户按照期末汇率调整后的人民币余额与原账面人民币余额的差额，作为汇兑损益，借记或贷记“银行存款”科目，贷记或借记“业务活动费用”“单位管理费用”等科目（“应收账款”“应付账款”等科目涉及外币账户期末汇率调整的业务相关核算方法，同理）。

【例3－3】某事业单位2×19年第四季度期初有关外币科目的余额如表3－1所示。

表3－1　外币科目余额表　　单位：元

项目	美元金额	汇率（美元：人民币）	折合人民币金额
银行存款（美元户）	1 500 000	1：6.2	9 300 000
应收账款（美元户）	100 000	1：6.2	620 000
应付账款（美元户）	585 000	1：6.2	3 627 000

2×19年12月份，该单位发生以下与外币有关的业务或事项（不考虑增值税因素）：

（1）5日，自国外以外币购买库存物品一批，价款218 000美元，货款尚未支付。当日市场汇率为1美元＝6.3元人民币。编制该业务的财务会计分录：

借：库存物品　　1 373 400

　贷：应付账款（美元户）　　1 373 400

（2）8日，从境外购进物资一批，价款共计220 000美元，款项由外币存款支付，当日市场汇率为1美元＝6.3元人民币。编制该业务的财务会计分录：

借：库存物品　　1 386 000

　贷：银行存款（美元户）　　1 386 000

同时，编制该业务的预算会计分录：

借：事业支出　　1 386 000

贷:资金结存——货币资金　　1 386 000

(3)18 日,对外转让科技成果,以外币计算相关款项为 200 000 美元。该款项已符合收入确认条件,但款项尚未收到。当日市场汇率为 1 美元 =6.3 元人民币。编制该业务的财务会计分录:

借:应收账款(美元户)　　1 260 000

贷:事业收入　　1 260 000

(4)22 日,偿还应付境外某部门款项 800 000 美元,款项已通过美元账户划转。当日市场汇率为 1 美元 =6.35 元人民币。编制该业务的财务会计分录:

借:应付账款(美元户)　　5 080 000

贷:银行存款(美元户)　　5 080 000

同时,编制该业务的预算会计分录:

借:事业支出　　5 080 000

贷:资金结存——货币资金　　5 080 000

(5)25 日,收到本年 11 月对外提供 A 项目服务款项 100 000 美元,存入银行。当日市场汇率为 1 美元 =6.3 元人民币。编制该业务的财务会计分录:

借:银行存款(美元户)　　630 000

贷:应收账款(美元户)　　630 000

同时,编制该业务的预算会计分录:

借:资金结存——货币资金　　630 000

贷:事业预算收入　　630 000

12 月 31 日,市场汇率为 1 美元 =6.1 元人民币。该单位 2×19 年 12 月份外币科目发生额和外币科目按 12 月 31 日市场汇率计价的期末余额如表 3-2 所示。

表 3-2　外币相关科目情况表　　单位:元

2×19 年 12 月 31 日

会计科目	期初余额		借方发生额		贷方发生额		期末余额	
	美元金额	折合人民币金额	美元金额	折合人民币金额	美元金额	折合人民币金额	美元金额	折合人民币金额
银行存款(美元户)	1 500 000	9 300 000	100 000	630 000	1 020 000	6 466 000	580 000	3 538 000
应收账款(美元户)	100 000(借方)	620 000(借方)	200 000	1 260 000	100 000	630 000	200 000(借方)	1 220 000(借方)
应付账款(美元户)	585 000(贷方)	3 627 000(贷方)	800 000	5 080 000	218 000	1 373 400	3 000(贷方)	18 300(贷方)

外币汇兑损益计算结果如下:

银行存款当期产生的汇兑差额 =3 538 000 -(9 300 000 +630 000 -6 466 000) =74 000(元)

应收账款当期产生的汇兑差额 =1 220 000 -(620 000 +1 260 000 -630 000) = -30 000(元)

应付账款当期产生的汇兑差额 =18 300 -(3 627 000 +1 373 400 -5 080 000) =97 900(元)

根据表 3 - 2,该单位编制 2×19 年 12 月 31 日外币汇兑损益的财务会计分录如下:

借:银行存款(美元户)　　74 000

　业务活动费用　　53 900

　贷:应收账款(美元户)　　30 000

　　应付账款(美元户)　　97 900

同时,编制该业务的预算会计分录:

借:资金结存——货币资金　　74 000

　贷:事业支出　　74 000

四、零余额账户用款额度的核算

零余额账户用款额度是指实行国库集中支付的单位,根据财政部门批复的用款计划收到的零余额账户用款额度。

具体来说,零余额账户用款额度是财政部门按照预算和批准的用款计划,通过国库集中支付代理银行下达到预算单位零余额账户的资金使用额度,是一种新的无纸化的货币形式,具有与现金和各种存款基本相同的支付结算功能,因此也是单位可以支配的流动资产形式之一。财政授权的转账业务一律通过单位零余额账户办理。需要说明两点:一是单位在商业银行开设的单位零余额账户不是实存资金账户,而是一个过渡性的待结算账户,通过该账户反映的用款额度不是实际的货币资金;二是单位零余额账户的用款额度具有与人民币存款相同的支付结算功能,可办理转账、汇兑、委托收款和提取现金等支付结算业务,可以向本单位按账户管理规定保留的相应账户划拨工会经费、住房公积金及提租补贴,以及划拨经财政部门批准的特殊款项。

为了反映零余额账户用款额度增减变动情况,行政事业单位应当设置"零余额账户用款额度"科目。该科目借方登记收到的授权支付到账额度;贷方登记支用的零余额用款额度;期末借方余额,反映行政事业单位尚未支用的零余额用款账户额度。"零余额账户用款额度"科目年末应无余额。

(一)零余额账户用款额度的增加和减少的核算

在财政授权支付方式下,行政事业单位收到代理银行盖章的"财政授权支付到账通知书"(见表 3 - 3)时,根据通知书所列数额,借记"零余额账户用款额度"科目,贷记"财政拨款收入"科目。

行政事业单位按规定支用额度时,借记有关科目,贷记"零余额账户用款额度"科目;从零余额账户提取现金时,借记"库存现金"科目,贷记"零余额账户用款额度"科目;向按账户管理规定保留的相应账户划拨工会经费、住房公积金及提租补贴以及经财政部门批准的特殊款项时,借记"银行存款"等科目,贷记"零余额账户用款额度"科目。

【例 3 - 4】2×19 年 12 月份,某行政单位根据发生的国库集中支付业务,编制相关的会计分录。

(1)2 日,收到代理银行转来的"财政授权支付额度到账通知书",通知书中注明的本月授权额度为 500 000 元。编制该业务的财务会计分录:

借:零余额账户用款额度　　500 000

　贷:财政拨款收入　　500 000

同时,编制该业务的预算会计分录:

借:资金结存——零余额账户用款额度 500 000

贷:财政拨款预算收入 500 000

表 3-3 财政授权支付额度到账通知书

________:

你单位__________月份的财政授权支付额度已经××市财政局核准,特予通知。

银行(签章) 单位部门预算编码: 零余额账户账号: 单位:元

资金性质	预算科目 或收费项目编码	预算科目 或收费项目名称	项 目	预算文号	财政授权 支付额度	备 注

*本通知书一式二联,第一联预算单位作财政授权支付额度到账通知,第二联代理银行备查。

(2)5 日,采用国库授权支付方式支付职工薪酬 3 000 000 元,通过银行转账划入职工个人账户。编制该业务的财务会计分录:

借:应付职工薪酬 3 000 000

贷:零余额账户用款额度 3 000 000

同时,编制该业务的预算会计分录:

借:行政支出 3 000 000

贷:资金结存——零余额账户用款额度 3 000 000

(3)14 日,从零余额账户提取现金 50 000 元备用。编制该业务的财务会计分录:

借:库存现金 50 000

贷:零余额账户用款额度 50 000

(4)25 日,购买办公用品 2 000 元直接交行政管理部门使用,款项从零余额账户中支付。编制该业务的财务会计分录:

借:单位管理费用 2 000

贷:零余额账户用款额度 2 000

同时,编制该业务的预算会计分录:

借:行政支出　　2 000

　贷:资金结存——零余额账户用款额度　　2 000

(5)30 日,以零余额账户用款支付行政办公大楼日常维修费 50 000 元。编制该业务的财务会计分录:

借:单位管理费用　　50 000

　贷:零余额账户用款额度　　50 000

同时,编制该业务的预算会计分录:

借:行政支出　　50 000

　贷:资金结存——零余额账户用款额度　　50 000

(二)国库授权支付额度的退回的核算

有时,行政事业单位因购货退回等发生国库授权支付额度退回的业务,其会计处理应按照退回金额,借记"零余额账户用款额度"科目,贷记"库存物品"等科目。

【例 3-5】2×19 年 1 月 10 日,甲事业单位从上海乙公司购进专业活动所用材料一批,其价款为 500 000 元,款项已结清。因材料存在质量问题,全部退回。2 月 20 日接到银行通知,退回的材料款已全部转入零余额账户。编制该业务的财务会计分录:

借:零余额账户用款额度　　500 000

　贷:库存物品　　500 000

同时,编制该业务的预算会计分录:

借:资金结存——零余额账户用款额度　　500 000

　贷:事业支出　　500 000

(三)零余额账户用款额度的期末注销

年度终了,行政事业单位根据代理银行提供的对账单作注销额度的相关账务处理,借记"财政应返还额度——财政授权支付"科目,贷记"零余额账户用款额度"科目。

行政事业单位本年度财政授权支付预算指标数大于零余额账户用款额度下达数的,根据未下达的用款额度,借记"财政应返还额度——财政授权支付"科目,贷记"财政拨款收入"科目。

下年初,行政事业单位根据代理银行提供的上年度注销额度恢复到账通知书,作恢复额度的相关账务处理,借记"零余额账户用款额度"科目,贷记"财政应返还额度——财政授权支付"科目。行政事业单位收到财政部门批复的上年未下达零余额账户用款额度的,借记"零余额账户用款额度"科目,贷记"财政应返还额度——财政授权支付"科目。

【例 3-6】某事业单位 2×19 年度财政授权支付年终结余资金为 360 000 元。2×20 年 2 月 15 日,该单位收到代理银行转来的《财政授权支付额度恢复到账通知书》,恢复 2×19 年度财政授权支付额度 360 000 元。编制会计分录如下:

(1)2×19 年注销财政授权支付年终结余资金。编制该业务的财务会计分录:

借:财政应返还额度——财政授权支付　　360 000

　贷:零余额账户用款额度　　360 000

同时,编制该业务的预算会计分录:

借:资金结存——财政应返还额度　　360 000

　贷:资金结存——零余额账户用款额度　　360 000

(2)2×20 年恢复财政授权支付额度。编制该业务的财务会计分录:

借:零余额账户用款额度 360 000

贷:财政应返还额度——财政授权支付 360 000

同时,编制该业务的预算会计分录:

借:资金结存——零余额账户用款额度 360 000

贷:资金结存——财政应返还额度 360 000

五、其他货币资金的核算

(一)其他货币资金的内容

其他货币资金是指单位除库存现金、银行存款、零余额账户用款额度以外的货币资金。就性质而言,其他货币资金与现金和银行存款同属于货币资金,但其存放地点和用途不同于现金和银行存款,因此在会计上应分别核算。其他货币资金主要的内容包括外埠存款、银行本票存款、银行汇票存款、信用卡存款。

1. 外埠存款

外埠存款是指行政事业单位到外地进行临时或零星采购时,汇往采购地银行开立采购专户的款项。

2. 银行汇票存款

银行汇票是指汇款人将款项交存当地出票银行,由出票银行签发的,由其在见票时按照实际结算金额无条件支付给收款人或持票人的票据。银行汇票存款是指行政事业单位为取得银行汇票按规定存入银行的款项。

行政事业单位的各种款项结算均可使用银行汇票。银行汇票可以用于转账,填写"现金"字样的银行汇票也可以用于支取现金。银行汇票的付款期限为自出票日起 1 个月内。银行汇票结算程序如图 3-1 所示。

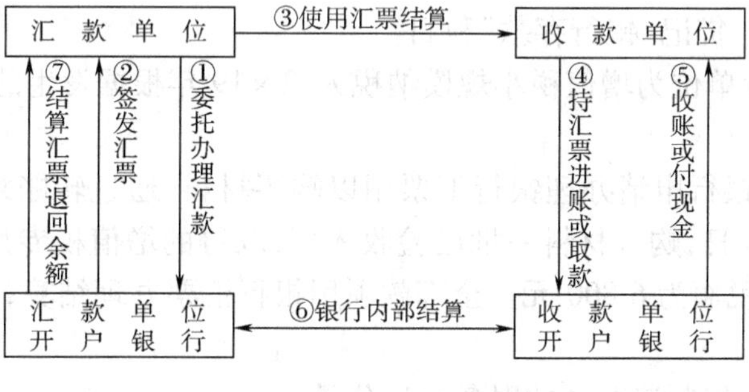

图 3-1 银行汇票结算程序

行政事业单位使用银行汇票,应向出票银行填写"银行汇票申请书",填明收款人名称等事项并签章,签章为其预留银行的签章。银行受理银行汇票申请书,收妥款项后签发银行汇票,并用压数机印出出票金额,然后将银行汇票和解讫通知书一并交给汇款人。行政事业单位取得银行汇票后即可持银行汇票向填明的收款人单位办理结算。

3. 银行本票存款

银行本票是指银行签发的,承诺自己在见票时无条件支付确定的金额给收款人或者持票人的票据。银行本票存款是指行政事业单位为取得银行本票按规定存入银行的款项。

银行本票可以用于转账，注明"现金"字样的银行本票可以用于支取现金。银行本票分为不定额本票和定额本票两种，定额银行本票面额为1 000元、5 000元、1万元和5万元。银行本票的提示付款期限自出票日起最长不得超过2个月。

申请人使用银行本票，应向银行填写"银行本票申请书"，填明收款人名称等事项并签章。申请人和收款人均为个人需要支取现金的，应在"支付金额"栏先填写"现金"字样，后填写支付金额。申请人或收款人为单位的，不得申请签发现金银行本票。

4. 信用卡存款

信用卡是指商业银行向个人和单位发行的，凭以向特约单位购物、消费和向银行存取现金，且具有消费信用的特制载体卡片。信用卡存款是指行政事业单位为取得信用卡按规定存入银行的款项。

（二）其他货币资金的核算

为了反映和监督其他货币资金的收支和结存情况，行政事业单位应当设置"其他货币资金"科目，借方登记其他货币资金的增加，贷方登记其他货币资金的减少，期末余额在借方，反映行政事业单位实际持有的其他货币资金。

"其他货币资金"科目应设置"外埠存款""银行本票存款""银行汇票存款""信用卡存款"等明细科目，进行明细核算。

行政事业单位将款项交存银行取得银行本票、银行汇票，按照取得的银行本票、银行汇票金额，借记"其他货币资金"科目，贷记"银行存款"等科目。使用银行本票、银行汇票发生支付，按照实际支付金额，借记"库存物品"等科目，贷记"其他货币资金"科目。如有余款或因本票、汇票超过付款期等原因而退回款项，按照退款金额，借记"银行存款"科目，贷记"其他货币资金"科目。

行政事业单位将款项交存银行取得信用卡，按照交存金额，借记"其他货币资金"科目，贷记"银行存款"科目。用信用卡购物或支付有关费用，借记相关科目，贷记"其他货币资金"科目。行政事业单位信用卡在使用过程中，需向其账户续存资金的，按照续存金额，借记"其他货币资金"科目，贷记"银行存款"科目。

【例3－7】某事业单位为增值税小规模纳税人，2×19年根据发生的其他货币资金业务，编制相关的会计分录。

(1)6月5日，向银行申请办理银行汇票用以购买材料，通过转账划入银行汇票存款专户50 000元。6月20日，购入材料一批已验收入库，取得的增值税专用发票上注明的价款为40 000元，增值税税额为6 800元。全部款项用银行汇票办理结算，多余款项3 200元已退回开户银行。

①取得银行汇票，编制该业务的财务会计分录：

借：其他货币资金——银行汇票	50 000
贷：银行存款	50 000

②用银行汇票购入材料并验收入库，编制该业务的财务会计分录：

借：库存物品	46 800
贷：其他货币资金——银行汇票	46 800

同时，编制该业务的预算会计分录：

借：事业支出	46 800
贷：资金结存——货币资金	46 800

③收到开户银行退回多余款项,编制该业务的财务会计分录:

借:银行存款 3 200

贷:其他货币资金——银行汇票 3 200

(2)8 月 10 日,为取得银行本票,向银行填交"银行本票申请书",并将 10 000 元银行存款转存银行本票专户。8 月 15 日,用银行本票购买办公用品 10 000 元并直接交付使用。

①8 月 10 日取得银行本票,编制该业务的财务会计分录:

借:其他货币资金——银行本票 10 000

贷:银行存款 10 000

②8 月 15 日购买办公用品,编制该业务的财务会计分录:

借:单位管理费用 10 000

贷:其他货币资金——银行本票 10 000

同时,编制该业务的预算会计分录:

借:事业支出 10 000

贷:资金结存——货币资金 10 000

(3)10 月 15 日向银行申领信用卡,并交存资金 30 000 元。10 月 25 日,该单位用信用卡支付购书款 5 000 元,增值税专用发票上注明的增值税为 450 元。

①申领信用卡,编制该业务的财务会计分录:

借:其他货币资金——信用卡 30 000

贷:银行存款 30 000

②支付购书款,编制该业务的财务会计分录:

借:固定资产 5 450

贷:其他货币资金——信用卡 5 450

同时,编制该业务的预算会计分录:

借:事业支出 5 500

贷:资金结存——货币资金 5 500

六、短期投资的核算

短期投资是指依法取得的,持有时间不准备超过 1 年(含 1 年)的投资。这种投资在很大程度上是为了暂时存放剩余资金,并通过投资取得高于存款利率的利息收入或差价收入,待需要使用资金时即可兑换成现金,如事业单位购买的国债等。

事业单位应当按照国家有关规定开展对外投资活动,并履行相关审批程序。事业单位不得使用财政拨款及其结余进行对外投资,不得从事股票、期货、基金、企业债券等投资,国家另有规定的除外。

为了核算短期投资增减变动情况,事业单位应设置"短期投资"科目,核算单位依法取得的持有时间不超过 1 年(含 1 年)的投资。该科目的借方登记短期投资的取得成本,贷方登记短期投资处置时结转的实际成本;期末借方余额反映单位持有的短期投资成本。其明细账应当按照国债投资的种类等设置并进行明细核算。

事业单位取得短期投资时,按照确定的投资成本,借记"短期投资"科目,贷记"银行存款"等科目。收到取得投资时实际支付价款中包含的已到付息期但尚未领取的利息,按照实际收到的金额,借记"银行存款"科目,贷记"短期投资"科目。

事业单位收到短期投资持有期间的利息，按照实际收到的金额，借记“银行存款”科目，贷记“投资收益”科目。

事业单位出售短期投资或到期收回短期投资本息，按照实际收到的金额，借记“银行存款”科目；按照出售或收回短期投资的账面余额，贷记“短期投资”科目；按照其差额，借记或贷记“投资收益”科目。涉及增值税业务的，按照应交的增值税，贷记“应交增值税——应交税金（销项税额）”科目。

【例3-8】2×19年，某事业单位根据发生的购买国债业务，编制相关的会计分录。

（1）1月1日，用银行存款510 000（包括已到期未付的利息10 000元）元购入面值为500 000元的国债，期限为5年期、年利率4%，利息于每年6月30日支付。该单位将购入的国债划分为短期投资。编制该业务的财务会计分录：

借：短期投资　　510 000

　贷：银行存款　　510 000

同时，编制该业务的预算会计分录：

借：投资支出　　510 000

　贷：资金结存——货币资金　　510 000

（2）收到购买时已到付息期但尚未领取的利息。编制该业务的财务会计分录：

借：银行存款　　10 000

　贷：短期投资　　10 000

同时，编制该业务的预算会计分录：

借：资金结存——货币资金　　10 000

　贷：投资支出　　10 000

（3）6月30日收到国债的半年利息。编制该业务的财务会计分录：

$$半年利息 = 500\,000 \times 4\% \times 1/2 = 10\,000（元）$$

借：银行存款　　10 000

　贷：投资收益　　10 000

同时，编制该业务的预算会计分录：

借：资金结存——货币资金　　10 000

　贷：投资预算收益　　10 000

（4）7月10日，对外转让部分国债，其面值200 000元，取得转让价款203 000元，不考虑相关税费。编制该业务的财务会计分录：

借：银行存款　　203 000

　贷：短期投资　　200 000

　　投资收益　　3 000

同时，编制该业务的预算会计分录：

借：资金结存——货币资金　　203 000

　贷：投资支出　　200 000

　　投资预算收益　　3 000

第二节 应收及预付款项的核算

应收及预付款项，是指企业在日常生产经营过程中发生的各项债权，包括应收票据、应收款项、预付款项、应收股利 、应收利息、其他应收款、待摊费用等。

一、应收票据和应收账款的核算

（一）应收票据的核算

应收票据是指事业单位因开展经营活动销售产品、提供有偿服务等而收到的商业汇票。

通常，事业单位持有的还没有到期、尚未兑现的票据包括支票、银行本票、银行汇票和商业汇票等。但在我国实务中，上述票据大部分为即期票据，有较强的兑付能力，可以即刻收款或存入银行成为货币资金，不需要作为应收票据核算。作为应收票据核算的票据是商业汇票。

1. 商业汇票的概念、种类及其流程

商业汇票是指出票人签发的，委托付款人在指定日期无条件支付确定的金额给收款人或者持票人的票据。商业汇票按承兑人不同分为商业承兑汇票（银行以外的付款人承兑的票据）和银行承兑汇票两种，承兑即承诺兑付，是付款人在汇票上签章表示承诺将来在汇票到期时承担付款义务的一种行为。商业汇票可以由付款人签发并承兑，也可以由收款人签发交由付款人承兑。商业承兑汇票的结算程序如图 3－2 所示。

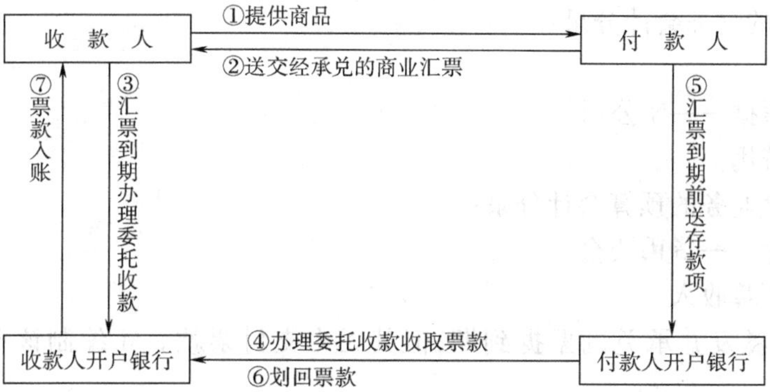

图 3－2 商业承兑汇票结算程序

我国商业汇票的付款期限最长不得超过 6 个月。持票人应当在汇票到期日前向付款人提示承兑。商业汇票可以背书转让。符合条件的商业承兑汇票的持票人可持未到期的商业承兑汇票连同贴现凭证，向银行申请贴现。

2. 应收票据取得与到期收回的核算

为了反映应收票据增减变动情况，事业单位应设置“应收票据”科目。该科目的借方登记取得的商业汇票的票面金额，贷方登记到期收回的商业汇票的票面余额，期末借方余额反映单位持有的商业汇票票面金额。其明细账应当按照开出、承兑商业汇票的单位设置并进行明细核算。

事业单位应当设置“应收票据备查簿”，逐笔登记每一应收票据的种类、号数、出票日期、到期日、票面金额、交易合同号和付款人、承兑人、背书人姓名或单位名称、背书转让日、贴现日期、贴现率和贴现净额、收款日期、收回金额和退票情况等资料。应收票据到期结清票款或退票后，应当在备查簿内逐笔注销。

事业单位因销售产品、提供服务等收到商业汇票，按照商业汇票的票面金额，借记“应收票据”科目，按照确认的收入金额，贷记“事业收入”“经营收入”等科目。涉及增值税销项税额的，还应贷记“应交增值税——应交税金”科目。

事业单位在票据到期收回票款时，按照实际收到的商业汇票票面金额，借记“银行存款”科目，贷记“应收票据”科目。因付款人无力支付票款，收到银行退回的商业承兑汇票、委托收款凭证、未付票款通知书或拒付款证明等，按照商业汇票的票面金额，借记“应收账款”科目，贷记“应收票据”科目。

【例 3－9】M 事业单位为增值税小规模纳税人，2×19 年根据发生的应收票据业务，编制相关的会计分录。

(1)4 月 1 日，该单位所属非独立核算部门向 N 公司销售一批产品，开具的普通发票上注明的货款(含税)为 61 800 元，款项已存入银行。收到 N 公司商业承兑汇票一张，面值为 61 800 元，期限为 6 个月，票面年利率为 4.2%。编制该业务的财务会计分录：

借：应收票据——N 公司	61 800
贷：经营收入	60 000
应交增值税	1 800

不含税销售额＝含税销售额÷(1＋征收率)＝61 800÷(1＋3%)＝60 000(元)

(2)10 月 1 日，持有 N 公司签发的商业承兑汇票到期，将收回的款项 63 097.8 转存银行。编制该业务的财务会计分录：

借：银行存款	63 097.8
贷：应收票据——N 公司	61 800
经营费用	1 297.8

同时，编制该业务的预算会计分录：

借：资金结存——货币资金	63 097.8
贷：经营预算收入	63 097.8

如果 N 公司签发并承兑的票据到期，但其无力支付票款。M 编制该业务的财务会计分录：

借：应收账款——N 公司	61 800
贷：应收票据——N 公司	61 800

3. 商业汇票贴现与转让的核算

(1)商业汇票贴现的核算。商业汇票贴现是指，事业单位持有的应收票据到期前如果需要变现，将未到期的商业汇票背书后转让给银行，银行受理后，从票据到期值中扣除按银行贴现率计算确定的贴现利息，将余额付给事业单位。在贴现中，银行向贴现单位收取的利息为贴现利息；银行计算贴现利息使用的利率为贴现率；贴现单位从银行获得的票据到期值扣除贴现利息后的货币资金称为贴现所得。相关概念的计算公式如下：

贴现所得 = 票据到期值 - 贴现息

贴现利息 = 票据到期值 × 贴现率 × 贴现期

贴现期 = 票据期限 - 票据已持有期限

事业单位持未到期的商业汇票向银行贴现，按照实际收到的金额（即扣除贴现息后的净额），借记“银行存款”科目；按照贴现息金额，借记“经营费用”等科目；按照商业汇票的票面金额，贷记“应收票据”科目（无追索权）或“短期借款”科目（有追索权）。

附追索权的商业汇票到期未发生追索事项的，按照商业汇票的票面金额，借记“短期借款”科目，贷记“应收票据”科目。

【例 3 - 10】2 × 19 年 5 月 2 日，甲事业单位将非独立核算经营活动中取得的不带息商业承兑汇票向银行贴现。该票据出票日为 3 月 23 日、期限为 6 个月、面值为 110 000 元。甲单位与承兑单位在同一票据交换区域内，银行年贴现率为 4.75%，该单位与银行签订的协议中规定，商业汇票无追索权。票据贴现支付贴现息 2 090 元，实际取得贴现款 107 910 元已转存银行。编制该业务的财务会计分录：

借：银行存款	107 910
经营费用——利息支出	2 090
贷：应收票据——乙单位	110 000

同时，编制该业务的预算会计分录：

借：资金结存——货币资金	107 910
贷：经营预算收入	107 910

（2）商业汇票背书转让取得物资的核算。事业单位持有的商业汇票到期前，可将汇票背书转让以取得所需物资。随之，商业汇票相关权利也转让给他人。事业单位将商业汇票背书转让以取得所需物资时，按照取得物资的成本，借记“库存物品”等科目；按照商业汇票的票面金额，贷记“应收票据”科目；如有差额，借记或贷记“银行存款”等科目。

【例 3 - 11】2 × 19 年 5 月 5 日，甲事业单位（小规模纳税人）将持有的乙公司商业汇票背书转让给丙公司，采购非独立核算经营活动所需的材料，取得增值税专用发票上注明的材料款为 45 000 元，增值税为 5 850 元，该票据的面值为 50 000 元。另以转账支票补付材料价差 2 200 元。编制该业务的财务会计分录：

借：库存物品	50 850
贷：应收票据——乙公司	50 000
银行存款	850

同时，编制该业务的预算会计分录：

借：经营支出	850
贷：资金结存——货币资金	850

（二）应收账款的核算

应收账款是指事业单位提供服务、销售产品等应收取的款项，以及单位因出租资产、出售物资等应收取的款项。应收账款是事业单位在结算过程中形成的流动资产，属于单位的短期债权，它体现了行政单位对其他单位或者个人的货币、商品或者劳务的一种索取权。

为了反映应收账款增减变动情况，事业单位应设置“应收账款”科目，核算单位因开展业务活动应收取的款项。该科目的借方登记应收账款的增加额；贷方登记应收账款的减少额；期末借方余额，反映单位尚未收回的应收账款。其明细账应当按照对方单位（或个人）设置并进行明细核算。

1. 应收账款收回后无须上缴财政的核算

事业单位发生应收账款时，按照应收未收金额，借记"应收账款"科目，贷记"事业收入""经营收入""租金收入""其他收入"等科目。涉及增值税业务的，按照应交增值税，贷记"应交增值税——应交税金（销项税额）"科目。收回应收账款时，按照实际收到的金额，借记"银行存款"等科目，贷记"应收账款"科目。

【例 3－12】甲事业单位为增值税一般纳税人。2×19 年 6 月，该单位根据发生的非独立核算经营业务，编制相关的会计分录。

（1）15 日，向乙公司提供技术服务，取得增值税专用发票注明的劳务款为 30 000 元，增值税为 3 900 元，并已经税务机关认证。全部款项尚未收到。编制该业务的财务会计分录：

借：应收账款——乙公司	33 900
贷：经营收入	30 000
应交增值税——应交税金（销项税额）	3 900

（2）25 日，收到乙公司劳务款及税款 33 900 元，存入银行，该款项不需要上缴财政。编制该业务的财务会计分录：

借：银行存款	33 900
贷：应收账款——乙公司	33 900

同时，编制该业务的预算会计分录：

借：资金结存——货币资金	33 900
贷：经营预算收入	33 900

2. 应收账款收回后需要上缴财政

（1）出租资产发生的应收租金。事业单位出租资产发生应收未收租金款项时，按照应收未收金额，借记"应收账款"科目，贷记"应缴财政款"科目。收回应收账款时，按照实际收到的金额，借记"银行存款"等科目，贷记"应收账款"科目。

（2）出售物资发生应收款项的核算。事业单位出售物资发生应收未收款项时，按照应收未收金额，借记"应收账款"科目，贷记"应缴财政款"科目，涉及增值税业务的，按照应交的增值税，贷记"应交增值税——应交税金（销项税额）"科目。收回应收账款时，按照实际收到的金额，借记"银行存款"等科目，贷记"应收账款"科目。

【例 3－13】2×19 年 7 月 1 日，某事业单位将一处闲置门面房以经营租赁方式出租给某商户，双方约定每月租金 18 000 元，并按月支付。截至 7 月 31 日，尚未收到商户应缴纳的当月租金。8 月 31 日，收到商户交纳的 7 月和 8 月租金，共计 36 000 元。该租金收回后应上缴财政。该单位编制对上述业务进行财务会计记账的分录：

（1）7 月、8 月确认当月应收租金：

借：应收账款	18 000
贷：应缴财政款	18 000

（2）8 月份收回租金：

借：银行存款	36 000
贷：应收账款	36 000

（3）8 月份上缴租金：

借：应缴财政款	36 000

贷:银行存款 36 000

（三）坏账的核算

1. 坏账及其核算方法

事业单位应收账款有时因债务人拒付、破产、死亡等种种原因,不能如数收回而使单位蒙受损失。在会计上,无法收回的应收账款被称为“坏账”,由此发生的损失被称为“坏账损失”。

事业单位发生坏账损失可以在其发生的当期列作费用,也可以在应收账款形成后,按一定方法对坏账预先估计入账。因此,坏账的核算有直接转销法和备抵法。

采用直接转销法时,日常核算中应收款项可能发生的坏账损失不予考虑,只有在实际发生坏账时,才作为坏账损失计入当期费用,同时直接冲销应收款项,即借记“其他费用”科目,贷记“应收账款”等科目。

备抵法是指按期对预计可能产生的坏账损失计提坏账准备,将确认坏账损失计入当期资产损失,当某一应收账款的全部或部分被确定为坏账时,应根据其金额冲减坏账准备,同时转销相应的应收账款金额的一种核算方法。

根据规定,事业单位采用备抵法核算坏账。

2. 备抵法下计提坏账的方法

事业单位采用备抵法核算坏账,应当于每年年末对收回后不需上缴财政的应收账款进行全面检查,如发生不能收回的迹象,可以采用应收款项余额百分比法、账龄分析法、个别认定法等方法计提坏账准备。坏账准备计提方法一经确定,不得随意变更。如需变更,应当按照规定报经批准,并在财务报表附注中予以说明。

（1）应收款项余额百分比法。应收款项余额百分比法是指按应收款项余额的一定比例计算提取坏账准备的一种方法。这种方法是建立在坏账损失与应收款项余额直接相关的基础上,即认为应收款项的余额越大,产生坏账的风险也就越高。因此,当期坏账准备应根据应收款项期末余额乘以规定的坏账比例计算确定。年度终了,事业单位应提取的坏账准备大于已提取的坏账准备时,应按其差额提取;反之,则按其差额冲减坏账准备。

（2）账龄分析法。账龄分析法是指根据客户欠款时间长短估计坏账的一种方法。具体估计坏账金额时,根据客户欠款时间长短,将应收款项划分为若干组别,分别确定估计坏账的百分比,据此估计坏账金额,然后加总各组估计的金额,确认应收款项期末的坏账金额。

（3）个别认定法。个别认定法是指根据每笔应收账款的具体情况确定其坏账金额的一种方法。

根据上述方法计算出坏账损失金额,当期应补提或冲减的坏账准备金额的计算公式如下:

$$\text{当期应补提或冲减的坏账准备} = \text{当期按应收账款计算应计提的坏账准备金额} - \text{“坏账准备”科目贷方余额}\left(\text{或} + \text{“坏账准备”科目借方余额}\right)$$

3. 坏账准备的核算

为了反映事业单位坏账准备计提、转销等情况,事业单位应设置“坏账准备”科目。该科目贷方登记当期计提的坏账准备金额,借方登记实际发生的坏账损失金额和冲减的坏账准备金额;期末贷方余额,反映事业单位提取的坏账准备金额。

事业单位提取坏账准备时,借记“其他费用”科目,贷记“坏账准备”科目;冲减坏账准备时,借记“坏账准备”科目,贷记“其他费用”科目。

事业单位对于账龄超过规定年限并确定无法收回的应收账款、其他应收款，应当按照有关规定报经批准后，按照无法收回的金额，借记"坏账准备"科目，贷记"应收账款" "其他应收款"科目。

事业单位已核销的应收账款、其他应收款在以后期间又收回的，按照实际收回金额，借记"应收账款" "其他应收款"科目，贷记"坏账准备"科目；同时，借记"银行存款"等科目，贷记"应收账款" "其他应收款" 科目。

【例3－14】2×19 年至 2×21 年，某事业单位根据发生的坏账业务，编制相关的会计分录。

(1)2×19 年末，该单位应收账款余额为 2 000 000 元，提取坏账准备的比例为 3‰，"坏账准备"账户余额为零。编制该业务的财务会计分录：

2×19 年应提取坏账准备 = 2 000 000 × 3‰ = 6 000(元)

借：其他费用　　6 000

　贷：坏账准备　　6 000

(2)2×20 年发生坏账损失 12 000 元，其中甲单位 2 000 元，乙单位 10 000 元，年末应收账款为 2 400 000 元。编制该业务的财务会计分录：

坏账准备应保留的余额 = 2 400 000 × 3‰ = 7 200(元)

"坏账准备"账户已有余额 = 6000(贷方) － 12000(借方) = －6 000(元)

应提取的坏账准备 = 7 200 + 6 000 = 13 200(元)

借：其他费用　　13 200

　贷：坏账准备　　13 200

(3)2×21 年已冲销的上年乙单位应收账款 10 000 元又收回，收回的应收款项不需要上缴财政。年末应收账款余额为 2 600 000 元。

①确认收回的应收账款，编制该业务的财务会计分录：

借：银行存款　　10 000

　贷：应收账款——乙单位　　10 000

借：应收账款——乙单位　　10 000

　贷：坏账准备　　10 000

同时，编制该业务的预算会计分录：

借：资金结存——货币资金　　10 000

　贷：非财政拨款结余　　10 000

②年末，确认冲销多提的坏账准备，编制该业务的财务会计分录：

坏账准备余额 = 2 600 000 × 3‰ = 7 800(元)

"坏账准备"账户已有贷方余额 = 7 200 + 10 000 = 17 200(元)

应提取的坏账准备 = 7 800 － 17 200 = －9 400(元)

借：坏账准备　　9 400

　贷：其他费用　　9 400

二、预付账款和待摊费用的核算

(一)预付账款的核算

1. 预付账款的概念

预付账款是指行政事业单位按照购货、服务合同或协议规定预付给供应单位(或个人)

的款项，以及按照合同规定向承包工程的施工企业预付的备料款和工程款。预付账款如同应收账款一样，是结算中的资金占用，反映了行政事业单位的短期债权。但两者性质不同。应收账款是应向购货方收取的款项，而预付账款则是预先付给供货方的款项，然款项已经付出，但对方的义务尚未履行完毕，要求对方履行义务仍是行政事业单位的权力。行政事业单位预付给供应单位一定数额的款项，目的主要是掌握存货等物资货源、劳务供应的渠道，以避免未来价格变动及市场风险。

为了反映预付账款增减变动情况，行政事业单位应设置“预付账款”科目。该科目的借方登记预付账款的增加额；贷方登记预付账款的减少额；期末借方余额，反映行政事业单位实际预付但尚未结算的款项。

“预付账款”科目应当按照供应单位（或个人）及具体项目进行明细核算；对于基本建设项目发生的预付账款，还应当在本科目所属基建项目明细科目下设置“预付备料款”“预付工程款”“其他预付款”等明细科目，进行明细核算。

2. 预付账款的确认和结算的核算

行政事业单位根据购货、服务合同或协议规定预付款项时，按照预付金额，借记“预付账款”科目，贷记“财政拨款收入”“零余额账户用款额度”“银行存款”等科目。

行政事业单位收到所购资产或服务时，按照购入资产或服务的成本，借记“库存物品”“固定资产”“无形资产”“业务活动费用”等相关科目；按照应交的增值税，借记“应交增值税——应交税金（进项税额）”科目；按照相关预付账款的账面余额，贷记“预付账款”科目；按照实际补付的金额，贷记“财政拨款收入”“零余额账户用款额度”“银行存款”等科目。

行政事业单位根据工程进度结算工程价款及备料款时，按照结算金额，借记“在建工程”科目；按照相关预付账款的账面余额，贷记“预付账款”科目；按照实际补付的金额，贷记“财政拨款收入”“零余额账户用款额度”“银行存款”等科目。

行政事业单位发生预付账款退回的，按照实际退回金额，借记“财政拨款收入”［本年直接支付］、“财政应返还额度”［以前年度直接支付］、“零余额账户用款额度”、“银行存款”等科目，贷记“预付账款”科目。

3. 预付账款核销的核算

行政事业单位应当于每年年末，对预付账款进行全面检查。如果有确凿证据表明预付账款不再符合预付款项性质，或者因供应单位破产、撤销等原因可能无法收到所购货物、服务的，应当先将其转入其他应收款，再按照规定进行处理。将预付账款账面余额转入其他应收款时，借记“其他应收款”科目，贷记“预付账款”科目。

【例 3－15】甲事业单位为增值税小规模纳税人。2×19 年至 2×20 年，该单位根据发生的预付账款业务，编制相关的会计分录。

（1）2×19 年 5 月，从乙公司订购材料 100 件，货款共计 50 000 元，按订货合同规定，应先向供货单位预付货款 20 000 元，交货后再补足余款。

①5 月 8 日，以零余额账户预付货款 20 000 元，编制该业务的财务会计分录：

借：预付账款——乙公司	20 000
贷：零余额账户用款额度	20 000

同时，编制该业务的预算会计分录：

借：事业支出	20 000

贷:资金结存——零余额账户用款额度 20 000

②5 月 20 日,收到所订购的材料并验收入库,取得增值税专用发票注明的价款为 50 000 元,增值税为 6 500 元。编制该业务的财务会计分录:

借:库存物品 56 500

贷:预付账款——乙公司 56 500

③5 月 25 日,以银行存款补付所购材料款的余款。编制该业务的财务会计分录:

借:预付账款——乙公司 36 500

贷:银行存款 36 500

同时,编制该业务的预算会计分录:

借:事业支出 36 500

贷:资金结存——货币资金 36 500

(2)2×19 年 12 月 15 日,甲单位所属科技服务部预付丙科研所技术服务费 50 000 元,款项从零余额账户转出。26 日,收到技术服务结算清单,共发生服务费 28 000 元。31 日,收到丙科研所退回的预付账款 15 000 元,存入零余额账户。

①15 日,预付服务费。编制该业务的财务会计分录:

借:预付账款——丙科研所 50 000

贷:零余额账户用款额度 50 000

同时,编制该业务的预算会计分录:

借:事业支出 50 000

贷:资金结存——零余额账户用款额度 50 000

②26 日,结算技术服务费。编制该业务的财务会计分录:

借:业务活动费 28 000

贷:预付账款——丙科研所 28 000

③31 日,收到丙科研所退回的预付款。编制该业务的财务会计分录:

借:零余额账户用款额度 15 000

贷:预付账款——丙科研所 15 000

同时,编制该业务的预算会计分录:

借:资金结存——零余额账户用款额度 15 000

贷:事业支出 15 000

(3)2×20 年 2 月 10 日,有确凿证据表明预付丙科研所技术服务费余款 7 000 元因该研究所撤销而无法收回,予以转账。

借:其他应收账款——丙科研所 7 000

贷:预付账款——丙科研所 7 000

(二)待摊费用的核算

待摊费用是指行政事业单位已经支付,但应当由本期和以后各期分别负担的分摊期在 1 年以内(含 1 年)的各项费用,如预付航空保险费、预付租金等。摊销期限在 1 年以上的租入固定资产改良支出和其他费用,应当通过“长期待摊费用”科目核算,不作为待摊费用核算。

待摊费用应当在其受益期限内分期平均摊销,如预付航空保险费应在保险期的有效期内、预付租金应在租赁期内分期平均摊销,计入当期费用。

为了反映待摊费用的增减变动情况，行政事业单位应设置“待摊费用”科目。该科目借方登记待摊费用的增加额；贷方登记按规定转销或摊销的待摊费用。期末借方余额，反映单位各种已支付但尚未摊销的分摊期在 1 年以内（含 1 年）的费用。“待摊费用”明细账应按费用种类设置。

行政事业单位发生待摊费用时，按照实际预付的金额，借记“待摊费用”科目，贷记“财政拨款收入”“零余额账户用款额度”“银行存款”等科目。

待摊费用应在一定期限内进行摊销。待摊费用的摊销期限，有的可以明确确定，例如，预付固定资产租金等，其摊销期限可以根据预付期限确定；有的则不能明确确定，例如领用低值易耗品的摊销期限不易确定，这就需要根据具体情况测定。行政事业单位按照受益期限分期平均摊销时，按照摊销金额，借记“业务活动费用”“单位管理费用”“经营费用”等科目，贷记“待摊费用”科目。

需要说明的是，如果某项待摊费用已经不能使单位受益，应当将其摊余金额一次全部转入当期费用。按照摊销金额，借记“业务活动费用”“单位管理费用”“经营费用”等科目，贷记“待摊费用”科目。

【例 3－16】2×19 年 12 月 15 日，某行政单位预付 2×20 年办公用房租金 240 000 元，款项以银行存款支付。

（1）预付办公用房租金。编制该业务的财务会计分录：

借：待摊费用	240 000	
贷：银行存款		240 000

同时，编制该业务的预算会计分录：

借：行政支出	240 000	
贷：资金结存——货币资金		240 000

（2）2×20 年每月摊销费用。编制该业务的财务会计分录：

借：业务活动费用	20 000	
贷：待摊费用		20 000

三、其应收股利、利息的核算

（一）应收股利的核算

应收股利是指事业单位持有长期股权投资应当收取的现金股利或应当分得的利润。作为事业单位的一项短期债权，其形成主要来源于两个方面：一是取得长期股权投资时，所支付的价款中所包含的已宣告但尚未发放的现金股利；二是持有股权投资期间，被投资单位宣告发放现金股利或利润的，投资单位按应享有的份额确认的应收股利或利润。

为了反映应收股利增减变动情况，事业单位应设置“应收股利”科目。该科目借方登记应收股利的增加；贷方登记应收股利的减少；期末借方余额，反映事业单位尚未收到的现金股利或利润。其明细账按被投资单位设置并进行明细核算。

事业单位取得长期股权投资，按照支付的价款中所包含的已宣告但尚未发放的现金股利，借记“应收股利”科目；按照确定的长期股权投资成本，借记“长期股权投资”科目；按照实际支付的金额，贷记“银行存款”等科目。收到取得投资时实际支付价款中所包含的已宣告但尚未发放的现金股利时，按照收到的金额，借记“银行存款”科目，贷记“应收股利”科目。

事业单位持有长期股权投资期间，被投资单位宣告发放现金股利或利润的，按照应享有的份额，借记"应收股利"科目，贷记"投资收益"（成本法）或"长期股权投资"（权益法）科目。

事业单位实际收到现金股利或利润时，按照收到的金额，借记"银行存款"等科目，贷记"应收股利"科目。

【例3－17】2×19年至2×20年，甲事业单位根据发生的股权投资业务，编制相关的会计分录。

(1)1月5日，以银行存款2 050 000元投资于乙企业，所支付的款项中包括已宣告但尚未发放的现金股利50 000元。该投资占乙企业所有者权益的份额为25%，采用权益法核算。1月20日，收到现金股利50 000元，存入银行。

①确认长期股权投资。编制该业务的财务会计分录：

借：长期股权投资	2 000 000	
应收股利——乙企业	50 000	
贷：银行存款		2 050 000

同时，编制该业务的预算会计分录：

借：投资支出	2 050 000	
贷：资金结存——货币资金		2 050 000

②收到现金股利。编制该业务的财务会计分录：

借：银行存款	50 000	
贷：应收股利——乙企业		50 000

同时，编制该业务的预算会计分录：

借：资金结存——货币资金	50 000	
贷：投资支出		50 000

(2)2×19年，乙企业实现利润1 800 000元。2×20年3月10日，乙企业宣告分派2×19年度的现金股利600 000元；3月20日，收到全部现金股利，存入银行。

①乙企业实现利润，甲事业单位应确认长期股权投资和投资收益，会计分录略。

②甲事业单位确认应分享的现金股利。编制该业务的财务会计分录：

确认应分享的现金股利＝600 000×25%＝150 000(元)

借：应收股利——乙企业	150 000	
贷：投资收益		150 000

③收到全部现金股利。编制该业务的财务会计分录：

借：银行存款	150 000	
贷：应收股利——乙企业		150 000

同时，编制该业务的预算会计分录：

借：资金结存——货币资金	150 000	
贷：投资预算收入		150 000

（二）应收利息的核算

应收利息是指事业单位长期债券投资等应收取的利息。它主要来源于两个方面：一是取得债权投资时，所支付的价款中所包含的已到付息期但尚未支付的利息；二是在持有债权投资期间，资产负债表日按投资的面值、票面利率计算的利息所确认的应收债权投资的利息。

为了反映应收利息增减变动情况，事业单位应设置“应收利息”科目。该科目借方登记应收利息的增加，贷方登记应收利息的减少；期末借方余额，反映事业单位应收未收的债券投资等应收利息。明细账应按被投资单位设置并进行明细核算。

需要说明的是，事业单位购入的到期一次还本付息的长期债券投资持有期间取得的利息，在“长期债券投资——应收利息”科目核算。

事业单位取得长期债券投资，按照确定的投资成本，借记“长期债券投资”科目；按照支付的价款中包含的已到付息期但尚未领取的利息，借记“应收利息”科目；按照实际支付的金额，贷记“银行存款”等科目。收到取得投资时实际支付价款中所包含的已到付息期但尚未领取的利息时，按照收到的金额，借记“银行存款”等科目，贷记“应收利息”科目。

事业单位按期计算确认长期债券投资利息收入时，对于分期付息、一次还本的长期债券投资，按照以票面金额和票面利率计算确定的应收未收利息金额，借记“应收利息”科目，贷记“投资收益”科目。

事业单位实际收到应收利息时，按照收到的金额，借记“银行存款”等科目，贷记“应收利息”科目。

【例 3 - 18】2 ×19 年至 2 ×20 年，某事业单位根据发生的债权投资业务，编制相关的会计分录。

(1)2 ×19 年 7 月 1 日，以银行存款购入 5 年期国债 200 000 元，年利率为 3%，每年付息一次、到期还本。假设该单位每年 6 月 30 日和 12 月 31 日确认应收利息，每年 7 月 1 日收到利息。编制该业务的财务会计分录：

借：长期债券投资	200 000	
贷：银行存款		200 000

同时，编制该业务的预算会计分录：

借：投资支出	200 000	
贷：资金结存——货币资金		200 000

(2)2 ×19 年 12 月 31 日确认应收利息。编制该业务的财务会计分录：

$$\text{应确认的利息收入} = 200\ 000 \times 3\% = 6\ 000(\text{元})$$

借：应收利息	6 000	
贷：投资收益		6 000

2 ×20 年 6 月 30 日确认利息收入的会计处理，同 2 ×19 年 12 月 31 日，略。

(3)2 ×20 年 7 月 1 日，收到全年利息。编制该业务的财务会计分录：

借：银行存款	6 000	
贷：应收利息		6 000

同时，编制该业务的预算会计分录：

借：资金结存——货币资金	6 000	
贷：投资预算收入		6 000

四、其他应收款的核算

（一）其他应收款的内容

其他应收款是指行政事业单位除财政应返还额度、应收票据、应收账款、预付账款、应收股利、应收利息以外的其他各项应收及暂付款项，如职工预借的差旅费、已经偿还银行尚未报销的本单位公务卡欠款、拨付给内部有关部门的备用金、应向职工收取的各种垫付款项、支付的可以收回的订金或押金、应收的上级补助和附属单位上缴款项等。

为了反映其他应收款增减变动情况，单位应设置"其他应收款"科目。该科目借方登记其他应收款项发生额，贷方登记收回的其他应收款项；期末借方余额，反映单位尚未收回的其他应收款。其明细账应当按照其他应收款的类别以及债务单位（或个人）设置并进行明细核算。

（二）其他应收款发生的核算

行政事业单位发生其他各种应收及暂付款项时，按照实际发生金额，借记"其他应收款"科目，贷记"零余额账户用款额度""银行存款""库存现金""上级补助收入""附属单位上缴收入"等科目。涉及增值税业务的，根据应交增值税，贷记"应交增值税"科目；收回其他各种应收及暂付款项时，按照收回的金额，借记"库存现金""银行存款"等科目，贷记"其他应收款"科目。

行政事业单位偿还尚未报销的本单位公务卡欠款时，按照偿还的款项，借记"其他应收款"科目，贷记"零余额账户用款额度""银行存款"等科目；持卡人报销时，按照报销金额，借记"业务活动费用""单位管理费用"等科目，贷记"其他应收款"科目。

年末对预付账款进行全面检查时，如果有确凿证据表明预付账款不再符合预付款项性质，应当先将其转入其他应收款，借记"其他应收款"科目，贷记"预付账款"科目，再按照规定进行相关的处理。

【例3－19】2×19年10月份，某事业单位根据发生的其他应收款业务，编制相关的会计分录。

（1）10日，职工张林某参加科技会议预借差旅费5 000元。财会部门对其借款单据审核无误付讫现金。编制该业务的财务会计分录：

借：其他应收款——张林	5 000
贷：库存现金	5 000

（2）20日，职工张林报销差旅费5 300元，经核准予以报销，并以现金补付差额300元。编制该业务的财务会计分录：

借：单位管理费用	5 300
贷：其他应收款——张林	5 000
库存现金	300

同时，编制该业务的预算会计分录：

借：事业支出	5 300
贷：资金结存——货币资金	5 300

（三）备用金的核算

备用金是指行政事业单位财会部门为了便于日常零星开支的需要，而预付给单位某些部门或职工备用的款项。其特点是先领后用，用后报销。备用金的管理，有定额备用金制度和非定额备用金制度两种。定额备用金制度是指根据使用部门工作的实际需要，先核定其备用金定额并依此拨付备用金，使用后再拨付现金补足其定额的制度。非定额备用金制度是指为了满足临时性需要而暂付给有关部门和个人现金，使用后实报实销的制度。领取备用金的单位和个人必须严格按照规定的用途使用，不得挪作他用。备用金使用后，应及时填写报销单据,连同有关原始凭证,经单位负责人审批后,向财会部门报账。财会部门应做好备用金的核算与管理工作。

单位内部实行备用金制度的,有关部门使用备用金以后应当及时到财务部门报销并补足备用金。财务部门核定并发放备用金时,按照实际发放金额,借记"其他应收款"科目,贷记"库存现金"等科目。根据报销金额用现金补足备用金定额时,借记"业务活动费用""单位管理费用"等科目,贷记"库存现金"等科目,报销数和拨补数都不再通过"其他应收款"科目核算。

【例3-20】某事业单位后勤服务部门备用金实行定额管理制度。2×19年,该单位根据发生的其他应收款业务,编制会计分录如下:

(1)1月10日财务部门开出现金支票拨付后勤服务部门备用金定额5 000元。编制该业务的财务会计分录:

借:其他应收款——后勤服务部门 5 000
　贷:银行存款 5 000

同时,编制该业务的预算会计分录:

借:事业支出 5 000
　贷:资金结存——货币资金 5 000

(2)3月10日,后勤服务部门报销购买办公用品支出1 800元,经财会部门审核后报销,并以现金补足定额。编制该业务的财务会计分录:

借:单位管理费用 1 800
　贷:库存现金 1 800

同时,编制该业务的预算会计分录:

借:事业支出 1 800
　贷:资金结存——货币资金 1 800

(3)6月1日,因后勤服务部门业务范围扩大,需增加备用金定额3 000元,经审核予以拨付现金3 000元。会计处理方法同1月10日。

(4)12月31日,该单位年终决算核销并收回备用金8 000元。编制该业务的财务会计分录:

借:库存现金 8 000
　贷:其他应收款——后勤服务部门 8 000

同时,编制该业务的预算会计分录:

借:资金结存——货币资金 8 000
　贷:事业支出 8 000

(四)其他应收款清查的核算

1. 事业单位其他应收款清查的核算

事业单位应当于每年年末,对其他应收款进行全面检查,如发生不能收回的迹象,应当计提坏账准备。对于账龄超过规定年限、确认无法收回的其他应收款,按照规定报经批准后予以核销。按照核销金额,借记"坏账准备"科目,贷记"其他应收款"科目。核销的其他应收款应当在备查簿中保留登记;已核销的其他应收款在以后期间又收回的,按照实际收回金额,借记"其他应收款"科目,贷记"坏账准备"科目;同时,借记"银行存款"等科目,贷记"其他应收款"科目。

2. 行政单位其他应收款清查的核算

行政单位应当于每年年末，对其他应收款进行全面检查。对于超过规定年限、确认无法收回的其他应收款，应当按照有关规定报经批准后予以核销。核销的其他应收款应在备查簿中保留登记。

经批准核销其他应收款时，按照核销金额，借记"资产处置费用"科目，贷记"其他应收款"科目。已核销的其他应收款在以后期间又收回的，按照收回金额，借记"银行存款"等科目，贷记"其他收入"科目。

【例3－21】2×19年12月31日，某行政单位对其他应收款进行全面检查时，发现年初行政管理部门张某偿还的公务卡欠款3 000元一直未办理报销手续，报经批准后予以核销。2×20年3月10日，已核销的其他应收款又如数收回。

(1)2×19年12月31日，编制该业务的财务会计分录：

借：资产处置费用	3 000	
贷：其他应收款		3 000

(2)2×20年3月10日，编制该业务的财务会计分录：

借：银行存款	3 000	
贷：其他收入		3 000

同时，编制该业务的预算会计分录：

借：资金结存——货币资金	3 000	
贷：其他预算收入		3 000

第三节　财政应返还额度的核算

财政应返还额度是指实行国库集中支付的行政事业单位年终应收财政下年度返还的资金额度，即反映结转下年使用的用款额度。

为了反映财政应返还额度的增减变动情况，行政事业单位应设置"财政应返还额度"科目，核算实行国库集中支付的行政事业单位应收财政返还的资金额度。该科目借方登记财政应返还额度增加数，贷方登记财政应返还额度减少数；期末借方余额，反映行政事业单位应收财政下年度返还的资金额度。该科目应当设置"财政直接支付""财政授权支付"两个明细科目进行明细核算。

一、财政直接支付方式下

在财政直接支付方式下，年度终了，行政事业单位根据本年度财政直接支付预算指标数与当年财政直接支付实际支出数的差额，借记"财政应返还额度——财政直接支付"科目，贷记"财政补助收入"科目。

下年度恢复财政直接支付额度后，行政事业单位以财政直接支付方式发生实际支出时，借记有关科目，贷记"财政应返还额度——财政直接支付"科目。

二、财政授权支付方式下

在财政授权支付方式下，年度终了，行政事业单位依据代理银行提供的对账单做注销额度的相关账务处理，借记“财政应返还额度——财政授权支付”科目，贷记“零余额账户用款额度”科目。行政事业单位本年度财政授权支付预算指标数大于零余额账户用款额度下达数的，根据未下达的用款额度，借记“财政应返还额度——财政授权支付”科目，贷记“财政拨款收入”科目。

下年初，行政事业单位依据代理银行提供的额度恢复到账通知书作恢复额度的相关账务处理，借记“零余额账户用款额度”科目，贷记“财政应返还额度——财政授权支付”科目。行政事业单位收到财政部门批复的上年末未下达零余额账户用款额度时，借记“零余额账户用款额度”科目，贷记“财政应返还额度——财政授权支付”科目。

【例3－22】2×19年12月31日，某行政单位预算结余资金为200 000元，其中：财政直接支付（甲项目）年终结余资金为130 000元，财政授权支付年终结余资金为70 000元。2×20年2月12日，该单位收到《财政直接支付额度恢复到账通知书》，恢复2×19年度财政直接支付额度130 000元；收到代理银行转来的《财政授权支付额度恢复到账通知书》，恢复2×19年度财政授权支付额度70 000元。2×20年3月5日，使用甲项目上年预算结余资金60 000元支付相关支出。编制会计分录如下：

（1）财政直接支付方式。

①2×19年12月31日年末，结转本年度预算指标数大于当年实际支付数的差额。编制该业务的财务会计分录：

借：财政应返还额度——财政直接支付　　130 000
　贷：财政拨款收入　　130 000

同时，编制该业务的预算会计分录：

借：资金结存——财政应返还额度　　130 000
　贷：财政拨款预算收入　　130 000

②2×20年使用2×19年财政直接支付额度支付款项。编制该业务的财务会计分录：

借：业务活动费用　　60 000
　贷：财政应返还额度——财政直接支付　　60 000

同时，编制该业务的预算会计分录：

借：行政支出　　60 000
　贷：资金结存——财政应返还额度　　60 000

（2）财政授权支付方式。

①2×19年12月31日年末，结转本年度预算指标数大于实际支付数的差额。编制该业务的财务会计分录：

借：财政应返还额度——财政授权支付　　70 000
　贷：零余额账户用款额度　　70 000

同时，编制该业务的预算会计分录：

借：资金结存——财政应返还额度　　70 000
　贷：财政拨款预算收入　　70 000

②2×20年2月12日恢复财政支付额度。编制该业务的财务会计分录：

借:零余额账户用款额度　　70 000
　贷:财政应返还额度——财政授权支付　　70 000
同时,编制该业务的预算会计分录:
借:资金结存——零余额账户用款额度　　70 000
　贷:资金结存——财政应返还额度　　70 000
③2×20 年使用 2×19 年财政授权支付额度支付款项。编制该业务的财务会计分录:
借:业务活动费用　　60 000
　贷:零余额账户用款额度　　60 000
同时,编制该业务的预算会计分录:
借:行政支出　　60 000
　贷:资金结存——零余额账户用款额度　　60 000

第四节　存货的核算

一、存货的概念、特征及其分类

(一)存货的概念

存货是指在开展业务活动及其他活动中为耗用或出售而储存的资产,如材料、产品、包装物和低值易耗品等,以及未达到固定资产标准的用具、装具、动植物等。这些存货经常处于不断购买、耗用或者重置之中,它们既是行政事业单位流动资产十分重要的组成部分,也是它们从事各类行政、事业活动的物质基础。

(二)存货的分类

行政事业单位存货可以按照不同的性质进行如下分类:

(1)材料,是指使用后就消耗掉或者逐渐消耗掉,不能保持原有形态的各种原材料,包括主要材料、辅助材料、外购半成品和修理用备件等。

(2)燃料,是指使用后就消失掉的各种固体、液体和气体燃料。

(3)包装物,是指为包装本单位有关产品而储备的各种包装容器。

(4)低值易耗品,是指单位价值较低、容易损耗、不够固定资产标准,不属于材料、燃料和包装物范围的各种用具、装具等。

(5)动植物,是指行政事业单位确认为存货的动物和植物。

(三)存货的特征

存货是行政事业单位业务活动较为活跃的因素,它不停地被重置或被加工出来,然后又不停地被销售、耗用,它具有以下特点:

(1)存货属于流动资产,具有较快的变现能力和明显的流动性,但其流动性不及现金和应收款项,而且其时效性强,发生潜在损失的可能性也比前者大。

(2)存货是有形资产,有别于专利权、商标权等无形资产。

(3)存货与固定资产同为有形资产,但其价值转移方式与固定资产不同。存货在正常的业务活动中,不断地处于销售和重置、耗用和重置之中,在 1 年内能够有规律地转换为货币资金或其他资产。而固定资产使用周期长,其价值分期转移。

(4)存货具有时效性和发生潜在损失的可能性。行政事业单位取得存货及时耗用,可以发挥其作用,但长期不能耗用的存货很可能成为积压物资,形成损失。

(5)行政事业单位持有存货的基本目的是为了耗用而非出售。

二、存货取得的核算

《政府会计准则第1号——存货》指出:"存货在取得时应当按照成本进行初始计量。"行政事业单位取得存货的方式不同,其成本构成内容也不尽相同。

(一)在途物品的核算

这里的在途物品,是指行政事业单位采购材料等物资时货款已付或已开出商业汇票但尚未验收入库的在途物品的采购成本。有时,行政事业单位购进材料等物资尤其是异地购进的,由于付款与材料等物资收到的时间不尽一致,会出现款项已付但材料等物资尚未收到的情况,行政事业单位应将此材料物品作为在途物品核算。

为了反映在途物资增减变动情况,行政事业单位应设置"在途物品"科目。该科目借方登记购入材料等物资的采购成本的金额;贷方登记所购材料等物资到达验收入库的金额;期末借方余额,反映行政事业单位在途物资的采购成本。其明细科目按照供应的行政事业单位和物资品种设置并进行明细核算。

行政事业单位购入存货的成本包括购买价款、相关税费、运输费、装卸费、保险费以及使得存货达到目前场所和状态所发生的归属于存货成本的其他支出。行政事业单位购入尚未验收入库的在途物品等存货时,按照确定的存货采购成本金额,借记"在途物品"科目;按照实际支付的金额,贷记"财政拨款收入""零余额账户用款额度""银行存款"等科目。涉及增值税业务的,应借记"应交增值税——应交税金(进项税额)"科目。所购材料等物品到达验收入库,按照确定的库存物品成本金额,借记"库存物品"科目;按照物品采购成本金额,贷记"在途物品"科目;按照使得入库物品达到目前场所和状态所发生的其他支出,贷记"银行存款"等科目。

【例3-23】某事业单位属于增值税一般纳税人。2×19年6月份,该单位根据发生的库存物品采购业务,编制相关的会计分录。

(1)5日,采用财政直接支付方式采购材料一批,发票及账单已收到,增值税专用发票上注明的价款为20 000元,增值税税额2 600元,已经税务机关认证。另以零余额账户存款支付保险费1 000元,增值税60元,材料尚未到达。编制该业务的财务会计分录:

借:在途物品	21 000	
应交增值税——应交税金(进项税额)	2 660	
贷:财政拨款收入		22 600
零余额账户用款额度		1 060

同时,编制该业务的预算会计分录:

借:事业支出	23 660	
贷:财政拨款预算收入		22 600
资金结存——零余额账户用款额度		1 060

(2)20日,该单位购进的材料已收到,并验收入库。编制该业务的财务会计分录:

借:库存物品	21 000	

贷:在途物品　　21 000

(二)库存物品的核算

这里的库存物品,是指行政事业单位在开展业务活动及其他活动中为耗用或出售而储存的各种材料、产品、包装物、低值易耗品,达不到固定资产标准的用具、装具、动植物,以及已完成测绘、地质勘察、设计成果等的成本。

需要说明的是:行政事业单位随买随用的零星办公用品,可以在购进时直接列作费用;直接储存管理的各项应急或救灾储备物资等,作为储备物资核算;在建工程和基本建设中购买和使用的材料物资,作为工程物资核算。

1. 外购库存物品的核算

行政事业单位外购的库存物品验收入库,按照确定的成本,借记"库存物品"科目,贷记"财政拨款收入""零余额账户用款额度""银行存款""应付账款""在途物品"等科目。涉及增值税业务的,还应进行增值税相关内容的处理。如被认定为增值税一般纳税人的事业单位,应按照支付的增值税,借记"应交增值税——应交税金(进项税额)"科目,被认定为增值税小规模人的事业单位,应将支付的增值税计入物资成本。

【例3-24】2×19年8月,甲事业单位根据发生的外购库存物品业务,编制相关的会计分录。

(1)10日,从乙单位购进专业业务活动用材料并验收入库。增值税专用发票注明的价款为60 000元,增值税税额为7 800元。款项采用财政直接支付方式结算。编制该业务的财务会计分录:

借:库存物品　　67 800

贷:财政拨款收入　　67 800

同时,编制该业务的预算会计分录:

借:事业支出　　67 800

贷:财政拨款预算收入　　67 800

(2)15日,从丙单位购进用于增值税应税项目的材料一批,增值税专用发票注明的价款为80 000元,增值税税额为10 400元,已经税务机关认证,材料验收入库。款项以零余额账户付讫。编制该业务的财务会计分录:

借:库存物品　　80 000

应交增值税——应交税金(进项税额)　　10 400

贷:零余额账户用款额度　　90 400

同时,编制该业务的预算会计分录:

借:事业支出　　90 400

贷:资金结存——零余额账户用款额度　　90 400

2. 接受捐赠库存物品的核算

行政事业单位接受捐赠资产的基本特征在于其无偿性。有时以这种方式取得库存物品,对方会提供相关凭证,但有时无法取得相关凭证,因此,其入账价值应根据不同情况区别处理。行政事业单位接受捐赠库存物品并取得相关凭证,库存物品成本按照有关凭据注明的金额加上相关税费、运输费等确定;没有相关凭据可供取得,但按规定经过资产评估的,其成本按照评估价值加上相关税费、运输费等确定;没有相关凭据可供取得,也未经评估的,其成本比照同类或类似资产的市场价格加上相关税费、运输费等确定;没有相关凭据且未经评估、同类或类似资产的市场价格也无法可靠取得的，按照名义金额入账，相关税费等计入当期费用。

行政事业单位接受捐赠的库存物品验收入库，按照确定的成本，借记“库存物品”科目；按照发生的相关税费、运输费等，贷记“银行存款”等科目；按照其差额，贷记“捐赠收入”科目。接受捐赠的库存物品按照名义金额入账的，按照名义金额，借记“库存物品”科目，贷记“捐赠收入”科目；同时，按照发生的相关税费、运输费等，借记“其他费用”科目，贷记“银行存款”等科目。

【例3－25】2×19年，甲事业单位根据发生的库存物品受赠业务，编制相关的会计分录。

(1)6月10日，接受境外乙公司捐赠零配件、消耗材料，有关凭据注明的金额为100 000元人民币。以银行存款支付接受捐赠发生的相关费用8 000元。编制该业务的财务会计分录：

借：库存物品　108 000
　贷：捐赠收入　100 000
　　银行存款　8 000

同时，编制该业务的预算会计分录：

借：其他支出　8 000
贷：资金结存——货币资金　8 000

(2)8月16日，接受国内丙公司捐赠的一批材料1 000千克，该批材料既没有相关凭据，也未经评估，但同类材料的市场价格为每千克80元。材料运达单位，以银行存款支付运输费3 000元，不考虑相关税金。编制该业务的财务会计分录：

借：库存物品　83 000
　贷：银行存款　3 000
　　捐赠收入　80 000

同时，编制该业务的预算会计分录：

借：其他支出　3 000
　贷：资金结存——货币资金　3 000

(3)12月25日，接受国内丁公司捐赠的一批办公物品，单位按照名义金额入账。另以零余额账户支付相关税费5 000元。编制该业务的财务会计分录：

借：库存物品　1
　贷：捐赠收入　1
借：其他费用　5 000
　贷：零余额账户用款额度　5 000

同时，编制该业务的预算会计分录：

借：其他支出　5 000
　贷：资金结存——零余额账户用款额度　5 000

3. 无偿调入库存物品的核算

经主管部门和财政部门批准，行政事业单位可以从上级或系统内无偿调入存货，以满足公益事业的发展，调整和优化资产配置。

行政事业单位无偿调入的库存物品验收入库，按照确定的成本，借记“库存物品”科目；按照发生的相关税费、运输费等，贷记“银行存款”等科目；按照其差额，贷记“无偿调拨净资产”科目。

【例3－26】2×19年12月20日，甲单位从系统内部的乙单位无偿调入一批材料，该批材料在乙单位的账面价值为250 000元。以银行存款支付调入材料发生的相关费用8 000元。编制该业务的财务会计分录：

借：库存物品　　258 000

　贷：银行存款　　8 000

　　其他净资产　　250 000

同时，编制该业务的预算会计分录：

借：其他支出　　8 000

　贷：资金结存——货币资金　　8 000

4. 换入库存物品的核算

换入库存物品是行政事业单位将持有的、用于日常运营活动的物品与不同类型的物品进行交换，这种交换不涉及或只涉及少量的货币资金。

一般来说，行政事业单位通过置换取得的库存物品，其成本按照换出资产的评估价值，加上支付的补价或减去收到的补价，加上为换入库存物品发生的其他相关支出确定。补价是库存物品置换中，对于不等价部分给予的货币平衡。

（1）换入库存物品未涉及补价的核算。行政事业单位置换换入的库存物品验收入库，按照确定的成本，借记“库存物品”科目；按照换出资产的账面余额，贷记相关资产科目（换出资产为固定资产、无形资产的，还应当借记“固定资产累计折旧”“无形资产累计摊销”科目）；按照置换过程中发生的其他相关支出，贷记“银行存款”等科目；按照借贷方差额，借记“资产处置费用”科目或贷记“其他收入”科目。

（2）换入库存物品涉及补价的核算。行政事业单位换入库存物品涉及补价的，分别以下两种情况处理：

①支付补价的，按照确定的成本，借记“库存物品”科目；按照换出资产的账面余额，贷记相关资产科目（换出资产为固定资产、无形资产的，还应当借记“固定资产累计折旧”“无形资产累计摊销”科目）；按照支付的补价和置换过程中发生的其他相关支出，贷记“银行存款”等科目；按照借贷方差额，借记“资产处置费用”科目或贷记“其他收入”科目。

②收到补价的，按照确定的成本，借记“库存物品”科目；按照收到的补价，借记“银行存款”等科目；按照换出资产的账面余额，贷记相关资产科目（换出资产为固定资产、无形资产的，还应当借记“固定资 产累计折旧”“无形资产累计摊销”科目）；按照置换过程中发生的其他相关支出，贷记“银行存款”等科目；按照补价扣减其他相关支出后的净收入，贷记“应缴财政款”科目；按照借方贷方差额，借记“资产处置费用”科目或贷记“其他收入”科目。

【例3－27】2×19年，甲事业单位根据库存物品置换业务，编制相关的会计分录。

（1）5月份，经批准以一台科研设备换入乙单位一批科研材料。科研设备账面余额为350 000元，累计折旧70 000元。换出科研设备的评估价值为300 000元，以银行存款支付补价20 000元、其他费用10 000元。编制该业务的财务会计分录：

借：库存物品　　（300 000＋20 000＋10 000）330 000

　　累计折旧　　70 000

　贷：固定资产　　350 000

　　银行存款　　30 000

其他收入　　(330 000 + 70 000 - 350 000 - 30 000)20 000

同时,编制该业务的预算会计分录:

借:其他支出　　30 000

　贷:资金结存——货币资金　　30 000

(2)10 月份,经批准以一批 M 材料换入乙单位一批 N 科研材料。该批 M 材料的账面价值为 70 000 元,评估价值为 60 000 元。收到乙单位支付的补价 5 000 元存入零余额账户用款额度,另以银行存款支付运输等费用 4 000 元。编制该业务的财务会计分录:

借:库存物品——N 材料　　(60 000 - 5 000 + 4 000)59 000

　零余额账户用款额度　　5 000

　资产处置费用　　10 000

　贷:库存物品　　70 000

　　银行存款　　4 000

三、存货发出的核算

(一)存货发出的计价

具有较快的变现能力和明显的流动性是存货的重要特点之一。在行政事业单位持续运营过程中,其存货始终处于流动状态,原有的存货不断流出,新的存货又不断流入。而在某一会计期间内,同一种存货可以分不同批次购入。受产地、市价、运费等变动因素影响,各次购入存货的单价或单位采购成本又有所不同。当行政事业单位发出存货时,就必须采用一定的方法确定其发出成本。库存物品在发出时,应当根据实际情况采用个别计价法、先进先出法或者加权平均法确定发出物资的实际成本。计价方法一经确定,不得随意变更。

1. 个别计价法

个别计价法是指对存货逐一辨认,分别按各自购入或取得时的成本计价,以确定发出和结存存货的实际成本。个别计价法的特征是注重所发出存货具体项目的实物流转与成本流转之间的联系,逐一辨认各批发出存货和期末存货所属的购进批别或生产批别,分别按其购入或生产时所确定的单位成本作为计算各批发出存货和期末存货的成本。

【例 3-28】2×19 年 5 月份,某单位甲的库存物品收入、发出及购进单价成本如表 3-4 所示。

表 3-4　甲库存物品收发资料　　金额单位:元

日期	收入			发出			库存		
	数量	单价	总额	数量	单价	总额	数量	单价	总额
5 月 1 日							200	10	2 000
8 日	600	9.5	5 700				800		
12 日				400			400		
16 日	300	10.50	3 150				700		
27 日				200			500		
31 日				240			260		
合计	900	—	8 850	840	—	—	260	—	—

该单位12日发出的400件,有100件是上期结转下来的,有300件为8日购入的;27日发出的200件中为8日购进的;31日发出的240件为16日购进的。采用个别计价法计算发出和结存甲材料的成本,方法如下:

发出甲材料成本 $=100\times10+300\times9.5+200\times9.5+240\times10.5=8\ 270$(元)

期末结存甲材料成本 $=100\times10+100\times9.5+60\times10.5=2\ 580$(元)

根据计算结果,编制甲材料领用的会计分录(假定全部用于经营活动):

借:经营费用　　8 270

　贷:库存物品——甲材料　　8 270

个别计价法是一种合理而准确的存货计价方法。但这种方法的前提是需要对发出存货和结存存货的批次进行具体认定,以辨别其所属的收入批次,所以计算工作量较大。个别计价法适用于一般不能替代使用的存货料,以及为特定项目专门购入或制造的存货。

2. 先进先出法

先进先出法是指按库存中最早进货的存货成本对发出存货计价的一种方法。这种方法是假定先收到的存货先发出使用这样的实物流动假设为前提,并根据这种假设的成本流转顺序对发出存货和期末库存存货进行计价。即本期发出存货的成本是按存货中早期进货的价格计算,在发出存货的数量超过库存中最早进货的数量时,超过部分要依次按后一批收进的存货单价计算。期末结存的存货按库存中近期进货的价格计算。

采用这种方法时,要依次查明有关各批次的实际单位成本,核算手续比较繁琐,适用于收、发存货业务次数不多的单位。

【例3-29】承例3-28。根据表3-4资料,按先进先出法计算甲库存物品发出和结存成本,结果如表3-5所示。

表3-5　甲库存物品明细账(简式)

(按先进先出法计算)　　金额单位:元

日期	收入			发出			库存		
	数量	单价	总额	数量	单价	总额	数量	单价	总额
5月1日							200	10	2 000
8日	600	9.5	5 700				200 600	10 9.5	7 700
12日				200 200	10 9.5	3 900	400	9.5	3 800
16日	300	10.50	3 150				400 300	9.5 10.5	6 950
27日				200	9.5	1 900	200 300	9.5 10.5	5 050
31日				200 40	9.5 10.5	2 320	260	10.5	2 730
合计	900	—	8 850	840	—	8 120	260	—	2 730

3. 加权平均法

加权平均法有"月末一次加权平均法"和"移动加权平均法"之分。在此仅介绍月末一次加权平均法。

月末一次加权平均法，是指以月初存货数量加上当月全部进货数量作为权数，去除当月全部进货成本加上月初存货成本，计算出存货的加权平均单位成本，以此为基础计算当月发出存货的成本和期末存货的成本的一种方法。其计算公式如下：

$$存货加权平均单位成本=\frac{期初库存存货的实际成本+本期各批进货成本之和}{期初库存存货数量+本期各批进货数量之和}$$

$$本期发出存货成本=本期发出存货的数量\times存货加权平均单位成本 \quad (3-1)$$

或

$$本期发出存货成本=(期初库存存货的实际成本+本期各批进货成本之和)-本期期末库存存货成本 \quad (3-2)$$

$$期末库存存货成本=期末库存存货的数量\times存货加权平均单位成本$$

注：公式(3－1)，一般称为正算(顺算)成本法，公式(3－2)，称为倒算(倒挤)成本法。

【例3－30】承例3－28。根据表3－5资料，采用加权平均法计算，结果如下：

$$甲库存物品单位成本=(2\,000+5\,700+3\,150)\div(200+600+300)=9.86(元)$$

$$本月发出甲库存物品成本=840\times9.86=8\,282.40(元)$$

$$月末库存甲库存物品成本=(2\,000+5\,700+3\,150)-8\,282.40=2\,567.60(元)$$

采用加权平均法，只在月末计算月份内发出存货和结存存货的成本，这样可以大大简化存货核算工作，但平时不能确定发出存货成本和结存存货金额，当市场存货价格上涨时，加权平均成本会小于其现行成本。

(二)库存物品发出的核算

1. 开展业务活动领用库存物品的核算

行政事业单位为开展业务活动等而领用库存物品，按照领用物品的实际成本，借记"业务活动费用""单位管理费用""经营费用"等科目，贷记"库存物品"科目。

行政事业单位领用低值易耗品、包装物，采用一次转销法摊销的，在首次领用时将其账面余额一次性摊销计入有关成本费用，借记有关科目，贷记"库存物品"科目。

采用五五摊销法摊销低值易耗品、包装物的，首次领用时，将其账面余额的50%摊销计入有关成本费用，借记有关科目，贷记"库存物品"科目；使用完时，将剩余的账面余额转销计入有关成本费用，借记有关科目，贷记"库存物品"科目。

【例3－31】2×19年3月10日，某公立医院住院部领用新购入的医疗器械10件，其中中型器械4件，单位成本500元，小型器械6件，单位成本300元。该医院资产管理制度规定，领用中型医疗器械采用五五摊销法摊销，小型医疗器械则采用一次转销法。编制该业务的财务会计分录：

(1)摊销中型医疗器械成本：

借：业务活动费用　　(4×500×50%)1 000

　贷：库存物品　　1 000

(2)摊销小型医疗器械成本：

借：业务活动费用　　1 800

　贷：库存物品　　1 800

2. 事业单位出售库存物品的核算

库存物品出售分为可自主出售和不可自主出售两种方式。前者是指事业单位有权决定出售的对象和价格;后者则是经批准后方可出售。事业单位按照规定自主出售发出库存物品,按照出售物品的实际成本,借记"经营费用"等科目,贷记"库存物品"科目。事业单位经批准对外出售的库存物品(不含可自主出售的库存物品)发出时,按照库存物品的账面余额,借记"资产处置费用"科目,贷记"库存物品"科目;同时,按照收到的价款,借记"银行存款"等科目,按照处置过程中发生的相关费用,贷记"银行存款"等科目,按照其差额,贷记"应缴财政款"科目。

【例3-32】2×19年10月20日,某事业单位(小规模纳税人)对外出售库存物品取得收入183 600元并存入银行,其中自主出售经营活动持有的库存物品收入120 000元,增值税3 600元,非自主出售库存物品收入60 000元。该批库存物品成本为150 000元,其中自主出售库存物品成本100 000元,非自主出售库存物品成本50 000元。

(1)确认收入,编制该业务的财务会计分录:

借:银行存款	183 600	
贷:经营收入		120 000
应缴财政款		60 000
应交增值税		3 600

同时,编制该业务的预算会计分录:

借:资金结存——货币资金	120 000	
贷:结余预算收入		120 000

(2)结转出售成本,编制该业务的财务会计分录:

①自主出售库存物品

借:经营费用	100 000	
贷:库存物品		100 000

②非自主出售库存物品

借:资产处置费用	50 000	
贷:库存物品		50 000

3. 对外捐赠库存物品的核算

对外捐赠是资产的无偿转让行为,其结果表现为资产、净资产的减少。

事业单位经批准对外捐赠的库存物品发出时,按照库存物品的账面余额和对外捐赠过程中发生的归属于捐出方的相关费用合计数,借记"资产处置费用"科目;按照库存物品账面余额,贷记"库存物品"科目;按照对外捐赠过程中发生的归属于捐出方的相关费用,贷记"银行存款"等科目。

【例3-33】2×19年8月10日,甲事业单位向西部乙单位捐赠一批材料,价值为50 000元。对外捐赠材料手续已办妥,材料已出库。另以银行存款支付由甲单位承担的材料运输费2 000元。编制该业务的财务会计分录:

借:资产处置费用	52 000	
贷:库存物品		50 000
银行存款		2 000

同时,编制该业务的预算会计分录:

借:其他支出 2 000

贷:资金结存——货币资金 2 000

4. 无偿调出库存物品的核算

有时,财政部门和事业单位的主管部门会根据单位的发展状况,提供公共服务的质量、数量要求,以及基于提高现有资产潜在效能等目的,运用调剂手段,对资产进行调入或调出,以优化单位资产配置,提高资产利用率和财政资金使用效益。

事业单位经批准无偿调出的库存物品发出时,按照库存物品的账面余额,借记“无偿调拨净资产”科目,贷记“库存物品”科目;同时,按照无偿调出过程中发生的归属于调出方的相关费用,借记“资产处置费用”科目,贷记“银行存款”等科目。

【例3－34】10月份,上级主管部门将甲事业单位一批科研材料无偿调剂给丙单位,该批材料的账面余额200 000元。甲单位以银行存款支付承担的相关费用4 500元。编制该业务的财务会计分录:

借:无偿调拨净资产 200 000

贷:库存物品 200 000

借:资产处置费用 4 500

贷:银行存款 4 500

同时,编制该业务的预算会计分录:

借:其他支出 4 500

贷:资金结存——货币资金 4 500

5. 置换换出库存物品的核算

行政事业单位以持有的库存物品置换换入库存物品、长期股权投资、固定资产和无形资产等,其入账价值按照换出库存物品的评估价值加上支付的补价或减去收到的补价,再加上换入长期股权投资发生的其他相关支出确定。

行政事业单位按照确定的换入库存物品、长期股权投资、固定资产和无形资产成本,借记“库存物品”“长期股权投资”“固定资产”“无形资产”等科目;按照换出库存物品的账面余额,贷记“库存物品”科目,如果需要支付补价和其他相关支出,还需要按照支付的补价和置换过程中发生的其他相关支出,贷记“银行存款”等科目;按照借贷方差额,借记“资产处置费用”科目或贷记“其他收入”科目。

行政事业单位以持有的库存物品置换换入库存物品、长期股权投资、固定资产和无形资产收到补价,按照确定的换入资产成本,借记“库存物品”“长期股权投资”“固定资产”“无形资产”等科目;按照换出库存物品的账面余额,贷记“库存物品”科目;按照收到的补价,借记“银行存款”等科目;按照补价扣减其他相关支出后的净收入,贷记“应缴财政款”科目;按照借贷方差额,借记“资产处置费用”科目或贷记“其他收入”科目。

【例3－35】2×19年6月10日,甲事业单位以其库存物品与乙单位办公用车进行置换,该库存物品账面余额150 000元,评估价值为160 000元,收到乙单位支付补价13 000元存入银行,同时以银行存款支付与资产置换相关的费用3 000元。

(1)换入资产,编制该业务的财务会计分录:

汽车入账价值＝160 000＋3 000－13 000＝150 000(元)

借:固定资产 150 000

银行存款 13 000

贷:库存物品 150 000

银行存款 3 000

应缴财政款 10 000

需要说明的是,只有当其他相关支出大于补价收入,其差额才应编制预算会计分录。因此,本例不需编制预算会计分录。

(2)支付应缴财政款,编制该业务的财务会计分录:

借:应缴财政款 10 000

贷:银行存款 10 000

四、存货清查盘点的核算

(一)存货盘盈的核算

行政事业单位发生各类资产盘盈并将资产转入待处理资产时,按照确定的成本,借记“库存物品”科目,贷记“待处理财产损溢”科目。

行政事业单位按照规定报经批准后处理时,对于盘盈的流动资产,借记“待处理财产损溢”科目,贷记“单位管理费用”[事业单位]或“业务活动费用”[行政单位]科目。对于盘盈的非流动资产,如属于本年度取得的,按照当年新取得相关资产进行账务处理;如属于以前年度取得的,按照前期差错处理,借记“待处理财产损溢”科目,贷记“以前年度盈余调整”科目。

【例3-36】2×19年6月30日,某事业单位进行资产清查盘点,发现有一台使用中的设备未入账。该型号设备存在活跃市场,市场价格为60 000元。7月10日,收到上级主管部门批复意见,将盘盈资产作为前期差错处理。该单位编制对上述业务进行财务会计记账的分录:

(1)设备盘盈。

借:固定资产 60 000

贷:待处理财产损溢——待处理财产价值 60 000

(2)转销盘盈设备。

借:待处理财产损溢——待处理财产价值 60 000

贷:以前年度盈余调整 60 000

(二)存货盘亏或者毁损、报废的核算

行政事业单位发生各类资产盘亏或者毁损、报废并将资产转入待处理资产时,借记“待处理财产损溢——待处理财产价值”科目,贷记“库存物品”科目。涉及增值税业务的,相关账务处理参见“应交增值税”科目。

报经批准处理时,行政事业单位应借记“资产处置费用”科目,贷记“待处理财产损溢——待处理财产价值”科目。

行政事业单位处理毁损、报废实物资产过程中取得的残值或残值变价收入、保险理赔和过失人赔偿等,借记“库存现金”“银行存款”“库存物品”“其他应收款”等科目,贷记“待处理财产损溢——处理净收入”科目;处理毁损、报废实物资产过程中发生的相关费用,借记“待处理财产损溢——处理净收入”科目,贷记“库存现金”“银行存款”等科目。

行政事业单位处理收支结清,如果处理收入大于相关费用的,按照处理收入减去相关费用后的净收入,借记“待处理财产损溢——处理净收入”科目,贷记“应缴财政款”等科目;如果处理收入小于相关费用的,按照相关费用减去处理收入后的净支出,借记“资产处置费用”

科目,贷记“待处理财产损溢——处理净收入”科目。

【例3-37】某事业单位为增值税一般纳税人。2×19年12月根据库存物品发生毁损业务,编制会计分录如下:

(1)20日,财产清查时,发现材料毁损一批,其成本为60 000元,取得材料支付的增值税进项税额为7 800元。将毁损的材料转入待处理资产,同时,将增值税一并转出(毁损材料为管理不善所致)。编制该业务的财务会计分录:

借:待处理财产损溢——待处理财产价值　67 800
　贷:库存物品　60 000
　　应交增值税——应交税金(进项税额转出)　7 800

(2)22日,处置毁损材料取得残料变价收入5 000元存入银行,应收保险理赔款20 000元,向责任者索赔10 000元。编制该业务的财务会计分录:

借:银行存款　5 000
　其他应收款——某保险公司　20 000
　　　　　——某责任者　10 000
　贷:待处理财产损溢——待处理净收入　35 000

同时,编制该业务的预算会计分录:

借:资金结存——货币资金　5 000
　贷:事业支出　5 000

(3)23日,以银行存款支付清理毁损材料的相关费用7 000元。编制该业务的财务会计分录:

借:待处理财产损溢——待处理净收入　7 000
　贷:银行存款　7 000

同时,编制该业务的预算会计分录:

借:其他支出　7 000
　贷:资金结存——货币资金　7 000

(4)31日经批准,结转待处理财产损溢。编制该业务的财务会计分录:

借:资产处置费用　67 800
　贷:待处理财产损溢——待处理财产价值　67 800

(5)31日,经批准结转资产清理净收入。编制该业务的财务会计分录:

借:待处理财产损溢——待处理净收入　28 000
　贷:应缴财政部　28 000

五、加工物品的核算

(一)加工物品概述

加工物品是指行政事业单位自制或委托外单位加工的各种物资以及未完成的测绘、地质勘察、设计成果等。加工物品按其加工单位的不同,分为自制物品和委托加工物品。其中,自制物品是指行政事业单位组织内部人力、物资和设备自行加工的物品,委托加工物品是指行政事业单位将库存物品作为原材料委托其他单位加工的物品。

为了反映加工物品增减变动情况,行政事业单位应设置“加工物品”科目。该科目借方登记为加工物品领用的材料成本、发生的直接人工费用、分配的间接费用以及其他费用;贷方登记制造完成并验收入库物资的全部实际成本。期末借方余额,反映行政事业单位自制加工但尚未完工的各种物资的实际成本。

"加工物品"科目应设置"自制物品""委托加工物品"两个一级明细科目,并按照物品类别或品种设置明细账进行明细核算。"自制物品"一级明细科目应当设置"直接材料""直接人工""其他直接费用"等二级明细科目归集自制物品发生的直接材料、直接人工(专门从事物品制造人员的人工费)等直接费用;对于自制物品发生的间接费用,应当在"加工物品"科目"自制物品"一级明细科目下单独设置"间接费用"二级明细科目予以归集,期末,再按照一定的分配标准和方法,分配计入有关物品的成本。

(二)自制物品

在日常运营过程中,行政事业单位有时需要对库存物品进行必要的加工改制或自行生产,以满足各类活动的需要。通过必要的加工活动,可以弥补市场供应物品不足,有利于提高科研水平,促进各类事业的发展,取得良好的社会与经济效益。自行加工物品必然要发生一定的耗费,为加工存货而发生的耗费构成了物品加工成本。

1. 自制物品成本的构成及其分类

(1)直接费用。按照费用的发生与加工物品的关系来区分,加工费用分为直接费用和间接费用。其中,直接费用是指加工物品时,能够直接计入物品成本的费用。加工物品中领用材料或物资、加工工人薪酬等都属于直接费用。直接费用可以根据原始凭证直接计入某种物品成本。

(2)间接费用。间接费用是指加工物品时,不能直接计入物品成本的费用。对于间接费用,需要选择适当分配标准,在不同物品之间进行合理分摊,再计入物品成本。间接费用一般可以按生产工人工资、生产工人工时、机器工时、耗用材料的数量或成本、直接费用(直接材料和直接人工)或产品产量等进行分配。间接费用可根据自己的具体情况自行选择分配方法。分配方法一经确定,不得随意变更。

2. 自制物品的核算

行政事业单位为自制物品领用材料等,按照材料成本,借记"加工物品——自制物品(直接材料)"科目,贷记"库存物品"科目;为专门从事物品制造的人员发生的直接人工费用,按照实际发生的金额,借记"加工物品——自制物品(直接人工)"科目,贷记"应付职工薪酬"科目;为自制物品发生的其他直接费用,按照实际发生的金额,借记"加工物品——自制物品(其他直接费用)"科目,贷记"零余额账户用款额度""银行存款"等科目。

行政事业单位为自制物品发生的间接费用,按照实际发生的金额,借记"加工物品——自制物品(间接费用)"科目,贷记"零余额账户用款额度""银行存款""应付职工薪酬""固定资产累计折旧""无形资产累计摊销"等科目。间接费用一般按照生产人员工资、生产人员工时、机器工时、耗用材料的数量或成本、直接费用(直接材料和直接人工)或产品产量等进行分配。行政事业单位可根据具体情况自行选择间接费用的分配方法。分配方法一经确定,不得随意变更。

行政事业单位已经制造完成并验收入库的物品,按照所发生的实际成本(包括耗用的直接材料费用、直接人工费用、其他直接费用和分配的间接费用),借记"库存物品"科目,贷记"自制物品"科目。自制物品账务处理程序如图 3-3 所示。

【例 3-38】某科研单位为一般纳税人,2×19 年 5 月对外承接了一项科研设备研制任务。合同约定:设备总价款为 500 000 元,合同签订时支付 30% 的价款,设备交付时支付

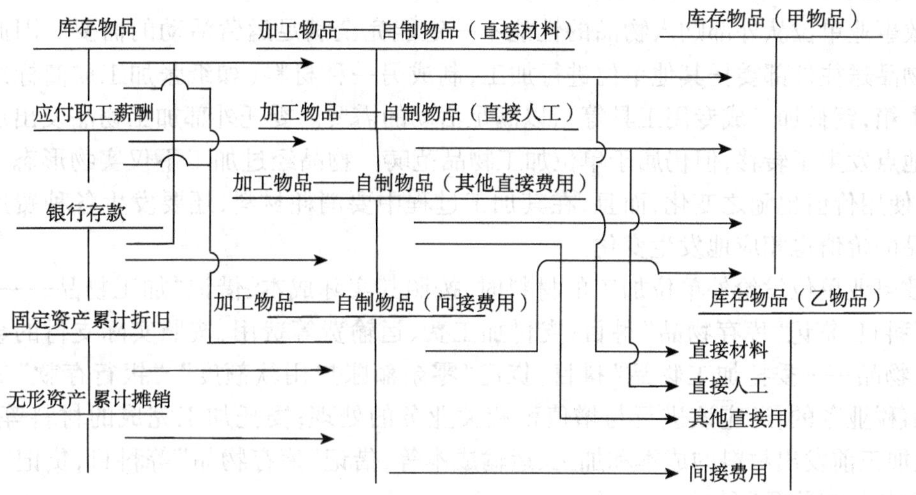

图 3-3 自制物品账务处理程序

65% 的价款，设备交付半年后再支付 5% 的价款。该科研单位根据发生的自制物品业务，编制相关的会计分录。

(1)5 月 10 日，收到客户预付的第一笔货款 150 000 元存入银行。编制该业务的财务会计分录：

借：银行存款　　150 000

　贷：预收账款　　150 000

同时，编制该业务的预算会计分录：

借：资金结存——货币资金　　150 000

　贷：事业预算收入　　150 000

(2)5 月至 8 月，为研制该设备以零余额账户支付相关费用 50 000 元，确认职工薪酬 100 000元，计提加工设备折旧费 75 000 元，领用库存物品 30 000 元。编制该业务的财务会计分录：

借：加工物品——研制设备　　255 000

　贷：零余额账户用款额度　　50 000

　　应付职工薪酬　　100 000

　　固定资产累计折旧　　75 000

　　库存物品　　30 000

同时，编制该业务的预算会计分录：

借：事业支出　　50 000

　贷：资金结存——零余额账户用款额度　　50 000

(3)9 月 5 日，该单位按期完成制造设备，结转完工设备加工成本。编制该业务的财务会计分录：

借：库存物品　　255 000

　贷：加工物品——研制设备　　255 000

（三）委托加工物品的核算

行政事业单位从外部购入物品的性能不一定能完全满足运营活动的需要。因此，有时需要将物品送往外部委托其他单位进行加工，制成另一种材料（如纸张加工成商标纸，木材加工成木箱，钢材加工成专用工具等），以满足活动的需要。委托外部加工物品发出后，虽然其保管地点发生了转移，但仍属于单位加工物品范畴。物品经过加工不仅实物形态、性能发生变化，使用价值也随之变化，而且，在其加工过程中要消耗材料，还要发生各种费用，委托加工物品的价值也相应地发生变化。

行政事业单位发给外单位加工的材料时，按照其实际成本，借记“加工物品——委托加工物品”科目，贷记“库存物品”科目；支付加工费、运输费等费用，按照实际支付的金额，借记“加工物品——委托加工物品”科目，贷记“零余额账户用款额度”“银行存款”等科目。涉及增值税业务的，还应该进行与增值税相关业务的处理；委托加工完成的材料等验收入库，按照加工前发出材料的成本和加工、运输成本等，借记“库存物品”等科目，贷记“加工物品——委托加工物品”科目。

【例3－39】2×19年3月，甲事业单位根据发生的委托加工业务（为增值税应税业务），编制相关的会计分录。

（1）5日，委托乙企业加工一批M材料，发出材料成本为50 000元。编制该业务的财务会计分录：

借：加工物品——委托加工物品——M材料　　50 000

　贷：库存物品　　50 000

（2）8日，开出转账支票，支付材料运输费用3 000元，增值税270元。编制该业务的财务会计分录：

借：加工物品——委托加工物品——M材料　　3 000

　应交增值税——应交税金（进项税额）　　270

　贷：银行存款　　3 270

同时，编制该业务的预算会计分录：

借：经营支出　　3 270

　贷：资金结存——货币资金　　3 270

（3）15日，以零余额账户存款支付乙企业加工费用40 000元、增值税5 200元。编制该业务的财务会计分录：

借：加工物品——委托加工物品——M材料　　40 000

　应交增值税——应交税金（进项税额）　　5 200

　贷：零余额用款额度　　45 200

同时，编制该业务的预算会计分录：

借：经营支出　　45 200

　贷：资金结存——零余额账户用款额度　　45 200

（4）20日，收回委托加工完毕物品并验收入库，结转其全部成本。编制该业务的财务会计分录：

借：库存物品——M材料　　93 000

　贷：加工物品——委托加工物品——M材料　　93 000

思考题

1. 简述货币资金的内容及其核算方法。

2. 什么是零余额账户用款额度？零余额账户用款额度与银行存款有什么不同？

3. 简述国库集中支付制度的财政直接支付和财政授权支付两种方式会计处理的区别。

4. 应收票据、应收账款和预付账款同为行政事业单位短期债权，试说明三者会计处理的区别。

5. 什么是坏账和坏账损失？试说明行政事业单位坏账损失的估计方法及其会计处理。

6. 什么是存货，存货包括哪些内容？存货的特点表现在哪些方面？行政事业单位存货是如何分类的？

7. 试说明行政事业单位取得存货的方式及其计价方法？

8. 行政事业单位发出存货可以采用几种计价方法？分别是如何计算发出存货成本的？各自的特点和适用范围如何？

9. 自制物品成本包括哪些内容？简要说明自制物品成本的计算方法。

练习题

1. 资料：2×19 年 6 月 20 日，某行政单位发生以下货币资金业务：

(1) 从财政零余额账户提取现金 6 000 元备用。

(2) 业务部门职工张某因公出差预借现金 2 000 元。张某出差归来实际报销费用 2 800 元，以现金补付。

(3) 经批准，对外捐赠现金 30 000 元。

(4) 以现金支付搬运公司个人劳务费 2 000 元。

(5) 收到受托代理、代管现金 15 000 元。

(6) 当日账款核对中，发现现金短缺 300 元，原因待查。

要求：根据上述经济业务，逐笔编制财务会计和预算会计分录。

2. 资料：2×19 年至 2×20 年甲事业单位发生以下应收和预付款项业务，该单位取得收入适用的城市维护建设税率为 7%，教育费附加费率为 3%，地方教育费附加费率为 2%。

(1) 甲事业单位发生的国库集中支付业务包括：①2×18 年末，该单位财政直接支付预算指标数与财政直接支付实际支出数的差额为 260 000 元。2×19 年 1 月，财政部门决定将该单位以前年度未使用的财政直接支付指标中的 60 000 元核减，其余 200 000元仍由该单位使用。②单位收到财政直接支付入账通知书，使用财政应返还额度支付当月房租 40 000 元。③收到财政授权支付额度到账通知书，下达零余额账户用款额度 320 000 元，其中上年未下达的零余额账户用款额度 30 000 元，当期下达的零余额账户用款额度 290 000 元。

(2) 2×19 年单位出租办公用房给某公司，租期 6 个月，一次性收到 6 个月租金(含税价) 90 000元，当天收到该公司开具的期限为 6 个月、票面金额 90 000 元的商业汇票。票据到期,全部票款收到存入银行。计算房屋租金收入适用的小规模纳税人增值税税率为5%,房产税税率为12%。

(3)2×19年6月5日,收到乙公司当日签发的带息商业汇票一张,用以偿还前欠货款。该票据的面值为100 000元,期限90天,年利率为6%。7月15日,因急需资金,将该商业汇票向银行贴现,年贴现率为9%,贴现收入存入银行。

要求:

(1)根据上述业务(1)(2)编制财务会计和预算会计分录。

(2)根据上述业务(3)计算甲单位该项应收票据的贴现期、到期值、贴现利息和贴现收入;编制取得和贴现该项应收票据的会计分录。

3. 资料:某事业单位采用应收账款余额百分比法核算坏账损失,坏账准备计提比例为5‰。2×19年1月1日,"应收账款"科目的余额为1 000 000元。5月8日,收回2×18年度核销的坏账4 000元,存入银行。11月9日,因一客户破产,有应收账款2 500元不能收回,经批准确认为坏账。12月31日,"应收账款"科目的余额为800 000元。

要求:编制该事业单位2×19年与坏账业务相关的财务会计和预算会计分录。

4. 资料:2×19年1月,M行政单位发生以下与存货有关的业务。

(1)退回2×18年购买的办公用品6 000元,物品已发出,款项存入银行。

(2)通过政府采购购买办公用品一批,其成本15 000元,直接交付使用,款项以零余额账户支付。

(3)单位所属信息中心将多余的账面成本38 000元的电脑耗材(评估价为15 000元)与某事业单位的办公用品进行置换,收到对方单位以银行转账支付的补价5 000元。

(4)无偿从N单位调入劳保用品50 000元,已验收入库。以单位零余额账户支付相关费用3 000元。

(5)接受捐赠的库存物品30 000元,验收入库,支付相关运输费等3 000元,以银行存款支付。

(6)月末,经盘点盘盈办公耗材2 000元;经批准,报废劳保用品5 000元。

要求:编制M行政单位上述经济业务的财务会计和预算会计分录。

5. 资料:某行政单位2×19年存货甲材料情况如表3-6所示。

表3-6　甲材料

日期		摘　要	数量(件)	单位成本(元)	总成本(元)
月	日				
1	1		100	8	800
6	1	采购	60	9	540
11	1	采购	80	10	800
12	31	可供领用	240		
12	31	本年领用	150		
12	31	结存	90		

如表3－6所示，本年领用的150件中，包括1月1日结存的50件，6月1日的30件，11月1日的70件。要求：分别采用个别计价法、先进先出法和加权平均法计算发出和结存材料成本。

第四章

行政事业单位非流动资产的核算

【导言】

《基本准则》指出：非流动资产是指流动资产以外的资产，包括固定资产、在建工程、无形资产、长期投资、公共基础设施、政府储备资产、文物文化资产、保障性住房和自然资源资产等。

与流动资产相比，非流动资产使用或提供服务的年限较长，即使用年限不短于 1 年或 1 个运营周期，其价值将逐渐转移或消耗。行政事业单位非流动资产种类繁多、形式各异，既有固定资产、公共基础设施、政府储备资产、文物文化资产等有形资产，也有专利权、著作权等无形资产；既有服务于行政事业单位内部运营活动的非流动资产，如固定资产、无形资产，也有满足特定公共需求而持有或储备的资产，如公共基础设施、政府储备资产、文物文化资产等。这些资产提供公共服务、取得经济利益以及价值转移或消耗方式也不尽相同，如固定资产、无形资产等能够在运营活动中长期使用，其取得成本按期折旧或摊销，逐渐费用化，而有些投资性资产，通过取得被投资方债权或净资产获得投资收益；有些非流动资产如经济林、薪炭林、产畜和役畜等，通过长期运营活动不断产出农产品或者是长期被役用。总之，行政事业单位非流动资产可以在很长一段时期内，为行政事业单位履行社会管理和开展公共服务事业产生服务潜力或者带来经济利益。

【本章纲要】

非流动资产的核算

固定资产及其折旧的核算★▲	工程物资及在建工程的核算★▲	无形资产及其核销的核算★▲	公共基础设施及其折旧的核算★▲	政府储备物资的核算★▲	长期股权投资和长期债权投资的核算▲	其他非流动资产的核算★▲
1.固定资产的特征、分类及其账簿体系 2.固定资产取得的核算 3.固定资产折旧的核算 4.固定资产后续支出的核算 5.固定资产处置的核算 6.固定资产毁损或报废的核算 7.固定资产清查盘点的核算	1.工程物资 2.在建工程	1.无形资产的概念、特征和内容 2.无形资产取得的核算 3.无形资产的摊销 4.无形资产后续支出的核算 5.无形资产后续处置的核算	1.公共基础设施的内容及其确认标准 2.公共基础设施取得的核算 3.公共基础设施折旧的核算 4.与公共基础设施有关的后续支出的核算 5.公共基础设施处置的核算	1.政府储备物资的概念、内容和特征 2.政府储备物资取得的核算 3.政府储备物资发出的核算	1.长期股权投资的核算 2.长期债权投资的核算	1.文物文化资产的核算 2.保障性住房的核算 3.长期待摊费用的核算 4.受托代理资产的核算

注：★表示行政单位有此项核算，▲表示事业单位有此项核算，★▲表示行政单位和事业单位均有此项核算。

【学习目标、重点和难点】

● 通过本章的学习，了解行政事业单位固定资产、在建工程、无形资产、公共基础设施、政府储备物资、长期股权投资和长期债权投资、文物文化资产、保障性住房、长期待摊费的概念、特点，熟悉这些资产的取得方式、确认条件和取得成本的确定方法，以及资产折旧或摊销的方法，掌握与上述资产相关业务的会计核算方法。

● 资产外购、融资租入、置换取得、处置、建筑安装工程投资和待摊投资、无形资产研发支出、资产折旧或摊销的会计核算方法为本章重点。

● 行政事业单位外购、融资租入固定资产，符合固定资产确认条件的后续支出、固定资产出售、建筑安装工程投资和待摊投资，外购无形资产、自行研究开发无形资产、无形资产摊销、无形资产出售和转让、置换换出无形资产，公共基础设施资本性后续支出，政府储备物资销售，文物文化资产、保障性住房的取得和处置，长期待摊费用的摊销等的核算为本章难点。

第一节 行政事业单位固定资产及其折旧的核算

一、行政事业单位固定资产的特征及账簿体系

（一）行政事业单位固定资产的概念及其特征

固定资产是指为满足自身开展业务活动或其他活动需要而控制的，使用年限超过1年（不含1年）、单位价值在规定标准以上，并在使用过程中基本保持原有物质形态的资产，一般包括房屋及构筑物、专用设备、通用设备等。单位价值虽未达到规定标准，但是使用年限超过1年（不含1年）的大批同类物资，如图书、家具、用具、装具等，也应当确认为固定资产。

从上述概念可见，行政事业单位固定资产是有形资产，有别于专利权、商标权等无形资产，固定资产的使用期限超过1年或长于1年的1个运营周期，持有固定资产的目的是为了科研、教育、医疗服务、出租给他人或日常运营管理，而不是用于出售。

（二）固定资产账簿体系及其运用的基本要求

1.“固定资产”与“累计折旧”总账科目

“固定资产”科目，用来核算固定资产的原值。其借方登记增加的固定资产原值，贷方登记减少的固定资产原值；借方余额为实有固定资产的原值。为了反映固定资产增减变动及结存的详细情况，行政事业单位应当设置“固定资产登记簿”和“固定资产卡片”，按固定资产类别设置明细账，进行明细核算。

“累计折旧”科目，用来核算固定资产的累计折旧。它是“固定资产”科目的调整科目。该科目贷方登记固定资产累计折旧的增加额；借方登记固定资产因减少而注销的折旧额；期末贷方余额，反映了行政事业单位提取的固定资产折旧累计数。

2.“固定资产”明细账

行政事业单位应当设置“固定资产登记簿”和“固定资产卡片”，按照固定资产类别、项目和使用部门进行明细核算。

（1）固定资产登记簿，是按固定资产类别开设账页，并按其来源、使用情况、保管部门设专栏进行登记，该登记簿主要是以价值形式序时反映固定资产的增减变动情况，并每月结出余额。

（2）固定资产卡片，是反映各项固定资产详细情况的明细账，应按固定资产的项目设立，每项一张。在固定资产卡片中，应该记录该项固定资产的编号、名称、规格、技术特征、技术资料编号、附属物、使用单位、所在地点、购建年份、开始使用日期、中间停用日期、原值、预计使用年限、折旧率以及转移调拨、报废清理等情况。

3. 固定资产科目运用的基本要求

（1）行政事业单位购入需要安装的固定资产，应当先通过“在建工程”科目核算，安装完毕交付使用时再转入“固定资产”科目核算。

（2）行政事业单位以借入、经营租赁租入方式取得的固定资产，不通过“固定资产”科目核算，应当设置备查簿进行登记。

（3）行政事业单位采用融资租入方式取得的固定资产，通过“固定资产”科目核算，并在“固定资产”科目下设置“融资租入固定资产”明细科目。

（4）行政事业单位经批准在境外购买具有所有权的土地，作为固定资产，通过“固定资产”科目核算；行政事业单位应当在“固定资产”科目下设置“境外土地”明细科目，进行相应明细核算。

二、行政事业单位固定资产取得的核算

行政事业单位取得固定资产时，应当按照成本进行初始计量。

（一）外购固定资产的核算

行政事业单位外购的固定资产，其成本包括购买价款、相关税费以及固定资产交付使用前所发生的可归属于该项资产的运输费、装卸费、安装费和专业人员服务费等。涉及增值税业务的，还应进行相关的账务处理。如果行政事业单位以一笔款项购入多项没有单独标价的固定资产，应当按照各项固定资产同类或类似资产市场价格的比例对总成本进行分配，分别确定各项固定资产的入账成本。

行政事业单位购入不需安装的固定资产，验收合格时，按照确定的固定资产成本，借记“固定资产”科目，贷记“财政拨款收入”“零余额账户用款额度”“应付账款”“银行存款”等科目。

行政事业单位购入固定资产扣留质量保证金的，应当在取得固定资产时，按取得固定资产的成本，借记“固定资产”科目[不需安装]或“在建工程”科目[需要安装]，按照实际支付的金额，贷记“财政拨款收入”“零余额账户用款额度”“应付账款”“银行存款”等科目，按照质量保证金额贷记“其他应付款”[扣留期在1年以内（含1年）]或“长期应付款”[扣留期超过1年]科目。质保期满支付质量保证金时，借记“其他应付款”“长期应付款”科目，贷记“财政拨款收入”“零余额账户用款额度”“银行存款”等科目。

【例4-1】2×19年，某事业单位根据外购专业业务活动用固定资产业务，编制相关的会计分录。

（1）3月20日，采用财政直接支付方式购入一台不需要安装的设备，设备价款为60 000元。另以银行存款支付运输费、保险费等费用5 000元。编制该业务的财务会计分录：

借：固定资产　　　　65 000

贷:财政拨款收入 60 000

银行存款 5 000

同时,编制该业务的预算会计分录:

借:事业支出 65 000

贷:财政拨款预算收入 60 000

资金结存——货币资金 5 000

(2)6 月 10 日,采用财政授权支付方式购入甲、乙、丙三种型号的专用设备,共支付设备款 130 000 元,另以银行存款支付运输费 5 000 元、安装费 3 000 元。三种设备的市场价格分别为 75 000 元、45 000 元和 30 000 元,购入设备的成本总额按各种设备的市场价格的比例分摊,其结果如表 4 - 1 所示。

表 4 - 1 甲、乙、丙三套设备购置成本分摊表 金额单位:元

设备类别	市场价格	比例(%)	分摊购置成本	分摊相关费用	成本合计
甲设备	75 000	50	65 000	4 000	69 000
乙设备	45 000	30	39 000	2 400	41 400
丙设备	30 000	20	26 000	1 600	27 600
合计	150 000	100	130 000	8 000	138 000

根据表 4 - 1 的资料,编制该业务的财务会计分录:

借:固定资产——专用设备——甲设备 69 000

——专用设备——乙设备 41 400

——专用设备——丙设备 27 600

贷:零余额账户用款额度 130 000

银行存款 8 000

同时,编制该业务的预算会计分录:

借:事业支出 138 000

贷:资金结存——零余额账户用款额度 130 000

——货币资金 8 000

(3)10 月 10 日,通过银行转账支付购买一套专用设备用于专业业务活动,全部价款为 300 000 元,签订合同后支付第一笔货款 50 000 元;该设备验收时支付剩余货款,设备无须安装即可投入使用;该单位收到设备并支付扣除质量保证金 15 000 元(质保期 1 年)后的剩余货款,达到保质期后再支付质量保证金。

①支付第一笔款项 50 000 元,编制该业务的财务会计分录:

借:预付账款 50 000

贷:银行存款 50 000

同时,编制该业务的预算会计分录:

借:事业支出 50 000

贷:资金结存——货币资金 50 000

②收到设备并以银行存款支付扣除质量保证金后的剩余款项 235 000 元,编制该业务的财务会计分录:

借:固定资产　　300 000
　贷:银行存款　　235 000
　　预付账款　　50 000
　　其他应付款　　15 000

同时,编制该业务的预算会计分录:

借:事业支出　　235 000
　贷:资金结存——货币资金　　235 000

(二)自行建造的固定资产的核算

行政事业单位所需要的固定资产,除了通过外购等方式取得外,有时还根据运营活动的特殊需要,利用自有的人力、物力条件自行建造。

行政事业单位自行建造的固定资产交付使用时,按照自行建造资产交付使用前所发生的全部必要支出确定固定资产成本,编制借记"固定资产"科目、贷记"在建工程"科目的会计分录。已交付使用但尚未办理竣工决算手续的固定资产,按照估计价值入账,待办理竣工决算后再按照实际成本调整原来的暂估价值。具体账务处理方法参见本章第二节相关内容。

(三)融资租入固定资产的核算

行政事业单位融资租赁取得的固定资产,其成本按照租赁协议或者合同确定的租赁价款、相关税费以及固定资产交付使用前所发生的可归属于该项资产的运输费、途中保险费、安装调试费等确定。

行政事业单位融资租入的固定资产,按照确定的成本,借记"固定资产"科目[不需安装]或"在建工程"科目[需安装];按照租赁协议或者合同确定的租赁付款额,贷记"长期应付款"科目;按照支付的运输费、途中保险费、安装调试费等金额,贷记"财政拨款收入""零余额账户用款额度""银行存款"等科目。行政事业单位定期支付租金时,按照实际支付金额,借记"长期应付款"科目,贷记"财政拨款收入""零余额账户用款额度""银行存款"等科目。

【例4-2】2×19年,某事业单位根据融资租入设备业务,编制相关的会计分录。

(1)以融资方式租入经营活动所需要的设备1台并投入使用。租赁合同议定:租赁价款为154 000元,租期4年。以零余额账户支付运输费3 000元、安装调试费2 000元、途中保险费1 000元,共计6 000元。编制该业务的财务会计分录:

借:固定资产——融资租入固定资产　　160 000
　贷:长期应付款　　154 000
　　零余额账户用款额度　　6 000

同时,编制该业务的预算会计分录:

借:事业支出　　6 000
　贷:资金结存——零余额账户用款额度　　6 000

(2)按租赁协议规定,租赁价款分4年于每年年初支付。以零余额账户支付第1年租赁费38 500元。编制该业务的财务会计分录:

借:长期应付款　　38 500
　贷:零余额账户用款额度　　38 500

同时,编制该业务的预算会计分录:

借:事业支出　　38 500

贷:资金结存——零余额账户用款额度 38 500

需要说明的是,行政事业单位按规定跨年度分期付款购入固定资产的账务处理,应参照融资租入固定资产的处理方法。

（四）接受捐赠固定资产的核算

有时,行政事业单位增加的固定资产是来自国内单位、个人或国际组织或境外个人的捐赠。行政事业单位接受捐赠的固定资产,其成本按照有关凭据注明的金额加上相关税费、运输费等确定;没有相关凭据可供取得,但按规定经过资产评估的,其成本按照评估价值加上相关税费、运输费等确定;没有相关凭据可供取得也未经评估的,其成本比照同类或类似资产的市场价格加上相关税费、运输费等确定;没有相关凭据且未经评估、同类或类似资产的市场价格也无法可靠取得的,相关税费、运输费等计入当期费用。如受赠的是旧的固定资产,在确定其初始入账成本时应当考虑该项资产的新旧程度。

行政事业单位接受捐赠的固定资产,按照确定的固定资产成本,借记“固定资产”科目[不需安装]或“在建工程”科目[需安装],按照发生的相关税费、运输费等,贷记“零余额账户用款额度”“银行存款”等科目,按照其差额,贷记“捐赠收入”科目。

行政事业单位接受捐赠的固定资产按照名义金额入账的,按照名义金额,借记“固定资产”科目,贷记“捐赠收入”科目;按照发生的相关税费、运输费等,借记“其他费用”科目,贷记“零余额账户用款额度”“银行存款”等科目。

【例4-3】2×19年10月,某行政单位接受境外公益组织捐赠一台不需要安装的办公设备,未取得相关凭据,也无法可靠取得同类或类似固定资产的市场价格。接受捐赠资产发生相关税费、运输费等12 000元,以银行存款付讫。

(1)确认固定资产,编制该业务的财务会计分录:

借:固定资产 1

  贷:捐赠收入 1

(2)支付相关税费,编制该业务的财务会计分录:

借:其他费用 12 000

  贷:银行存款 12 000

同时,编制该业务的预算会计分录:

借:行政支出 12 000

  贷:资金结存——货币资金 12 000

（五）无偿调入固定资产的核算

无偿调入固定资产是行政事业单位之间转移国有资产的一种行为。调入的主体主要是主管部门和财政部门。固定资产通过在单位之间进行调剂,一是可以优化事业资产配置,提高国有资产利用率和财政资金使用效益,二是可以作为对预算配置资产的补充。

行政事业单位无偿调入的固定资产,按照确定的固定资产成本,借记“固定资产”科目[不需安装]或“在建工程”科目[需安装];按照发生的相关税费、运输费等,贷记“零余额账户用款额度”“银行存款”等科目;按照其差额,贷记“无偿调拨净资产”科目。

【例4-4】2×19年5月10日,甲行政单位经批准从乙单位无偿调入汽车一辆,该汽车在调出方的账面价值为150 000元。因调入车辆发生相关费用为3 000元,以零余额账户支付。编制该业务的财务会计分录:

借:固定资产——通用设备 153 000

贷：无偿调拨净资产　　150 000

零余额账户用款额度　　3 000

同时，编制该业务的预算会计分录：

借：其他支出　　3 000

贷：资金结存——零余额账户用款额度　　3 000

（六）置换取得固定资产的核算

一般来说，行政事业单位资产置换是指置换双方主要以存货、固定资产、无形资产和长期股权投资等非货币性资产进行的交换。通过资产置换，一方面可以满足双方运营的需要，发挥资产的潜能，同时可以在一定程度上减少货币资金的流出。

1. 置换资产不涉及补价的核算

行政事业单位通过置换取得固定资产不涉及补价的，其成本按照换出资产的评估价值加上换入固定资产发生的其他相关支出确定。通过置换换入固定资产时，按照确定的成本，借记"固定资产"科目；按照换出资产的账面余额，贷记相关资产科目（换出资产为固定资产、无形资产的，还应当借记"固定资产累计折旧""无形资产累计摊销"科目）；按照支付的补价和置换过程中发生的其他相关支出，贷记"银行存款"等科目；按照借贷方差额，借记"资产处置费用"科目或贷记"其他收入"科目。

2. 置换资产涉及补价的核算

补价是指对资产置换中不等价部分用货币资金所作的平衡。行政事业单位通过置换取得固定资产涉及补价时，换入固定资产成本是按照换出资产的评估价值加上支付的补价或减去收到的补价，加上换入固定资产发生的其他相关支出确定。

行政事业单位换入固定资产支付补价的，应将支付的补价计入固定资产成本，其余账务处理与不涉及补价的处理相同；换入固定资产收到补价的，按照换出资产的评估价值减去收到的补价，加上换入固定资产发生的其他相关支出确定固定资产成本，借记"固定资产"科目，按照收到的补价，借记"银行存款"等科目，按照换出资产的账面余额，贷记相关资产科目（换出资产为固定资产、无形资产的，还应当借记"固定资产累计折旧""无形资产累计摊销"科目），按照置换过程中发生的其他相关支出，贷记"银行存款"等科目，按照补价扣减其他相关支出后的净收入，贷记"应缴财政款"科目，按照借贷方差额，借记"资产处置费用"科目或贷记"其他收入"科目。

【例 4－5】2×19 年 5 月 10 日，甲事业单位根据发生的固定资产置换业务，编制相关的会计分录。

（1）经批准，以一批库存物品与乙单位车辆进行置换。换出库存物品账面价值为 250 000元，评估价值为 280 000 元。甲事业单位以银行存款支付补价 20 000 元、相关税费 15 000元。编制该业务的财务会计分录：

借：固定资产——通用设备——车辆　　315 000

贷：库存物品　　250 000

银行存款　　35 000

其他收入　　30 000

同时，编制该业务的预算会计分录：

借：其他支出　　35 000

贷：资金结存——货币资金　　35 000

(2)经批准,将闲置的设备与丙单位生产的一批办公家具进行置换,换入的办公家具作为固定资产管理。设备的账面原值为100 000元,在交换日的累计折旧为35 000元,评估价值为87 000元。办公家具的账面原值为80 000元,评估价值为85 000元。甲事业单位收到丙单位支付的补价15 000元,以零余额账户支付换入家具的运输费等8 000元。编制该业务的财务会计分录:

借:固定资产——通用设备　　(87 000 - 15 000 + 8 000)80 000
　累计折旧　　35 000
　银行存款　　15 000
　贷:固定资产　　100 000
　　零余额账户用款额度　　8 000
　　应缴财政款　　(15 000 - 8 000)7 000
　　其他收入　　15 000

三、行政事业单位固定资产折旧的核算

(一)固定资产折旧的概念、范围和影响折旧的因素

1. 折旧的概念

折旧是指在固定资产使用寿命内,按照确定的方法对应计的折旧额进行系统分摊。其中,应计折旧额是指应当计提折旧的固定资产的原价扣除其预计净残值后的金额。

我们知道,固定资产属于长期资产,其特点是可以连续多次参加各类公共服务活动,并始终基本上保持原来的实物形态,但其价值会随着资产的使用和时间的流逝逐渐损耗,直至报废或以其他方式处置。为了如实反映固定资产在报告时点的实际价值,提供固定资产在报告期间的损耗信息,加强行政事业单位的资产管理与成本核算,按照会计制度的要求,行政事业单位需要对固定资产计提折旧,使固定资产价值符合其实际情况,否则,固定资产账面始终反映的是初始成本,资产负债表固定资产数额不能反映其扣除损耗后的账面净值。

2. 折旧范围

计算折旧要明确哪些固定资产应计提折旧,此即折旧范围。根据《政府会计准则第3号——固定资产》的规定,行政事业单位应当对除下列各项资产以外的其他固定资产计提折旧:文物和陈列品;动植物;图书、档案;以名义金额计量的固定资产。

3. 影响折旧的主要因素

一般来说,以下三个主要因素是影响各期折旧额的主要因素:

(1)原始成本。原始成本一般为固定资产的取得成本,它是某项固定资产取得时发生的一切必要的支出。必要时,也可将重置成本作为固定资产的原始成本。

(2)预计净残值。预计净残值是指预计的固定资产报废时可以收回的残余价值扣除预计清理费用后的数额。《政府单位会计制度》规定,计提固定资产折旧不考虑预计净残值。

(3)预计使用寿命。预计固定资产使用寿命,实际上是估计固定资产潜在服务能力和提供经济利益的能力。行政事业单位应当根据固定资产的性质和使用情况,合理确定固定资产的使用寿命。行政事业单位固定资产的使用寿命一般为其预计使用年限。

4. 折旧起讫时间

《政府会计准则第3号——固定资产》应用指南规定,固定资产一般应当按月计提折旧,

当月增加的固定资产,当月开始计提折旧;当月减少的固定资产,当月不再计提折旧。固定资产提足折旧后,无论能否继续使用,均不再计提折旧;提前报废的固定资产,也不再补提折旧。已提足折旧的固定资产,可以继续使用的,应当继续使用并规范管理。

(二)行事事业单位固定资产折旧的计算方法

会计上计算折旧的方法很多,有年限平均法、工作量法、加速折旧法等。根据《政府会计准则第 3 号——固定资产》规定,行政事业单位一般应当采用年限平均法或者工作量法计提固定资产折旧。

1. 年限平均法

年限平均法也称直线法,是指将固定资产的应折旧额按均等的数额在其预计使用期内分配于每一会计期间的一种方法。平均年限法建立在固定资产服务潜力随时间的延续而减退,与其使用程度无关的假设上。因此,固定资产的折旧费可以均衡地摊配于其使用年限内的各个期间。平均年限法是目前会计实务中应用最为广泛的折旧计算方法。采用年限平均法计算固定资产年折旧额的公式为:

$$固定资产年折旧额 = 应折旧额(成本) \div 预计使用年限$$

$$固定资产月折旧额 = 固定资产年折旧额 \div 12$$

固定资产应计的折旧额为其成本,计提折旧时不考虑预计净残值。

在实际工作中,为了反映固定资产在一定时期内的损耗程度并简化核算,各期折旧额一般根据固定资产原值乘以该期折旧率计算确定。固定资产折旧率是指一定时期内固定资产折旧额与固定资产原始成本的比率。

【例 4-6】某行政事业单位行政管理用设备一台,其原值为 280 000 元,预计使用年限为 10 年,采用年限平均法计提折旧。该设备折旧额计算如下:

$$设备年折旧额 = 280\ 000 \div 10 = 28\ 000(元)$$

$$设备月折旧额 = 28\ 000 \div 12 = 2\ 333(元)$$

年限平均法的优点是直观、计算简单,并且是以固定资产的使用时间为计算折旧的基础,所以能够较好地反映无形损耗对固定资产的影响。

2. 工作量法

工作量法是按照固定资产实际完成的工作总量计算折旧的一种方法。采用这种方法,每期计提的折旧随当期固定资产提供工作量的多少而变动,提供的工作量多,就多提折旧,反之,则少提折旧,而每一工作量所负担的折旧费是相同不变的。这里所讲的工作量可以是车辆行驶的里程数,也可以是机器完成的工作时数或生产产品的产量数。

采用工作量法计提折旧,应先以固定资产在使用年限内的预计总工作量(如总工作时数或总产量)去除应计折旧总额,算出每一工作量应分摊的折旧额(下称单位折旧额),然后乘以当期的实际工作量,求出该期应计提的折旧额。其计算公式为:

$$单位折旧额 = \frac{固定资产应计折旧总额}{预计总工作量(总里程、总工时、总产量等)}$$

$$当期折旧额 = 当期工作量 \times 单位折旧额$$

【例 4-7】某事业单位一台仪器的原价为 60 000 元,预计可使用 40 000 小时,按工作量法计提折旧。2×19 年 10 月份,该仪器工作 3 600 小时,其月折旧额计算结果如下:

$$仪器单位小时折旧额 = 60\ 000 \div 40\ 000 = 1.5(元/小时)$$

$$仪器本月折旧额 = 3\ 600 \times 1.5 = 5\ 400(元)$$

工作量法的优点是简单明了、容易计算,且计提的折旧额与固定资产的使用程度相联系，既充分考虑了固定资产有形损耗的影响，也符合配比原则。其缺点是：只重视有形损耗对固定资产的影响，而忽视了无形损耗对固定资产的作用。另外，要准确预计固定资产在其使用期间的预计总工作量也比较困难。

工作量法主要适用于车辆、船舶等运输工具，以及大型精密设备的折旧计算。

（三）固定资产折旧的账务处理

行政事业单位固定资产应当按月计提折旧，并根据用途计入当期费用或者相关资产成本。计提折旧时，按照实际计提的金额，借记“业务活动费用”“单位管理费用”等科目，贷记“固定资产累计折旧”科目。

【例4－8】2×19年1月，某事业单位固定资产计提折旧情况如表4－2所示。

表4－2　固定资产折旧计算表

2×19年1月　　单位：元

	资产类别	本月初资产折旧额	本月增加资产折旧额	本月减少资产折旧额	本月资产折旧额
行政管理部门	房屋	130 000	5 000		135 000
	设备	120 000	——		120 000
教学部门	设备	60 000	12 000	2 000	70 000
科研部门	设备	38 000			38 000
后勤管理部门	运输车辆	52 000			52 000
合计		400 000	17 000	2 000	415 000

根据表4－2计算结果，编制该业务的财务会计分录：

借：单位管理费用——固定资产折旧费　　（135 000＋120 000＋52 000）307 000

　　业务活动费用——固定资产折旧费　　108 000

　贷：固定资产累计折旧　　415 000

四、行政事业单位固定资产后续支出的核算

固定资产投入使用后，行政事业单位为了适应新技术发展的需要，或者为维护或提高固定资产的使用效能，往往需要对现有固定资产进行维护、改建、扩建或者改良。通常将固定资产投入使用后再发生的支出，称为固定资产的后续支出。

（一）符合固定资产确认条件的后续支出的核算

行政事业单位为增加固定资产使用效能或延长其使用年限而发生改建、扩建或修缮等业务活动并将固定资产转入改建、扩建时，按照固定资产的账面价值，借记“在建工程”科目，按照固定资产已计提折旧，借记“固定资产累计折旧”科目，按照固定资产的账面余额，贷记“固定资产”科目；发生的改建、扩建等后续支出，借记“在建工程”科目，贷记“财政拨款收入”“零余额账户用款额度”“银行存款”等科目；固定资产改建、扩建等完成交付使用时，按照在建工程成本，借记“固定资产”科目，贷记“在建工程”科目。

【例4－9】2×19年1月10日，某事业单位对一项业务用房进行改扩建，改扩建前该房

屋原价2 000 000元,已提折旧400 000元,在改扩建过程中以财政直接支付方式支付工程款300 000元,发生变价收入40 000元存入银行。所有收支不考虑增值税因素。

(1)将固定资产账面价值转入在建工程,编制该业务的财务会计分录:

借:在建工程 1 600 000

　固定资产累计折旧 400 000

　贷:固定资产 2 000 000

(2)支付工程款,编制该业务的财务会计分录:

借:在建工程 300 000

　贷:财政补助收入 300 000

同时,编制该业务的预算会计分录:

借:事业支出 300 000

　贷:财政补助预算收入 300 000

(3)确认变价收入,编制该业务的财务会计分录:

借:银行存款 40 000

　贷:在建工程 40 000

同时,编制该业务的预算会计分录:

借:资金结存——货币资金 40 000

　贷:事业支出 40 000

(4)房屋改扩建工程完毕交付使用,编制该业务的财务会计分录:

借:固定资产 (1 600 000 + 300 000 - 40 000)1 860 000

　贷:在建工程 1 860 000

(二)不符合固定资产确认条件的后续支出的核算

行政事业单位发生不符合固定资产确认条件的后续支出,如为维护固定资产的正常使用而发生的日常修理等支出,应当将支出计入当期损益或相关资产成本,借记"业务活动费用""单位管理费用""经营费用"等科目,贷记"财政拨款收入""零余额账户用款额度""银行存款"等科目。

【例4-10】2×19年5月10日,某行政单位以银行存款支付行政办公用房的维修费23 500元。编制该业务的财务会计分录:

借:单位管理费用 23 500

　贷:银行存款 23 500

同时,编制该业务的预算会计分录:

借:行政支出 23 500

　贷:资金结存——货币资金 23 500

五、行政事业单位固定资产处置的核算

行政事业单位固定资产处置是指行政事业单位对其占有、使用的固定资产进行产权转让或者注销产权的行为。处置方式包括出售、出让、转让、对外捐赠、报废或报损等。

(一)固定资产出售(或转让)的核算

行政事业单位在运营过程中,对那些不适用或不需用而闲置的固定资产应予以出售转让。出售(转让)的固定资产,其占有、使用权甚至是所有权发生了变化,与之相应的资产账

面余额、累计折旧及基金余额都一并转销。

行政事业单位报经批准出售、转让固定资产，按照被出售、转让固定资产的账面价值，借记“资产处置费用”科目，按照固定资产已计提的折旧，借记“固定资产累计折旧”科目，按照固定资产账面余额，贷记“固定资产”科目；同时，按照收到的价款，借记“银行存款”等科目，按照处置过程中发生的相关费用，贷记“银行存款”等科目，按照其差额，贷记“应缴财政款”科目。

（二）固定资产对外捐赠的核算

行政事业单位报经批准对外捐赠固定资产，按照固定资产已计提的折旧，借记“固定资产累计折旧”科目；按照被处置固定资产账面余额，贷记“固定资产”科目；按照捐赠过程中发生的归属于捐出方的相关费用，贷记“银行存款”等科目；按照其差额，借记“资产处置费用”科目。

（三）固定资产无偿调出的核算

行政事业单位报经批准无偿调出固定资产，按照固定资产已计提的折旧，借记“固定资产累计折旧”科目，按照被处置固定资产账面余额，贷记“固定资产”科目，按照其差额，借记“无偿调拨净资产”科目；同时，按照无偿调出过程中发生的归属于调出方的相关费用，借记“资产处置费用”科目，贷记“银行存款”等科目。

（四）固定资产换出的核算

行政事业单位报经批准置换换出固定资产，按照确定的换入资产入账价值，借记相关资产科目；按照换出固定资产的累计折旧，借记“固定资产累计折旧”科目；按照换出固定资产的账面余额，贷记“固定资产”科目；按照置换过程中发生的其他相关支出以及支付的补加，贷记“银行存款”等科目；按照借方、贷方差额，借记“资产处置费用”科目或贷记“其他收入”科目。

行政事业单位换出固定资产收到补价的，按照确定的换入资产成本，借记相关资产科目；按照收到的补价，借记“银行存款”等科目；按照换出资产的累计折旧借记“固定资产累计折旧”科目；按照换出固定资产资产的账面余额，贷记“固定资产”科目；按照置换过程中发生的其他相关支出，贷记“银行存款”等科目；按照补价扣减其他相关支出后的净收入，贷记“应缴财政款”科目；按照借贷方差额，借记“资产处置费用”科目或贷记“其他收入”科目。

【例 4－11】2×19 年，某事业单位（增值税一般纳税人）根据发生的固定资产减少业务，编制相关的会计分录。

(1)5 月 20 日，经有关部门批准有偿转让不再使用的专用设备一台，该设备原值为 600 000元，已经计提折旧 200 000 元；按照评估价格出售，获得出售价款 450 000 元存入银行；以银行存款支付有关拆卸费、运输费 2 500 元；按照转让收入计算应交纳增值税税费 58 500元；将出售该设备的净收入上缴国库。该单位编制财务会计分录如下：

①注销设备账面余额。

借：资产处置费用	400 000	
固定资产累计折旧	200 000	
贷：固定资产		600 000

②收到转让设备款 450 000 元。

借：银行存款	450 000	
贷：应缴财政款		450 000

③支付拆卸费用等2 500元。

借:应缴财政款　　2 500

　贷:银行存款　　2 500

④确认应交增值税58 500元。

借:应缴财政款　　58 500

　贷:应交增值税　　58 500

⑤ 将转让设备净收入上缴国库。

借:应缴财政款　　(450 000－2 500－58 500)389 000

　贷:银行存款　　389 000

(2)8月31日,经批准对外捐赠一项医疗设备,该设备账面余额500 000元,已计提折旧150 000元,捐赠过程中以银行存款支付相关费用6 000元。编制该业务的财务会计分录:

借:固定资产累计折旧　　150 000

　资产处置费用　　356 000

　贷:固定资产　　500 000

　　银行存款　　6 000

同时,编制该业务的预算会计分录:

借:其他支出　　6 000

　贷:资金结存——货币资金　　6 000

(3)12月20日,经批准无偿调出一辆班车,该班车账面余额450 000元,已计提折旧250 000元,无偿调出过程中以零余额账户支付相关费用15 000元。

①转销班车账面余额和累计折旧,编制该业务的财务会计分录:

借:无偿调拨净资产　　200 000

　固定资产累计折旧　　250 000

　贷:固定资产　　450 000

②支付相关费用,编制该业务的财务会计分录:

借:资产处置费用　　15 000

　贷:零余额账户用款额度　　15 000

同时,编制该业务的预算会计分录:

借:其他支出　　15 000

　贷:资金结存——零余额账户用款额度　　15 000

六、行政事业单位固定资产毁损或报废的核算

固定资产毁损是指由于对折旧年限估计不准确或非正常原因造成的固定资产提前报废,如确定预计使用年限时未考虑无形损耗而在技术进步时必须淘汰的固定资产,以及由于管理不善或自然灾害造成的固定资产毁损等。固定资产报废是指固定资产已达到使用年限和未达到使用年限而出现老化、损坏、市场型号淘汰等问题,经科学鉴定或按有关规定,已不能继续使用,必须对其进行产权注销的一种资产处置形式。

行政事业单位发生固定资产毁损或报废业务时,应先将固定资产予以转销,按照固定资产的账面价值,借记“待处理财产损溢——待处理财产价值”科目;按照已计提的折旧,借记“固定资产累计折旧”;按照固定资产账面余额,贷记“固定资产”科目;涉及增值税业务的,

按照应交的增值税，贷记“应交增值税——应交税金（销项税额）”科目；报经批准处理时，借记“资产处置费用”科目，贷记“待处理财产损溢——待处理财产价值”科目。

行政事业单位处理毁损、报废实物资产过程中取得的残值或残值变价收入、保险理赔和过失人赔偿等，借记“库存现金”“银行存款”“库存物品”“其他应收款”等科目，贷记“待处理财产损溢——处理净收入”科目；处理毁损、报废实物资产过程中发生的相关费用，借记“待处理财产损溢——处理净收入”科目，贷记“库存现金”“银行存款”等科目。处理收支结清，如果处理收入大于相关费用的，按照处理收入减去相关费用后的净收入，借记“待处理财产损溢——处理净收入”科目，贷记“应缴财政款”等科目；如果处理收入小于相关费用的，按照相关费用减去处理收入后的净支出，借记“资产处置费用”科目，贷记“待处理财产损溢——处理净收入”科目。

【例4－12】2×19年，某事业单位根据发生的固定资产毁损业务，编制相关的会计分录。

（1）因遭受水灾而毁损科研设备一台，该设备原价200 000元，已计提折旧160 000元。将毁损的设备转入待处理资产。编制该业务的财务会计分录：

借：待处理财产损溢——待处理财产价值	40 000	
固定资产累计折旧	160 000	
贷：固定资产		200 000

（2）清理设备取得残料变价收入15 000元存入银行，经保险公司核定应赔偿损失14 400元，尚未收到赔款。设备报废，以现金支付清理费用6 000元。编制该业务的财务会计分录：

①确认残值变价收入：

借：银行存款	15 000	
其他应收款	14 400	
贷：待处理财产损溢——处理净收入		29 400

②支付清理费用：

借：待处理资产损溢——处理净收入	6 000	
贷：库存现金		6 000

（3）按规定，清理设备净收入应缴入国库。编制该业务的财务会计分录：

借：待处理财产损溢——处理净收入	（29 400－6 000）23 400	
贷：应缴财政款		23 400

（4）设备清理完毕，确认资产损失并转销待处理财产价值。编制该业务的财务会计分录：

借：资产处置费用	40 000	
贷：待处理财产损溢——待处理财产价值		40 000

七、行政事业单位固定资产清查盘点的核算

在固定资产的使用过程中，由于客观或人为的原因，会出现固定资产账实不符的情况。为了保护行政事业单位固定资产的安全完整，每年编制年度财务报表前，行政事业单位应当对固定资产进行全面的清查。平时，可根据需要进行局部清查或抽查。对于发生的固定资产盘盈、盘亏或者报废、毁损，应当及时查明原因，按规定报经批准后进行账务处理。

（一）固定资产盘盈的核算

行政事业单位发生固定资产盘盈并将资产转入待处理资产时，按照确定的成本，借记

“固定资产”科目,贷记“待处理财产损溢”科目。

行政事业单位按照规定报经批准后处理时,对于盘盈的固定资产,如属于本年度取得的,按照当年新取得相关资产进行账务处理;如属于以前年度取得的,按照前期差错处理,借记“待处理财产损溢”科目,贷记“以前年度盈余调整”科目。

【表4－13】2×19年6月30日,某行政事业单位进行资产清查盘点,发现有一台使用中的设备未入账。该型号设备存在活跃市场,市场价格为60 000元。7月10日,收到上级主管部门批复意见,将盘盈资产作为前期差错处理。该单位对上述业务编制财务会计分录:

(1)设备盘盈:

借:固定资产	60 000	
贷:待处理财产损溢——待处理财产价值		60 000

(2)转销盘盈设备:

借:待处理财产损溢——待处理财产价值	60 000	
贷:以前年度盈余调整		60 000

(二)固定资产盘亏的核算

行政事业单位发生固定资产盘亏并将资产转入待处理资产时,借记“待处理财产损溢——待处理财产价值”科目,借记“固定资产累计折旧”科目,贷记“固定资产”科目。报经批准处理时,借记“资产处置费用”科目,贷记“待处理财产损溢——待处理财产价值”科目。

【表4－14】某事业单位盘亏专用设备一台,该设备账面原值96 000元,已计提折旧58 000元。经批准,应向责任者索赔2 000元,该设备已向保险公司投保,保险公司同意理赔15 000元,资产处置净收入应缴国库。该单位对上述业务编制财务会计分录如下:

(1)将盘亏设备转入待处置资产:

借:待处理财产损溢——待处理财产价值	38 000	
固定资产累计折旧	58 000	
贷:固定资产——专用设备		96 000

(2)报经批准予以处置设备:

借:资产处置费用	38 000	
贷:待处理财产损溢——待处理财产价值		38 000

(3)收到索赔款和保险款时:

借:库存现金	2 000	
银行存款	15 000	
贷:应缴财政款		17 000

第二节　行政事业单位工程物资及在建工程的核算

一、行政事业单位在建工程核算内容

在建工程是指已经发生必要支出,但尚未达到交付使用状态的建设项目工程。无论是新建、改建、扩建还是进行技术改造、设备更新等,行政事业单位在建工程所发生的各种建筑和安装支出均属于资本性支出，所形成的资产为固定资产。行政事业单位在建工程核算内容包括下面六部分。

（一）建筑安装工程投资

建筑安装工程投资是指发生的构成建设项目实际支出的建筑工程和安装工程的实际成本，不包括被安装设备本身的价值以及按照合同规定支付给施工单位的预付备料款和预付工程款。

（二）设备投资

设备投资是指发生的构成建设项目实际支出的各种设备的实际成本。

（三）待摊投资

行政事业单位待摊投资是指发生的构成建设项目实际支出的、按照规定应当分摊计入有关工程成本和设备成本的各项间接费用和税费支出。

（四）其他投资

其他投资是指发生的构成建设项目实际支出的房屋购置支出，基本畜禽、林木等购置、饲养、培育支出，办公生活用家具、器具购置支出，软件研发和不能计入设备投资的软件购置等支出。此外，还包括行政事业单位为进行可行性研究而购置的固定资产，以及取得土地使用权支付的土地出让金。

（五）待核销基建支出

待核销基建支出是指建设项目发生的江河清障、航道清淤、飞播造林、补助群众造林、水土保持、城市绿化、取消项目的可行性研究费以及项目整体报废等不能形成资产部分的基建投资支出。

（六）基建转出投资

基建转出投资是指为建设项目配套而建成的、产权不归属本单位的专用设施的实际成本。

二、行政事业单位工程物资的核算

工程物资是指为在建工程准备的各种物资，包括工程用材料、设备等。工程物资在工程施工中起着举足轻重的作用，其核算与管理水平直接关系到工程施工能否顺利进行，是影响工程成本高低和工程质量的重要因素。

为了反映工程物资的增减变动情况，行政事业单位应设置“工程物资”科目。该科目的借方登记工程物资的增加额，贷方登记工程物资的减少额；期末借方余额反映行政事业单位为在建工程准备的各种物资的成本。

“工程物资”科目可按照“库存材料”“库存设备”等工程物资类别进行明细核算。

行政事业单位购入为工程准备的物资，按照确定的物资成本，借记“工程物资”科目，贷记“财政拨款收入”“零余额账户用款额度”“银行存款”“应付账款”等科目。购进工程物资涉及增值税，按照增值税专用发票注明的增值税，借记“应交增值税——应交税金（进项税额）”科目。行政事业单位领用工程物资，按照物资成本，借记“在建工程”科目，贷记“工程物资”科目。工程完工后将领出的剩余物资退库时做相反的会计分录。工程完工后将剩余的工程物资转作本单位存货等的，按照物资成本，借记“库存物品”等科目，涉及增值税业务的，按照应确认的增值税，借记“应交增值税——应交税金（进项税额）”科目。

【例 4－15】某事业单位增值税一般纳税人，2×19 年 4 月初“工程物资”科目余额为 10 000元，3 月份根据发生的工程物资业务（属于增值税应税业务），编制相关的会计分录。

(1)购进工程专用设备，增值税专用发票注明的价款 200 000 元，增值税税额 26 000 元，设备已入库，款项尚未支付。增值税已经税务机关认证。编制该业务的财务会计分录：

借：工程物资——库存设备	200 000
应交增值税——应交税金（进项税额）	26 000
贷：应付账款	226 000

(2)以财政零余额账户支付设备款 226 000 元。编制该业务的财务会计分录：

借：应付账款	226 000
贷：零余额账户用款额度	226 000

同时，编制该业务的预算会计分录：

借：事业支出	226 000
贷：资金结存——零余额账户用款额度	226 000

(3)购进工程物资一批，增值税专用发票注明的价款为 300 000 元，增值税税额为39 000 元，发生运输费等费用 20 000 元，增值税专用发票注明的增值税 1 800 元，增值税已经税务机关认证，全部款项以银行存款支付。编制该业务的财务会计分录：

借：工程物资——库存材料	320 000
应交增值税——应交税金（进项税额）	40 800
贷：银行存款	360 800

同时，编制该业务的预算会计分录：

借：事业支出	360 800
贷：资金结存——货币资金	360 800

(4)本月为工程项目领用设备成本 200 000 元、材料成本 280 000 元。编制该业务的财务会计分录：

借：在建工程	480 000
贷：工程物资——库存设备	200 000
——库存材料	280 000

(5)工程完工，将剩余工程物资 50 000 元转作单位存货。编制该业务的财务会计分录：

借：库存物品	50 000
贷：工程物资——库存材料	50 000

三、行政事业单位建筑安装工程投资的核算

建筑安装工程投资是指企业发生的构成基本建设实际支出的建筑工程和安装工程的实际支出，不包括被安装设备本身的价值以及按合同规定支付给施工单位的预付备料款和预付工程款。

为了反映在建的建设项目工程实际成本增减变动情况，行政事业单位应设置“在建工程”科目。该科目借方登记各项在建工程实际支出；贷方登记工程完工转出成本；期末借方余额，反映行政事业单位尚未完工的在建工程发生的实际成本。“在建工程”科目应设置“建筑安装工程投资”“设备投资”“待摊投资”“其他投资”“预付工程款”“待核销基建支

出”“基建转出投资”等明细科目。

行政事业单位将固定资产等资产转入改建、扩建等时，按照固定资产等资产的账面价值，借记“在建工程——建筑安装工程投资”科目；按照已计提的折旧或摊销，借记“固定资产累计折旧”等科目；按照固定资产等资产的原值，贷记“固定资产”等科目。

固定资产等资产改建、扩建过程中涉及替换（或拆除）原资产的某些组成部分的，按照被替换（或拆除）部分的账面价值，借记“待处理财产损溢”科目，贷记“在建工程——建筑安装工程投资”科目。

行政事业单位对于发包建筑安装工程，根据建筑安装工程价款结算账单与施工企业结算工程价款，按照应承付的工程价款，借记“在建工程——建筑安装工程投资”科目；按照预付工程款余额，贷记“预付账款”科目；按照其差额，贷记“财政拨款收入”“零余额账户用款额度”“银行存款”“应付账款”等科目。

行政事业单位自行施工的小型建筑安装工程，按照发生的各项支出金额，借记“在建工程——建筑安装工程投资”科目，贷记“工程物资”“零余额账户用款额度”“银行存款”“应付职工薪酬”等科目。

行政事业单位工程竣工，办妥竣工验收交接手续交付使用时，按照建筑安装工程成本（含应分摊的待摊投资），借记“固定资产”等科目，贷记“在建工程——建筑安装工程投资”科目。

【例4-16】2×19年，某事业单位根据发生的在建工程业务，编制相关的会计分录。

（1）1月5日，与甲公司签订发包建筑安装工程合同，对单位科研大楼进行扩建。

①4月10日，将科研大楼停止使用转入扩建工程。该大楼的账面余额为16 000 000元，累计折旧4 000 000元。编制该业务的财务会计分录：

借：在建工程——建筑安装工程投资　　12 000 000
　　固定资产累计折旧　　4 000 000
　贷：固定资产　　16 000 000

②4月20日，扩建中拆除楼房部分设施的账面价值为800 000元。编制该业务的财务会计分录：

借：待处理财产损溢　　800 000
　贷：在建工程——建筑安装工程投资　　800 000

③6月30日，按照合同预付工程款1 300 000元，款项以财政直接支付结算。

借：预付账款　　1 300 000
　贷：财政拨款收入　　1 300 000

同时，编制该业务的预算会计分录：

借：事业支出　　1 300 000
　贷：财政拨款预算收入　　1 300 000

④12月25日，根据建筑安装工程价款结算账单与施工企业结算工程款共计1 500 000元，其工程余款以财政零余额账户结算。编制该业务的财务会计分录：

借：在建工程——建筑安装工程投资　　1 500 000
　贷：预付账款　　1 300 000
　　　零余额账户用款额度　　200 000

同时，编制该业务的预算会计分录：

借:事业支出　　200 000

　贷:资金结存——零余额账户用款额度　　200 000

⑤12月31日,结转科研大楼扩建完工成本。编制该业务的财务会计分录:

借:固定资产　　(12 000 000 - 800 000 + 1 500 000)12 700 000

　贷:在建工程——建筑安装工程投资　　12 700 000

(2)3月5日开始自行施工小型建筑安装工程。该工程领用物资130 000元,以银行存款支付与工程相关的费用35 000元,确认应付工程人员薪酬20 000元。5月20日工程竣工,已办妥竣工验收交接手续并交付使用。

①领用物资,编制该业务的财务会计分录:

借:在建工程——建筑安装工程投资　　130 000

　贷:工程物资　　130 000

②支付相关费用,编制该业务的财务会计分录:

借:在建工程——建筑安装工程投资　　35 000

　贷:银行存款　　35 000

同时,编制该业务的预算会计分录:

借:事业支出　　35 000

　贷:资金结存——货币资金　　35 000

③确认应付职工薪酬,编制该业务的财务会计分录:

借:在建工程——建筑安装工程投资　　20 000

　贷:应付职工薪酬　　20 000

④工程竣工交付使用,结转建筑安装工程完工成本。编制该业务的财务会计分录:

借:固定资产　　185 000

　贷:在建工程——建筑安装工程投资　　(130 000 + 35 000 + 20 000)185 000

四、行政事业单位设备投资的核算

设备投资是发生的构成基本建设实际支出的各种设备的实际成本,包括交付安装的需要安装设备、不需要安装设备和为生产准备的不够固定资产标准的工具、器具的实际成本。

行政事业单位设备投资通过"在建工程——设备投资"明细科目核算,并在该明细科目下应设置"在安装设备""不需安装设备""工具及器具"三个明细科目,并按单项工程和设备、工具、器具的类别、品名、规格等进行明细核算。

行政事业单位购入设备时,按照购入成本,借记"在建工程——设备投资"科目,贷记"财政拨款收入""零余额账户用款额度""银行存款"等科目。

行政事业单位设备安装完毕,办妥竣工验收交接手续交付使用时,按照设备投资成本(含设备安装工程成本和分摊的待摊投资),借记"固定资产"等科目,贷记"在建工程——设备投资"科目。

行政事业单位将不需要安装的设备和达不到固定资产标准的工具、器具交付使用时,按照相关设备、工具、器具的实际成本,借记"固定资产""库存物品"科目,贷记"在建工程——设备投资"科目。

【例4-17】2×19年,某公立医院根据医疗设备购进业务,编制相关的会计分录。

(1)3 月 5 日,以 4 000 000 元从某医疗设备公司购入医疗设备及其相关器具,如表 4－10 所示。另支付相关费用 50 000 元,不考虑增值税。全部款项以银行存款支付。

表 4－3 医疗设备及器具费用分配表 金额单位:元

种类	市场价格	分摊成本			
		比例(%)	买价	相关费用	合计
M 医疗设备(需要安装)	2 310 000	60	2 400 000	30 000	2 430 000
N 医疗设备(不需要安装)	1 155 000	30	1 200 000	15 000	1 215 000
G 医疗器具	385 000	10	400 000	5 000	405 000
合计	3 850 000		4 000 000	50 000	4 050 000

根据表 4－3,编制该业务的财务会计分录:

借:在建工程——设备投资——在安装设备 2 430 000

——不需安装设备 1 215 000

——工具及器具 405 000

贷:银行存款 4 050 000

同时,编制该业务的预算会计分录:

借:事业支出 4 050 000

贷:资金结存——货币资金 4 050 000

(2)以银行存款支付 M 医疗设备安装费 30 000 元。编制该业务的财务会计分录:

借:在建工程——设备投资——在安装设备 30 000

贷:银行存款 30 000

同时,编制该业务的预算会计分录:

借:事业支出 30 000

贷:资金结存——货币资金 30 000

(3)M 医疗设备安装安装完毕,办妥竣工验收交接手续交付使用,结转完工成本。编制该业务的财务会计分录:

借:固定资产——M 医疗设备 2 460 000

贷:在建工程——设备投资——在安装设备 (2 430 000＋30 000)2 460 000

(4)结转不需要安装设备和达不到固定资产标准的工具、器具的成本。编制该业务的财务会计分录:

借:固定资产——N 医疗设备 1 215 000

库存物品 405 000

贷:在建工程——设备投资——不需安装设备 1 215 000

——工具及器具 405 000

五、行政事业单位待摊投资的核算

(一)待摊投资的内容

待摊投资是指单位发生的构成基本建设实际支出的、按照规定应当分摊计入有关工程成本和安装设备成本的各项间接费用和税费支出。其中具体包括以下内容：

(1)勘察费、设计费、研究试验费、可行性研究费及项目其他前期费用。

(2)土地征用及迁移补偿费、土地复垦及补偿费、森林植被恢复费及其他为取得土地使用权、租用权而发生的费用。

(3)土地使用税、耕地占用税、契税、车船税、印花税及按规定缴纳的其他税费。

(4)项目建设管理费、代建管理费、临时设施费、监理费、招投标费、社会中介审计(审查)费及其他管理性质的费用。项目建设管理费是指项目建设单位从项目筹建之日起至办理竣工财务决算之日止发生的管理性质的支出,包括不在原单位发工资的工作人员工资及相关费用,办公费、办公场地租用费、差旅交通费、劳动保护费、工具用具使用费、固定资产使用费、招募生产工人费、技术图书资料费(含软件)、业务招待费、施工现场津贴、竣工验收费等。

(5)项目建设期间发生的各类借款利息、债券利息、贷款评估费、国外借款手续费及承诺费、汇兑损益、债券发行费用及其他债务利息支出或融资费用。

(6)工程检测费、设备检验费、负荷联合试车费及其他检验检测类费用。

(7)固定资产损失、器材处理亏损、设备盘亏及毁损、报废工程净损失及其他损失。

(8)系统集成等信息工程的费用支出。

(9)其他待摊性质支出。

行政事业单位待摊投资通过"在建工程——待摊投资"明细科目核算,并在该明细科目下按上述明细科目进行明细核算,其中有些费用(如建设单位工程管理费等),还应按费用项目进行明细核算。

(二)待摊投资归集的核算

行政事业单位建设工程发生的构成建设项目实际支出的、按照规定应当分摊计入有关工程成本和设备成本的各项间接费用和税费支出,先在"在建工程——待摊投资"明细科目中归集。

行政事业单位发生的构成待摊投资的各类费用,按照实际发生金额,借记"在建工程——待摊投资"科目,贷记"财政拨款收入""零余额账户用款额度""银行存款""应付利息""长期借款""其他应交税费""固定资产累计折旧""无形资产累计摊销"等科目;对于建设过程中试生产、设备调试等产生的收入,按照取得的收入金额,借记"银行存款"等科目,按照依据有关规定应当冲减建设工程成本的部分,贷记"在建工程——待摊投资"科目,按照其差额贷记"应缴财政款"或"其他收入"科目。

由于自然灾害、管理不善等原因造成的单项工程或单位工程报废或毁损,扣除残料价值和过失人或保险公司等赔款后的净损失,报经批准后计入继续施工的工程成本的,按照工程成本扣除残料价值和过失人或保险公司等赔款后的净损失,借记"在建工程——待摊投资"科目;按照残料变价收入、过失人或保险公司赔款等,借记"银行存款""其他应收款"等科目;按照报废或毁损的工程成本,贷记"在建工程——建筑安装工程投资"科目。

(三)待摊投资分配的核算

行政事业单位在项目建设过程中发生的共同费用,根据受益原则,应将待摊投资在交付使用资产和未完成工程之间合理分配。对于能够确定应由某项交付使用资产负担的待摊投资,应直接计入该项交付使用资产成本;对于不能确定负担对象的待摊投资,则应采用科学、合理的方法摊入相关工程成本、在安装设备成本等。待摊投资可按照下列公式计算:

某项固定资产应分配的待摊投资=该项固定资产的建筑工程成本或该项固定资产(设备)的采购成本和安装成本合计×分配率

待摊投资的分配方法有以下两种:

1. 按照实际分配率分配

按照实际分配率分配是指按照上期结转和本期实际发生的建筑安装工程投资、需安装设备和其他投资中应负担待摊的数额,以及应分摊的待摊投资实际数,来计算出实际分配率进行分摊待摊投资的方法。这种分配方法一般适用于建设工期较短、整个项目的所有单项工程一次竣工的建设项目。该分配率计算公式如下:

实际分配率=待摊投资明细科目余额÷(建筑工程明细科目余额+安装工程明细科目余额+设备投资明细科目余额)×100%

2. 按照概算分配率分配

按照概算分配率分配就是按照工程设计概算中所列的各项投资,如建筑安装工程投资、设备投资和其他投资中应负担的部分来预定分配率进行分摊待摊投资的方法,适用于建设工期长、单项工程分期分批建成投入使用的建设项目。该分配率计算公式如下:

概算分配率=(概算中各待摊投资项目的合计数-其中可直接分配部分)÷(概算中建筑工程、安装工程和设备投资合计)×100%

行政事业单位按照合理的分配方法分配待摊投资,借记"在建工程——建筑安装工程投资、设备投资"科目,贷记"在建工程——待摊投资"科目。

【例4-18】2×19年1月份,某事业单位经批准启动M项目建设工程,整个工程包括建筑工程和设备投资2个单项工程。2×19年至2×20年,该事业单位根据发生的待摊投资业务,编制相关的会计分录。

(1)2×19年,以银行存款支付勘察费、设计费、临时设施费、社会中介审计费等共计150 000元。编制该业务的财务会计分录:

借:在建工程——待摊投资　　150 000
　贷:银行存款　　150 000

同时,编制该业务的预算会计分录:

借:事业支出　　150 000
　贷:资金结存——货币资金　　150 000

(2)2×19年确认应交土地使用税、耕地占用税等相关税费20 000元,分配筹建机构工作人员的薪酬30 000元,确认项目建设期间分期付息的长期借款利息25 000元。编制该业务的财务会计分录:

借:在建工程——待摊投资　　75 000
　贷:其他应交税费　　20 000
　　应付职工薪酬　　30 000
　　应付利息　　25 000

(3)2×20年支付工程检测、竣工验收费等费用20 000元。编制该业务的财务会计分录:

借:在建工程——待摊投资　　20 000
　贷:银行存款　　20 000

同时,编制该业务的预算会计分录:

借:事业支出　　20 000

　贷:资金结存——货币资金　　20 000

(4)2×20 年建设过程中试生产、设备调试等工作取得收入 45 000 元,依据有关规定全部收入冲减建设工程成本。编制该业务的财务会计分录:

借:银行存款　　45 000

　贷:在建工程——待摊投资　　45 000

同时,编制该业务的预算会计分录:

借:资金结存——货币资金　　45 000

　贷:事业支出　　45 000

(5)2×20 年 12 月末,M 项目建设工程全部完工。结转完工成本前,“在建工程——建筑工程投资”科目余额为 8 000 000 元,“在建工程——设备投资”科目余额为 2 000 000 元,“在建工程——待摊投资”科目余额为 200 000 元。

①分配待摊投资。

分配率 = 200 000 ÷ (8 000 000 + 2 000 000) × 100% = 2%

建筑工程投资应分摊的待摊投资 = 8 000 000 × 2% = 160 000(元)

设备投资应分摊的待摊投资 = 2 000 000 × 2% = 40 000(元)

编制该业务的财务会计分录:

借:在建工程——建筑工程投资　　160 000

　在建工程——设备投资　　40 000

　贷:在建工程——待摊投资　　200 000

②结转完工固定资产成本。编制该业务的财务会计分录:

借:固定资产——房屋　　8 160 000

　　　　——设备　　2 040 000

　贷:在建工程——建筑工程投资　　8 160 000

　　　　——设备投资　　2 040 000

六、行政事业单位其他投资的核算

其他投资是指单位发生的构成基本建设实际支出的房屋购置,基本畜禽、林木等购置、饲养、培育支出以及取得各种无形资产和递延资产发生的支出。此外,还包括役畜、新建单位办公生活用家具、器具购置,为进行可行性研究而购置的固定资产,为取得土地使用权支付的土地出让金。

行政事业单位发生的其他投资业务应通过“在建工程——其他投资”明细科目核算。在该明细科目下还应设置“房屋购置”“基本畜禽支出”“林木支出”“办公生活用家具、器具购置”“可行性研究固定资产购置”“无形资产”“递延资产”明细科目,并再按资产类别进行明细核算。

行政事业单位为建设工程发生的房屋购置支出,基本畜禽、林木等的购置、饲养、培育支出,办公生活用家具、器具购置支出,软件研发和不能计入设备投资的软件购置等支出,按照实际发生金额,借记“在建工程——其他投资”科目,贷记“财政拨款收入”“零余额账户用款额度”“银行存款”等科目;工程完成将形成的房屋、基本畜禽、林木等各种财产以及无形资产交付使用时,按照其实际成本,借记“固定资产”“无形资产”等科目,贷记“在建工程——其他投资”科目。

【例4-19】2×19年，某行政单位根据建设办公大楼发生的其他投资业务，编制相关的会计分录。

(1)以财政直接支付方式支付大楼周边林木的购置、培育等费用200 000元。编制该业务的财务会计分录：

借：在建工程——其他投资——林木支出 200 000

贷：财政拨款收入 200 000

同时，编制该业务的预算会计分录：

借：行政支出 200 000

贷：财政拨款预算收入 200 000

(2)以银行存款支付器具购置费150 000元，不能计入设备投资的软件购置等支出30 000元。编制该业务的财务会计分录：

借：在建工程——其他投资——器具购置 150 000

——无形资产 30 000

贷：银行存款 180 000

同时，编制该业务的预算会计分录：

借：行政支出 150 000

贷：资金结存——货币资金 150 000

(3)工程完成确认相关资产。编制该业务的财务会计分录：

借：固定资产 350 000

无形资产 30 000

贷：在建工程——其他投资——林木支出 200 000

——器具购置 150 000

——无形资产 30 000

七、行政事业单位待核销基建支出的核算

待核销基建支出是指基建项目发生的江河清障、航道清淤、飞播造林、补助群众造林、水土保持、城市绿化、取消项目的可行性研究费以及项目报废等不能形成资产部分的基建投资支出。这部分投资支出和固定资产的建造没有直接联系，所以不应该计入交付使用资产成本，拨款单位应该在基建拨款中冲转，投资借款单位应该转给生产单位，由生产单位从规定的还款资金来源中归还银行借款。

行政事业单位发生的待核销基建支出是通过“在建工程——待核销基建支出”明细科目核算的。该明细科目还应按照待核销基建支出的类别设置明细账，进行明细核算。

行政事业单位建设项目发生的江河清障、航道清淤、飞播造林、补助群众造林、水土保持、城市绿化等不能形成资产的各类待核销基建支出，按照实际发生金额，借记“在建工程——待核销基建支出”科目，贷记“财政拨款收入”“零余额账户用款额度”“银行存款”等科目。

行政事业单位因故取消建设项目发生的可行性研究费，按照实际发生金额，借记“在建工程——待核销基建支出”科目，贷记“在建工程——待摊投资”科目。

由于自然灾害等原因发生的建设项目整体报废所形成的净损失，报经批准后转入待核

销基建支出，按照项目整体报废所形成的净损失，借记“在建工程——待核销基建支出”科目；按照报废工程回收的残料变价收入、保险公司赔款等，借记“银行存款”“其他应收款”等科目；按照报废的工程成本，贷记“在建工程——建筑安装工程投资”等科目。

行政事业单位建设项目竣工验收交付使用时，对发生的待核销基建支出进行冲销，借记“资产处置费用”科目，贷记“在建工程——待核销基建支出”科目。

【例4－20】2×19年8月份，某事业单位根据发生的待核销基建支出业务，编制相关的会计分录。

(1)10日，该单位发生航道清淤费500 000元，用银行存款支付。编制该业务的财务会计分录：

借：在建工程——待核销基建支出　　500 000
　贷：银行存款　　500 000

同时，编制该业务的预算会计分录：

借：事业支出　　500 000
　贷：资金结存——货币资金　　500 000

(2)20日，经可行性研究，M建设项目确定取消不再建设，将已发生的可行性研究费80 000元转入待核销基建支出。编制该业务的财务会计分录：

借：在建工程——待核销基建支出　　80 000
　贷：在建工程——待摊投资　　80 000

(3)28日，N建筑安装工程项目因水灾导致整体报废，发生报废净损失200 000元，经上级部门批准予以核销。编制该业务的财务会计分录：

借：在建工程——待核销基建支出　　200 000
　贷：在建工程——建筑安装工程投资　　200 000

(4)月末，结转待核销基建支出。编制该业务的财务会计分录：

借：资产处置费用　　780 000
　贷：在建工程——待核销基建支出　　(500 000＋80 000＋200 000)780 000

第三节　行政事业单位无形资产及其核销的核算

一、无形资产的内容

根据《政府会计准则第4号——无形资产》的规定，行政事业单位无形资产包括专利权、商标权、著作权、土地使用权、非专利技术等。

(一)专利权

专利权是指国家专利注册机构授予专利申请人在法定期限内对其发明创造成果所享有的专有权利，包括独家制造、出售其专利产品或转让其专利等权利。

(二)商标权

商标权是指专门在某类指定的商品或产品上使用特定的名称或图案的权利。经政府商标管理部门核准注册的商标为注册商标，商标注册人享有商标专用权，并受法律保护。

（三）著作权

著作权又称版权，是指作者对其创作的文学、科学和艺术作品依法享有的某些特殊权利。根据《中华人民共和国著作权法》的规定，中国公民、法人和非法人单位的作品，不论是否发表，均享有著作权，受国家法律保护。

（四）土地使用权

土地使用权是指国家准许政府单位在规定期间内对国有土地享有开发、利用和经营的权利。根据我国土地管理法的规定，我国土地实行公有制，任何单位和个人不得侵占、买卖或者以其他形式非法转让。

（五）非专利技术

非专利技术又称专有技术，是指不为外界所知、在生产经营活动中已采用了的、不享有法律保护的、可以带来经济效益的各种技术和诀窍。

需要说明的是，由于非专利技术的发明创造者不愿意或者来不及申请专利，或者虽然提出了专利申请而没有取得专利权，因此，非专利技术不受专利法的保护，主要依靠发明创造者自我保密的方式来维持其独占权。

上述无形资产按期限划分，分为使用年限有限和使用年限不确定两类无形资产。前者的使用年限为法律所规定，例如专利权、著作权、商标权等；后者法律上未对其使用年限做出规定，即该类资产为单位提供服务潜力或者带来经济利益期限不确定。

二、行政事业单位无形资产取得的核算

无形资产在取得时，应当按照成本进行初始计量。由于无形资产取得方式不同，其成本初始计量方法也有所不同。

为了反映无形资产增减变动情况，行政事业单位应设置“无形资产”科目。该科目借方登记取得无形资产的成本，贷方登记处置无形资产的成本；期末借方余额，反映行政事业单位无形资产的原价。其明细账应当按照无形资产的类别等设置并进行明细分类核算。

（一）外购无形资产的核算

行政事业单位外购的无形资产，其成本包括购买价款、相关税费以及可归属于该项资产达到预定用途所发生的其他费用。外购无形资产时，按照确定的成本，借记“无形资产”科目，贷记“财政拨款收入”“零余额账户用款额度”“应付账款”“银行存款”等科目。

【例4－21】2×19年10月份，某事业单位购入一项专利权，其价值150 000元，相关费用费13 200元，全部款项以银行存款支付。编制该业务的财务会计分录：

借：无形资产——专利权　　163 200

　贷：银行存款　　163 200

同时，编制该业务的预算会计分录：

借：事业支出　　163 200

　贷：资金结存——货币资金　　163 200

需要说明的是，行政事业单位购入的不构成相关硬件不可缺少组成部分的应用软件，作为无形资产核算。非大批量购入、单价小于1 000元的无形资产，可以于购买的当期将其成本一次性全部转销。

（二）委托软件公司开发软件的核算

行政事业单位委托软件公司开发软件，视同外购无形资产进行处理。合同中约定预付

开发费用的，按照预付金额，借记“预付账款”科目，贷记“财政拨款收入”“零余额账户用款额度”“银行存款”等科目。软件开发完成交付使用并支付剩余或全部软件开发费用时，按照软件开发费用总额，借记“无形资产”科目；按照相关预付账款金额，贷记“预付账款”科目；按照支付的剩余金额，贷记“财政拨款收入”“零余额账户用款额度”“银行存款”等科目。

【例4－22】2×19年，某事业单位根据委托软件公司开发软件业务，编制相关的会计分录。

(1)3月初，开展非独立核算经营活动中，委托乙软件公司开发软件，预付开发费300 000元。该单位收到代理银行转来的支付乙公司软件开发费的“财政直接支付入账通知书”，通知书中注明的金额为300 000元。编制该业务的财务会计分录：

借：预付账款　　300 000

　贷：财政拨款收入　　300 000

同时，编制该业务的预算会计分录：

借：经营支出　　300 000

　贷：财政拨款预算收入　　300 000

(2)10月末，软件开发完成交付使用，收到乙软件公司开具的软件开发结算凭证，共发生支出350 000元。编制该业务的财务会计分录：

借：无形资产　　350 000

　贷：预付账款　　350 000

(3)11月初，以零余额账户支付剩余的费用50 000元。编制该业务的财务会计分录：

借：预付账款　　50 000

　贷：零余额账户用款额度　　50 000

同时，编制该业务的预算会计分录：

借：经营支出　　50 000

　贷：资金结存——零余额账户用款额度　　50 000

(三) 自行研究开发无形资产的核算

行政事业单位为了提供公共事业服务质量，往往会在单位内部投入巨额的资金致力于研究开发活动，自行研究开发无形资产。内部研究项目的开发，必须投入人力和物力，发生各种支出，比如，科研人员的薪酬、设备的折旧、外购相关技术发生的支出等。

行政事业单位自行研究开发活动分为研究和开发两个阶段，其中，研究是指为获取并理解新的科学或技术知识而进行的独创性的有计划调查；开发是指在进行生产或使用前，将研究成果或其他知识应用于某项计划或设计，以生产出新的或具有实质性改进的材料、装置、产品等。与此相适应，自行研究开发支出分为研究阶段支出与开发阶段支出。

为了反映研发支出的增减变动情况，行政事业单位应设置“研发支出”科目。该科目借方登记研发支出的增加额；贷方登记期末转入当期费用或无形资产成本的研发支出；期末借方余额，反映行政事业单位正在进行的自行研究开发项目开发阶段发生的费用。其明细账可按自行研究开发项目，并分别“研究支出”“开发支出”设置明细科目进行明细核算。

1. 研究阶段支出

行政事业单位在研究阶段发生支出时，按照从事研究及其辅助活动人员计提的薪酬，研究活动领用的库存物品，发生的与研究活动相关的管理费、间接费和其他各项费用，借记“研发支出——研究支出”科目，贷记“应付职工薪酬”“库存物品”“财政拨款收入”“零余额账户用款额度”“固定资产累计折旧”“银行存款”等科目。

期(月)末，将“研发支出”科目归集的研究阶段的支出金额转入当期费用时，借记“业务活动费用”等科目，贷记“研发支出——研究支出”科目。

2. 开发阶段支出

与研究阶段相比，开发阶段在一定程度上具备了形成一项新产品或新技术的基本条件。

行政事业单位在开发阶段发生支出时，按照从事开发及其辅助活动人员计提的薪酬，开发活动领用的库存物品，发生的与开发活动相关的管理费、间接费和其他各项费用，借记“研发支出——开发支出”科目，贷记“应付职工薪酬”“库存物品”“财政拨款收入”“零余额账户用款额度”“固定资产累计折旧”“银行存款”等科目。自行研究开发项目完成，达到预定用途形成无形资产的，按照“研发支出——开发支出”科目归集的开发阶段的支出金额，借记“无形资产”科目，贷记“研发支出——开发支出”科目。

行政事业单位应于每年年度终了评估研究开发项目是否能达到预定用途，如预计不能达到预定用途(如无法最终完成开发项目并形成无形资产的)，应当将已发生的开发支出金额全部转入当期费用，借记“业务活动费用”等科目，贷记“研发支出——开发支出”科目。

行政事业单位自行研究开发项目涉及增值税进项税额的，按照增值税税额，借记“应交增值税——应交税金(进项税额)”科目，贷记“银行存款”等科目。

【例4 -23】2 ×19 年至2 ×20 年，某事业单位根据自行研究开发非专利技术业务，编制相关的会计分录。

(1)2 ×19 年1 月至2 月份为研究阶段，共发生咨询费200 000 元，材料费600 000 元，全部以银行存款支付。确认研发人员薪酬500 000 元。假定2 月末集中进行账务处理。

①支付相关费用，编制该业务的财务会计分录：

借:研发支出——研究支出	1 300 000	
贷:银行存款		800 000
应付职工薪酬		500 000

同时，编制该业务的预算会计分录：

借:事业支出	800 000	
贷:资金结存——货币资金		800 000

②月末，将研发支出转入当期费用，编制该业务的财务会计分录：

借:业务活动费用	1 300 000	
贷:研发支出——研究支出		1 300 000

(2)2 ×19 年3 月进入开发阶段，至年末共领用材料1 000 000 元，确认开发人员薪酬800 000元，专用设备折旧费用600 000 元。编制该业务的财务会计分录：

借:研发支出——开发支出	2 400 000	
贷:库存物品		1 000 000
应付职工薪酬		800 000
固定资产累计折旧		600 000

(3)年末，自行研究开发项目完成，经确认达到预定用途形成无形资产的开发支出为2 000 000元。编制该业务的财务会计分录：

借:无形资产——专利权　　2 000 000

业务活动费用 400 000

贷：研发支出——开发支出 2 400 000

(四)置换取得无形资产的核算

行政事业单位通过置换取得的无形资产，其成本按照换出资产的评估价值加上支付的补价或减去收到的补价，加上换入无形资产发生的其他相关支出确定。

行政事业单位置换换入无形资产，按照确定的成本，借记"无形资产"科目；按照换出资产的账面余额，贷记相关资产科目（换出资产为固定资产、无形资产的，还应当借记"固定资产累计折旧""无形资产累计摊销"科目）；按照置换过程中发生的其他相关支出，贷记"银行存款"等科目；按照借贷方差额，借记"资产处置费用"科目或贷记"其他收入"科目。涉及补价的，其账务处理参照固定资产置换换入固定资产的规定进行账务处理。

【例4－24】2×19年6月，甲单位为了提高产品质量，以其持有的对乙公司的长期股权投资交换丙单位拥有的一项专利权。在交换日，甲单位持有的长期股权投资账面余额为3 000 000元，评估价值为3 500 000元，以银行存款支付相关费用6 000元。丙单位专利技术的账面原价为3 800 000元，累计已摊销金额为500 000元。编制该业务的财务会计分录：

借：无形资产 3 506 000

贷：银行存款 6 000

长期股权投资 3 000 000

其他收入 500 000

同时，编制该业务的预算会计分录：

借：其他支出 6 000

贷：资金结存——货币资金 6 000

(五)接受捐赠无形资产的核算

行政事业单位接受捐赠的无形资产，其成本确定方法可参照接受捐赠库存物品的核算。

行政事业单位接受捐赠的无形资产，按照确定的无形资产成本，借记"无形资产"科目；按照发生的相关税费等，贷记"零余额账户用款额度""银行存款"等科目；按照其差额，贷记"捐赠收入"科目。

行政事业单位接受捐赠的无形资产按照名义金额入账的，按照名义金额，借记"无形资产"科目，贷记"捐赠收入"科目；同时，按照发生的相关税费等，借记"其他费用"科目，贷记"零余额账户用款额度""银行存款"等科目。

【例4－25】2×19年5月10日，甲单位与乙单位签订捐赠协议，协议规定，乙单位向甲单位捐赠一项著作权。该著作权没有相关凭据、同类或类似无形资产的市场价格也无法取得，按名义金额入账。编制该业务的财务会计分录：

借：无形资产 1

贷：捐赠收入 1

(六)无偿调入无形资产的核算

行政事业单位无偿调入的无形资产，其成本按照调出方账面价值加上相关税费确定。无偿调入无形资产时，按照确定的无形资产成本，借记"无形资产"科目；按照发生的相关税费等，贷记"零余额账户用款额度""银行存款"等科目；按照其差额，贷记"无偿调拨净资产"科目。

【例4－26】2×19年2月15日，甲事业单位根据财政部门批准，从乙政府单位无偿调入一项专利权，该专利权的账面余额为200 000元，累计摊销为50 000元，用零余额账户支付有关费用6 000元。编制该业务的财务会计分录：

借：无形资产　156 000

　贷：零余额账户用款额度　6 000

　　无偿调拨净资产　150 000

同时，编制该业务的预算会计分录：

借：其他支出　6 000

　贷：资金结存——零余额账户用款额度　6 000

三、行政事业单位无形资产摊销的核算

（一）无形资产摊销概述

无形资产摊销是指在无形资产使用寿命内，按照确定的方法对应摊销金额进行系统分摊。无形资产属于非流动资产，且其能长期为单位提供公共服务潜力或经济利益，其价值也会随着提供公共服务或带来经济利益而递减，无形资产成本也应在各个会计期间进行合理摊配，以便正确反映无形资产价值，提供相关的会计信息。

（二）无形资产摊销期和摊销方法

按照《政府会计准则第4号——无形资产》的规定，对于使用年限有限的无形资产，行政事业单位应当在持有期间对其取得成本予以摊销。

1. 无形资产摊销期

关于无形资产摊销年限，《政府会计准则第4号——无形资产》规定如下：

（1）法律规定了有效年限的，按照法律规定的有效年限作为摊销年限；

（2）法律没有规定有效年限的，按照相关合同或单位申请书中的受益年限作为摊销年限；

（3）法律没有规定有效年限、相关合同或单位申请书也没有规定受益年限的，应当根据无形资产为政府会计主体带来服务潜力或经济利益的实际情况，预计其使用年限；

（4）非大批量购入、单价小于1 000元的无形资产，可以于购买的当期将其成本一次性全部转销。

2. 无形资产摊销方法

理论上讲，无形资产摊销可能存在多种方法。行政事业单位选用不同的摊销方法，将影响无形资产使用寿命期间内不同时期的摊销费用。《政府会计准则第4号——无形资产》规定单位应当采用年限平均法或者工作量法对无形资产进行摊销，应摊销金额为其成本，不考虑预计残值。

（1）年限平均法。年限平均法又称直线法，是指将无形资产的应计摊销额均衡地分摊到无形资产预计使用寿命内的一种方法。采用这种方法计算的每期摊销额均相等。计算公式如下：

每年摊销额＝无形资产应计摊销额÷预计摊销年限

每月摊销额＝无形资产年摊销额÷12

【例4－27】某事业单位自行开发并依法取得一项专利权，取得时发生的注册费30 000元、聘请律师费18 000元。按有关法律规定，该专利权有效年限不超过5年，采用年限平均法进行摊销。该专利权摊销额计算方法如下：

专利权年摊销额 = (30 000 + 18 000) ÷ 5 = 9 600(元)

(2)工作量法。工作量法是指按照无形资产实际完成的工作总量计算摊销额的一种方法。采用这种方法,每期计提的摊销额随当期无形资产提供工作量的多少而变动,提供的工作量多,就多摊销,反之,则少摊销,而每一工作量所负担的摊销费是相同的。

【例 4-28】某事业单位持有一项专利权并按工作量法摊销。该专利权取得成本为 100 000元,可为单位提供服务数量为 50 000 件。2×19 年 6 月份使用专利提供服务的数量为 6 000 件。该专利权 6 月份摊销计算结果如下:

专利权单位摊销额 = 100 000 ÷ 50 000 = 2(元/件)

本月专利权摊销额 = 6 000 × 2 = 12 000(元)

3. 无形资产摊销的核算

为了反映无形资产摊销的增减变动情况,行政事业单位应设置"无形资产累计摊销"科目。该科目的贷方登记计提的无形资产摊销额;借方登记因无形资产减少而转销的摊销额;期末贷方余额,反映行政事业单位计提的无形资产摊销累计数。其明细账应当按照所对应的无形资产设置并进行明细分类核算。

行政事业单位按月对无形资产进行摊销时,按照应摊销金额,借记"业务活动费用""单位管理费用""加工物品""在建工程"等科目,贷记"无形资产累计摊销"科目。

【例 4-29】2×19 年 5 月份,某事业单位无形资产摊销计算结果如表 4-1 所示。

表 4-4　无形资产摊销计算表　　金额单位:元

项目	入账成本	摊销期限(月)	本月摊销额	借记科目
专利权甲	36 000	80	450	业务活动费用
专利权乙	108 000	180	600	加工物品
土地使用权	600 000	240	2 500	单位管理费用
合计	—	—	3 550	—

根据表 4-4,编制该业务的财务会计分录:

借:业务活动费用　　450
　加工物品　　600
　单位管理费用　　2 500
　贷:无形资产累计摊销　　3 550

四、行政事业单位无形资产后续支出的核算

无形资产投入使用后,行政事业单位为了适应新技术发展的需要,或者为维护或提高无形资产的使用效能,往往需要对现有无形资产进行漏洞修补、技术维护、升级改造或扩展其功能等工作。无形资产投入使用后发生的相关支出称为无形资产的后续支出。按照后续支出是否计入无形资产成本,将无形资产后续支出分为计入无形资产的后续支出和计入事业(或经营)支出的后续支出两类。

(一)符合无形资产确认条件的后续支出的核算

行政事业单位为增加无形资产的使用效能对其进行升级改造或扩展其功能时,如需暂

停对无形资产进行摊销的,按照无形资产的账面价值,借记"在建工程"科目;按照无形资产已摊销金额,借记"无形资产累计摊销"科目;按照无形资产的账面余额,贷记"无形资产"科目。无形资产后续支出符合无形资产确认条件的,按照支出的金额,借记"无形资产"科目[无需暂停摊销的]或"在建工程"科目[需暂停摊销的],贷记"财政拨款收入""零余额账户用款额度""银行存款"等科目。暂停摊销的无形资产升级改造或扩展功能等完成交付使用时,按照在建工程成本,借记"无形资产"科目,贷记"在建工程"科目。

【例4-30】2×19年1月1日,某事业单位取得并投入使用一项软件系统,其价款600 000元,摊销期限为5年。2×21年3月10日,对该软件系统进行升级改造(无需暂停摊销),用零余额账户用款额度支付软件公司劳务费150 000元。经升级改造,软件系统使用期限延长2年。

(1)取得软件系统以及升级改造前摊销的会计分录略。

(2)支付升级改造费。编制该业务的财务会计分录:

借:无形资产　　150 000

　贷:零余额账户用款额度　　150 000

同时,编制该业务的预算会计分录:

借:事业支出　　150 000

　贷:资金结存——零余额账户用款额度　　150 000

(3)计提2×21年软件系统摊销额(按年摊销):

$$\text{软件系统账面价值} = 600\ 000 - \frac{600\ 000}{5 \times 12} \times (2 \times 12 + 3) = 330\ 000(\text{元})$$

$$\text{软件系统升级后成本} = 330\ 000 + 150\ 000 = 480\ 000(\text{元})$$

$$\text{软件系统摊销额} = \frac{480\ 000}{4 \times 12 + 9} \times 9 = 75\ 789(\text{元})$$

编制该业务的财务会计分录:

借:业务活动费用——无形资产　　75 789

　贷:无形资产累计摊销　　75 789

(二)不符合无形资产确认条件的后续支出的核算

为保证无形资产正常使用发生的日常维护等支出,借记"业务活动费用""单位管理费用"等科目,贷记"财政拨款收入""零余额账户用款额度""银行存款"等科目。

【例4-31】2×19年5月20日,某事业单位对其研究工作采用的软件系统进行技术维护,用零余额账户用款额度支付软件公司劳务费30 000元。编制该业务的财务会计分录:

借:业务活动费用　　30 000

　贷:零余额账户用款额度　　30 000

同时,编制该业务的预算会计分录:

借:事业支出　　30 000

　贷:资金结存——零余额账户用款额度　　30 000

五、行政事业单位无形资产处置的核算

(一)无形资产出售、转让的核算

按照无形资产管理理论,无形资产的转让方式有两种:一是转让所有权,即转让方将无形资产的所有权完全让渡给受让方,不再对该项无形资产拥有占有、使用、收益、处分等权

利；二是转让使用权，即转让方仅将无形资产的使用权让渡给受让方，受让方根据合同的规定使用无形资产，转让方仍保留对无形资产的所有权，对其仍拥有占有、使用、收益、处分的权利。这里所讲的转让是指转让无形资产所有权。行政事业单位必须根据法律、法规的规定转让无形资产。转让所有权时应当合理计价，必要时还应当经过法定资产评估机构的评估，确保单位的权益不受侵害。

行政事业单位报经批准出售、转让无形资产，按照被出售、转让无形资产的账面价值，借记“资产处置费用”科目，按照无形资产已计提的摊销，借记“无形资产累计摊销”科目，按照无形资产账面余额，贷记“无形资产”科目；同时，按照收到的价款，借记“银行存款”等科目，按照处置过程中发生的相关费用，贷记“银行存款”等科目，按照其差额，贷记“应缴财政款”[按照规定应上缴无形资产转让净收入的]或“其他收入”[按照规定将无形资产转让收入纳入本单位预算管理的]科目。

【例 4-32】2×19 年 3 月，M 事业单位将某项专利权出售，该专利权成本为 300 000 元，已累计摊销金额为 160 000 元。出售专利权取得价款 80 000 元，应缴增值税为 4 800 元，全部价税款存入银行。另以零余额账户支付其他费用 1 500 元。处置净收入确认为本单位其他收入。编制该业务的财务会计分录：

借：资产处置费用	(300 000 - 160 000) 140 000
无形资产累计摊销	160 000
银行存款	80 000
贷：无形资产——专利权	300 000
应交增值税——应交税金(销项税额)	4 800
零余额账户用款额度	1 500
其他收入	(80 000 - 4 800 - 1 500) 73 700

同时，编制该业务的预算会计分录：

借：资金结存——货币资金	80 000
贷：其他预算收入	80 000

（二）无形资产无偿调出、对外捐赠的核算

无论是无形资产无偿调出，还是无形资产对外捐赠，它们的共同之处都是以不取得货币收入为目的而减少单位资产的行为。但无偿调出是一种被动行为，其行为主体是财政部门或主管部门，而对外捐赠则是一种主动行为，其行为主体是行政事业单位。无偿调出及对外捐赠无形资产核算内容主要有：

其一，行政事业单位报经批准对外捐赠无形资产，按照无形资产已计提的摊销，借记“无形资产累计摊销”科目；按照被处置无形资产账面余额，贷记“无形资产”科目；按照捐赠过程中发生的归属于捐出方的相关费用，贷记“银行存款”等科目；按照其差额，借记“资产处置费用”科目。

其二行政事业单位报经批准无偿调出无形资产，按照无形资产已计提的摊销，借记“无形资产累计摊销”科目，按照被处置无形资产账面余额，贷记“无形资产”科目，按照其差额，借记“无偿调拨净资产”科目；同时，按照无偿调出过程中发生的归属于调出方的相关费用，借记“资产处置费用”科目，贷记“银行存款”等科目。

【例 4-33】2×19 年 12 月，某行政单位根据发生的土地使用权调出业务，编制相关的会计分录。

(1)经批准无偿调出一项土地使用权,该资产账面余额为 1 800 000 元,已提摊销 1 200 000元。编制该业务的财务会计分录:

借:无形资产累计摊销　　1 200 000
　无偿调拨净资产　　600 000
　贷:无形资产　　1 800 000

(2)以银行存款支付与资产调出相关的费用35 000 元。编制该业务的财务会计分录:

借:资产处置费用　　35 000
　贷:银行存款　　35 000

同时,编制该业务的预算会计分录:

借:行政支出　　35 000
　贷:资金结存——货币资金　　35 000

(三)置换换出无形资产的核算

行政事业单位以无形资产换入库存物品、固定资产等资产时,按照确定的成本,借记"库存物品""固定资产"等科目;按照换出无形资产的账面余额,贷记"无形资产"科目;按照换出无形资产的累计折旧,借记"无形资产累计摊销"科目;按照置换过程中支付的补价和置换过程中发生的其他相关支出,贷记"银行存款"等科目;按照借贷方差额,借记"资产处置费用"科目或贷记"其他收入"科目。

行政事业单位在资产置换中收到补价的,按照确定的换入资产成本,借记"库存物品""固定资产"等科目;按照收到的补价,借记"银行存款"等科目;按照换出无形资产的账面余额,贷记"无形资产"科目;按照换出无形资产的累计折旧,借记"无形资产累计摊销"科目;按照置换过程中发生的其他相关支出,贷记"银行存款"等科目;按照补价扣减其他相关支出后的净收入,贷记"应缴财政款"科目;按照借贷方差额,借记"资产处置费用"科目或贷记"其他收入"科目。

【例4-34】2×19 年 5 月 20 日,甲公立医疗科研机构将拥有的一项专利权与乙医院医疗设备进行置换。该专利权的账面余额为 120 000 元,累计摊销 40 000 元,评估价值为 90 000元。换入的医疗设备账面余额为160 000 元,累计折旧为 100 000 元。在专利权置换过程中,甲公立医疗科研机构以银行存款支付相关费用 5 000 元,收到乙医院支付补价 28 000元并存入银行。编制该业务的财务会计分录:

借:银行存款　　28 000
　固定资产　　(90 000+5 000-28 000)67 000
　无形资产累计摊销　　40 000
　资产处置费用
　　[(120 000+5 000+23 000)-(28 000+67 000+40 000)]13 000
　贷:无形资产　　120 000
　　银行存款　　5 000
　　应缴财政款　　(28 000-5 000)23 000

(四)无形资产核销的核算

行政事业单位拥有的无形资产如果不能为其提供服务潜力或带来未来经济利益,应按照规定予以核销。报经批准核销无形资产时,按照待核销无形资产的账面价值,借记"资产处置费用"科目;按照已计提摊销,借记"无形资产累计摊销"科目;按照无形资产的账面余额,贷记“无形资产”科目。

【例4－35】M事业单位拥有一项专利权,因不能提供未来服务予以报废处理。该专利权的账面余额为120 000元,采用直线法摊销,摊销期限为10年,已摊销4年。

报废时累计摊销额＝(120 000÷10)×4＝48 000(元)

编制该业务的财务会计分录:

借:资产处置费用　　72 000

　无形资产累计摊销　　48 000

　贷:无形资产——专利权　　120 000

第四节　公共基础设施及其折旧的核算

一般来说,公共基础设施是指政府部门占有并直接负责维护管理、供社会公众使用的工程性公共基础设施资产,包括城市交通设施、公共照明设施、环保设施、防灾设施、健身设施、广场及公共构筑物等公共设施。《政府会计准则第5号——公共基础设施》指出,公共基础设施是指政府会计主体为满足社会公共需求而控制的,同时具有以下特征的有形资产:①是一个有形资产系统或网络的组成部分;②具有特定用途;③一般不可移动。

需要说明是,与公共基础设施配套使用的修理设备、工具器具、车辆等动产,作为管理公共基础设施单位的固定资产核算,不作为公共基础设施核算;与公共基础设施配套、供单位在公共基础设施管理中自行使用的房屋构筑物等,能够与公共基础设施分开核算的,作为单位的固定资产核算,不作为公共基础设施核算;属于文物文化资产的公共基础设施,不作为公共基础设施核算。

一、公共基础设施取得的核算

为了反映公共基础设施及其累计折旧增减变动情况,行政事业单位应设置“公共基础设施”科目。该科目借方登记公共基础设施的增加额,贷方登记公共基础设施的减少额;期末借方余额,反映公共基础设施的原值。其明细账应当按照公共基础设施的类别和项目设置并进行明细核算。

行政事业单位取得公共基础设施的方式主要包括自行建造、接受其他单位无偿调入、接受捐赠、外购等。无论采用何种取得方式,应当按照取得公共基础设施的成本入账。

(一)自行建造公共基础设施的核算

行政事业单位自行建造公共基础设施,其成本包括完成批准的建设内容所发生的全部必要支出,包括建筑安装工程投资支出、设备投资支出、待摊投资支出和其他投资支出。公共基础设施完工交付使用时,按照在建工程的成本,借记“公共基础设施”科目,贷记“在建工程”科目;已交付使用但尚未办理竣工决算手续的公共基础设施,按照估计价值入账,待办理竣工决算后再按照实际成本调整原来的暂估价值。

(二)无偿调入公共基础设施的核算

行政事业单位接受其他单位无偿调入的公共基础设施,其成本按照该项公共基础设施在调出方的账面价值加上归属于调入方的相关费用确定。接受其他单位无偿调入的公共基础设施,按照确定的成本,借记"公共基础设施"科目;按照发生的归属于调入方的相关费用,贷记"财政拨款收入""零余额账户用款额度""银行存款"等科目;按照其差额,贷记"无偿调拨净资产"科目。无偿调入的公共基础设施成本无法可靠取得的,按照发生的相关税费、运输费等金额,借记"其他费用"科目,贷记"财政拨款收入""零余额账户用款额度""银行存款"等科目。

(三)接受捐赠公共基础设施的核算

行政事业单位接受捐赠公共基础设施的入账价值的确定方法,可参考接受捐赠固定资产的核算。行政事业单位接受捐赠的公共基础设施,应按照确定的成本,借记"公共基础设施"科目,按照发生的相关费用,贷记"财政拨款收入""零余额账户用款额度""银行存款"等科目,按照其差额,贷记"捐赠收入"科目;接受捐赠的公共基础设施成本无法可靠取得的,按照发生的相关税费等金额,借记"其他费用"科目,贷记"财政拨款收入""零余额账户用款额度""银行存款"等科目。

(四)外购公共基础设施的核算

行政事业单位外购的公共基础设施,其成本包括购买价款、相关税费以及公共基础设施交付使用前所发生的可归属于该项资产的运输费、装卸费、安装费和专业人员服务费等。行政事业单位外购的公共基础设施,按照确定的成本,借记"公共基础设施"科目,贷记"财政拨款收入""零余额账户用款额度""银行存款"等科目。

需要说明两点:一是对于包括不同组成部分的公共基础设施,只有总成本、没有单项组成部分成本的,行政事业单位可以按照各单项组成部分同类或类似资产的成本或市场价格比例对总成本进行分配,分别确定公共基础设施中各单项组成部分的成本;二是对于成本无法可靠取得的公共基础设施,行政事业单位应当设置备查簿进行登记,待成本能够可靠确定后按照规定及时入账。

【例4-36】2×19年,某省公路管理局根据发生的公共基础设施业务,编制相关会计分录:

(1)1月5日,该省M连接线工程竣工并确认公共交通基础设施,其工程成本共计1 125 000 000元,其中建筑安装工程投资支出1 100 000 000元,待摊投资支出20 000 000元,其他投资支出5 000 000元。编制该业务的财务会计分录:

借:公共基础设施	1 125 000 000	
贷:在建工程		1 125 000 000

(2)3月8日,从省外某公路管理单位无偿调入通信设备并确认为公共基础设施,调出单位的账面价值为1 500 000元,调入单位以银行存款支付运输费、安装费30 000元。编制该业务的财务会计分录:

借:公共基础设施	1 530 000	
贷:银行存款		30 000
无偿调拨净资产		1 500 000

同时,编制该业务的预算会计分录:

借:其他支出	30 000	
贷:资金结存——货币资金		30 000

(3)6月10日,接受N公司捐赠公路沿线配套的公共健身器材一批,该批器材相关凭据注明的金额为180 000元。公路管理局以零余额账户存款支付相关费用20 000元。编制该

业务的财务会计分录：

借：公共基础设施　　200 000

　贷：零余额账户用款额度　　20 000

　　捐赠收入　　180 000

同时，编制该业务的预算会计分录：

借：其他支出　　20 000

　贷：资金结存——零余额账户用款额度　　20 000

（4）8月20日，购入一批公路安全设施并交付使用，共支出256 000元，其中以财政直接支付设施款项200 000元，以零余额账户支付设施的安装费和专业人员服务费56 000元。编制该业务的财务会计分录：

借：公共基础设施　　256 000

　贷：财政拨款收入　　200 000

　　零余额账户用款额度　　56 000

同时，编制该业务的预算会计分录：

借：行政支出　　256 000

　贷：财政拨款预算收入　　200 000

　　资金结存——零余额账户用款额度　　56 000

二、公共基础设施折旧的核算

（一）公共基础设施折旧的概念

公共基础设施折旧是指在公共基础设施预计使用寿命内，按照确定的方法对应折旧金额进行系统分摊。

一般来说，公共基础设施具有价值高、使用寿命长、能够提供未来服务潜力或经济利益的特征。为了准确核算政府运行费用，监督和考核政府绩效，行政事业单位应当在初始确认公共基础设施时分析判断其使用年限，对使用年限有限的公共基础设施计提折旧，对于使用年限不确定的公共基础设施不计提折旧。

（二）计提公共基础设施折旧应考虑的因素

1. 计提公共基础设施折旧的基础

公共基础设施应计提的折旧总额为其成本，计提公共基础设施折旧时不考虑预计净残值。

行政事业单位应当对暂估入账的公共基础设施计提折旧，实际成本确定后不需调整原已计提的折旧额。

2. 公共基础设施折旧的年限

行政事业单位应当根据公共基础设施的性质和使用情况，合理确定公共基础设施的折旧年限。在确定公共基础设施折旧年限，应当考虑下列因素：①设计使用年限或设计基准期；②预计实现服务潜力或提供经济利益的期限；③预计有形损耗和无形损耗；④法律或者类似规定对资产使用的限制。

对于行政事业单位接受无偿调入、捐赠的公共基础设施，应当考虑该项资产的新旧程度，按照其尚可使用的年限计提折旧。

3. 公共基础设施折旧要求

行政事业单位的公共基础设施应当按月计提折旧,并计入当期费用。当月增加的公共基础设施,当月开始计提折旧;当月减少的公共基础设施,当月不再计提折旧。

处于改建、扩建等建造活动期间的公共基础设施,行政事业单位应当暂停计提折旧。因改建、扩建等原因而延长公共基础设施使用年限的,应当按照重新确定的公共基础设施的成本和重新确定的折旧年限计算折旧额,不需调整原已计提的折旧额。

公共基础设施提足折旧后,无论能否继续使用,均不再计提折旧;已提足折旧的公共基础设施,可以继续使用的,应当继续使用,并规范实物管理;提前报废的公共基础设施,不再补提折旧。

对于确认为公共基础设施的单独计价入账的土地使用权,行政事业单位应确认无形资产并按照相关规定进行摊销。

行政事业单位应当对公共基础设施计提折旧,但持续进行良好的维护使其性能得到永久维持的公共基础设施和确认为公共基础设施的单独计价入账的土地使用权除外。

(三)公共基础设施折旧方法及其核算

公共基础设施一般应当采用年限平均法或者工作量法计提公共基础设施折旧。年限平均法和工作量法在“固定资产”一节中已有说明,不再赘述。

为了反映公共基础设施累计折旧的增减变动情况,行政事业单位应设置“公共基础设施累计折旧”科目。该科目贷方登记公共基础设施累计折旧额的增加额;借方登记公共基础设施累计折旧的减少额;期末贷方余额,反映行政事业单位提取的公共基础设施折旧累计数。其明细账应当按照所对应公共基础设施的类别及项目设置并进行明细核算。

行政事业单位按月计提公共基础设施折旧时,按照应计提的折旧额,借记“业务活动费用”科目,贷记“公共基础设施累计折旧”科目;按月对确认为公共基础设施的单独计价入账的土地使用权进行摊销时,按照应计提的摊销额,借记“业务活动费用”科目,贷记“公共基础设施累计摊销”科目。

【例4-37】2×19年6月30日,某行政单位计提公共基础设施折旧350 000元。编制该业务的财务会计分录:

借:业务活动费用	350 000	
贷:公共基础设施累计折旧		350 000

三、与公共基础设施有关的后续支出的核算

(一)公共基础设施资本性后续支出的核算

公共基础设施后续支出是指在公共基础设施使用期间为了增加公共基础设施使用效能或延长其使用年限,发生的改建、扩建、大型修缮或者维修养护等支出。

行政事业单位在原有公共基础设施基础上进行改建、扩建等建造活动后的公共基础设施,其成本按照原公共基础设施账面价值加上改建、扩建等建造活动发生的支出,再扣除公共基础设施被替换部分的账面价值后的金额确定。

行政事业单位将公共基础设施转入改建、扩建时,按照公共基础设施的账面价值,借记“在建工程”科目;按照公共基础设施已计提折旧,借记“公共基础设施累计折旧(摊销)”科目;按照公共基础设施的账面余额,贷记“公共基础设施”科目。

为增加公共基础设施使用效能或延长其使用年限而发生的改建、扩建等后续支出,借记

“在建工程”科目,贷记“财政拨款收入”“零余额账户用款额度”“银行存款”等科目。

为建造公共基础设施借入的专门借款的利息,属于建设期间发生的,计入该公共基础设施在建工程成本;不属于建设期间发生的,计入当期费用。

公共基础设施改建、扩建完成,竣工验收交付使用时,按照在建工程成本,借记“公共基础设施”科目,贷记“在建工程”科目。

【例4-38】2×19年3月至9月,某行政单位对城市交通设施进行改扩建,编制相关的会计分录。

(1)2×19年3月31日,将公共基础设施转入改建、扩建,该设施账面原价为50 000 000元,已计提折旧为30 000 000元。编制该业务的财务会计分录:

借:在建工程	20 000 000
公共基础设施累计折旧	30 000 000
贷:公共基础设施	50 000 000

(2)改造中购入工程物资6 000 000元,款项以财政直接支付结算;以零余额账户支付工程人员薪酬2 000 000元。编制该业务的财务会计分录:

借:在建工程	8 000 000
贷:财政拨款收入	6 000 000
零余额账户用款额度	2 000 000

同时,编制该业务的预算会计分录:

借:行政支出	8 000 000
贷:财政拨款预算收入	6 000 000
资金结存——零余额账户用款额度	2 000 000

(3)2×19年9月20日公共基础设施改建、扩建完成,结转在建工程完工成本。编制该业务的财务会计分录:

借:公共基础设施	28 000 000
贷:在建工程	28 000 000

(二)公共基础设施日常维修支出的核算

公共基础设施建成后,由于雨水侵蚀、交通事故等无法预计和避免的因素的影响,政府部门为了维持公共基础设施的使用性,定期或不定期对其进行维护。

为保证公共基础设施正常使用发生的日常维修等支出,借记“业务活动费用”“单位管理费用”等科目,贷记“财政拨款收入”“零余额账户用款额度”“银行存款”等科目。

四、公共基础设施处置的核算

为了优化行政事业单位公共基础设施配置,提高其利用率和财政资金使用效益,行政事业单位按照规定报经批准后,可处置公共基础设施并分别以下情况进行会计核算:

(1)报经批准对外捐赠公共基础设施,按照公共基础设施已计提的折旧或摊销,借记“公共基础设施累计折旧(摊销)”科目;按照被处置公共基础设施账面余额,贷记“公共基础设施”科目;按照捐赠过程中发生的归属于捐出方的相关费用,贷记“银行存款”等科目;按照其差额,借记“资产处置费用”科目。

(2)报经批准无偿调出公共基础设施,按照公共基础设施已计提的折旧或摊销,借记“公共基础设施累计折旧(摊销)”科目;按照被处置公共基础设施账面余额,贷记“公共基础设施”科目；按照其差额，借记“无偿调拨净资产”科目；同时，按照无偿调出过程中发生的归属于调出方的相关费用，借记“资产处置费用”科目，贷记“银行存款”等科目。

【例4－39】2×19年10月，M城市市政管理部门经批准将一批供电设施捐赠给N市，该设施账面余额为3 500 000元，累计折旧500 000元。捐赠过程中，捐出部门以银行存款支付相关费用20 000元。

(1)转销无偿调出公共基础设施的已计提的折旧和账面余额，编制该业务的财务会计分录：

借：公共基础设施累计折旧　　500 000
　　无偿调拨净资产　　3 000 000
　贷：公共基础设施　　3 500 000

(2)支付与捐赠资产发生相关的支出，编制该业务的财务会计分录：

借：资产处置费用　　20 000
　贷：银行存款　　20 000

同时，编制该业务的预算会计分录：

借：其他支出　　20 000
　贷：资金结存——货币资金　　20 000

第五节　政府储备物资的核算

一、政府储备物资的概念、内容和特征

(一)政府储备物资的概念

一般来说，政府储备物资是指行政事业单位直接储存管理的各项政府应急或救灾储备物资等。《政府会计准则第6号——政府储备物资》指出：“政府储备物资，是指政府会计主体为满足实施国家安全与发展战略、进行抗灾救灾、应对公共突发事件等特定公共需求而控制的，同时具有下列特征的有形资产：

(1)在应对可能发生的特定事件或情形时动用；

(2)其购入、存储保管、更新(轮换)、动用等由政府及相关部门发布的专门管理制度规范。”

需要说明的是，负责采购并拥有储备物资调拨权力的单位(简称“采购单位”)将政府储备物资交由其他单位或企业(简称“代储单位”)代为储存的，由采购单位通过“政府储备物资”科目核算政府储备物资，代储单位将受托代储的政府储备物资作为受托代理资产核算。

(二)政府储备物资的内容

政府储备物资是政府资产的重要组成部分，范围也十分广泛，主要包括战略及能源物资、抢险抗灾救灾物资、农产品物资、医药物资和其他重要商品物资。它们对于保障国家安全、实施宏观调控、服务国计民生具有重要的意义。

(三)政府储备物资特征

与存货相比，行政事业单位持有的政府储备物资具有以下特点：

(1)取得政府储备物资是为了满足特定公共需求,如维护社会经济稳定、确保国家安全、应对各类突发事件等而储备的物资,而持有存货的目的则是为了自身耗用或出售。

(2)对政府储备物资主要采取委托存储的管理模式。

(3)政府储备物资的收储资金来源复杂,除来源于部门预算资金外,还来源于银行专项贷款等。而存货采购资金来源于部门预算资金。

二、政府储备物资取得的核算

为了反映政府储备物资的增减变动情况,行政事业单位应设置"政府储备物资"科目。该科目借方登记行政事业单位储备物资的增加额,贷方登记行政事业单位储备物资的减少额;期末借方余额,反映行政事业单位管理的政府储备物资的实际成本。其明细账应当按照政府储备物资的种类、品种、存放地点等设置并进行明细核算。

行政事业单位储备物资取得时,应当按照其成本入账。

(一)购入政府储备物资的核算

行政事业单位购入政府储备物资验收入库时,按照确定的成本,借记"政府储备物资"科目,贷记"财政拨款收入""零余额账户用款额度""银行存款"等科目。

(二)委托加工方式取得政府储备物资的核算

行政事业单位采用委托加工方式取得政府储备物资业务的,其会计处理方法参照委托加工物品。

(三)接受捐赠政府储备物资的核算

行政事业单位接受捐赠政府储备物资的入账价值确定方法,可参照接受固定资产捐赠的核算。

行政事业单位接受捐赠的政府储备物资验收入库,按照确定的成本,借记"政府储备物资"科目;按照行政事业单位承担的相关税费、运输费等,贷记"零余额账户用款额度""银行存款"等科目;按照其差额,贷记"捐赠收入"科目。

(四)无偿调入政府储备物资

行政事业单位接受无偿调入的政府储备物资验收入库,按照确定的成本,借记"政府储备物资"科目;按照行政事业单位承担的相关税费、运输费等,贷记"零余额账户用款额度""银行存款"等科目;按照其差额,贷记"无偿调拨净资产"科目。

【例4-40】2×19年某行政单位根据发生的政府储备物资业务,编制相关的会计分录。

(1)3月10日,根据规定购入一批政府储备物资并验收入库,其成本总额为5 000 000元,以财政直接支付方式结算款项。另以银行存款支付运费等相关费用60 000元。编制该业务的财务会计分录:

借:政府储备物资 5 060 000

　贷:财政拨款收入 5 000 000

　　银行存款 60 000

同时,编制该业务的预算会计分录:

借:行政支出 5 060 000

　贷:财政拨款预算收入 5 000 000

　　资金结存——货币资金 60 000

(2)5月25日,收到乙单位捐赠的政府储备物资一批并验收入库,取得捐赠凭据注明的金额为250 000元。以零余额账户支付运输费等20 000元。编制该业务的财务会计分录：

借：政府储备物资 270 000
　贷：零余额账户用款额度 20 000
　　捐赠收入 250 000

同时，编制该业务的预算会计分录：

借：其他支出 20 000
　贷：资金结存——零余额账户用款额度 20 000

(3)10月18日，经批准从丙单位无偿调入政府储备物资并验收入库，调出时该批物资的账面价值为120 000元，以银行存款支付运输费等6 000元。编制该业务的财务会计分录：

借：政府储备物资 126 000
　贷：无偿调拨净资产 120 000
　　银行存款 6 000

同时，编制该业务的预算会计分录：

借：其他支出 6 000
　贷：资金结存——货币资金 6 000

三、政府储备物资发出的核算

行政事业单位经批准，因动用而发出无须收回的政府储备物资的，按照发出物资的账面余额，借记“业务活动费用”科目，贷记“政府储备物资”科目；因动用而发出需要收回或者预期可能收回的政府储备物资的，在发出物资时，按照发出物资的账面余额，借记“政府储备物资——发出”科目，贷记“政府储备物资——在库”科目；按照规定的质量验收标准收回物资时，按照收回物资原账面余额，借记“政府储备物资——在库”科目，按照未收回物资的原账面余额，借记“业务活动费用”科目，按照物资发出时登记在“政府储备物资——发出”科目所属明细科目中的余额，贷记“政府储备物资——发出”科目。

行政事业单位因行政管理主体变动等原因而将政府储备物资调拨给其他主体的，按照无偿调出政府储备物资的账面余额，借记“无偿调拨净资产”科目，贷记“政府储备物资”科目。

行政事业单位对外销售政府储备物资并将销售收入纳入行政事业单位预算统一管理的，发出物资时，按照发出物资的账面余额，借记“业务活动费用”科目，贷记“政府储备物资”科目；实现销售收入时，按照确认的收入金额，借记“银行存款”“应收账款”等科目，贷记“事业收入”等科目；对外销售政府储备物资并按照规定将销售净收入上缴财政的，发出物资时，按照发出物资的账面余额，借记“资产处置费用”科目，贷记“政府储备物资”科目；取得销售价款时，按照实际收到的款项金额，借记“银行存款”等科目，按照发生的相关税费，贷记“银行存款”等科目，按照销售价款大于所承担的相关税费后的差额，贷记“应缴财政款”科目。

【例4－41】2×19年，某事业单位根据发生的政府储备物资发出业务，编制相关的会计分录。

(1)8月5日，经批准发出需要收回的政府储备物资一批，该批物资账面余额为600 000元；11月20日，收回已发出的该批物资，经质量验收符合标准的物资账面余额为450 000

元。编制该业务的财务会计分录：

借：政府储备物资——发出　　600 000
　贷：政府储备物资——在库　　600 000
借：政府储备物资——在库　　450 000
　　业务活动费用　　150 000
　贷：政府储备物资——发出　　600 000

(2)10 月 20 日，经批准对外销售甲类和乙类两种政府储备物资，其中销售甲类物资取得收入 1 500 000 元存入银行，该物资的账面余额为 1 200 000 元，规定销售收入纳入单位预算统一管理；销售乙类物资取得收入 800 000 元存入银行，账面余额为 650 000 元，按规定已将销售净收入上缴财政。

①销售甲类物资。

发出物资，编制该业务的财务会计分录：

借：业务活动费用　　1 200 000
　贷：政府储备物资　　1 200 000

确认实现销售收入，编制该业务的财务会计分录：

借：银行存款　　1 500 000
　贷：事业收入　　1 500 000

同时，编制该业务的预算会计分录：

借：资金结存——货币资金　　1 500 000
　贷：事业预算收入　　1 500 000

②销售乙类物资。

发出物资，编制该业务的财务会计分录：

借：资产处置费用　　650 000
　贷：政府储备物资　　650 000

确认实现销售收入，编制该业务的财务会计分录：

借：银行存款　　800 000
　贷：应缴财政款　　800 000

第六节　长期股权投资和长期债权投资的核算[1]

一、长期股权投资的核算

长期股权投资是指通过投资拥有被投资单位的股权并成为被投资单位的股东，按所持股份比例享有权益并承担责任。事业单位通过长期股权投资获得投资回报，促进公益事业的发展，确保实现特定的公益目标。长期股权投资一般有两种投资形式，一是直接投资形

[1] 《行政单位财务规则》不允许行政单位对外投资，所以《政府单位会计制度》关于长期股权投资和长期债权投资业务的核算方法，仅适用于事业单位。

式，二是间接投资形式。直接投资是指将现金或资产投入被投资单位，由被投资单位向投资者出具出资证明书，确认其股权。间接投资是指投资者投资于某被投资单位时，是通过在证券市场上购买被投资单位的股票而形成的长期股权投资。根据事业单位财务规则的规定，事业单位不得使用财政拨款及其结余进行对外投资，不得从事股票、期货、基金、政府单位债券等投资，国家另有规定的除外。可见，事业单位长期股权投资一般是指直接投资。事业单位长期股权投资具有投资大、投资期限长、风险大以及能获得高收益的特点。

（一）长期股权投资取得的核算

为了反映长期股权投资增减变动情况，事业单位应设置“长期股权投资”科目。该科目借方登记长期投资的增加数；贷方登记长期投资的收回、冲减数；期末借方余额，反映政府单位持有的对外投资成本。

“长期股权投资”科目一般应当按照被投资单位进行明细核算。如果长期股权投资采用权益法核算的，还应当分别就“成本”“损益调整”“其他权益变动”进行明细核算。

长期股权投资在取得时，应当按照其实际成本作为初始投资成本。长期股权投资取得方式不同，其实际成本内容也有所不同。

1. 支付现金取得投资的核算

事业单位以现金取得的长期股权投资，按照实际支付的价款（包括购买价款以及税金、手续费等相关税费）作为投资成本，借记“长期股权投资 ”科目；按支付的价款中包含的已宣告但尚未发放的现金股利，借记“应收股利”科目；按实际支付的全部价款，贷记“银行存款”等科目。实际收到购买时包含的已宣告但尚未发放的现金股利时，借记“银行存款”等科目，贷记“应收股利”科目。

【例 4 – 42】2 × 19 年 3 月初，某事业单位使用非财政拨款资金 480 000 元投资于北方公司，占该公司全部股权的比例为 20%，有权参与其经营决策，并采用权益法核算，支付的价款中，包括已宣告尚未发放的现金股利 20 000 元。另支付交易费用 15 000 元。全部款项以银行存款付讫。5 月末收到北方公司已宣告但未发放的全部现金股利。

（1）购入股票，编制该业务的财务会计分录：

借：长期股权投资——成本	475 000	
应收股利	20 000	
贷：银行存款		495 000

同时，编制该业务的预算会计分录：

借：投资支出	495 000	
贷：资金结存——货币资金		495 000

（2）收到现金股利，编制该业务的财务会计分录：

借：银行存款	20 000	
贷：应收股利		20 000

同时，编制该业务的预算会计分录：

借：资金结存——货币资金	20 000	
贷：投资支出		20 000

2. 以非现金资产置换取得投资的核算

事业单位以现金以外的其他资产置换取得的长期股权投资，其成本按照换出资产的评估价值加上支付的补价或减去收到的补价，加上换入长期股权投资发生的其他相关支出确定。

(1)未涉及补价取得长期股权投资的核算。事业单位置换取得的长期股权投资,按照确定的成本,借记"长期股权投资"科目;按照换出资产的账面余额,贷记相关资产科目(换出资产为固定资产、无形资产的,还应当借记"固定资产累计折旧""无形资产累计摊销"科目);按照置换过程中发生的其他相关支出,贷记"银行存款"等科目;按照借贷方差额,借记"资产处置费用"科目或贷记"其他收入"科目。

(2)涉及补价取得长期股权投资的核算。

①支付补价取得长期股权投资。事业单位置换取得长期股权投资需要支付补价的,按照确定的成本,借记"长期股权投资"科目;按照换出资产的账面余额,贷记相关资产科目(换出资产为固定资产、无形资产的,还应当借记"固定资产累计折旧""无形资产累计摊销"科目);按照支付的补价和置换过程中发生的其他相关支出,贷记"银行存款"等科目;按照借贷方差额,借记"资产处置费用"科目或贷记"其他收入"科目。

②收到补价取得长期股权投资。事业单位置换取得长期股权投资收到支付补价的,按照确定的成本,借记"长期股权投资"科目;按照收到的补价,借记"银行存款"等科目;按照换出资产的账面余额,贷记相关资产科目(换出资产为固定资产、无形资产的,还应当借记"固定资产累计折旧""无形资产累计摊销"科目);按照置换过程中发生的其他相关支出,贷记"银行存款"等科目;按照补价扣减其他相关支出后的净收入,贷记"应缴财政款"科目;按照借贷方差额,借记"资产处置费用"科目或贷记"其他收入"科目。

【例4-43】2×19年8月,甲事业单位经批准将科研设备与乙事业单位持有的对丙公司的长期股权投资进行置换。在置换日,科研设备的账面原价为2 000 000元,已计提折旧为1 200 000元,评估价为770 000元;乙公司持有的长期股权投资账面余额为850 000元。置换过程中,甲事业单位以银行存款支付补价50 000元、相关税费10 000元。编制该业务的财务会计分录:

借:长期股权投资——成本	(770 000+50 000+10 000)	830 000
累计折旧		1 200 000
资产处置费用		30 000
贷:固定资产		2 000 000
银行存款		60 000

同时,编制该业务的预算会计分录:

借:其他支出	60 000
贷:资金结存——货币资金	60 000

如果该设备的评估价为850 000元,并收到乙事业单位补价50 000元,其他资料不变,编制该业务的财务会计分录:

借:长期股权投资——成本	(850 000-50 000+10 000)	810 000
累计折旧		1 200 000
银行存款		50 000
贷:固定资产		2 000 000
银行存款		10 000
应缴财政款	(50 000-10 000)	40 000
其他收入		10 000

3. 接受捐赠长期股权投资的核算

事业单位接受捐赠的长期股权投资，其成本按照有关凭据注明的金额加上相关税费确定；没有相关凭据可供取得，但按规定经过资产评估的，其成本按照评估价值加上相关税费确定；没有相关凭据可供取得，也未经资产评估的，其成本比照同类或类似资产的市场价格加上相关税费确定。

事业单位接受捐赠的长期股权投资，按照确定的投资成本，借记"长期股权投资"科目，贷记"捐赠收入"科目。

【例 4－44】2×19 年 8 月，M 事业单位接受 N 公司捐赠其持有的 G 公司股票 100 000 股，类似股票的市场价格每股为 5 元。另以银行存款支付相关费用 12 000 元。编制该业务的财务会计分录：

借：长期股权投资——成本　　512 000
　贷：捐赠收入　　500 000
　　银行存款　　12 000

同时，编制该业务的预算会计分录：

借：其他支出　　12 000
　贷：资金结存——货币资金　　12 000

4. 无偿调入长期股权投资的核算

事业单位无偿调入长期股权投资，其成本按照调出方账面价值加上相关税费确定。无偿调入的长期股权投资，按照确定的投资成本，借记"长期股权投资"科目，贷记"无偿调拨净资产"科目。

【例 4－45】2×19 年 10 月，M 事业单位的上级主管部门将 N 事业单位持有的长期股权投资调入 M 事业单位。该投资在 N 事业单位的账面价值为 200 000 元，调入时，M 事业单位以银行存款支付相关费用 5 000 元。编制该业务的财务会计分录：

借：长期股权投资——成本　　205 000
　贷：无偿调拨净资产　　200 000
　　银行存款　　5 000

同时，编制该业务的预算会计分录：

借：其他支出　　5 000
　贷：资金结存——货币资金　　5 000

5. 以未入账无形资产取得长期股权投资的核算

如果事业单位是以未入账的无形资产取得长期股权投资，按照评估价值加相关税费作为投资成本，借记"长期股权投资"科目；按照发生的相关税费，贷记"银行存款""其他应交税费"等科目；按其差额，贷记"其他收入"科目。

【例 4－46】2×19 年 12 月，甲事业单位以其未入账专利技术投资于乙单位。经评估，该专利技术价值为 100 000 元。以银行存款支付资产评估和投资活动相关费用 26 000 元。编制该业务的财务会计分录：

借：长期股权投资——成本　　126 000
　贷：其他收入　　100 000
　　银行存款　　26 000

同时，编制该业务的预算会计分录：

借:其他支出　26 000

　贷:资金结存——货币资金　26 000

(二)长期股权投资持有的核算

按照财务会计理论,投资单位取得长期股权投资并按初始投资成本计价后,根据对被投资单位实施影响或控制的程度,应分别采用成本法或权益法进行核算。

1. 按成本法核算

成本法是指投资按照投资成本计量的方法。在成本法下,除投资方追加投资、收回投资等外,长期股权投资的账面价值一般保持不变。被投资单位宣告分派利润或现金股利,投资方按应享有的份额确认为当期投资收益。

被投资单位宣告发放现金股利或利润时,事业单位按照应收的金额,借记"应收股利"科目,贷记"投资收益"科目。收到现金股利时,按照实际收到的金额,借记"银行存款"等科目,贷记"应收股利"科目。

【例4-47】2×19年甲事业单位根据长期股权投资业务,编制相关的会计分录。

(1)经批准,1月份以货币资金3 000 000元投资乙公司,取得乙公司有表决权20%的股份。编制该业务的财务会计分录:

借:长期股权投资——成本　3 000 000

　贷:银行存款　3 000 000

同时,编制该业务的预算会计分录:

借:投资支出　3 000 000

　贷:资金结存——货币资金　3 000 000

(2)6月30日,乙公司宣告从历年积累中分配利润2 500 000元。甲事业单位按照其持有比例确定可分回的金额为500 000元。编制该业务的财务会计分录:

借:应收股利　500 000

　贷:投资收益　500 000

(3)7月10日,收到乙公司分派的全部利润并存入银行。编制该业务的财务会计分录:

借:银行存款　500 000

　贷:应收股利　500 000

同时,编制该业务的预算会计分录:

借:资金结存——货币资金　500 000

　贷:投资预算收益　500 000

2. 按权益法核算

权益法是指长期股权投资按照实际成本入账后,根据被投资单位的经营损益状况,按其持有被投资单位股份的比例以及股利的分配做出相应调整的方法。被投资单位当期实现收益或其他所有者权益增加,投资方按比例相应调高"长期股权投资"科目;发生亏损或其他所有者权益减少,投资方则按比例调低"长期股权投资"科目;收到发放的股利,也要减少"长期股权投资"科目。在权益法下,"长期股权投资"科目的账面价值已不是长期股权投资的原始成本,而是投资方在被投资单位净资产中应享有的份额。

具体来说,被投资单位实现净利润时,投资单位按照应享有的份额,借记"长期股权投资——损益调整"科目,贷记"投资收益"科目;按照应负担的被投资单位发生净亏损的份额,借记"投资收益"科目,贷记"长期股权投资——损益调整"科目,但以"长期股权投资"科目的账面余额减记至零为限。发生亏损的被投资单位以后年度又实现净利润的，按照收益分享额弥补未确认的亏损分担额等之后的金额，借记“长期股权投资——损益调整”科目，贷记“投资收益”科目。

被投资单位宣告分派的现金股利或利润时，投资单位按照应享有的现金股利或利润的份额，借记“应收股利”科目，贷记“长期股权投资——损益调整”科目。

被投资单位发生除净损益和利润分配以外的所有者权益变动时，投资单位按照应享有的份额，借记“权益法调整”科目，贷记“长期股权投资——其他权益变动”科目；或做相反会计分录。

【例4-48】2×19年至2×21年，甲事业单位根据长期股权投资业务，编制相关的会计分录。

(1)2×19年1月5日，以银行存款920 000元投资于乙公司，另支付相关交易费用14 500元，享有乙公司所有者权益份额的35%，采用权益法核算长期股权投资。编制该业务的财务会计分录：

借：长期股权投资——成本　　934 500

　贷：银行存款　　934 500

同时，编制该业务的预算会计分录：

借：投资支出　　934 500

　贷：资金结存——货币资金金　　934 500

(2)2×19年，乙公司全年实现净利润800 000元。编制该业务的财务会计分录：

应享有的投资收益＝800 000×35%＝280 000(元)

借：长期股权投资——损益调整　　280 000

　贷：投资收益　　280 000

需要说明的是，如果2×19年乙公司不仅获得净利润，其他权益还增加285 715元，编制该业务的财务会计分录：

应享有的其他权益＝285 715×35%≈100 000(元)

借：长期股权投资——其他权益变动　　100 000

　贷：权益法调整　　100 000

2×19年末，“长期股权投资”科目余额(不包括其他权益变动)＝934 500＋280 000＝1 214 500(元)。

(3)2×20年5月，乙公司宣告分派现金股利1 000 000元。编制该业务的财务会计分录：

现金股利＝1 000 000×35%＝350 000(元)

借：应收股利——乙公司　　350 000

　贷：长期股权投资——损益调整　　350 000

2×20年末，“长期股权投资”科目余额＝1 214 500－350 000＝864 500(元)。

(4)2×20年，乙公司全年发生巨额亏损2 800 000元。编制该业务的财务会计分录：

应承担投资损失＝2 800 000×35%＝980 000(元)

尚未弥补亏损额＝980 000－864 500＝115 500(元)

借：投资收益　　864 500

　贷：长期股权投资——损益调整　　864 500

(5)2×21年乙公司全年实现净利润380 000元。编制该业务的财务会计分录：

应确认的投资收益＝380 000×35%－115 500＝17 500(元)

借:长期股权投资——损益调整　　17 500

　贷:投资收益　　17 500

(三)长期股权投资出售(转让)的核算

事业单位按照规定报经批准出售(转让)长期股权投资时,应当区分长期股权投资取得方式分别进行处理。

1. 处置以现金取得的长期股权投资的核算

事业单位处置以现金取得的长期股权投资,按照实际取得的价款,借记“银行存款”等科目;按照被处置长期股权投资的账面余额,贷记“长期股权投资”科目;按照尚未领取的现金股利或利润,贷记“应收股利”科目;按照发生的相关税费等支出,贷记“银行存款”等科目;按照借贷方差额,借记或贷记“投资收益”科目。

【例4－49】承例4－48,假定2×20年1月初,甲事业单位将持有乙公司股权投资的20%处置,取得股款260 000元存入银行。

处置前,“长期股权投资——成本”科目余额为934 500元,“长期股权投资——损益调整”科目借方余额280 000元,无其他权益。

处置长期股权投资的金额＝(934 500＋280 000)×20%＝242 900(元)

编制该业务的财务会计分录：

借:银行存款　　260 000

　贷:长期股权投资——成本　　(934 500×20%)186 900

　　　　　　　　——损益调整　　(280 000×20%)56 000

　　投资收益　　(260 000－186 900－56 000)17 100

同时,编制该业务的预算会计分录：

借:资金结存——货币资金　　260 000

　贷:其他结余　　186 900

　　投资预算收益　　(56 000＋17 100)73 100

2. 处置以现金以外的其他资产取得的长期股权投资的核算

事业单位处置以现金以外的其他资产取得的长期股权投资,按照被处置长期股权投资的账面余额,借记“资产处置费用”科目,贷记“长期股权投资”科目;按照实际取得的价款,借记“银行存款”等科目;按照尚未领取的现金股利或利润,贷记“应收股利”科目;按照发生的相关税费等支出,贷记“银行存款”等科目,按照贷方差额,贷记“应缴财政款”科目。按照规定将处置时取得的投资收益纳入本单位预算管理的,应当按照所取得价款大于被处置长期股权投资账面余额、应收股利账面余额和相关税费支出合计的差额,贷记“投资收益”科目。

3. 核销长期股权投资的核算

事业单位持有的长期股权投资因被投资单位破产清算等原因,有确凿证据表明长期股权投资发生损失,按照规定报经批准后予以核销时,按照予以核销的长期股权投资的账面余额,借记“资产处置费用”科目,贷记“长期股权投资”科目。

4. 置换转出长期股权投资的核算

(1)置换资产不涉及补价。事业单位置换转出长期股权投资时,按照换入资产确定的成本，借记资产相关科目；按照换出长期股权投资的账面余额，贷记“长期股权投资”科目；按照置换过程中发生的其他相关支出，贷记“银行存款”等科目；按照借贷方差额，借记“资产处置费用”科目或贷记“其他收入”科目。

（2）置换资产涉及补价。事业单位如果置换资产涉及补价的，根据以下情况分别进行会计处理：

第一种情况，置换转出长期股权投资需要支付补价的，其会计处理方法与置换资产不涉及补价相同。

第二种情况，置换转出长期股权投资收到补价的，按照换出长期股权投资的评估价值减去收到的补价，加上换入长期股权投资发生的其他相关支出确定换入资产的成本，借记相关资产科目；按照收到的补价，借记“银行存款”等科目；按照换出长期股权投资的账面余额，贷记“长期股权投资”科目；按照置换过程中发生的其他相关支出，贷记“银行存款”等科目；按照补价扣减其他相关支出后的净收入，贷记“应缴财政款”科目；按照借贷方差额，借记“资产处置费用”科目或贷记“其他收入”科目。

需要说明的是，事业单位采用权益法核算的长期股权投资的处置，除进行上述账务处理外，还应结转原直接计入净资产的相关金额，借记或贷记“权益法调整”科目，贷记或借记“投资收益”科目。

【例 4－50】2×19 年 6 月 30 日，经批准，甲事业单位将持有对乙公司的长期股权投资与丙公司的房产置换。该长期股权投资评估价为 3 600 000 元，收到丙公司支付补价 150 000 元，以银行存款支付相关费用 25 000 元，全部款项通过银行存款结算。转让前，长期股权投资明细科目为：成本 3 000 000 元，损益调整 350 000 元（借方），其他权益变动 100 000 元（借方）。

置换取得房产入账价值＝3 600 000－150 000＋25 000＝3 475 000（元）

编制该业务的财务会计分录：

借：固定资产	3 475 000	
银行存款	150 000	
贷：长期股权投资——成本		3 000 000
——损益调整		350 000
——其他权益变动		100 000
银行存款		25 000
应缴财政款		125 000
其他收入		25 000
借：权益法调整	100 000	
贷：投资收益		100 000

同时，编制该业务的预算会计分录：

借：其他支出	25 000	
贷：资金结存——货币资金		25 000

（四）成本法与权益法之间转换的核算

事业单位对长期股权投资采用的核算方法不是一成不变的，当持有被投资单位股份的比例发生变化时，事业单位应该改变长期股权投资核算方法，由成本法改为权益法，或者由权益法改为成本法。

1. 权益法改为成本法

事业单位因处置部分长期股权投资等原因而对处置后的剩余股权投资由权益法改按成本法核算的，应当以权益法下"长期股权投资"科目账面余额作为成本法下"长期股权投资——成本"科目账面余额。

其后，被投资单位宣告分派现金股利或利润时，属于单位已计入投资账面余额的部分，按照应分得的现金股利或利润份额，借记"应收股利"科目，贷记"长期股权投资"科目。

2. 成本法改为权益法

事业单位因追加投资等原因对长期股权投资的核算从成本法改为权益法的，应当按照成本法下"长期股权投资"科目账面余额与追加投资成本的合计金额，借记"长期股权投资——成本"科目；按照成本法下"长期股权投资"科目账面余额，贷记"长期股权投资"科目；按照追加投资的成本，贷记"银行存款"等科目。

【例4-51】2×19年1月3日，甲事业单位经批准向乙公司投资，以银行存款支付投资款495 000元，取得乙公司所有者权益的份额为30%，采用权益法核算。2×19年乙公司实现净利润105 000元。2×20年1月5日，该单位将持有的乙公司20%股权出售，收取价款375 000元存入银行。

(1)确认长期股权投资初始投资成本495 000元，会计分录略。

(2)2×19年12月31日采用权益法确认投资收益31 500(105 000×30%)元。编制该业务的财务会计分录：

借：长期股权投资——损益调整　31 500
　贷：投资收益　31 500

(3)2×20年1月5日处置长期股权投资。编制该业务的财务会计分录：

借：银行存款　375 000
　贷：长期股权投资——投资成本　(495 000÷30%×20%)330 000
　　　　　　　　　——损益调整　(105 000×20%)21 000
　　投资收益　24 000

同时，编制该业务的预算会计分录：

借：资金结存——货币资金　375 000
　贷：其他结余　330 000
　　投资预算收益　45 000

(4)确定剩余投资的账面价值：

该事业单位处置投资后，剩余投资的账面价值计算过程如下：

初始投资成本＝495 000－330 000＝165 000(元)

损益调整＝31 500－21 000＝10 500(元)

合计：165 000＋10 500＝175 500(元)。

编制该业务的财务会计分录：

借：长期股权投资——成本　175 500
　贷：长期股权投资——成本　165 000
　　　　　　　　　——损益调整　10 500

二、长期债券投资的核算

事业单位购入的在1年内(不含1年)不能变现或不准备随时变现的国债等债权性质的投资,便是长期债权投资。长期债券投资反映了国债等证券发行单位与投资者(企业、事业单位或个人)之间的债权、债务关系。债券投资者能按约定的利率收取利息,到期收回本金,但无权参与债券发行单位的经营管理决策。投资长期债券可以转让,但在债权、债务方约定的期限内一般不能要求债务单位提前偿还本金。

(一)长期债券投资取得的核算

为了反映长期债券投资增减变动情况,事业单位应设置"长期债权投资"科目。该科目借方登记长期投资的增加数;贷方登记长期投资的收回、冲减数;期末借方余额,反映事业单位持有的长期债券投资的价值。

事业单位取得长期债券投资时,应当按照实际成本作为初始投资成本。取得长期债券投资,按照确定的投资成本,借记"长期债券投资——成本"科目;按照支付的价款中包含的已到付息期但尚未领取的利息,借记"应收利息"科目;按照实际支付的金额,贷记"银行存款"等科目。

事业单位实际收到取得债券时所支付价款中包含的已到付息期但尚未领取的利息时,借记"银行存款"科目,贷记"应收利息"科目。

【例4-52】2×19年7月1日,某事业单位购入5年期、年利率为4%、面值为600 000元的国库券,到期一次还本付息。另支付有关税费12 000元。全部款项以银行存款付讫。编制该业务的财务会计分录:

借:长期债券投资——成本　　612 000

　贷:银行存款　　612 000

同时,编制该业务的预算会计分录:

借:投资支出　　612 000

　贷:资金结存——货币资金　　612 000

(二)长期债券投资持有期间的核算

事业单位持有长期债券投资期间,应按期以债券票面金额与票面利率计算确认利息收入,并计入投资收益。如为到期一次还本付息的债券投资确认债券利息收入时,应借记"长期债券投资——应计利息"科目,贷记"投资收益"科目;如为分期付息、到期一次还本的债券投资,则应借记"应收利息"科目,贷记"投资收益"科目。

事业单位收到分期支付的利息时,按照实际收到的金额,借记"银行存款"等科目,贷记"应收利息"科目。

【例4-53】承例4-52,2×19年12月31日该事业单位确认债券利息收入时,编制会计分录如下:

应确认债券利息收入=600 000×4%×6/12=12 000(元)

编制该业务的财务会计分录:

借:长期债券投资——应计利息　　12 000

　贷:投资收益　　12 000

2×20年至2×24年每年12月31日:

应确认债券利息收入=600 000×4%×1=24 000(元)

编制该业务的财务会计分录：

借：长期债券投资——应计利息　　24 000

　贷：投资收益　　24 000

2×25 年 6 月 30 日确认债券利息收入，编制会计分录同 2×19 年 12 月 31 日，略。

（三）出售长期债券投资的核算

事业单位对外出售长期债券投资，按照实际收到的金额，借记“银行存款”科目；按照长期债券投资的账面余额，贷记“长期债券投资”科目；按照已记入“应收利息”科目但尚未收取的金额，贷记“应收利息”科目，按照其差额，贷记或借记“投资收益”科目。涉及增值税业务的，按照应交增值税，贷记“应交增值税——应交税金（销项税额）”科目。

【例 4-54】承例 4-53，假设 2×23 年 6 月末，该单位将国债的 60% 转让，实际收到价款 450 000 元，存入银行。取得的投资收益纳入单位预算管理。

（1）确认当年 1 月至 6 月应计利息，编制该业务的财务会计分录：

借：长期股权投资——应计利息　　12 000

　贷：投资收益　　12 000

（2）处置投资，编制该业务的财务会计分录：

借：银行存款　　450 000

　贷：长期债券投资——成本　　（612 000×60%）367 200

　　　　　　　　——应计利息　　（24 000×4×60%）57 600

　　投资收益　　25 200

同时，编制该业务的预算会计分录：

借：资金结存——货币资金　　450 000

　贷：其他结余　　367 200

　　投资预算收益　　（57 600+25 200）82 800

（四）到期收回长期债券投资的核算

事业单位持有的长期债券投资到期收回时，按照实际收到的金额，借记“银行存款”科目；按照长期债券投资的账面余额，贷记“长期股权投资”科目；按照相关应收利息金额，贷记“应收利息”科目；按照其差额，贷记“投资收益”科目。

【例 4-55】承例 4-52，2×24 年 7 月 1 日，该单位持有的剩余国库券到期收回其本息，存入银行，取得的投资收益纳入单位预算管理。编制该业务的财务会计分录：

借：银行存款　　292 800

　贷：长期债券投资——成本　　（612 000×40%）244 800

　　　　　　　　——应计利息　　（24 000×5×40%）48 000

同时，编制该业务的预算会计分录：

借：资金结存——货币资金　　292 800

　贷：其他结余　　244 800

　　投资预算收益　　48 000

第七节 其他非流动资产的核算

一、文物文化资产的核算

文物文化资产是指用于展览、教育或研究等目的的历史文物、艺术品以及其他具有文化或者历史价值并作长期或者永久保存的典藏等。其中:文物资产是指用于纪念和展出等目的,具有一定价值和历史意义并做长期或者永久保存的古董和历史文物等;文化资产是指用于纪念和展出等目的,具有一定价值和文化内涵并做长期或者永久保存的艺术品和文化用品等。

(一)文物文化资产取得的核算

为了反映文物文化资产增减变动情况,行政事业单位应设置"文物文化资产"科目。该科目借方登记文物文化资产的增加;贷方登记文物文化资产的减少;期末借方余额,反映行政事业单位期末文物文化资产的价值。

行政事业单位应当设置文物文化资产登记簿和文物文化资产卡片,按文物文化资产类别等设置明细账,进行明细核算。

行政事业单位取得文物文化资产应当按照取得时的实际成本入账。取得时的实际成本包括买价、包装费、运输费、交纳的有关税金等相关费用,以及为使文物文化资产达到预定可使用状态前所发生的必要支出。

1. 外购文物文化资产的核算

行政事业单位外购的文物文化资产,按照取得时实际支付的购买价款、相关税费以及可归属于该项资产达到预定用途前所发生的其他支出(如运输费、安装费、装卸费等),借记"文物文化资产"科目,贷记"财政拨款收入""零余额账户用款额度""银行存款"等科目。

2. 从其他单位无偿调入文物文化资产的核算

行政事业单位接受其他单位无偿调入的文物文化资产,其成本按照该项资产在调出方的账面价值加上归属于调入方的相关费用确定。行政事业单位调入文物文化资产时,按照确定的成本,借记"文物文化资产"科目;按照发生的归属于调入方的相关费用,贷记"零余额账户用款额度""银行存款"等科目;按照其差额,贷记"无偿调拨净资产"科目。行政事业单位无偿调入的文物文化资产成本无法可靠取得的,按照发生的归属于调入方的相关费用,借记"其他费用"科目,贷记"零余额账户用款额度""银行存款"等科目。

3. 接受捐赠文物文化资产的核算

行政事业单位接受捐赠的文物文化资产的入账价值的确定方法,可参考固定资产接受捐赠的核算。行政事业单位接受捐赠的文物文化资产时,按照确定的成本,借记"文物文化资产"科目;按照发生的相关税费、运输费等金额,贷记"零余额账户用款额度""银行存款"等科目;按照其差额,贷记"捐赠收入"科目。行政事业单位接受捐赠的文物文化资产成本无法可靠取得的,按照发生的相关税费、运输费等金额,借记"其他费用"科目,贷记"零余额账户用款额度""银行存款"等科目。

对于成本无法可靠取得的文物文化资产,行政事业单位应当设置备查簿进行登记,待成本能够可靠确定后按照规定及时入账。

【例4－56】2×19年，某事业单位根据发生的文物文化资产业务，编制相关的会计分录。

(1)1月10日，因开展业务活动的需要，以零余额账户存款购买一件艺术品，其价款100 000元。另以现金支付运输费和装卸费共计2 000元，不考虑增值税。编制该业务的财务会计分录：

借：文物文化资产　　102 000

　贷：零余额账户用款额度　　100 000

　　库存现金　　2 000

同时，编制该业务的预算会计分录：

借：事业支出　　102 000

　贷：资金结存——零余额账户用款额度　　100 000

　　　　——货币资金　　2 000

(2)5月20日，经批准，接受其他单位无偿调入的3件文物文化资产，该项资产在调出单位的账面价值为150 000元，调入中发生由本单位负担的运输费为4 000元，以银行存款付讫。编制该业务的财务会计分录：

借：文物文化资产　　154 000

　贷：银行存款　　4 000

　　无偿调拨净资产　　150 000

同时，编制该业务的预算会计分录：

借：其他支出　　4 000

　贷：资金结存——货币资金　　4 000

(3)10月5日，接受某画家捐赠的一幅画作，该画家的画作在市场上交易活跃，其所捐赠的画作估计市价为50 000元。以银行存款支付举办捐赠仪式的相关费用3 000元。编制该业务的财务会计分录：

借：文物文化资产　　50 000

　其他费用　　3 000

　贷：其他收入　　50 000

　　银行存款　　3 000

同时，编制该业务的预算会计分录：

借：其他支出　　3 000

　贷：资金结存——货币资金　　3 000

（二）文物文化资产处置的核算

行政事业单位文物文化资产的处置主要包括对外捐赠、无偿调出两种方式。

行政事业单位报经批准对外捐赠文物文化资产，按照被处置文物文化资产账面余额和捐赠过程中发生的归属于捐出方的相关费用合计数，借记“资产处置费用”科目，按照被处置文物文化资产账面余额，贷记“文物文化资产”科目，按照捐赠过程中发生的归属于捐出方的相关费用，贷记“银行存款”等科目；报经批准无偿调出文物文化资产，按照被处置文物文化资产账面余额，借记“无偿调拨净资产”科目，贷记“文物文化资产”科目；同时，按照无偿调出过程中发生的归属于调出方的相关费用，借记“资产处置费用”科目，贷记“银行存款”等科目。

【例 4－57】2×19 年 10 月，甲事业单位根据发生的文物文化资产处置业务，编制相关的会计分录。

（1）经批准，对外捐赠文物文化资产，被处置文物文化资产的账面余额 200 000 元，以银行存款支付由该单位负担的相关费用 6 000 元。编制该业务的财务会计分录：

借：资产处置费用　　206 000

　贷：文物文化资产　　200 000

　　银行存款　　6 000

同时，编制该业务的预算会计分录：

借：其他支出　　6 000

　贷：资金结存——货币资金　　6 000

（2）报经批准，无偿调出一项文物文化资产，该资产账面余额为 150 000 元，调出过程中以银行存款支付由本单位负担的相关费用 2 000 元。编制该业务的财务会计分录：

借：无偿调拨净资产　　150 000

　贷：文物文化资产　　150 000

借：资产处置费用　　2 000

　贷：银行存款　　2 000

同时，编制该业务的预算会计分录：

借：其他支出　　2 000

　贷：资金结存——货币资金　　2 000

二、保障性住房的核算

保障性住房是指政府为中低收入住房困难家庭所提供的限定标准、限定价格或租金的住房。保障性住房一般由廉租住房、经济适用住房和政策性租赁住房构成。

保障性住房是政府住房体系不可或缺的组成部分，其支出属于政府预算支出的范畴，所形成的住房属于政府资产。因此，保障性住房增减变动情况构成了单位会计列报的内容。

（一）保障性住房取得的核算

为了反映保障性住房增减变动情况，行政事业单位应设置“保障性住房”科目。该科目借方登记增加的保障性住房原值；贷方登记减少的保障性住房原值；期末借方余额，反映保障性住房的原值。“保障性住房”科目应按照保障性住房的类别、项目等设置明细账并进行明细核算。

保障性住房的取得主要有外购、自行建造、接受其他单位无偿调入、接受捐赠、融资租赁取得等方式，无论以何种方式取得保障性住房，都应当在取得时按其成本入账。

1. 外购保障性住房的核算

行政事业单位外购的保障性住房，其成本包括购买价款、相关税费以及可归属于该项资产达到预定用途前所发生的其他支出。外购的保障性住房，按照确定的成本，借记保障性住房科目，贷记“财政拨款收入”“零余额账户用款额度”“银行存款”等科目。

2. 自行建造保障性住房的核算

行政事业单位自行建造的保障性住房交付使用时，按照在建工程成本，借记“保障性住房”科目，贷记“在建工程”科目。已交付使用但尚未办理竣工决算手续的保障性住房，按照估计价值入账，待办理竣工决算后再按照实际成本调整原来的暂估价值。

3. 无偿调入保障性住房的核算

行政事业单位接受其他单位无偿调入的保障性住房，其成本按照该项资产在调出方的账面价值加上归属于调入方的相关费用确定。无偿调入的保障性住房，按照确定的成本，借记“保障性住房”科目；按照发生的归属于调入方的相关费用，贷记“零余额账户用款额度”“银行存款”等科目；按照其差额，贷记“无偿调拨净资产”科目。

此外，行政事业单位接受捐赠、融资租赁取得的保障性住房，参照“固定资产”科目相关规定进行处理。

【例4－58】2×19年至2×21年，某事业单位根据发生的保障性住房业务，编制相关的会计分录。

(1)2×19年1月10日，外购两栋保障性住房，其成本共计320 000 000元，款项以财政直接支付方式结算。以银行存款支付相关税费3 600 000元。编制该业务的财务会计分录：

借：保障性住房	323 600 000
贷：财政拨款收入	320 000 000
银行存款	3 600 000

同时，编制该业务的预算会计分录：

借：事业支出	323 600 000
贷：财政拨款预算收入	320 000 000
资金结存——货币资金	3 600 000

(2)2×20年5月20日，自行建造的保障性住房交付使用，其在建工程成本为120 000 000元。编制该业务的财务会计分录：

借：保障性住房	120 000 000
贷：在建工程	120 000 000

(3)2×21年10月10日，经批准无偿调入保障性住房一批，确定的住房成本为160 000 000元，以银行存款支付由本单位负担的相关费用2 000 000元。编制该业务的财务会计分录：

借：保障性住房	162 000 000
贷：银行存款	2 000 000
无偿调拨净资产	160 000 000

同时，编制该业务的预算会计分录：

借：其他支出	2 000 000
贷：资金结存——货币资金	2 000 000

（二）保障性住房折旧的核算

行政事业单位持有的保障性住房会随着时间的推移慢慢被消耗，预期产生的服务潜力或者带来经济利益的能力会逐渐降低、丧失。

根据规定，行政事业单位应当参照《政府会计准则第3号——固定资产》及其应用指南的相关规定，按月对其控制的保障性住房计提折旧。

为了反映保障性住房累计折旧增减变动情况，行政事业单位应设置“保障性住房累计折旧”科目，其性质和结构与“固定资产累计折旧”相同。

行政事业单位按月计提保障性住房折旧时，按照应计提的折旧额，借记“业务活动费用”科目，贷记“保障性住房累计折旧”科目。

【例4-59】2×19年6月30日，某事业单位计提保障性住房折旧。该单位持有保障性住房的原值为72 000 000元，预计使用年限为50年，按年限平均法计提折旧。

保障性住房折旧＝72 000 000/50/12＝120 000(元)

根据计算结果，编制该业务的财务会计分录：

借：业务活动费用　　120 000

　贷：保障性住房累计折旧　　120 000

（三）保障性住房的出租的核算

按照规定出租保障性住房并将出租收入上缴同级财政，按照收取的租金金额，借记“银行存款”等科目，贷记“应缴财政款”科目。

（四）保障性住房处置的核算

行政事业单位按照规定报经批准处置保障性住房，应当分别以下情况处理：

1. 无偿调出保障性住房的核算

行政事业单位报经批准无偿调出保障性住房，按照保障性住房已计提的折旧，借记“保障性住房累计折旧”科目，按照被处置保障性住房账面余额，贷记“保障性住房”科目，按照其差额，借记“无偿调拨净资产”科目；同时，按照无偿调出过程中发生的归属于调出方的相关费用，借记“资产处置费用”科目，贷记“银行存款”等科目。

2. 出售保障性住房的核算

行政事业单位报经批准出售保障性住房，按照被出售保障性住房的账面价值，借记“资产处置费用”科目，按照保障性住房已计提的折旧，借记“保障性住房累计折旧”科目，按照保障性住房账面余额，贷记“保障性住房”科目；同时，按照收到的价款，借记“银行存款”等科目，按照出售过程中发生的相关费用，贷记“银行存款”等科目，按照其差额，贷记“应缴财政款”科目。

【例4-60】2×19年10月，某事业单位经批准出售保障性住房取得价款56 000 000元存入银行，以银行存款支付政府相关税费3 000 000元。该保障性住房的账面余额80 000 000元，已计提的折旧34 000 000元。

(1)转销保障性住房账面余额、累计折旧，编制该业务的财务会计分录：

借：资产处置费用　　46 000 000

　　保障性住房累计折旧　　34 000 000

　贷：保障性住房　　80 000 000

(2)取得出售价款存入银行，编制该业务的财务会计分录：

借：银行存款　　56 000 000

　贷：银行存款　　3 000 000

　　　应缴财政款　　53 000 000

行政事业单位应当定期对保障性住房进行清查盘点。对于发生的保障性住房盘盈、盘亏、毁损或报废等，其会计处理方法可参照固定资产盘盈、盘亏、毁损或报废的账务处理。

三、其他长期资产的核算

（一）长期待摊费用的核算

长期待摊费用是指行政事业单位已经发生但应由本期和以后各期负担的分摊期限在1年以上(不含1年)的各项费用，如以经营租赁方式租入的固定资产发生的改良支出等。

长期待摊费用本质上是一种费用,但由于这些费用所产生的服务潜力或者带来的经济利益要期待于将来,并且这些费用支出数额较大,如果将其全部计入支出年度,就不能正确反映当期的财务状况和运行情况,因此,需要对这些费用进行分期摊销处理。

为了反映长期待摊费用的增减变动情况,行政事业单位应设置"长期待摊费用"科目,借方登记行政事业单位发生的待摊费用;贷方登记各期摊销的费用;期末借方余额,反映行政事业单位尚未摊销完毕的长期待摊费用。其明细账应按长期待摊费用的种类设置并进行明细核算。

行政事业单位发生长期待摊费用时,按照支出金额,借记"长期待摊费用"科目,贷记"财政拨款收入""零余额账户用款额度""银行存款"等科目;按照受益期间摊销长期待摊费用时,按照摊销金额,借记"业务活动费用""单位管理费用""经营费用"等科目,贷记"长期待摊费用"科目。

需要说明的是,如果某项长期待摊费用已经不能使单位受益,应当将其摊余金额一次全部转入当期费用。按照摊销金额,借记"业务活动费用""单位管理费用""经营费用"等科目,贷记"长期待摊费用"科目。

【例4-61】2×19年,某事业单位(小规模纳税人)对以经营租赁方式租入的研发大楼进行改造,根据发生的相关业务,编制会计分录如下:

(1)以财政直接支付方式支付购进大楼改造工程所需物资成本120 000元,增值税19 200元。编制该业务的财务会计分录:

借:工程物资　　139 200

　贷:财政拨款收入　　139 200

同时,编制该业务的预算会计分录:

借:事业支出　　139 200

　贷:财政拨款预算收入　　139 200

(2)研发大楼改造工程耗用工程物资110 000元,确认应付职工薪酬58 400元,用银行存款支付其他费用23 600元。编制该业务的财务会计分录:

借:在建工程——租入固定资产改良支出　　192 000

　贷:工程物资　　110 000

　　应付职工薪酬　　58 400

　　银行存款　　23 600

同时,编制该业务的预算会计分录:

借:事业支出　　23 600

　贷:资金结存——货币资金　　23 600

(3)研发大楼改造工程完工,将全部工程支出转入长期待摊费用。编制该业务的财务会计分录:

借:长期待摊费用——租入固定资产改良支出　　192 000

　贷:在建工程——租入固定资产改良支出　　192 000

(4)研发大楼投入使用,按租期4年分月摊销研发大楼改造工程支出。

$$每月摊销额 = 192\ 000 \div 4 \times 12 = 4\ 000(元)$$

编制该业务的财务会计分录:

借:业务活动费用　　4 000

贷:长期待摊费用——租入固定资产改良支出　　4 000

（二）受托代理资产的核算

受托代理资产是指行政事业单位接受委托方委托管理的各项资产,包括受托指定转赠的物资、受托储存管理的物资等。

在受托代理交易过程中,行政事业单位通常只是从委托方收到受托资产,并按照委托人的意愿将资产转赠给指定的其他组织或者个人,或者按照有关规定将资产转交给指定的其他组织或者个人,行政事业单位本身并不拥有受托资产的所有权和使用权,它只是在交易过程中起中介作用。

1. 受托转赠物资的核算

为了反映受托转赠物资增减变动情况,行政事业单位应设置“受托代理资产”科目。该科目借方登记受托代理资产增加;贷方登记受托代理资产减少;期末为借方余额,反映行政事业单位受托代理资产中实物资产的价值。其明细账应当按照资产的种类和委托人设置并进行明细核算;属于转赠资产的,还应当按照受赠人设置并进行明细核算。

需要说明的是,行政事业单位管理的罚没物资也应当通过“受托代理资产”科目核算;行政事业单位收到受托代理资产为现金和银行存款的,不通过“受托代理资产”科目核算,应当通过“库存现金”“银行存款”科目进行核算。

行政事业单位接受委托人委托需要转赠给受赠人的物资,其成本按照有关凭据注明的金额确定。接受委托转赠的物资验收入库,按照确定的成本,借记“受托代理资产——受托转赠物资”科目,贷记“受托代理负债”科目;受托协议约定由受托方承担相关税费、运输费等的,还应当按照实际支付的相关税费、运输费等金额,借记“其他费用”科目,贷记“银行存款”等科目。

行政事业单位将受托转赠物资交付受赠人时,按照转赠物资的成本,借记“受托代理负债”科目,贷记“受托代理资产——受托转赠物资”科目。

有时,转赠物资的委托人取消了对捐赠物资的转赠要求,且不再收回捐赠物资的,应当将转赠物资转为单位的存货、固定资产等。按照转赠物资的成本,借记“受托代理负债”科目,贷记“受托代理资产——受托转赠物资”科目;同时,借记“库存物品”“固定资产”等科目,贷记“其他收入”科目。

【例 4 - 62】2 × 19 年,甲事业单位根据发生的受托转赠物资业务,编制相关的会计分录。

(1)8 月 10 日,接受委托转赠的抗旱物资一批并验收入库,该批物资凭据注明的金额为 350 000 元。编制该业务的财务会计分录:

借:受托代理资产——受托转赠物资　　350 000

　贷:受托代理负债　　350 000

(2)8 月 15 日,支付由本单位承担的保管费 1 800 元。编制该业务的财务会计分录:

借:其他费用　　1 800

　贷:银行存款　　1 800

同时,编制该业务的预算会计分录:

借:其他支出　　1 800

　贷:资金结存——货币资金　　1 800

(3)8 月 31 日,委托人取消了该物资的转赠要求,且不再收回捐赠物资,将转赠物资 50 000元转为甲单位存货,其余部分确认为固定资产。编制该业务的财务会计分录:

借:受托代理负债　350 000

　贷:受托代理资产——受托转赠物资　350 000

同时,编制该业务的预算会计分录:

借:库存物品　50 000

　固定资产　300 000

　贷:其他收入　350 000

2. 受托储存管理物资的核算

行政事业单位接受委托人委托存储保管的物资,其成本按照有关凭据注明的金额确定。接受委托储存的物资验收入库,按照确定的成本,借记"受托代理资产——受托储存管理物资"科目,贷记"受托代理负债"科目;发生由受托行政事业单位承担的与受托存储保管的物资相关的运输费、保管费等费用时,按照实际发生的费用金额,借记"其他费用"等科目,贷记"银行存款"等科目;根据委托人要求交付或发出受托存储保管的物资时,按照发出物资的成本,借记"受托代理负债"科目,贷记"受托代理资产——受托储存管理物资"科目。

【例 4-63】2×19 年 4 月,甲行政事业单位根据发生的受托储存管理物资业务,编制相关的会计分录。

(1)5 日,接受乙行政事业单位委托储存的一批物资并验收入库,该物资有关凭据注明的物资成本为 1 500 000 元。编制该业务的财务会计分录:

借:受托代理资产——受托储存管理物资　1 500 000

　贷:受托代理负债　1 500 000

(2)8 日,以银行存款支付由本行政事业单位承担的运输费 2 000 元、保管费等费用 26 000元,并计入相关费用。编制该业务的财务会计分录:

借:其他费用　28 000

　贷:银行存款　28 000

同时,编制该业务的预算会计分录:

借:其他支出　28 000

　贷:资金结存——货币资金　28 000

(3)根据乙行政事业单位要求,将受托储存物资交付乙行政事业单位。编制该业务的财务会计分录:

借:受托代理负债　1 500 000

　贷:受托代理资产——受托储存管理物资　1 500 000

3. 罚没物资的核算

行政事业单位取得罚没物资时,其成本按照有关凭据注明的金额确定。罚没物资验收(入库),按照确定的成本,借记"受托代理资产"科目,贷记"受托代理负债"科目。罚没物资成本无法可靠确定的,行政事业单位应当设置备查簿进行登记,按照规定处置或移交罚没物资时,按照罚没物资的成本,借记"受托代理负债"科目,贷记"受托代理资产"科目。处置时取得款项的,按照实际取得的款项金额,借记"银行存款"等科目,贷记"应缴财政款"等科目。

思考题

1. 什么是固定资产？其特点主要表现在哪些方面？

2. 行政事业单位固定资产有哪些取得方式？不同的取得方式是如何计价的？

3. 简述固定资产折旧的性质。《政府单位会计制度》对固定资产折旧的范围是如何规定的？影响固定资产折旧的因素有哪些？采用平均年限法和工作量法如何计算折旧？

4. 行政事业单位固定资产处置有哪些方式？如何进行固定资产处置的核算？固定资产盘盈盘亏如何进行核算？固定资产报废如何进行核算？

5. 什么是待摊投资和待核销基建支出？如何对它们进行核算？

6. 行政事业单位无形资产包括哪些内容？它是如何分类的？与其他资产相比，行政事业单位无形资产具有哪些特征？行政事业单位无形资产有哪些取得方式，不同方式形成的无形资产如何进行初始计量？

7. 什么是无形资产摊销？行政事业单位如何确定无形资产的摊销方法？与出售、转让无形资产相比，行政事业单位换出无形资产的核算有何特点？

8. 什么是公共基础设施？与其他资产相比，公共基础设施主要表现出哪些特征？确认公共基础设施应满足哪些条件？如何具体确认公共基础设施？

9. 公共基础设施的取得方式包括哪些？如何对取得的公共基础设施进行计价与核算？行政事业单位如何对公共基础设施的后续支出进行核算？

10. 什么是政府储备物资？与存货相比，政府储备物资主要表现为哪些特点？政府储备物资的取得方式包括哪些？如何对取得的政府储备物资进行计价？如何对发出的政府储备物资进行会计核算？

11. 什么是长期投资？试比较说明行政事业单位长期股权投资用成本法与权益法进行会计处理的区别。同为长期投资，长期股权投资与长期债券投资的投资收益核算方法有何不同？

12. 什么是文物文化资产？文物文化资产会计处理有哪些内容？

13. 什么是保障性住房？保障性住房会计处理的内容主要有哪些？

14. 什么是长期待摊费用？简述长期待摊费用的特点。

15. 什么是受托代理资产？说明受托代理资产会计处理的主要内容。

练习题

1. 资料：2×19 年某事业单位发生与固定资产相关的经济业务如下：

(1)4 月 5 日，采用财政直接支付方式购入一台不需要安装的设备，设备价款为 120 000 元。另以银行存款支付运输费、保险费等费用 10 000 元。

(2)8 月 10 日，采用财政授权支付方式购入甲、乙、丙三种型号的专用设备，共支付设备款 260 000 元，另以银行存款支付运输费 10 000 元、安装费 6 000 元。三种设备的市场价格分别为 150 000 元、90 000 元和 60 000 元。

(3)10 月 13 日，接受境外公益组织捐赠一台不需要安装的办公设备，未取得相关凭据，也无法可靠取得同类或类似固定资产。接受捐赠资产发生相关税费、运输费等 15 000 元，以银行存款付讫。

(4)12 月 10 日，经批准从乙单位无偿调入汽车一辆，调出方账面价值为 300 000 元。因调入车辆发生相关费用为 8 000 元，以零余额账户支付。

(5)12 月 20 日，经有关部门批准有偿转让不再使用的专用设备一台，该设备原值为 300 000元，已经计提折旧 180 000 元；按照评估价格出售，获得出售价款 250 000 元存入银行；以银行存款支付有关拆卸费、运输费 3 500 元；确认应交增值税 32 500 元；将出售该设备的净收入上缴国库。

(6)12 月 31 日，经批准对外捐赠一项设备，该设备账面余额 300 000 元，已计提折旧 100 000元，捐赠过程中支付相关费用 9 000 元。以银行存款支付。

要求：编制上述经济业务的财务会计分录和预算会计分录。

2. 资料：2×19 年 8 月因遭受水灾而毁损研究设备一台，该设备原价 100 000 元，已计提折旧 80 000 元。将毁损的设备转入待处理资产。清理设备取得残料变价收入 6 000 元存入银行，经保险公司核定应赔偿损失 15 000 元，尚未收到赔款。设备报废，以现金支付清理费用 8 000 元。

要求：编制上述经济业务的财务会计分录和预算会计分录。

3. 资料：某事业单位（小规模纳税人）经批准建造 5 000 平方米的研究中心，相关资料如下：

(1)2×21 年 1 月 5 日，购入工程用物资 234 000 元，直接交付工程使用。款项用银行存款付讫。

(2)2×21 年 1 月至 3 月，根据工程价款结算账单与施工企业结算工程价款时，按照实际支付的工程价款应付工程人员工资 20 000 元，用零余额账户付讫。

(3) 支付建设期间、建筑工程借款利息 15 000 元。

(4)2×21 年 3 月 31 日，该研究中心达到预定可使用状态，估计可使用 20 年，采用直线法计提折旧。

(5)2×25 年 12 月 31 日，该研究中心突遭火灾焚毁，残料变现收入 50 000 元存入银行，用银行存款支付清理费用 20 000 元。经保险公司核定的应赔偿损失 70 000 元，尚未收到赔款。

要求：

(1) 计算研究中心建造完工的入账价值。

(2) 计算 2×21 年度研究中心应计提的折旧额。

(3) 编制 2×21 年度与上述业务相关的会计分录。

(4) 编制 2×25 年 12 月 31 日清理该研究中心的会计分录。

4. 资料：2×19 年甲事业单位发生与无形资产相关的业务如下：

(1)6 月，为了提高产品质量，以其持有的对乙公司的长期股权投资交换丙单位拥有的一项专利权。在交换日，甲单位持有的长期股权投资账面余额为 1 500 000 元，评估价值为 1 750 000元，以银行存款支付相关费用 5 000 元。丙单位专利技术的账面原值为1 900 000元，累计已摊销金额为 250 000 元。

(2)8 月 15 日，根据财政部门批准，从乙政府单位无偿调入一项专利权，该专利权的账面余额为 100 000 元，累计摊销为 30 000 元，用零余额账户支付有关费用 4 000 元。

要求：根据上述业务，编制财务会计分录和预算会计分录。

5. 资料：某科学事业单位自行研究开发一项专利技术，与该项专利技术有关的资料如下：

(1)2×19 年 1 月，该项研发活动进入开发阶段，以银行存款支付开发费用 280 000 元，其中满足资本化条件的为 150 000 元。2×19 年 7 月 1 日，开发活动结束，并按法律程序申请取得专利权，供行政管理部门使用。

(2)该项专利权法律规定有效期为 5 年，采用直线法摊销。

(3)2×19 年 12 月 1 日，单位将该项专利权转让，实际取得价款 160 000 元，应交税费 9 600元，款项已存入银行。

要求：

(1)编制该单位发生开发支出、转销费用化开发支出以及形成专利权的会计分录。

(2)计算该单位 2×19 年 7 月专利权摊销金额并编制会计分录。

(3)编制该单位转让专利权的会计分录。

6. 资料：2×19 年 9 月 1 日，某行政单位投资开始建造文化广场及公共构筑物，采用出包方式委托某建筑公司承建。工程款分三次支付，工程开始支付 3 500 000 元、工程中期支付2 000 000元、工程结束结算尾款 30 000 元，款项均以财政直接支付方式结算。全部工程于2×19年 12 月 31 日完工。

要求：根据上述资料，编制财务会计分录和预算会计分录。

(1)工程开始支付工程款；

(2)支付工程中期款、结算尾款。

(3)公共基础设施建设完工交付使用。

7. 资料：2×19 年 10 月 20 日，某行政单位接受其他单位无偿调入的公共基础设施，确定其入账成本 450 000 元，由该单位负担的相关费用 15 000 元，以零余额账户支付。11 月 5 日，接受某公司捐赠健身设施一批，其成本无法可靠取得。取得健身设施支付相关税费 5 000元，款项以银行存款支付。

要求：根据上述资料，编制财务会计分录和预算会计分录。

8. 资料：2×19 年 10 月，A 城市市政环保部门经批准将一批环保设施捐赠给 B 市，该设施账面余额为 1 500 000 元，累计折旧 800 000 元。捐赠过程中，捐出部门以银行存款支付相关费用 10 000 元。

要求：根据上述资料，编制财务会计分录和预算会计分录。

9. 资料：2×19 年 6 月 30 日，某行政单位计提公共基础设施折旧 350 000 元。以银行存款支付公共基础设施日常维修支出 12 000 元。

要求：根据上述资料，编制财务会计分录和预算会计分录。

10. 资料：2×19 年 4 月 10 日，某行政单位根据规定购入政府储备物资一批并验收入库，其成本总额为 500 000 元，以财政授权支付方式结算款项。另以银行存款支付运费等相关费用 20 000 元。7 月 20 日，收到乙单位捐赠的政府储备物资一批并验收入库，取得捐赠凭据注明的金额为 200 000 元。以银行存款支付运输费等 15 000 元。10 月 20 日，经批准对外销售甲类政府储备物资，取得收入 1 200 000 元存入银行，该物资的账面余额为 1 000 000 元，规定销售收入纳入行政单位预算统一管理。

要求:根据上述资料,编制财务会计分录和预算会计分录。

11. 资料:2×19 年 3 月 15 日,某事业单位因开展业务活动的需要,以零余额账户存款购买一件艺术品,其价款 50 000 元。8 月 20 日,接受某画家捐赠的一幅画作,所捐赠的画作估计市价为 80 000 元。以银行存款支付举办捐赠仪式相关费用 6 000 元。10 月 10 日,报经批准,无偿调出文物文化资产一批,其账面余额为 180 000 元,调出过程中发生由本单位负担的相关费用 4 000 元。

要求:根据上述资料,编制财务会计分录和预算会计分录。

12. 资料:2×19 年 3 月 10 日,经批准出售保障性住房取得价款 56 000 000 元存入银行,以银行存款政府相关税费 3 00 000 元。该保障性住房的账面余额 80 000 000 元,已计提的折旧 34 000 000 元。

要求:根据上述资料,编制财务会计分录和预算会计分录。

13. 资料:2×19 年 7 月 1 日,某事业单位从证券二级市场买入 3 年期、到期一次还本付息的国债 100 份,每份面值为 1 000 元,每张买入价为 1 100 元,另支付相关税费 500 元,债券年率为 6%,该单位准备将国债持有到期。全部款项均以银行存款支付。

要求:

(1)编制买入国债的会计分录。

(2)编制国债持有到期收回本息的会计分录。

14. 资料:2×19 年至 2×22 年,甲事业单位发生下列与长期股权投资相关的业务:

(1)2×19 年 1 月 7 日,对乙公司进行股权投资,占乙公司使用者权益份额的 25%,并采用权益法核算。取得投资支付全部款项 3 030 000 元,其中含已宣告分派但尚未领取的现金股利 20 000 元;另外,还支付相关税费 10 000 元。款项均由银行存款支付。

(2)2×20 年 2 月 15 日,收到乙公司宣告分派的现金股利。2×20 年度,乙公司实现净利润 500 000 元。

(3)2×21 年度,乙公司发生亏损 300 000 元。

(4)2×22 年 1 月 7 日,甲事业单位出售所持有的乙公司的全部股权投资,取得价款 2 950 000元(假定不考虑相关税费)

要求:根据上述业务,编制甲事业单位与投资相关的会计分录。

15. 资料:2×19 年 8 月 10 日,接受委托转赠的抗旱物资一批并验收入库,该批物资凭据注明的金额为 300 000 元。8 月 15 日,支付由本单位承担的保管费 2 000 元。12 月 31 日,委托人取消了对捐赠物资的转赠要求且不再收回捐赠物资,将转赠物资 100 000 元转为存货,其余部分确认为固定资产。

要求:根据上述资料,编制财务会计分录和预算会计分录。

第五章

行政事业单位负债的核算

【导言】

《基本准则》指出：负债是指政府会计主体过去的经济业务或者事项形成的，预期会导致经济资源流出单位的现时义务。行政事业单位负债一般按照流动性分为流动负债和非流动负债。其中：流动负债一般是指其债权人提出要求时即应偿付，或预期在资产负债表日后一年内需要清偿的债务。行政事业单位流动负债包括短期借款、应交增值税、其他应交税费、应缴财政款、应付职工薪酬、应付票据、应付账款、应付政府补贴款、应付利息、预收账款、其他应付款等。在行政事业单位全部负债中，流动负债以外的负债为非流动负债，包括长期借款、长期应付款、预计负债等。

行政事业单位负债是行政事业单位提供公共服务、管理社会事务过程中客观存在的一种经济现象，反映了资产总额中属于债权人的那部分权益或利益，代表了行政事业单位对其债权人所承担的全部经济责任。

【本章纲要】

负债的核算

- 借入款项的核算
  - 1.短期借款的核算▲
  - 2.长期借款的核算▲
- 应付及预收项目的核算
  - 1.应付票据的核算▲
  - 2.应付账款的核算▲
  - 3.应付政府补贴款的核算★
  - 4.预收账款的核算▲
  - 5.应付职工薪酬的核算★▲
  - 6.长期应付款的核算★▲
- 应缴款项的核算
  - 1.应交增值税的核算★▲
  - 2.其他应交税费的核算★▲
  - 3.应缴财政款的核算★▲
- 其他负债的核算
  - 1.预提费用的核算★▲
  - 2.应付利息的核算▲
  - 3.其他应付款的核算★▲
  - 4.预计负债的核算★▲
  - 5.受托代理负债的核算★▲

注：★表示行政单位有此项核算，▲表示事业单位有此项核算，★▲表示行政单位和事业单位均有此项核算。

【学习目标、重点和难点】

- 通过本章的学习，了解短期借款、长期借款、应付票据、应付账款、应付政府补贴款、应付职工薪酬、长期应付款、应交增值税、预提费用、预计负债、受托代理负债的概念，熟悉借入款项、应付及预收项目、应缴款项和其他负债的内容，掌握上述负债的核算方法。
- 应付及预收款项、应缴财政款、应付职工薪酬、应交税费、长期借款的核算为本章重点。
- 应交增值税、应付职工薪酬、长期借款和预计负债的核算为本章难点。

第一节　借入款项的核算

一、短期借款的核算

(一)短期借款的概念和特点

行政事业单位短期借款是指事业单位经批准向银行或其他金融机构等借入的期限在1年内(含1年)的各种借款。有时,事业单位为维持其正常业务活动所需要的资金或者是为了抵偿某项债务而向银行或其他金融机构借入一定的款项。事业单位借入短期借款,无论用于哪个方面,只要取得了此项资金,就构成了单位的一项流动负债,期末尚未归还的短期借款本金,应反映在资产负债表"短期借款"项目内,归还短期借款时,除了归还本金外,还应按照货币时间价值支付利息。

与其他流动负债相比,短期借款的特点如下:一是短期借款的债权人不仅包括银行,还包括其他非银行金融机构;二是借款期限较短,一般为1年以下(含1年);三是借款到期不仅要偿还本金,还应支付借款利息。

为了反映短期借款增减变动情况,事业单位应设置"短期借款"科目。该账户的贷方登记短期借款增加额,借方登记短期借款减少额;期末余额在贷方,表示尚未归还的借款本金。该账户的明细账按债权人设置。

短期借款的核算涉及借入资金、结算利息和到期归还本息三方面内容。

(二)借入资金的核算

行政事业单位短期借款一般期限不长,通常是在事业单位办妥各种借款手续之后,按照实际借入的金额,借记"银行存款"科目,贷记"短期借款"科目。如果事业单位持有的银行承兑汇票到期,但无力支付票款,票据承兑银行将承兑的票据款转作向单位提供的信贷资金时,按照应付票据的账面余额,借记"应付票据"科目,贷记"短期借款"科目。

(三)结算利息的核算

行政事业单位短期借款利息是事业单位为筹集资金发生的耗费,在借款期限内应列入其他费用。由于短期借款利息支付方式不同,归还短期借款利息可采用以下方式处理。

1. 预提借款利息

事业单位对于按期支付(如按季),或借款到期连同本金一并偿还且数额较大的短期借款利息,可采用预提办法核算。按期预提借款利息时,按预提的数额,借记"其他费用"科目,贷记"应付利息"科目;实际支付利息时,借记"应付利息"科目,贷记"银行存款"等科目。

2. 短期借款利息直接列支

如果事业单位借入短期借款的利息是按月支付,或者利息数额不大且在借款到期时与本金一起偿还的,可以简化核算手续,不采用预提办法,而在实际支付或收到银行计息通知时,借记"其他费用"科目,贷记"银行存款"等科目。

(四)借款到期归还本息的核算

对于短期借款利息已于平时支付或虽未支付但在借款到期时与本金一起偿还的,在归还借款时,按尚未偿还的借款本金,借记"短期借款"账户;按尚未偿还的利息,借记"其他费用”科目;按借款本金或本息之和,贷记“银行存款”科目。

【例5－1】2×19年,某事业单位根据发生的短期借款业务,编制相关的会计分录。

(1)1月3日,向工商银行借入240 000元的短期借款用于运营活动,期限9个月,年利率6%,每季度支付一次利息。编制该业务的财务会计分录:

借:银行存款 240 000

　贷:短期借款 240 000

同时,编制该业务的预算会计分录:

借:资金结存 240 000

　贷:债务预算收入 240 000

(2)1月31日计提短期借款利息。

应付利息=(240 000×6%÷12)=1 200(元)

编制该业务的财务会计分录:

借:其他费用 1 200

　贷:应付利息 1 200

(3)2月、3月末计提短期借款利息,会计分录略。

(4)3月31日支付第1个季度的借款利息,编制该业务的财务会计分录:

借:应付利息 3 600

　贷:银行存款 3 600

同时,编制该业务的预算会计分录:

借:其他支出 3 600

　贷:资金结存——货币资金 3 600

(5)第2个季度借款利息的会计处理方法同(3)(4)。

(6)2019年9月30日借款到期归还本金和第3季度的利息,编制该业务的财务会计分录:

借:短期借款 240 000

　应付利息 3 600

　贷:银行存款 243 600

同时,编制该业务的预算会计分录:

借:债务还本支出 240 000

　其他支出 3 600

　贷:资金结存——货币资金 243 600

二、长期借款的核算

长期借款是指事业单位从银行或其他金融机构借入的偿还期限在1年以上(不含1年)的各项借款,如从各专业银行、商业银行取得的贷款。除此之外,还包括向财务公司、投资公司等金融企业借入的款项。举借长期借款的目的是以事业单位的各种事业服务活动为依托,满足其长期资产投资和永久性流动资产的需要。长期借款具有筹资迅速、借款弹性大、成本低和能够发挥财务杠杆作用的优点。

事业单位借入长期借款,应按规定办理借入手续,支付长期借款利息,并按规定的期限归还借款。与短期借款类似,长期借款核算内容包括资金借入、结算利息和归还本息三个方面。

（一）借入款项的核算

为了核算事业单位举借长期借款的增减变动情况，事业单位应设置“长期借款”科目。该科目贷方登记借入贷款的本金，借方登记偿还的贷款本金；期末贷方余额，反映事业单位尚未偿还的长期借款。

“长期借款”科目下设“本金”和“应计利息”明细科目，应当按照贷款单位和贷款种类进行明细核算。对于基建项目借款，还应按具体项目进行明细核算。

事业单位借入各项长期借款时，按照实际借入的金额，借记“银行存款”科目，贷记“长期借款——本金”科目。

（二）资产负债表日借款利息的核算

1. 专门借款利息的核算

资产负债表日，为购建固定资产应支付的专门借款利息，分别以下情况处理：

（1）属于工程项目建设期间发生的利息，计入工程成本，按照应支付的利息，借记“在建工程”“基建工程”科目，贷记“应付利息”［分期付息、到期还本］或“长期借款——应计利息”［到期一次还本付息］科目。

（2）属于工程项目完工交付使用后发生的利息，计入当期费用，按照应支付的利息，借记“其他费用”“经营费用”等科目，贷记“应付利息”［分期付息、到期还本］或“长期借款——应计利息”科目［到期一次还本付息］。实际支付利息时，借记“应付利息”或“长期借款——应计利息”科目，贷记“银行存款”科目。

2. 其他长期借款利息的核算

资产负债表日，其他长期借款发生的利息，按照应支付的利息金额，借记“其他费用”“经营费用”等科目，贷记“应付利息”或“长期借款——应计利息”科目。实际支付利息时，借记“应付利息”或“长期借款——应计利息”科目，贷记“银行存款”科目。

（三）归还借款本金和利息的核算

事业单位到期归还长期借款本金、利息时，借记“长期借款——本金、应计利息”科目，贷记“银行存款”科目。

【例5－2】2×19年1月初，某事业单位从银行借入长期借款3 500 000元用于某工程建设，已存入银行。借款期限为3年，年利率6%，每年计息一次，单利计算，借款期满，一次归还本息。2×19年1月10日，以银行存款支付工程款2 800 000元。2×20年6月30日，该工程达到可使用状态并完成交付使用，并结转了固定资产价值。

（1）取得借款，编制该业务的财务会计分录：

借：银行存款	3 500 000	
贷：长期借款——本金		3 500 000

同时，编制该业务的预算会计分录：

借：资金结存——货币资金	3 500 000	
贷：债务预算收入		3 500 000

（2）支付工程款，编制该业务的财务会计分录：

借：在建工程——某工程	2 800 000	
贷：银行存款		2 800 000

同时，编制该业务的预算会计分录：

借：事业支出	2 800 000	

贷:资金结存——货币资金　　2 800 000

(3)2×19 年 12 月 31 日结算借款利息:

借款利息 =3 500 000×6% =210 000(元)

编制该业务的财务会计分录:

借:在建工程——某工程　　210 000

　贷:长期借款——应计利息　　210 000

(4)2×20 年 6 月 30 日结算借款利息 105 000 元,会计分录同(3),略。

(5)2×20 年 6 月 30 日,结转固定资产价值,编制该业务的财务会计分录:

借:固定资产——房屋建筑　　(2 800 000 +210 000×1.5)3 115 000

　贷:在建工程——某工程　　3 115 000

(6)2×20 年 12 月 31 日结算借款利息 105 000 元,编制该业务的财务会计分录:

借:其他费用(经营费用)　　105 000

　贷:长期借款——应计利息　　105 000

(7)借款到期归还本金和利息,编制该业务的财务会计分录:

借:长期借款——本金　　3 500 000

　　　　　——应计利息　　(210 000×3)630 000

　贷:银行存款　　4 130 000

同时,编制该业务的预算会计分录:

借:债务还本支出　　3 500 000

　其他支出　　630 000

　贷:资金结存——货币资金　　4 130 000

第二节　应付及预收项目的核算

应付及预收项目,主要是事业单位因所购物资或服务等而应付供货单位货款或因以后提供物资或劳务而预先收取的款项。这些业务活动构成了事业单位应向其他单位或个人偿付款项的债务责任。这类债务责任,有些是与事业单位的运营活动直接相关,如应付票据、应付账款等;有的则与其业务活动没有直接联系,如其他应付款等。

一、应付票据的核算

应付票据是指事业单位因购买材料、物资等而开出、承兑的商业汇票,包括银行承兑汇票和商业承兑汇票。当事业单位采用商业承兑汇票结算货款并开出承兑商业汇票后即构成一项债务,所签发的汇票为应付票据。可见,与一般的应付款项相比,应付票据对单位具有更强的按时偿还债务的法律约束力。商业汇票按其承兑人的不同,分为商业承兑汇票和银行承兑汇票。

为了反映应付票据增减变动情况,事业单位应设置“应付票据”科目核算。该科目的贷方登记开出并承兑汇票的面值;借方登记支付票据的款项;期末贷方余额,反映单位开出、承兑的尚未到期的应付票据金额。

单位应当设置“应付票据备查簿”，详细登记每一应付票据的种类、号数、出票日期、到期日、票面金额、交易合同号和收款人姓名或单位名称，以及付款日期和金额等资料。应付票据到期结清票款后，应当在备查簿内逐笔注销。

（一）商业汇票开出、承兑的核算

事业单位开出、承兑商业汇票时，借记“库存物品”“固定资产”等科目，贷记“应付票据”科目。涉及增值税业务的，应按照增值税专用发票注明的税额，借记“应交增值税”科目；事业单位以商业汇票抵付应付账款时，借记“应付账款”科目，贷记“应付票据”科目。

事业单位开具的票据为银行承兑汇票的，于支付银行承兑汇票的手续费时，借记“业务活动费用”“经营费用”等科目，贷记“银行存款”“零余额账户用款额度”等科目。

（二）商业汇票到期的核算

事业单位持有的商业汇票到期时，应当分别以下情况处理：收到银行支付到期票据的付款通知时，借记“应付票据”科目，贷记“银行存款”科目；银行承兑汇票到期，单位无力支付票款的，按照应付票据账面余额，借记“应付票据”科目，贷记“短期借款”科目；商业承兑汇票到期，单位无力支付票款的，按照应付票据账面余额，借记“应付票据”科目，贷记“应付账款”科目。

【例5－3】2×19年，某事业单位根据发生的应付票据业务，编制相关的会计分录。

(1)3月1日，开出并承兑一张面值为45 200元、期限为3个月的银行承兑汇票，用于购买专项研究材料。增值税专用发票上注明的材料价款为40 000元，增值税额为5 200元。材料验收入库。编制该业务的财务会计分录：

借：库存物品　40 000

　应交增值税——应交税金（进项税额）　5 200

　贷：应付票据　45 200

(2)支付银行承兑汇票手续费23.4元（不考虑增值税），编制该业务的财务会计分录：

借：其他费用　23.4

　贷：银行存款　23.4

同时，编制该业务的预算会计分录：

借：事业支出　23.4

　贷：资金结存——货币资金　23.4

(3)6月1日应付票据到期，该单位通知其开户银行支付票款，共计45 200元，编制该业务的财务会计分录：

借：应付票据　45 200

　贷：银行存款　45 200

同时，编制该业务的预算会计分录：

借：事业支出　45 200

　贷：资金结存——货币资金　45 200

(4)假定6月1日应付票据到期，该单位无款支付票款。收到承兑银行代为支付票款的通知，编制该业务的财务会计分录：

借：应付票据　45 200

　贷：短期借款　45 200

同时，编制该业务的预算会计分录：

借:事业支出　　45 200

　贷:债务预算收入　　45 200

如果该单位开具并承兑的票据为商业承兑汇票,票据到期且该单位无力支付票款,编制该业务的财务会计分录:

借:应付票据　　45 200

　贷:应付账款　　45 200

二、应付账款的核算

应付账款是指因购买物资、接受服务、开展工程建设等而应付的偿还期限在 1 年以内(含 1 年)的款项。应付账款是基于买卖双方在购销活动中,因取得物资或劳务与支付货款在时间上背离而产生的债务责任。应付账款与应付票据不同,虽然两者都是基于交易而引起的流动负债,但应付账款是尚未结清的债务,而应付票据是一种期票,是延期付款的证明。

(一)应付账款形成的核算

为了反映应付账款增减变动情况,事业单位应设置“应付账款”科目。该科目的贷方登记应付账款的增加额;借方登记应付账款的减少额;期末贷方余额,反映单位尚未支付的应付账款。“应付账款”科目应当按照债权单位(或个人)设置明细科目并进行明细核算。

基于重要性原则之考虑,应付账款的入账价值一般按照业务发生时的金额即未来应付的金额确定,不再单独计算延期付款期间的利息(利息已经隐含在业务发生时的金额之内)。

事业单位收到所购物资或服务、完成工程但尚未付款时,按照应付未付款项的金额,借记“库存物品”“固定资产”等科目,贷记“应付账款”科目。涉及增值税业务的,按照取得增值税专用发票注明的税额,借记“应交增值税——应交税金(进项税额)”科目。

(二)应付账款清偿的核算

事业单位偿付应付账款时,按照实际支付的金额,借记“应付账款”科目,贷记“财政拨款收入”“零余额账户用款额度”“银行存款”等科目;单位开出、承兑商业汇票抵付应付账款时,借记“应付账款”科目,贷记“应付票据”科目。

事业单位无法偿付或债权人豁免偿还的应付账款,应当按照规定报经批准后进行账务处理。经批准核销时,借记“应付账款”科目,贷记“其他收入”科目。核销的应付账款应在备查簿中保留登记。

【例 5 - 4】2 × 19 年 5 月份,某事业单位根据发生的应付账款业务,编制相关的会计分录。

(1)3 日,从 M 公司购入一批科研材料,货款 200 000 元,增值税 2 600 元,对方代垫运杂费 2 000 元。材料已运到并验收入库,款项尚未支付。编制该业务的财务会计分录:

借:库存物品　　228 000

　贷:应付账款——M 公司　　228 000

(2)10 日,根据供电部门通知,该单位本月应付电费 36 000 元。其中专业业务部门 30 000元,经营部门 6 000 元,款项尚未支付。15 日,用银行存款支付电费 36 000 元。

①应付电费入账,编制该业务的财务会计分录:

借:业务活动费用　　30 000

　　经营支出　　6 000

　贷:应付账款——× ×电力公司　　36 000

②以银行存款支付电费，编制该业务的财务会计分录：

借：应付账款——××电力公司　　36 000

　贷：银行存款　　36 000

同时，编制该业务的预算会计分录：

借：事业支出　　36 000

　贷：资金结存——货币资金　　36 000

(3)25 日，开出并承兑不带息商业汇票一张，面值为 50 000 元，用以抵付当年 5 月 3 日所欠 M 公司货款，编制该业务的财务会计分录：

借：应付账款——M 公司　　228 000

　贷：应付票据——M 公司　　228 000

(4)30 日，已确认的应付 N 公司账款 6 000 元因其撤销而无法支付，编制该业务的财务会计分录：

借：应付账款——N 公司　　6 000

　贷：其他收入　　6 000

三、应付政府补贴款的核算

应付政府补贴款是指负责发放政府补贴的行政单位按照规定应当支付给政府补贴接受者的各种政府补贴款。

为了反映应付政府补贴款增减变动情况，行政单位应设置"应付政府补贴款"科目。该科目贷方登记应付政府补贴款的增加额；借方登记应付政府补贴款的减少额；期末贷方余额，反映行政单位应付未付的政府补贴金额。

"应付政府补贴款"科目应当按照应支付的政府补贴种类进行明细核算。行政单位还应当根据需要按照补贴接受者进行明细核算，或者建立备查簿对补贴接受者予以登记。

行政单位发生应付政府补贴时，按照依规定计算确定的应付政府补贴金额，借记"业务活动费用"科目，贷记"应付政府补贴款"科目；支付应付政府补贴款时，按照支付金额，借记"应付政府补贴款"科目，贷记"零余额账户用款额度""银行存款"等科目。

【例 5－5】某行政单位根据发生的政府补贴业务，编制相关的会计分录。

(1)2×19 年 12 月末，某行政单位按照规定应当支付给政府补贴接受人的各种政府补贴款为 600 000 元。编制该业务的财务会计分录：

借：业务活动费用　　600 000

　贷：应付政府补贴款　　600 000

(2)2×20 年 1 月初，以银行存款支付应付未付的政府补贴款 600 000 元。编制该业务的财务会计分录：

借：应付政府补贴款　　600 000

　贷：银行存款　　600 000

同时，编制该业务的预算会计分录：

借：行政支出　　36 000

　贷：资金结存——货币资金　　36 000

四、预收账款的核算

预收账款是指事业单位按照合同规定预收的款项。有时，事业单位根据合同预收客户部分货款，并承诺于收款后的一定日期向客户交付材料、物资或提供劳务。与应付账款不同，预收账款负债不是以货币清偿，而是以货物偿付。同时，与分期收款销售不同，预收账款是收款在先，提供货物或劳务在后；而分期收款则是提供货物或劳务在先，收款在后。

为了反映预收货款增减变动情况，事业单位应设置“预收账款”科目。该科目的贷方登记从付款方预收款项的增加额；借方登记确认有关收入并转销的预收款项；期末贷方余额，反映单位按规定预收但尚未实际结算的款项。“预收账款”应当按照债权单位（或个人）进行明细核算。

事业单位从付款方预收款项时，按照实际预收的金额，借记“银行存款”等科目，贷记“预收账款”科目；确认有关收入时，按照预收账款账面余额，借记“预收账款”科目，按照应确认的收入金额，贷记“事业收入”“经营收入”等科目，按照付款方补付或退回付款方的金额，借记或贷记“银行存款”等科目。涉及增值税业务的，按照开具增值税专用发票上注明的税额，贷记“应交增值税——应交税金（销项税额）”科目；对于无法偿付或债权人豁免偿还的预收账款，应当按照规定报经批准后进行账务处理。经批准核销时，借记“预收账款”科目，贷记“其他收入”科目。核销的预收账款应在备查簿中保留登记。

【例 5－6】甲事业单位为林业系统增值税小规模纳税人。2×19 年该单位根据发生的预收账款业务，编制相关的会计分录。

（1）8 月 5 日，与乙公司签订供货合同，向其出售一批林业产品，价税款共计 30 900 元。根据购货合同的规定，乙公司在购货合同签订后一周内，应当向甲事业单位预付全部款项的 60%，剩余货款在交货后付清。8 月 9 日，收到乙公司预付货款 18 540 元存入银行。编制该业务的财务会计分录：

借：银行存款	18 540	
贷：预收账款——乙公司		18 540

同时，编制该业务的预算会计分录：

借：资金结存——货币资金	18 540	
贷：经营预算收入		18 540

（2）9 月 20 日，甲事业单位将货物发到乙公司，并收到乙公司补付的全部剩余款项。编制该业务的财务会计分录：

借：预收账款——乙公司	18 540	
银行存款	12 360	
贷：经营收入		30 000
应交增值税		900

同时，编制该业务的预算会计分录：

借：资金结存——货币资金	12 360	
贷：经营预算收入		12 360

假定 2×19 年 9 月 15 日，甲单位收到乙公司通知，撤销林产品采购合同，已预付的资金豁免偿还。编制该业务的财务会计分录：

借：预收账款——乙公司	18 540	
贷：其他收入		18 540

五、应付职工薪酬的核算

(一)应付职工薪酬的内容

行政事业单位应付职工薪酬,是指行政事业单位按照有关规定应付给职工(含长期聘用人员)及为职工支付的各种薪酬,包括基本工资、国家统一规定的津贴补贴、规范津贴补贴(绩效工资)、改革性补贴、社会保险费(如职工基本养老保险费、职业年金、基本医疗保险费等)、住房公积金等。

1. 基本工资

基本工资,是指行政事业单位为了保证职工的基本生活需要,职工在组织中可以定期拿到、数额固定的劳动报酬。它由用人单位按照规定的工资标准支付,较之工资额的其他组成部分具有相对稳定性,一般不考虑员工之间的个体差异。

2. 绩效工资

绩效工资是指以对员工绩效的有效考核为基础,实现将工资与考核结果相挂钩的工资制度,它的理论基础就是"以绩取酬"。它的基本特征是将员工的薪酬收入与个人业绩挂钩。业绩是一个综合的概念,比产品的数量和质量内涵更为宽泛,它不仅包括产品数量和质量,还包括员工对单位的其他贡献。绩效工资一般包括:年终一次性奖金、节假日补贴、现行的生活补贴、津贴补贴、在职人员新增绩效工资、离退休人员新增生活补贴。

3. 国家统一规定的津贴补贴

津贴和补贴是指为了补偿职工特殊或额外的劳动消耗和因其他特殊原因支付给职工的津贴,以及为了保证职工工资水平不受物价影响支付的物价补贴,包括补偿职工特殊或额外劳动消耗的津贴(如高空津贴、井下津贴等)、保健津贴、技术性津贴、工龄津贴及其他津贴(如直接支付的伙食津贴、合同制职工工资性补贴及书报费等)。

需要注意的是,根据国家法律、法规和政策规定,因病、工伤、产假、计划生育、婚丧假、探亲假、事假、定期休假、停工学习、执行国家和社会义务等原因应支付的工资也包括在内。

4. 社会保险缴费和住房公积金

社会保险缴费是指按照国家规定的基准和比例计算,为职工缴纳的基本养老保险、基本医疗保险、失业保险、工伤保险的社会保险费,残疾人就业保障金等。住房公积金是指按照国家规定的基准和比例计算,向住房公积金管理机构缴存的住房公积金。

(二)应付职工薪酬确认的核算

为了总括反映职工薪酬结算与分配情况,行政事业单位应设置"应付职工薪酬"科目。该科目的贷方登记本月应发的各种职工薪酬,借方登记本月发放的各种职工薪酬;贷方余额,反映单位应付未付的职工薪酬。

"应付职工薪酬"科目应当根据国家有关规定按照"基本工资"(含离退休费)、"国家统一规定的津贴补贴"、"规范津贴补贴(绩效工资)"、"改革性补贴"、"社会保险费"、"住房公积金"、"其他个人收入"等进行明细核算。其中,"社会保险费""住房公积金"明细科目核算内容包括单位从职工工资中代扣代缴的社会保险费、住房公积金,以及单位为职工计算缴纳的社会保险费、住房公积金。

单位计提从事专业业务活动及其辅助活动人员的职工薪酬(含单位为职工计算缴纳的社会保险费、住房公积金,下同),借记"业务活动费用""单位管理费用"科目,贷记"应付职工薪酬”科目；计提应由在建工程、加工物品、自行研发无形资产负担的职工薪酬，借记“在建工程”“加工物品”“研发支出”等科目，贷记“应付职工薪酬”科目；计提从事专业业务活动及其辅助活动之外的经营活动人员的职工薪酬，借记“经营费用”科目，贷记“应付职工薪酬”科目；因解除与职工的劳动关系而给予的补偿，借记“单位管理费用”等科目，贷记“应付职工薪酬”科目。

（三）应付职工薪酬支付的核算

行政事业单位向职工支付工资、津贴补贴等薪酬时，按照实际支付的金额，借记“应付职工薪酬”科目，贷记“财政拨款收入”“零余额账户用款额度”“银行存款”等科目；按照国家有关规定缴纳职工社会保险费和住房公积金时，按照实际支付的金额，借记“应付职工薪酬——社会保险费、住房公积金”科目，贷记“财政拨款收入”“零余额账户用款额度”“银行存款”等科目；从应付职工薪酬中支付的其他款项，借记“应付职工薪酬”科目，贷记“零余额账户用款额度”“银行存款”等科目。

（四）代扣款项的核算

行政事业单位按照税法规定代扣职工个人所得税时，借记“应付职工薪酬——基本工资”科目，贷记“其他应交税费——应交个人所得税”科目；从应付职工薪酬中代扣为职工垫付的水电费、房租等费用时，按照实际扣除的金额，借记“应付职工薪酬——基本工资”科目，贷记“其他应收款”等科目；从应付职工薪酬中代扣社会保险费和住房公积金，按照代扣的金额，借记“应付职工薪酬——基本工资”科目，贷记“应付职工薪酬——社会保险费、住房公积金”科目。

【例5-7】2×19年10月份，M事业单位职工薪酬结算汇总表如表5-1所示。

表5-1 职工薪酬结算汇总表

单位：M事业单位　　　　2×19年10月份　　　　单位：元

部门及人员	应付职工薪酬					代扣款项					实发工资
	基本工资	国家津贴补贴	其他津贴补贴	绩效工资	合计	社会保险费	住房公积金	个人所得税	水电费、物业费	合计	
科研机构	300 000	180 000	75 000	150 000	705 000	49 500	60 000	10 500	600	120 600	584 400
科研辅助机构	270 000	162 000	67 500	135 000	634 500	44 550	54 000	9 450	—	108 000	526 500
行政管理部门	150 000	138 000	57 500	115 000	460 500	37 950	46 000	8 050	800	92 800	367 700
基建部门	80 000	30 000	20 000	10 000	140 000	15 000	13 000	2 500	200	30 700	109 300
经营部门人员	200 000	120 000	50 000	100 000	470 000	33 000	40 000	7 000	300	80 300	389 700
合计	1 000 000	630 000	270 000	510 000	2 410 000	180 000	213 000	37 500	1 900	432 400	1 977 600

该单位财务部门根据工资结算汇总表，编制该业务的财务会计分录：

（1）计算确认应付职工薪酬。

借：业务活动费用　　　　1 339 500

　　单位管理费用　　　　460 500

　　在建工程　　　　140 000

　　经营费用　　　　470 000

贷:应付职工薪酬——基本工资　1 000 000

——国家津贴补贴　630 000

——其他津贴补贴　270 000

——绩效工资　510 000

(2)按规定代扣职工个人所得税、社会保险费、住房公积金,编制该业务的财务会计分录:

借:应付职工薪酬——基本工资　430 500

贷:其他应交税费——应交个人所得税　37 500

应付职工薪酬——社会保险费　180 000

——住房公积金　213 000

(3)代扣为职工垫付的水电费、物业费等,编制该业务的财务会计分录:

借:应付职工薪酬——基本工资　1 900

贷:其他应收款　1 900

(4)采用财政直接支付方式将工资划入个人工资账户,编制该业务的财务会计分录:

借:应付职工薪酬——基本工资　1 977 600

贷:财政拨款收入　1 977 600

同时,编制该业务的预算会计分录:

借:事业支出　1 977 600

贷:财政拨款预算收入　1 977 600

【例5-8】2×19年10月份,M事业单位按照上一年度月平均工资为缴费基数计算本月应缴社会保险费、住房公积金和工会经费,如表5-2所示。

表5-2　社会保险费、住房公积金和工会经费计算表

2×19年10月份　单位:元

部门	计提基数	社会保险费(30%)	住房公积金(12%)	合计
科研机构	700 000	210 000	84 000	294 000
科研辅助机构	630 000	189 000	75 600	264 600
行政管理部门	460 000	138 000	55 200	193 200
基建部门	140 000	42 000	16 800	58 800
经营部门人员	400 000	120 000	48 000	168 000
合计	2 330 000	699 000	279 600	978 600

(1)根据表5-2,计提2×19年10月份应付社会保险费、住房公积金,编制该业务的财务会计分录:

借:业务活动费用　(294 000+264 600)558 600

单位管理费用　193 200

在建工程　58 800

经营费用　168 000

贷:应付职工薪酬——社会保险费　699 000

——住房公积金　279 600

(2)采用财政直接支付方式支付社会保险费、住房公积金,编制该业务的财务会计分录:

借:应付职工薪酬——社会保险费　699 000

——住房公积金　279 600

贷:财政拨款收入　978 600

同时,编制该业务的预算会计分录:

借:事业支出　978 600

贷:财政拨款预算收入　978 600

六、长期应付款的核算

长期应付款是指发生的偿还期限在1年以上(不含1年)的应付款项。如以融资租赁方式取得固定资产应付的租赁费、以分期付款方式购入固定资产的应付款等。

当行政事业单位采用上述方式取得固定资产时,一般情况下是资产使用在前,款项支付在后,在尚未偿还价款或尚未支付相关款项前,此类业务便形成了单位的一项非流动负债,即长期应付款。

为了反映长期应付款的增减变动情况,行政事业单位应设置"长期应付款"科目。该科目的贷方登记确认的长期应付款;借方登记偿还的长期应付款;期末贷方余额,反映尚未支付的各种长期应付款。其明细账应按长期应付款的种类设置并进行明细分类核算。

行政事业单位发生长期应付款时,借记"固定资产""在建工程"等科目,贷记"长期应付款"科目;支付长期应付款时,按照实际支付的金额,借记"长期应付款"科目,贷记"财政拨款收入""零余额账户用款额度""银行存款"科目。涉及增值税业务的,还应进行相关的账务处理。

行政事业单位无法偿付或债权人豁免偿还的长期应付款,应当按照规定报经批准后进行账务处理。经批准核销时,借记"长期应付款"科目,贷记"其他收入"等科目。核销的长期应付款应在备查簿中保留登记。

【例5-9】2×19年1月5日,甲事业单位从乙融资租赁公司租入科研设备一台,按租赁协议或者合同确定的租赁价款为650 000元,另以授权方式支付运输费、途中保险费、安装调试费共计50 000元;按租赁协议规定,租赁费分5年于每年年初偿还,以财政直接支付方式结算。

(1)租入固定资产,编制该业务的财务会计分录:

借:在建工程　650 000

贷:长期应付款——融资租入固定资产应付款　650 000

(2)支付运输费等相关费用,编制该业务的财务会计分录:

借:在建工程　50 000

贷:零余额账户用款额度　50 000

同时,编制该业务的预算会计分录:

借:事业支出　50 000

贷:资金结存——零余额账户用款额度　50 000

(3)资产交付使用,编制该业务的财务会计分录:

借:固定资产——融资租入固定资产 700 000

贷:在建工程 700 000

(4)第1年至4年每年年初按期支付融资租赁费,编制该业务的财务会计分录:

借:长期应付款——融资租入固定资产应付款 130 000

贷:财政拨款收入 130 000

同时,编制该业务的预算会计分录:

借:事业支出 130 000

贷:财政拨款预算收入 130 000

(5)租赁期满,固定资产所有权转归事业单位,编制该业务的财务会计分录:

借:固定资产——专用设备 700 000

贷:固定资产——融资租入固定资产 700 000

(6)第5年初,乙融资租赁公司因其改组而豁免甲事业单位最后一期设备租赁费130 000元,编制该业务的财务会计分录:

借:长期应付款——融资租入固定资产应付款 130 000

贷:其他收入 130 000

第三节 应缴款项的核算

一、应交增值税的核算

增值税是以商品或劳务在流转过程中产生的增值额作为征收对象而征收的一种流转税。按照《中华人民共和国增值税暂行条例》的规定,在我国境内销售货物或者加工、修理修配劳务,销售服务、无形资产、不动产以及进口货物的单位和个人,为增值税的纳税人,就其销售货物、劳务、服务、无形资产、不动产和货物进口金额为计税依据而课征增值税。

为了简化增值税的计算和征收,减少税收征管的漏洞,增值税法将增值税纳税人按经营规模大小和会计核算水平的健全程度,分为一般纳税人和小规模纳税人。

(一)增值税一般纳税人

1. 增值税一般纳税人应交增值税概述

增值税一般纳税人采用一般计税方法计算交纳增值税。增值税的一般计税方法,是先按当期销售额和适用的税率计算出销项税额,然后以该销项税额对当期购进项目支付的税款(即进项税额)进行抵扣,从而间接算出当期的应纳税额。当期应纳税额的计算公式:

当期应纳税额 = 当期销项税额 - 当期进项税额

公式中的"当期销项税额"是指纳税人当期销售货物、劳务、服务、无形资产、不动产时按照销售额和增值税税率计算并收取的增值税税额。销项税额的计算公式:

销项税额 = 销售额 × 增值税税率

公式中的"当期进项税额"是指纳税人当期购进货物、劳务、服务、无形资产、不动产所支付或承担的增值税税额。通常包括:①从销售方取得的增值税专用发票上注明的增值税税额;②从海关取得的完税凭证上注明的增值税税额;③购进农产品,按照农产品收购发票或者销售发票上注明的农产品买价和9%的扣除率计算的进项税额；④接受境外单位或者个人提供的应税服务，从税务机关或者境内代理人取得的解缴税款的中华人民共和国税收缴款凭证（以下称税收缴款凭证）上注明的增值税额。

当期销项税额小于当期进项税额不足抵扣时，其不足部分可以结转下期继续抵扣。

一般纳税人采用的税率分为基本税率、低税率和零税率三种。

一般纳税人销售货物、劳务、有形动产租赁服务或者进口货物，除另有规定外，税率为13%，即基本税率。

纳税人销售交通运输、邮政、基础电信、建筑、不动产租赁服务，销售不动产，转让土地使用权，销售或者进口下列货物，适用为9%的税率：①粮食等农产品、食用植物油、食用盐；②自来水、暖气、冷气、热水、煤气、石油液化气、天然气、二甲醚、沼气、居民用煤炭制品；③图书、报纸、杂志、音像制品、电子出版物；④饲料、化肥、农药、农机、农膜；⑤国务院规定的其他货物。

纳税人销售服务、无形资产，除另有规定外，适用6%的低税率。

纳税人出口货物，税率为零；但是，国务院另有规定的除外。境内单位和个人跨境销售国务院规定范围内的服务、无形资产，税率为零。

2.“应交增值税”科目及其明细账的设置

为了核算应交增值税的发生、抵扣、交纳、退税及转出等情况，行政事业单位应当设置“应缴增值税”科目。该科目贷方登记应交的增值税，借方登记已交的增值税；期末贷方余额，反映应交未交的增值税，期末如为借方余额，反映尚未抵扣或多交的增值税。

属于增值税一般纳税人的行政事业单位，还应当在“应交增值税”科目下设置“应交税金”“未交税金”“预交税金”“待抵扣进项税额”“待认证进项税额”“待转销项税额”“简易计税”“转让金融商品应交增值税”“代扣代交增值税”等明细科目。

（1）“应交税金”明细科目的设置。“应交税金”明细账应设置以下专栏：①“进项税额”专栏，记录行政事业单位购进货物、加工修理修配劳务、服务、无形资产或不动产而支付或负担的、准予从当期销项税额中抵扣的增值税额；②“已交税金”专栏，记录行政事业单位当月已交纳的应交增值税额；③“转出未交增值税”和“转出多交增值税”专栏，分别记录一般纳税人月度终了转出当月应交未交或多交的增值税额；④“减免税款”专栏，记录行政事业单位按照现行增值税制度规定准予减免的增值税额；⑤“销项税额”专栏，记录行政事业单位销售货物、加工修理修配劳务、服务、无形资产或不动产应收取的增值税额；⑥“进项税额转出”专栏，记录行政事业单位购进货物、加工修理修配劳务、服务、无形资产或不动产等发生非正常损失以及其他原因而不应从销项税额中抵扣、按照规定转出的进项税额。

（2）“未交税金”明细科目。“未交税金”明细科目，核算行政事业单位月度终了从“应交税金”或“预交税金”明细科目转入当月应交未交、多交或预缴的增值税额，以及当月交纳以前期间未交的增值税额。

（3）“预交税金”明细科目。“预交税金”明细科目，核算行政事业单位转让不动产、提供不动产经营租赁服务等，以及其他按照现行增值税制度规定应预缴的增值税额。

（4）“待认证进项税额”明细科目。“待认证进项税额”明细科目核算行政事业单位由于未经税务机关认证而不得从当期销项税额中抵扣的进项税额。

（5）“待转销项税额”明细科目。“待转销项税额”明细科目是核算行政事业单位销售货物、加工修理修配劳务、服务、无形资产或不动产，已确认相关收入（或利得）但尚未发生增值税纳税义务而需于以后期间确认为销项税额的增值税额。

（6）“简易计税”明细科目。“简易计税”明细科目用以核算行政事业单位采用简易计税方法发生的增值税计提、扣减、预缴、缴纳等业务。

（7）“转让金融商品应交增值税”明细科目。“转让金融商品应交增值税”明细科目核算行政事业单位转让金融商品发生的增值税额。

（8）“代扣代交增值税”明细科目。“代扣代交增值税”明细科目核算行政事业单位购进在境内未设经营机构的境外行政事业单位或个人在境内的应税行为代扣代缴的增值税。

属于增值税小规模纳税人的行政事业单位只需在“应交增值税”科目下设置“转让金融商品应交增值税”“代扣代交增值税”明细科目。

3. 增值税进项税额的核算

（1）采购等业务进项税额允许抵扣。行政事业单位购买用于增值税应税项目的资产或服务等时，按照应计入相关成本费用或资产的金额，借记“业务活动费用”“在途物品”“库存物品”“工程物资”“在建工程”“固定资产”“无形资产”等科目；按照当月已认证的可抵扣增值税额，借记“应交增值税——应交税金（进项税额）”科目；按照当月未认证的可抵扣增值税额，借记“应交增值税——待认证进项税额”科目；按照应付或实际支付的金额，贷记“应付账款”“应付票据”“银行存款”“零余额账户用款额度”等科目。发生退货的，如原增值税专用发票已做认证，应根据税务机关开具的红字增值税专用发票做相反的会计分录；如原增值税专用发票未做认证，应将发票退回并做相反的会计分录。

（2）采购等业务进项税额不得抵扣。行政事业单位购进资产或服务等，用于简易计税方法计税项目、免征增值税项目、集体福利或个人消费等，其进项税额按照现行增值税制度规定不得从销项税额中抵扣的，取得增值税专用发票时，应按照增值税发票注明的金额，借记相关成本费用或资产科目；按照待认证的增值税进项税额，借记“应交增值税——待认证进项税额”科目；按照实际支付或应付的金额，贷记“银行存款”“应付账款”“零余额账户用款额度”等科目。经税务机关认证为不可抵扣进项税时，借记“应交增值税——应交税金（进项税额）”科目，贷记“应交增值税——待认证进项税额”科目；同时，将进项税额转出，借记相关成本费用科目，贷记“应交增值税——应交税金（进项税额转出）”科目。

（3）进项税额抵扣情况发生改变。行政事业单位因发生非正常损失或改变用途等，原已计入进项税额、待抵扣进项税额或待认证进项税额，但按照现行增值税制度规定不得从销项税额中抵扣的，借记“待处理财产损益”“固定资产”“无形资产”等科目，贷记“应交增值税——应交税金（进项税额转出）”科目、“应交增值税——待抵扣进项税额”科目或“应交增值税——待认证进项税额”科目；原不得抵扣且未抵扣进项税额的固定资产、无形资产等，因改变用途等用于允许抵扣进项税额的应税项目的，应按照允许抵扣的进项税额，借记“应交增值税——应交税金（进项税额）”科目，贷记“固定资产”“无形资产”等科目。固定资产、无形资产等经上述调整后，应按照调整后的账面价值在剩余尚可使用年限内计提折旧或摊销。

行政事业单位购进时已全额计入进项税额的货物或服务等转用于不动产在建工程的，对于结转以后期间的进项税额，应借记“应交增值税——待抵扣进项税额”科目，贷记“应交增值税——应交税金（进项税额转出）”科目。

（4）购买方作为扣缴义务人进项税额的核算。按照现行增值税制度规定，境外单位或个人在境内发生应税行为，在境内未设有经营机构的，以购买方为增值税扣缴义务人。境内一般纳税人购进服务或资产时，按照应计入相关成本费用或资产的金额，借记“业务活动费用”“在途物品”“库存物品”“工程物资”“在建工程”“固定资产”“无形资产”等科目；按照可抵扣的增值税额，借记“应交增值税——应交税金（进项税额）”科目；按照应付或实际支付的金额，贷记“银行存款”“应付账款”等科目；按照应代扣代缴的增值税额，贷记“应交增值税——代扣代交增值税”科目。实际缴纳代扣代缴增值税时，按照代扣代缴的增值税额，借记“应交增值税——代扣代交增值税”科目，贷记“银行存款”“零余额账户用款额度”等科目。

【例 5－10】某事业单位为增值税一般纳税人。2×19 年 12 月该单位根据发生的增值税业务（取得的增值税专用发票已经税务机关认证），编制相关的会计分录。

（1）1 日，购入 M 材料一批，增值税专用发票上注明的价款为 100 000 元，增值税税额为 13 000 元，材料尚未到达，全部款项已用银行存款支付。编制该业务的财务会计分录：

借：在途物资	100 000	
应交税费——应交税金（进项税额）	13 000	
贷：银行存款		113 000

同时，编制该业务的预算会计分录：

借：事业支出	113 000	
贷：资金结存——货币资金		113 000

（2）5 日，委托外单位修理仪器和设备，取得对方开具的增值税专用发票上注明的修理费用为 20 000 元，增值税税额为 2 600 元，款项已用银行存款支付。编制该业务的财务会计分录：

借：业务活动费用	20 000	
应交增值费——应交税金（进项税额）	2 600	
贷：银行存款		22 600

同时，编制该业务的预算会计分录：

借：事业支出	22 600	
贷：资金结存——货币资金		22 600

（3）15 日，购进一幢简易办公楼作为固定资产核算，并于当月投入使用。取得增值税专用发票并通过认证，增值税专用发票上注明的价款为 3 000 000 元，增值税税额为270 000元，款项已用银行存款支付。不考虑其他相关因素。

编制该业务的财务会计分录：

借：固定资产	3 000 000	
应交税费——应交增值税（进项税额）	270 000	
贷：银行存款		3 270 000

同时，编制该业务的预算会计分录：

借：事业支出	3 270 000	
贷：资金结存——货币资金		3 270 000

（4）10 日，库存物品因管理不善发生火灾损失，其实际成本为 30 000 元，相关增值税专用发票上注明的增值税税额为 3 900 元。该单位将毁损库存材料作为待处理财产损溢入账。编制该业务的财务会计分录：

借：待处理财产损溢——待处理财产价值	33 900	

贷:库存物品 30 000

应交增值税——应交税金(进项税额转出) 3 900

4. 销售资产或提供服务业务的核算

行政事业单位销售货物或提供服务,应当按照应收或已收的金额,借记“应收账款”“应收票据”“银行存款”等科目,按照确认的收入金额,贷记“经营收入”“事业收入”等科目,按照现行增值税制度规定计算的销项税额(或采用简易计税方法计算的应纳增值税额),贷记“应交增值税——应交税金(销项税额)”科目 或“应交增值税——简易计税”科目。发生销售退回的,应根据按照规定开具的红字增值税专用发票做相反的会计分录。

按照《政府单位会计制度》及相关政府会计准则确认收入的时点早于按照增值税制度确认增值税纳税义务发生时点的,应将相关销项税额计入“应交增值税——待转销项税额”科目,待实际发生纳税义务时再转入“应交增值税——应交税金(销项税额)”科目或“应交增值税——简易计税”科目。

按照增值税制度确认增值税纳税义务发生时点早于按照《政府单位会计制度》及相关政府会计准则确认收入的时点的,应按照应纳增值税额,借记“应收账款”科目,贷记“应交增值税——应交税金(销项税额)”科目或“应交增值税——简易计税”科目。

【例5-11】承例5-10。该单位根据2×19年12月发生的增值税业务,编制相关的会计分录。

(1)10日,所属非独立核算的经营单位向乙单位销售应税产品一批,开出的增值税专用发票注明的价款为350 000元,增值税税额为45 500元,收到对方出具的商业汇票一张,期限为3个月,面值为395 500元。编制该业务的财务会计分录:

借:应收票据 395 500

贷:经营收入 350 000

应交增值税——应交税金(销项税额) 45 500

(2)20日,收到乙公司因质量问题而退回的材料,退货要求符合销售合同约定。单位同意退货,并按规定向乙公司开具了增值税专用发票(红字),发票中注明的价款为70 000元,增值税税额为9 100元,款项尚未退回。编制该业务的财务会计分录:

借:经营收入 70 000

应交增值税——应交税金(销项税额) 9 100

贷:应付账款 79 100

5. 金融商品转让的核算

金融商品实际转让月末,行政事业单位如产生转让收益,则按照应纳税额,借记“投资收益”科目,贷记“应交增值税——转让金融商品应交增值税”科目;如产生转让损失,则按照可结转下月抵扣税额,借记“应交增值税——转让金融商品应交增值税”科目,贷记“投资收益”科目。

行政事业单位交纳增值税时,应借记“应交增值税——转让金融商品应交增值税”科目,贷记“银行存款”等科目。年末,“应交增值税——转让金融商品应交增值税”科目如有借方余额,则借记“投资收益”科目,贷记“应交增值税——转让金融商品应交增值税”科目。

【例5-12】2×19年7月1日,某事业单位“应交增值税——转让金融商品应交增值税”科目借方余额50 000元。7月3日购入公司债券支付价款200 000元,不准备长期持有;12月31日,出售了所持有的全部公司债券,取得价款为230 000元。

转让金融商品应交增值税 =(230 000 - 200 000)/(1 + 6%)×6% = 1 698(元)

编制该业务的财务会计分录:

借:投资收益　　1 698

　贷:应交增值税——转让金融商品应交增值税　　1 698

年末,"应交增值税——转让金融商品应交增值税"科目余额 = 50 000 - 1 698 = 48 302(元)。

借:投资收益　　48 302

　贷:应交增值税——转让金融商品应交增值税　　48 302

6. 月末转出多交增值税或未交增值税以及交纳增值税的核算

月度终了,行政事业单位应当将当月应交未交或多交的增值税自"应交税金"明细科目转入"未交税金"明细科目。对于当月应交未交的增值税,借记"应交增值税——应交税金(转出未交增值税)"科目,贷记"应交增值税——未交税金"科目;对于当月多交的增值税,借记"应交增值税——未交税金"科目,贷记"应交增值税——应交税金(转出多交增值税)"科目。

【例 5 - 13】承例 5 - 10、例 5 - 11,月末计算当月应交未交增值税。

应交增值税 = (45 500 - 9 100) - (13 000 + 2 600 + 270 000) + 3 900 = - 245 300(元)

经计算,该单位当期销项税额 36 400(= 45 500 - 9 100)元小于当期进项税额 281 700(= 13 000 + 2 600 + 270 000 - 3 900)元。

根据税法规定,当期进项税额不足抵扣的部分可以结转下期继续抵扣,会计上不需要编制专门的会计分录。

行政事业单位交纳增值税包括交纳当月应交增值税、交纳以前期间未交增值税、预交增值税和减免增值税四种情况。

行政事业单位交纳当月应交的增值税,借记"应交增值税——应交税金(已交税金)"科目,贷记"银行存款"等科目;行政事业单位交纳以前期间未交的增值税,借记"应交增值税——未交税金"科目,贷记"银行存款"等科目;预交增值税时,借记"应交增值税——预交税金"科目,贷记"银行存款"等科目。月末,行政事业单位应将"预交税金"明细科目余额转入"未交税金"明细科目,借记"应交增值税——未交税金"科目,贷记"应交增值税——预交税金"科目;行政事业单位对于当期直接减免的增值税,借记"应交增值税——应交税金(减免税款)"科目,贷记"业务活动费用""经营费用"等科目。

【例 5 - 14】某事业单位为增值税一般纳税人,2×19 年 12 月初"应交增值税——应交税金"科目贷方余额 15 000 元。12 月份根据发生的应交增值税业务,编制相关的会计分录。

(1)8 日以银行存款交纳 11 月份未交的增值税 15 000 元,编制该业务的财务会计分录:

借:应交增值税——未交税金　　15 000

　贷:银行存款　　15 000

同时,编制该业务的预算会计分录:

借:事业支出　　15 000

　贷:资金结存——货币资金　　15 000

(2)15 日,以银行存款预交增值税 26 000 元,31 日结转当月预交的全部增值税。

①预交增值税,编制该业务的财务会计分录:

借:应交增值税——预交税金　　26 000

贷:银行存款　26 000

同时,编制该业务的预算会计分录:

借:事业支出　26 000

贷:资金结存——货币资金　26 000

②31 日结转当月预交的增值税,编制该业务的财务会计分录:

借:应交增值税——未交税金　26 000

贷:应交增值税——预交税金　26 000

(3)31 日,计算并结转当月应交未交增值税 38 000 元,编制该业务的财务会计分录:

借:应交增值税——应交税金(转出未交增值税)　38 000

贷:应交增值税——未交税金　38 000

按照现行增值税制度规定,行政事业单位初次购买增值税税控系统专用设备支付的费用以及缴纳的技术维护费允许在增值税应纳税额中全额抵减的,按照规定抵减的增值税应纳税额,借记"应交增值税——应交税金(减免税额)"科目,贷记"业务活动费用""经营费用"等科目。

(二)小规模纳税人

小规模纳税人核算增值税采用简化的方法,即购进货物、服务、无形资产或不动产,取得增值税专用发票上注明的增值税,一律不予抵扣,直接计入相关成本费用或资产成本。

小规模纳税人销售货物、服务、无形资产或不动产时,按照不含税的销售额和规定的增值税征收率计算应交纳的增值税(即应纳税额),但不得开具增值税专用发票。

一般来说,小规模纳税人采用销售额和应纳税额合并定价的方法并向客户结算款项,销售货物或提供应税劳务后,应进行价税分离,确定不含税的销售额。不含税的销售额计算公式:

$$\text{不含税销售额} = \text{含税销售额} \div (1 + \text{征收率})$$

$$\text{应纳税额} = \text{不含税销售额} \times \text{征收率}$$

小规模纳税人通过"应交增值税"科目核算应交增值税的增减变动情况,并在科目下设置"转让金融商品应交增值税"和"代扣代交增值税"两个明细科目。

行政事业单位(小规模纳税人)购买用于增值税应税项目的资产或服务等时,按照应计入相关成本费用或资产的金额(含增值税),借记"业务活动费用""在途物品""库存物品""工程物资""在建工程""固定资产""无形资产"等科目,贷记"应付账款""应付票据""银行存款""零余额账户用款额度"等科目。

行政事业单位(小规模纳税人)销售货物或提供服务,应当按照应收或已收的金额,借记"应收账款""应收票据""银行存款"等科目;按照确认的收入金额,贷记"经营收入""事业收入"等科目;按照现行增值税制度规定计算的应交增值税,贷记"应交增值税"科目。

【例5-15】某事业单位为增值税小规模纳税人,适用增值税税率为3%。2×19 年5 月,单位根据发生的增值税业务,编制相关的会计分录。

(1)10 日,购入材料一批,取得增值税专用发票注明的价款为 30 000 元,增值税税额为 5 100元,款项以银行存款支付,材料验收入库。编制该业务的财务会计分录:

借:库存物品　35 100

贷:银行存款　35 100

同时,编制该业务的预算会计分录:

借:事业支出　35 100

　贷:资金结存——货币资金　35 100

(2)20 日,销售产品一批,开具的普通发票中注明的货款(含税)为 51 500 元,款项已存入银行。

不含税销售额 = 含税销售额 ÷ (1 + 征收率)

= 51 500 ÷ (1 + 3%) = 50 000(元)

应纳增值税 = 不含税销售额 × 征收率 = 50 000 × 3% = 1 500(元)

编制该业务的财务会计分录:

借:银行存款　51 500

　贷:经营收入　50 000

　　应交增值税　1 500

同时,编制该业务的预算会计分录:

借:资金结存——货币资金　51 500

　贷:经营预算收入　51 500

(3)用银行存款交纳增值税 1 500 元,编制该业务的财务会计分录:

借:应交增值税　1 500

　贷:银行存款　1 500

同时,编制该业务的预算会计分录:

借:事业支出　1 500

　贷:资金结存——货币资金　1 500

二、其他应交税费的核算

其他应交税费是指按照税法等规定计算应交纳的除增值税以外的各种税费,包括城市维护建设税、教育费附加、地方教育费附加、车船税、房产税、城镇土地使用税和企业所得税等。

为了反映其他应交税费增减变动情况,行政事业单位应设置“其他应交税费”科目。该科目贷方登记应交纳的各种税费等,借方登记实际交纳的税费;期末借方余额,反映行政事业单位多缴纳的税费;本科目期末贷方余额,反映行政事业单位应交未交的税费。

“其他应交税费”科目应当按照应交纳的税费种类进行明细核算。

需要说明的是:①行政事业单位代扣代交的个人所得税,也作为其他应交税费核算;②行政事业单位应交纳的印花税不需要预提应交税费,直接通过“业务活动费用”“单位管理费用”等科目核算,不作为其他应交税费核算。

(一)应交城市维护建设税、教育费附加的核算

城市维护建设税(简称“城建税”)是一种附加税。按照现行税法规定,城市维护建设税应根据应交增值税、消费税之和的一定比例计算交纳。应纳税额计算公式如下:

应纳税额 = (应交增值税 + 应交消费税) × 适用税率

城市维护建设税适用税率按纳税人所在地区不同,分为以下三档差别比例税率,即:纳税人所在地为市区的,税率为 7%;纳税人所在地为县城、镇的,税率为 5%;纳税人所在地不在市区、县城或者镇的,税率为 1%。

教育费附加是对交纳增值税、消费税的单位和个人征收的一种附加费。它以交纳的增

值税、消费税为计征依据,并按照3%的比例计算交纳。教育费附加的计算公式如下:

应纳教育费附加 =(应交增值税 + 应交消费税)× 征收比率

行政事业单位发生城市维护建设税、教育费附加纳税义务的,按税法规定计算的应交税费金额,借记"业务活动费用""单位管理费用""经营费用"等科目,贷记"其他应交税费——应交城市维护建设税、应交教育费附加"科目。实际交纳城市维护建设税、教育费附加,借记"其他应交税费——应交城市维护建设税、应交教育费附加"科目,贷记"银行存款"等科目。

【例5-16】某事业单位位于市区,2×19年6月从事非独立核算经营活动实际交纳增值税60 000元。该单位当月应交纳城市维护建设税、教育费附加计算方法如下:

(1)6月末计提应交税费:

应交城市维护建设税 = 60 000 × 7% = 4 200(元)

应交教育费附加 = 60 000 × 3% = 1 800(元)

编制该业务的财务会计分录:

借:经营费用	6 000
贷:其他应交税费——应交城市维护建设税	4 200
——应交教育费附加	1 800

(2)7月初交纳城市维护建设税、教育费附加,编制该业务的财务会计分录:

借:其他应交税费——应交城市维护建设税	4 200
——应交教育费附加	1 800
贷:银行存款	6 000

同时,编制该业务的预算会计分录:

借:事业支出	6 000
贷:资金结存——货币资金	6 000

(二)应交房产税、城镇土地使用税、车船税的核算

1. 房产税、城镇土地使用税和车船税的内容

(1)房产税。房产税是指对转让国有土地使用权、地上的建筑物及其附着物(以下简称转让房地产)并取得收入的单位和个人征收的一种税。

房产税由产权所有人交纳。产权属于全民所有的,由经营管理的单位交纳。产权出典的,由承典人交纳。产权所有人、承典人不在房产所在地的,或者产权未确定及租典纠纷未解决的,由房产代管人或者使用人交纳。

房产税征税范围为城市、县城、建制镇和工矿区。房产税的计税依据分为按计税余值计税的从价计征和按租金收入计税的从租计征两种。其中:

从价计征,是指对纳税人经营自用的房屋,以房产的计税余值作为计税依据。所谓计税余值,是指依照房产原值一次减除10%~30%的损耗价值以后的余额。其中:房产原值是指纳税人按照会计制度规定,在账簿"固定资产"科目中记载的房屋原价,应包括与房屋不可分割的各种附属设备或一般不单独计算价值的配套设施。从价计征的税率为1.2%。

年应纳税额 = 房产原值 ×(1 - 扣除比例)× 1.2%

从租计征,是指对于出租的房屋,以租金收入为计税依据。房产的租金收入,是房屋产权所有人出租房产使用权所得的报酬,包括货币收入和实物收入。对以劳务或其他形式作为报酬抵付房租收入的,应根据当地同类房产的租金水平,确定一个标准租金额,依率计征。

从租计征税率为12%。其计算公式如下：

$$年应纳税额 = 年租金收入额 \times 12\%$$

(2)城镇土地使用税。城镇土地使用税简称“土地使用税”，是以城镇土地为征税对象，对拥有土地使用权的单位和个人征收的一种税。

城镇土地使用税的纳税人，是指承担交纳城镇土地使用税义务的所有单位和个人。其中包括：拥有土地使用权的单位和个人；拥有土地使用权的单位和个人不在土地所在地的，其土地的实际使用人和代管人为纳税人；土地使用权未确定或权属纠纷未解决的，其实际使用人为纳税人；土地使用权共有的，共有各方都是纳税人，由共有各方分别纳税。

城镇土地使用税以纳税人实际占用的土地面积为计税依据，土地面积计量标准是“平方米”。

城镇土地使用税采用地区幅度定额税率，即采用有幅度的差别税额，按大、中、小城市和县城、建制镇、工矿区分别规定每平方米土地使用税年应纳税额。具体标准如下：大城市1.5～30元；中等城市1.2～24元；小城市外0.9～18元；县城、建制镇、工矿区0.6～12元。

(3)车船税。车船税是以车船为征税对象，向拥有车船的单位和个人征收的一种税。在中华人民共和国境内，车辆、船舶(以下简称车船)的所有人或者管理人为车船税的纳税人，应当依照《中华人民共和国车船税法》的规定交纳车船税。其中，管理人，是指对车船具有管理使用权，不具有所有权的单位。

车船税对拥有但不使用的车船不征税。车船税根据不同类型的车船及其适用的计税标准分别计算应纳税额。其中，机动车(载货汽车除外)和非机动车应纳税额的计算公式如下：

$$应纳税额 = 应税车辆数量 \times 单位税额$$

2. 房产税、城镇土地使用税、车船税的核算

行政事业单位发生房产税、城镇土地使用税、车船税纳税义务的，按照税法规定计算的应交税费金额，借记“业务活动费用”“单位管理费用”“经营费用”等科目，贷记“其他应交税费——应交房产税、应交城镇土地使用税、应交车船税”科目；行政事业单位实际交纳上述各种税费时，借记“其他应交税费——应交房产税、应交城镇土地使用税、应交车船税”科目，贷记“财政拨款收入”“零余额账户用款额度”“银行存款”等科目。

【例5－17】2×19年12月末，某事业单位全年应交相关税金为：房产税53 000元、城镇土地使用税12 000元、车船税13 800元。

(1)确认应交税金义务，编制该业务的财务会计分录：

借：单位管理费用	78 800	
贷：其他应交税费——应交房产税		53 000
——应交城镇土地使用税		12 000
——应交车船税		13 800

(2)2×20年1月初实际交纳相关税金，编制该业务的财务会计分录：

借：其他应交税费——应交房产税	53 000	
——应交城镇土地使用税	12 000	
——应交车船税	13 800	
贷：银行存款		78 800

同时，编制该业务的预算会计分录：

借：事业支出	78 800	

贷:资金结存——货币资金　78 800

(三)代扣个人所得税的核算

个人所得税是以自然人取得的各类应税所得为征税对象而征收的一种所得税,是政府利用税收对个人收入进行调节的一种手段。其中,各类应税所得包括:工资、薪金所得;劳务报酬所得;稿酬所得;特许权使用费所得;经营所得;利息、股息、红利所得;财产租赁所得;财产转让所得;偶然所得。

根据《个人所得税法》规定,个人所得税是以所得人为纳税义务人,以支付所得的单位或者个人为扣缴义务人。对此,行政事业单位承担对个人所得税代扣代缴的义务。所谓代扣代缴,是指按照税法规定负有扣缴税款义务的单位或者个人,在向个人支付应纳税所得时,应计算应纳税额,从其所得中扣除并缴入国库,同时向税务机关报送扣缴个人所得税报告表。这种方法,有利于控制税源、防止漏税和逃税。

行政事业单位代扣个人所得税的,按税法规定计算应代扣代缴的个人所得税金额,借记"应付职工薪酬"科目,贷记"其他应交税费"科目。

行政事业单位实际交纳代扣代缴的个人所得税时,借记"其他应交税费"科目,贷记"财政拨款收入""零余额账户用款额度""银行存款"等科目。

【例5-18】2×19年6月末,某行政单位为职工代扣代交6月份个人所得税286 400元,并且于次月初通过银行转账实际交纳代扣税款。

(1)代扣个人所得税,编制该业务的财务会计分录:

借:应付职工薪酬　286 400

　贷:其他应交税费——应交个人所得税　286 400

(2)交纳代扣的个人所得税,编制该业务的财务会计分录:

借:其他应交税费——应交个人所得税　286 400

　贷:银行存款　286 400

(四)应交企业所得税的核算[1]

企业所得税是对企业经营所得以及其他所得征收的一种税。所得税法规定,企业和其他取得收入的组织统称为"企业",具体包括企业、事业单位、社会团体和其他取得收入的组织。事业单位虽然是公益性或非营利性组织,其通过经营或接受捐赠等活动取得的收入也要依法缴纳企业所得税。

应交所得税一般是在年度结束时,根据应纳税所得额和适用的所得税税率计算确定。其中,应纳税所得额,是指纳税年度的应纳税收入总额,减去与取得应税收入有关的支出项目后的余额。计算公式如下:

应纳税所得额=应纳税收入总额-准予扣除的支出项目金额

事业单位发生企业所得税纳税义务,按税法规定计算的应交税金数额,借记"所得税费用"科目,贷记"其他应交税费——单位应交所得税"科目。实际交纳企业所得税时,借记"其他应交税费——单位应交所得税"科目,贷记"财政拨款收入""零余额账户用款额度""银行存款"等科目。

【例5-19】2×19年,某事业单位全年经营结余为3 000 000元,均为应纳税所得。经计算,应交企业所得税750 000元。

[1] 事业单位有此项核算,行政单位无此项核算。

(1)确认所得税费用,编制该业务的财务会计分录:

借:所得税费用 750 000

贷:其他应交税费——单位应交所得税 750 000

(2)以银行存款实际交纳企业所得税,编制该业务的财务会计分录:

借:其他应交税费——单位应交所得税 750 000

贷:银行存款 750 000

同时,编制该业务的预算会计分录:

借:事业支出 750 000

贷:资金结存——货币资金 750 000

三、应缴财政款的核算

(一)应缴财政款的内容

应缴财政款是指行政事业单位取得或应收的按照规定应当上缴财政的款项,包括应缴国库的款项和应缴财政专户的款项。

1. 应缴国库的款项

应缴国库的款项是指行政事业单位取得的按规定应当缴入国库的款项。应缴国库款主要包括:行政事业单位代收的纳入预算管理的基金、行政性收费收入、罚没收入、无主财物变价收入和其他按预算管理规定应上缴预算的款项。我国预算资金是实行收缴分离的管理办法,即预算资金实行国库统一收付。预算资金直接缴入国库,财政专户管理的资金直接缴纳财政专户。但有时,行政事业单位(如实行集中缴库的单位)预算资金收纳和上缴之间存在时间差,因此产生应缴国库款负债义务或责任。

2. 应缴财政专户的款项

应缴财政专户款是指事业单位按规定应缴入财政专户的款项。如①高中以上学费、住宿费;②高校委托培养费;③党校收费;④教育考试考务费;⑤函大、电大、夜大及短训班培训费等。

需要说明的是,事业单位应缴国库款和应缴财政专户款,两者关系十分密切,均属于财政性资金,均需要上缴财政部门。但两者存在以下区别:

1. 资金的性质不同,应缴国库款是纳入预算管理的财政性资金,应缴财政专户款是纳入财政专户管理的财政性资金;

2. 缴纳账户不同,应缴国库款需要上缴财政国库账户,而应缴财政专户款需要上缴财政专户;

3. 从返还角度来看,应缴国库款上缴国库后不予返还,应缴财政专户款上缴财政专户后通过核拨返还给事业单位。

行政事业单位应加强应缴国库款、应缴财政专户款的管理。各种应缴预算收入款项应及时足额上缴单位财会部门,不得自行支用或转为部门的“小金库”。不得分成、提留、坐支。

(二)应缴财政款的核算

为了反映应缴财政款增减变动情况,行政事业单位应设置“应缴财政款”科目。该科目贷方登记取得的应缴财政款项;借方登记上缴的财政款项。期末贷方余额,反映行政事业单位应当上缴财政但尚未缴纳的款项。年终清缴后,“应缴财政款”科目一般应无余额。“应缴财政款”科目应当按照应缴财政款项的类别进行明细核算。

目前,行政事业单位执收的性收费、罚没款项等款项有两种上缴方式:一是直接缴库,由缴款人直接将款项缴入财政部门(单位不需要进行账务处理);另一种方式是集中汇缴,即行政事业单位收取缴款人缴纳的款项后,按照规定的时间上缴财政。采用这种方式,行政事业单位收到款项就要确认应缴财政义务。

行政事业单位取得或应收按照规定应缴财政的款项时,借记“银行存款”“应收账款”等科目,贷记“应缴财政款”科目;行政事业单位处理毁损、报废实物资产时,如果处理收入大于相关费用的,按照处理收入减去相关费用后的净收入,借记“待处理财产损溢——处理净收入”科目,贷记“应缴财政款”科目。

行政事业单位上缴应缴财政的款项时,按照实际上缴的金额,借记“应缴财政款”科目,贷记“银行存款”科目。

【例 5 - 20】2 ×19 年 10 月,某行政单位根据发生的应缴财政款业务,编制财务会计记账的分录。

(1)经计算,全月取得罚没收入 3 500 元、无主财物变价收入 8 000 元,全部款项已存入银行。

借:银行存款　　11 500

　贷:应缴财政款　　11 500

(2)以银行存款上缴全部的应缴财政款。

借:应缴财政款　　11 500

　贷:银行存款　　11 500

(3)将腾空的办公楼一层出租,收到承租方支付的年租金 120 000 元,租金已存入银行。

借:银行存款　　120 000

　贷:应缴财政款　　120 000

【例 5 - 21】2 ×19 年,某教育事业单位根据发生的应缴财政专户款业务,编制财务会计记账的分录。

(1)经计算,全年收取委托培养费 120 000 元、教育考试考务费 580 000 元,全部款项存入银行。

借:银行存款　　700 000

　贷:应缴财政款　　700 000

(2)将应缴财政专户款的全部收入上缴财政。

借:应缴财政款　　700 000

　贷:银行存款　　700 000

第四节　其他负债的核算

一、预提费用的核算

预提费用是指行政事业单位预先提取的已经发生但尚未支付的费用,如行政事业单位日常活动发生的租金费用不一定于租入资产时即刻支付,但按照权责发生制要求,属于当期费用的,无论当期是否支付均应当在发生的当期予以确认。为此,行政事业单位应按期预提计入相关费用的租金,并确认为一项流动负债即预提费用,待支付租金时,再转销此项流动负债。

为了反映预提费用增减变动情况,行政事业单位应设置"预提费用"科目。该科目贷方登记预提的费用数额;借方登记支付的预提费用数额;期末贷方余额反映行政事业单位已预提但尚未支付的各项费用。

需要说明的是,事业单位按规定从科研项目收入中提取的项目间接费用或管理费,也通过"预提费用"科目核算。

行政事业单位应当按照预提费用的种类进行明细核算。对于提取的项目间接费用或管理费,应当在"预提费用"科目下设置"项目间接费用或管理费"明细科目,并按项目进行明细核算。

行政事业单位按规定从科研项目收入中提取项目间接费用或管理费时,按照提取的金额,借记"单位管理费用"科目,贷记"预提费用——项目间接费用或管理费"科目;实际使用计提的项目间接费用或管理费时,按照实际支付的金额,借"预提费用——项目间接费用或管理费"科目,贷记"银行存款""库存现金"等科目。

行政事业单位按期预提租金等费用时,按照预提的金额,借记"业务活动费用""单位管理费用""经营费用"等科目,贷记"预提费用"科目;实际支付相关的款项时,按照支付金额,借记"预提费用"科目,贷记"零余额账户用款额度""银行存款"等科目。

【例 5 - 22】2×19 年,甲事业单位根据发生的经济业务,编制相关的会计分录。

(1)1 月 1 日,与乙单位签订房屋租赁合同。从乙单位租入办公大楼一幢用于业务活动。租期 3 年,年租金为 600 000 元,平均分四次于每季度末支付。该单位每月预提房屋租金费用。预提第 1 个月房屋租金,编制该业务的财务会计分录:

借:业务活动费用　　50 000

　贷:预提费用　　50 000

(2)预提第 2 个月房屋租金的会计分录同(1),略。

(3)支付第一个季度租金,并确认第 3 个月租金费用,编制该业务的财务会计分录:

借:预提费用　　100 000

　　业务活动费用　　50 000

　贷:银行存款　　150 000

同时,编制该业务的预算会计分录:

借:事业支出　　150 000

　贷:资金结存——货币资金　　150 000

【例 5 - 23】某高等学校,2×19 年根据发生的项目经费业务,编制相关的会计分录。

(1)全年项目经费到账情况如表 5 - 3 所示。

表 5 - 3　项目经费到账明细表　　　金额单位:元

项目承接单位	项目名称	项目性质	项目金额	到账方式	计提基数	计提比例	计提金额
基础研究学院	(略)	纵向课题	3 00 0 000	一次到账	2 800 000	5%	140 000
工商管理学院	(略)	横向课题	150 000	分次到账	150 000	3%	4 500
国际交流学院	(略)	横向课题	2 000 000	分次到账	1 800 000	4%	72 000
合计		—	5 150 000	—	4 750 000	—	216 500

根据表 5－3 的资料，编制计提项目间接费用或管理费的财务会计分录如下：

借：单位管理费用　　216 500

　贷：预提费用——项目间接费用或管理费　　216 500

同时，编制该业务的预算会计分录：

借：非财政拨款结转——项目间接费用或管理费　　216 500

　贷：非财政拨款结余——项目间接费用或管理费　　216 500

(2)当年支付与项目相关的国际合作与交流费 60 000 元、课题研究报告印刷费等35 000 元，全部款项以零余额账户支付。编制该业务的财务会计分录：

借：预提费用　　95 000

　贷：零余额账户用款额度　　95 000

同时，编制该业务的预算会计分录：

借：事业支出　　95 000

　贷：资金结存——零余额账户用款额度　　95 000

二、应付利息的核算

应付利息是指按照合同约定应支付的借款利息，包括短期借款、分期付息到期还本的长期借款等应支付的利息。事业单位举借资金到期除按照借款合同清偿本金外，还必须按照借款本金、利率以及借款时间支付一定利息，在实际支付利息前形成事业单位一笔负债，即应付利息。

为了反映应付利息增减变动情况，事业单位应设置“应付利息”科目。该科目贷方登记应付利息的增加额；借方登记应付利息减少额；期末贷方余额反映单位应付未付的利息。“应付利息”科目应当按照债权人等进行明细核算。

事业单位为建造固定资产、公共基础设施等借入的专门借款的利息，属于建设期间发生的，按期计提利息费用时，按照计算确定的金额，借记“在建工程”科目，贷记“应付利息”科目；不属于建设期间发生的，按期计提利息费用时，按照计算确定的金额，借记“其他费用”科目，贷记“应付利息”科目。

事业单位对于其他借款，按期计提利息费用时，按照计算确定的金额，借记“其他费用”科目，贷记“应付利息”科目。

事业单位实际支付应付利息时，按照支付的金额，借记“应付利息”科目，贷记“银行存款”等科目。

【例 5－24】某事业单位 2×19 年 12 月 1 日从银行借入资金 3 000 000 元用于科研大楼扩建工程，借款期限为 3 年，借款年利率为 6.9%，每年付息一次，不计复利，所借款项存入银行。工程正在建设中。

(1)2×19 年 12 月 31 日计提的长期借款利息，编制该业务的财务会计分录：

$$借款利息 = 3\ 000\ 000 \times 6.9\% \div 12 = 17\ 250(元)$$

借：在建工程　　17 250

　贷：应付利息——应计利息　　17 250

(2)2×20 年 11 月 30 日偿还借款利息，编制该业务的财务会计分录：

借：应付利息　　189 750

　　在建工程　　17 250

　贷：银行存款　　207 000

同时，编制该业务的预算会计分录：

借：其他支出　　207 000

　贷：资金结存——货币资金　　207 000

三、其他应付款的核算

（一）其他应付款的概念及特点

行政事业单位除应交增值税、其他应交税费、应缴财政款、应付职工薪酬、应付票据、应付账款、应付政府补贴款、应付利息、预收账款以外，其他各项偿还期限在1年内（含1年）的应付及暂收款项应确认为其他应付款，如收取的押金、存入的保证金、已经报销但尚未偿还银行的本单位公务卡欠款等。

其他应付款具有以下特点：一是其他应付款是行政事业单位经常性服务活动之外所发生的应付款项，行政事业单位因经常性服务活动所发生的应付款项，分别作为应付账款、应付票据核算；二是其他应付款只反映行政事业单位因非活动而应付给其他单位或个人的零星款项。而行政事业单位经常发生的应上交款项，分别作为应缴税费、应缴国库款和应缴财政专户款核算。

（二）其他应付款的核算

为了反映其他应付款增减变动情况，行政事业单位应设置"其他应付款"科目。该科目贷方登记发生的其他应付款；借方登记偿付的其他应付款；期末贷方余额，反映行政事业单位尚未支付的其他应付款。"其他应付款"科目应当按照其他应付款的类别以及债权单位（或个人）进行明细核算。

需要说明的是，同级政府财政部门预拨的下期预算款和没有纳入预算的暂付款项，以及采用实拨资金方式通过本单位转拨给下属单位的财政拨款，也通过"其他应付款"科目核算。

行政事业单位发生其他应付及暂收款项时，借记"银行存款"等科目，贷记"其他应付款"科目。支付（或退回）其他应付及暂收款项时，借记"其他应付款"科目，贷记"银行存款"等科目。将暂收款项转为收入时，借记"其他应付款"科目，贷记"事业收入"等科目。

行政事业单位收到同级政府财政部门预拨的下期预算款和没有纳入预算的暂付款项，按照实际收到的金额，借记"银行存款"等科目，贷记"其他应付款"科目；待到下一预算期或批准纳入预算时，借记"其他应付款"科目，贷记"财政拨款收入"科目。

行政事业单位采用实拨资金方式通过本单位转拨给下属单位的财政拨款，按照实际收到的金额，借记"银行存款"科目，贷记"其他应付款"科目；向下属单位转拨财政拨款时，按照转拨的金额，借记"其他应付款"科目，贷记"银行存款"科目。

行政事业单位公务卡持卡人报销时，按照审核报销的金额，借记"业务活动费用""单位管理费用"等科目，贷记"其他应付款"科目；偿还公务卡欠款时，借记"其他应付款"科目，贷记"零余额账户用款额度"等科目。

行政事业单位无法偿付或债权人豁免偿还的其他应付款项，应当按照规定报经批准后进行账务处理。经批准核销时，借记"其他应付款"科目，贷记"其他收入"科目。核销的其他应付款应在备查簿中保留登记。

【例5-25】2×19年12月，某事业单位根据发生的其他应付款业务，编制会计分录如下：

（1）因销售研发产品，出借给乙单位一批包装物，收到乙单位支付的押金6 000元存入

银行。包装物租期届满,乙单位归还包装物并退还其押金。编制该业务的财务会计分录:

①收到押金:

借:银行存款　6 000

　贷:其他应付款——存入保证金(乙单位)　6 000

②退还押金:

借:其他应付款——存入保证金(乙单位)　6 000

　贷:银行存款　6 000

(2)研究室张某持公务卡购买专业图书 3 500 元,开发中心刘某参加专业研讨会使用公务卡支付资料费 200 元。

①按照审核报销的金额 3 700 元,编制该业务的财务会计分录:

借:固定资产　3 500

　业务活动费用　200

　贷:其他应付款　3 700

②以零余额账户偿还公务卡欠款时,编制该业务的财务会计分录:

借:其他应付款　3 700

　贷:零余额账户用款额度　3 700

同时,编制该业务的预算会计分录:

借:事业支出　3 700

　贷:资金结存——零余额账户用款额度　3 700

(3)年末清理往来账项时,发现 6 月份某单位暂存的款项 5 000 元无法偿付。经批准核销时,编制该业务的财务会计分录:

借:其他应付款　5 000

　贷:其他收入　5 000

四、预计负债的核算

(一)或有事项与预计负债

行政事业单位在会计核算中会经常面临某些不确定情形,有些情形,其最终结果需以未来事件的发生或不发生来加以证实。比如,某事业单位的研发活动对周围环境造成污染而被起诉,如无特殊情况,该单位很可能败诉。一旦败诉,该单位需要支付一笔赔款。但在诉讼成立时,该单位因败诉将支出多少金额,或支出发生在何时,是难以确知的。而按照权责发生制原则,不能等到法院判决支付赔款时,才确认因环境污染而产生的义务,而应当在资产负债表日便对赔款的可能性以及赔款数额的大小做出判断,以决定是否在当期确认赔款义务。这种不确定性情形,即为或有事项。或有事项指过去的交易或事项形成的一种状况,其结果需通过未来不确定事项的发生或不发生予以证实。

常见的或有事项有商业票据背书转让或贴现、未决诉讼、未决仲裁、产品质量保证(含产品安全保证)等。

或有事项作为一种状况,可能是单位的一种潜在的权利,也可能是其一种现实或潜在的义务。因此,或有事项可能形成两种结果:一种是导致经济利益流入单位;另一种是导致经济利益流出单位。会计实务中,需要会计人员根据经验加以判断。其具体结果,如图 5－1 所示。

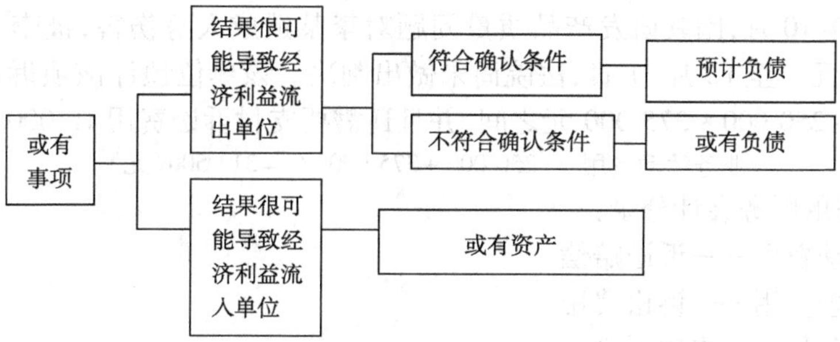

图5－1

如果或有事项的结果很可能导致经济利益流入单位，就形成其或有资产，对或有资产，企业不应加以确认。如果或有事项的结果很可能导致经济利益流出单位，同时满足负债确认条件，单位需要将其确认为负债，会计实务中作为预计负债核算。如果不满足确认条件，作为潜在的义务的或有事项应按或有负债处理，需要在会计报表附注中披露。

图5－1相关概念的内涵如下：

（1）预计负债是指行政事业单位对因或有事项所产生的现时义务而确认的负债，如未决诉讼等确认的负债。关于对预计负债的认识，可从以下方面来理解：

第一，预计负债属于或有事项范畴。或有事项的结果可能会产生预计负债、或有负债或者或有资产等，其中，预计负债属于负债的范畴，一般符合负债的确认条件而应予确认。随着某些未来事项的发生或者不发生，或有负债可能转化为单位的预计负债或负债，或者消失；或有资产也有可能形成单位的资产或者消失。

第二，预计负债不同于或有负债。或有负债，是指过去的交易或者事项形成的潜在义务，其存在须通过未来不确定事项的发生或不发生予以证实；或过去的交易或者事项形成的现时义务，履行该义务不是很可能导致经济利益流出单位或该义务的金额不能可靠计量。

（2）或有资产是指过去的交易或者事项形成的潜在资产，其存在须通过未来不确定事项的发生或不发生予以证实。或有资产作为一种潜在资产，其结果具有较大的不确定性，只有随着经济情况的变化，通过某些未来不确定事项的发生或不发生才能证实其是否会形成单位真正的资产。

（二）预计负债的核算

为了反映预计负债增减变动情况，行政事业单位应设置“预计负债”科目。该科目贷方登记因或有事项所产生的现时义务而确认的负债；借方登记实际偿付的预计负债；期末贷方余额，反映行政事业单位已确认但尚未支付的预计负债金额。

“预计负债”科目的明细账应按照预计负债的项目设置并进行明细核算。

行政事业单位确认预计负债时，按照预计的金额，借记“业务活动费用”“经营费用”“其他费用”等科目，贷记“预计负债”科目；实际偿付预计负债时，按照偿付的金额，借记“预计负债”科目，贷记“银行存款”“零余额账户用款额度”等科目。

行政事业单位根据确凿证据需要对已确认的预计负债账面余额进行调整的，按照调整增加的金额，借记有关科目，贷记“预计负债”科目；按照调整减少的金额，借记“预计负债”科目，贷记“业务活动费用”“经营费用”等科目。

【例5－26】2×19年至2×20年，某事业单位根据发生的预计负债业务，编制相关的会计分录。

(1)2×19年10月,因其研发产品质量问题对李某造成人身伤害,被李某提起诉讼,要求赔偿500 000元。至12月31日,法院尚未做出判决。该单位预计该项诉讼很可能败诉,赔偿金额估计在250 000～375 000元之间,并且还需要支付诉讼费用10 000元。

业务活动费用=(250 000+375 000)/2=312 500(元)

编制该业务的财务会计分录:

借:业务活动费用——诉讼赔偿　312 500
　单位管理费用——诉讼费用　10 000
　贷:预计负债——未决诉讼　322 500

(2)该事业单位已就该产品质量向保险公司投保,基本确定可从保险公司获得赔偿125 000元,但尚未获得相关赔偿证明。编制该业务的财务会计分录:

借:其他应收款——××保险公司　125 000
　贷:其他收入——诉讼赔偿　125 000

(3)2×20年2月15日,法院判决事业单位向李某赔偿290 000元,并负担诉讼费用10 000元,双方均不再上诉。编制该业务的财务会计分录:

借:预计负债——未决诉讼　322 500
　贷:其他应付款——李某　290 000
　　　　　　——法院　10 000
　　以前年度盈余调整(调整2×19年预计的费用)　22 500

(4)2×20年2月21日,该事业单位从保险公司获得产品质量赔偿款125 000元,并于当日用银行存款支付了对李某的赔偿款和诉讼费用。编制该业务的财务会计分录:

借:银行存款　125 000
　贷:其他应收款——××保险公司　125 000
借:其他应付款——李某　312 500
　　　　　——法院　10 000
　贷:银行存款　322 500

同时,编制该业务的预算会计分录:

借:事业支出　322 500
　贷:资金结存——货币资金　322 500

五、受托代理负债的核算

受托代理负债是指单位接受委托取得受托代理资产时形成的负债。

为了反映受托代理负债增减变动情况,单位应设置"受托代理负债"科目。该科目的贷方登记受托代理负债的增加,借方登记受托代理负债的减少,期末贷方余额,反映单位尚未交付或发出受托代理资产形成的受托代理负债金额。

受托代理负债的账务处理参见第四章"受托代理资产"相关内容。

思考题

1. 流动负债和非流动负债区分的标志是什么？流动负债是如何分类的？

2. 短期借款、带息应付票据的利息是如何核算的？

3. 应付职工薪酬包括哪些内容？如何核算应付职工薪酬？

4. 增值税一般纳税人和小规模纳税人在应交增值税方面的核算有何不同？

5. 行政事业单位有哪些税费通过“其他应交税费”科目核算？

6. 简述行政事业单位应缴财政款核算内容。其应交增值税、其他应交税费核算有何区别？

7. 应付票据、应付账款和预收账款同为行政事业单位的流动负债，它们彼此之间的会计核算有何异同？

8. 什么是预提费用？如何对预提费用进行会计核算？

9. 长期借款与长期应付款同为非流动负债，两者的核算方法有何不同？

10. 什么是预计负债？预计负债包括哪些内容？

练习题

1. 资料：某事业单位为满足运营活动的临时性需要，于2×19年10月1日向工商银行借入金额为480 000元，期限5个月，年利率6%的短期借款。按月预提利息费用，到期一次还本付息。

要求：编制以下业务的财务会计分录和预算会计分录：

(1)2×19年10月1日借入资金。

(2)2×19年12月31日确认利息费用。

(3)2×20年1月末确认当月利息费用，3月1日偿还借款本息。

2. 资料：2×19年1月1日，某事业单位向开发银行借入资金3 500 000元，借款利率年率6%，借款期限为3年，每年年底归还借款利息，3年期满后一次还清本金。该单位使用借款扩建科研大楼，2×19年12月31日前共发生料、工费2 800 000元，款项通过银行已划拨给施工企业。2×20年3月31日前又发生费用50 000元，已与施工企业结清。科研大楼2×19年3月底完工达到可使用状态。

要求：

(1)编制2×19年以下业务的财务会计分录和预算会计分录：①借入资金；②确认2×19年科研大楼各种支出；③确认借款利息；④偿还2×19年借款利息。

(2)编制2×20年以下业务的财务会计和预算会计分录：①3月底确认利息费用并结转科研大楼施工成本；②4月份起，按月预提借款利息；③2×20年底支付工程费用。

(3)2×21年底，到期偿还借款本金。

3. 资料：2×19年5月份，某行政单位发生应付职工薪酬215 200元。其中，工资172 000元，津贴补贴19 600元，社会保险费13 200元，住房公积金10 400元。该行政单位从应付职工薪酬中代扣代缴社会保险费和住房公积金合计19 200元，代扣代缴个人所得税10 000元，通过财政直接支付方式向职工支付工资等薪酬162 400元。该行政单位通过财政直接支付方式缴纳单位为职工承担的社会保险费13 200元和住房公积金10 400元。

要求：根据上述资料编制以下业务的财务会计分录和预算会计分录。

(1)月末确认应付职工薪酬。

(2)从应付职工薪酬中代扣代缴社会保险费、住房公积金和个人所得税。

(3)向职工支付工资、津贴补贴等薪酬。

(4)缴纳单位为职工承担的社会保险费和住房公积金。

4. 资料:某科研单位为增值税一般纳税人,2×19 年 5 月发生以下与增值税相关的业务:

(1)购进非独立核算产品生产经营用原料一批,取得增值税专用发票注明的价款为15 000元,增值税税额为 1 950 元,已经税务机关认证。全部款项以零余额账户支付。

(2)出售科研产品一批,开具增值税专用发票注明的价款为 30 000 元,增值税税额为 3 900元,全部款项已存入单位开户银行。

(3)采购原料一批,材料已验收,款项已支付,取得对方开具的增值税专用发票注明价款为 100 000 元,增值税税额为 13 000 元,记账时,增值税专用发票尚未认证。数日后,该单位将此票认证并于当月申报期申报抵扣。

(4)将业务(1)购进用于生产经营产品的原料 5 000 元改为科研使用。

(5)月末盘点原料,发现因管理不善造成原料损失 6 000 元,该原料购进时支付的增值税为 780 元。

要求:根据上述经济业务,逐笔编制财务会计分录和预算会计分录。

5. 资料:某市园林绿化局所属非独立核算经营中心,为增值税小规模纳税人,适用的征收率为 3%。2×19 年发生相关经济业务如下:

(1)从甲企业购买一批用于培育花木肥料,取得增值税专用发票注明价款 5 000 元,增值税税额为 850 元,款项尚未付款。

(2)向乙公司开出商业承兑汇票购置维护苗圃所需的物品一批,取得增值税专用发票注明价款 20 000 元,增值税税额为 3 400 元,物品已验收入库。

(3)预收丙公司购买花木款 40 000 元存入银行。销售花木一批,开具的普通发票上注明的货款(含税)为 51 500 元,款项已存入银行。

要求:根据上述业务,编制相关的财务会计分录和预算会计分录。

6. 资料:2×19 年 10 月份,某行政单位发生经济业务如下:

(1)依法开出罚款单共计 35 000 元,其中通过直接缴库方式已缴入国库 30 000 元,另外 5 000 元现金为集中汇缴的款项,尚未上缴。

(2)收到其负责收取的证书费 6 000 元,存入银行。

(3)出租办公楼附属的一间房屋,收到承租方支付的租金收入 3 万元(假设相关税费为零),银行账户已收到款项。

(4)经计算,本月应发放高龄老人补贴 150 000 元、困难家庭补助 168 000 元,共计 318 000元。

要求:根据上述业务,编制相关的财务会计分录和预算会计分录。

7. 资料:甲事业单位为增值税小规模纳税人,2×19 年 1 月 1 日与乙公司签订一项购货合同,甲事业单位从乙公司购入一台需要安装的大型机器设备。合同约定,甲事业单位采用分期付款方式支付价款。该设备价款共计 90 000 元,首期款项 15 000 元及全部增值税于 2×19年 1 月 1 日以零余额账户支付,其余款项在 2×20 年至 2×24 年的 5 年期间平均支付,每年的付款日期为当年 12 月31 日。

2×19 年 1 月 1 日,设备如期运抵甲事业单位并开始安装,发生运杂费 10 000 元、包装费 6 000 元，增值税共计 1 460 元，全部费用已用银行存款付讫。2×19 年 3 月 31 日，设备达到预定可使用状态，发生安装费 4 000 元，增值税 240 元，已用银行存款付讫。

要求：

(1) 编制购入设备，支付运杂费、包装费和安装费的财务会计和预算会计分录。

(2) 编制设备达到预定可使用状态，结转设备安装完工成本的会计分录。

(3) 编制 2×20 年至 2×24 年每年支付设备款的财务会计和预算会计分录。

8. 资料：2×19 年 12 月 31 日，某行政单位办公大厅维修改造工程完工，工程款总额为 3 500 000元，已通过财政直接支付方式支付施工单位 3 000 000 元，剩余工程款作为质量保证金，分别于 2×20 年、2×21 年两年平均支付。

要求：根据上述业务，编制相关的财务会计分录和预算会计分录。

第六章

行政事业单位收入的核算

【导言】

《政府单位会计制度》按照适用的会计基础不同，将行政事业单位收入分为财务会计收入和预算会计收入。本节所讲的收入是指财务会计收入。

《基本准则》指出：收入是指报告期内导致政府会计主体净资产增加的、含有服务潜力或者经济利益的经济资源的流入。其中包括财政拨款收入、事业收入、上级补助收入、附属单位上缴收入、经营收入、非同级财政拨款收入、投资收益、捐赠收入、利息收入、租金收入等。

收入的确认应当同时满足以下条件：①与收入相关的含有服务潜力或者经济利益的经济资源很可能流入政府会计主体；②含有服务潜力或者经济利益的经济资源流入会导致政府会计主体资产增加或者负债减少；③流入金额能够可靠地计量。

【本章纲要】

收入的核算

- 财政拨款收入和非同级拨款收入的核算
  1. 财政拨款收入的核算★▲
  2. 非同级拨款收入的核算★▲
- 事业收入和经营收入的核算
  1. 事业收入核算▲
  2. 经营收入核算▲
- 上级补助收入和附属单位上缴收入的核算
  1. 上级补助收入的核算▲
  2. 附属单位上缴收入的核算▲
- 投资收益、租金收入和利息收入
  1. 投资收益的核算▲
  2. 租金收入的核算★▲
  3. 利息收入的核算★▲
- 捐赠收入和其他收入的核算
  1. 捐赠收入的核算★▲
  2. 其他收入的核算★▲

注：★表示行政单位有此项核算，▲表示事业单位有此项核算，★▲表示行政单位和事业单位均有此项核算。

【学习目标、重点和难点】

- 通过本章的学习，了解财政拨款收入、非同级拨款收入、事业收入、经营收入、上级补助收入、附属单位上缴收入、捐赠收入、租金收入和其他类收入的概念，熟悉上级补助收入、附属单位上缴收入、非同级财政拨款收入、其他类收入核算的内容，掌握财政拨款收入、事业收入和经营收入的核算方法。
- 财政拨款收入、事业收入和经营收入的核算为本章重点。
- 财政拨款收入、非同级拨款收入、事业收入和经营收入的核算为本章难点。

第一节　财政拨款收入和非同级财政拨款收入的核算

一、财政拨款收入的核算

（一）财政拨款收入的概述

1. 财政拨款收入的概念和特点

财政拨款收入是指行政事业单位从同级财政部门取得的各类财政拨款，包括基本支出拨款和项目支出拨款。

财政拨款收入是行政事业单位从事公益活动的资金来源和物质基础。与行政事业单位其他收入相比，财政拨款资金的特点为：一是资金管理相对比较严格，资金的申请、审批、划拨、管理、使用、开支范围和开支标准等都有非常详细的管理办法和要求；二是资金拨付方式多样，财政部门按照单位预算和分月用款计划，采取拨款、财政直接支付或授权支付等方式。

2. 财政拨款的方式

财政拨款的方式有两种：一是划拨资金方式；二是国库集中支付方式。

国库集中支付方式，包括财政直接支付和财政授权支付两种方式。其具体支付程序参见第二章的第一节。

为了分别反映财政拨款收入增减变动情况，单位财务会计应设置“财政拨款收入”科目，核算单位从同级政府财政部门取得的各类财政拨款。该科目的贷方登记收到拨款数；借方登记缴回拨款数。平时贷方余额反映财政拨款收入累计数。期末，将“财政拨款收入”科目余额转入本期盈余，结账后，“财政拨款收入”科目应无余额。

“财政拨款收入”科目可按照一般公共预算财政拨款、政府性基金预算财政拨款等拨款种类进行明细核算。“财政拨款收入”科目所属明细科目的设置方法如表6－1所示。

表6－1　“财政拨款收入”科目所属明细科目的设置方法[1]

总账科目	二级明细科目	三级明细科目	四级明细科目	五级明细科目
财政拨款收入	一般公共预算财政拨款	《政府收支分类科目》中的“支出功能分类项级科目”	基本支出拨款	人员经费
				日常公用经费
			项目支出拨款	××项目
				××项目
	政府性基金预算财政拨款	同上	同上	同上

需要说明的是，为便于读者清晰并简明地理解单位会计的主要账务处理，本章节相关的

[1] 参照王彦，王建英编著：《政府与事业单位会计》（第五版），中国人民大学出版社，2017年11月，第188页。

会计处理，未严格按照表 6－1 的要求设置明细科目并编制会计分录，而是根据讲解的内容，针对每部分会计处理所涉及的主要会计科目的明细账及其设置方法进行了说明。

（二）财政直接支付方式下财政拨款收入的核算

财政直接支付方式下，行政事业单位根据财政国库支付执行机构委托代理银行转来的《财政直接支付入账通知书》及相关原始凭证，按照通知书中的直接支付入账金额，借记“库存物品”“固定资产”“业务活动费用”“单位管理费用”“应付职工薪酬”等科目，贷记“财政拨款收入”科目。涉及增值税业务的，按照应交的增值税，借记“应交增值税”科目。

年末，行政事业单位根据本年度财政直接支付预算指标数与当年财政直接支付实际支付数的差额，借记“财政应返还额度——财政直接支付”科目，贷记“财政拨款收入”科目。

【例 6－1】甲事业单位（以下简称“甲单位”）为财政全额拨款的教育事业单位，实行国库集中支付和政府采购制度。2×19 年 12 月份，甲单位根据发生的国库集中支付和政府采购业务，编制相关的会计分录。

（1）4 日，甲单位收到财政国库支付执行机构委托代理银行转来的“财政直接支付入账通知书”和“工资发放明细表”，通知书和明细表中注明的工资支出金额为 900 000 元，代理银行已将 900 000 元划入甲单位职工个人账户。编制该业务的财务会计分录：

借：应付职工薪酬　　900 000
　贷：财政拨款收入　　900 000

同时，编制该业务的预算会计分录：

借：事业支出　　900 000
　贷：财政拨款预算收入　　900 000

（2）16 日，甲单位按规定的政府采购程序与乙供货商签订了一份购买设备合同，合同金额为 600 000 元。甲单位根据发票验货后，向财政国库支付执行机构提交了“财政直接支付申请书”，向财政申请支付乙供货商货款，并收到代理银行转来的用于支付乙供货商货款的“财政直接支付入账通知书”，通知书中注明的金额为 600 000 元。编制该业务的财务会计分录：

借：固定资产　　600 000
　贷：财政拨款收入　　600 000

同时，编制该业务的预算会计分录：

借：事业支出　　600 000
　贷：财政拨款预算收入　　600 000

（3）10 日，收到代理银行转来的财政直接支付入账通知书，财政直接支付科研楼维修工程款 250 000 元。编制该业务的财务会计分录：

借：在建工程　　250 000
　贷：财政拨款收入　　250 000

同时，编制该业务的预算会计分录：

借：事业支出　　250 000
　贷：财政拨款预算收入　　250 000

（4）该单位 2×19 年财政直接支付预算指标 65 300 000 元，当年财政直接支付实际支出数 64 800 000 元。编制该业务的财务会计分录：

借:财政应返还额度——财政直接支付 500 000

贷:财政拨款收入 500 000

同时,编制该业务的预算会计分录:

借:资金结存——财政应返还额度 500 000

贷:财政拨款预算收入 500 000

（三）财政授权支付方式下财政拨款收入的核算

财政授权支付方式下,行政事业单位根据收到的“财政授权支付额度到账通知书”,按照通知书中的授权支付额度,借记“零余额账户用款额度”科目,贷记“财政拨款收入”科目。

年末,本年度财政授权支付预算指标数大于零余额账户用款额度下达数的,根据未下达的用款额度,借记“财政应返还额度——财政授权支付”科目,贷记“财政拨款收入”科目。

【例6-2】2×19年,某事业单位根据发生的国库集中支付和政府采购业务,编制相关的会计分录。

(1)2日,收到代理银行转来的“财政授权支付额度到账通知书”,通知书中注明的本月授权额度为450 000元,用于单位日常基本支出。编制该业务的财务会计分录:

借:零余额账户用款额度 450 000

贷:财政拨款收入 450 000

同时,编制该业务的预算会计分录:

借:资金结存——零余额账户用款额度 450 000

贷:财政拨款预算收入 450 000

(2)10日,收到代理银行转来的财政授权额度到账通知书,本月获得财政授权额度100 000元用于单位办公楼维修。编制该业务的财务会计分录:

借:零余额账户用款额度 100 000

贷:财政拨款收入 100 000

同时,编制该业务的预算会计分录:

借:资金结存——零余额账户用款额度 100 000

贷:财政拨款预算收入 100 000

(3)年末,经计算该单位2×19年度财政授权支付预算指标数45 600 000元,当年零余额账户用款额度下达数45 200 000元。编制该业务的财务会计分录:

借:财政应返还额度——财政授权支付 400 000

贷:财政拨款收入 400 000

同时,编制该业务的预算会计分录:

借:资金结存——财政应返还额度 400 000

贷:财政拨款预算收入 400 000

（四）其他方式财政拨款收入的核算

行政事业单位收到其他方式下财政拨款收入时,按照实际收到的金额,借记“银行存款”等科目,贷记“财政拨款收入”科目。

【例6-3】某市文化局所属歌剧院为事业单位,2×19年2月10日收到开户银行转来的收款通知,收到财政部门拨入一笔项目支出预算专项经费300 000元,用于繁荣当地文化事业。编制该业务的财务会计分录:

借:银行存款 300 000

贷:财政拨款收入　　300 000

同时,编制该业务的预算会计分录:

借:资金结存——货币资金　　300 000

　贷:财政拨款预算收入　　300 000

(五)国库直接支付款项退回的核算

行政事业单位因差错更正或购货退回等发生国库直接支付款项退回的,属于以前年度支付的款项,按照退回金额,借记"财政应返还额度——财政直接支付"科目,贷记"以前年度盈余调整""库存物品"等科目;属于本年度支付的款项,按照退回金额,借记本科目,贷记"业务活动费用""库存物品"等科目。

【例6-4】2×19年2月20日,甲单位收到通知,本年1月25日从乙单位购进库存物品因质量问题退货。该批物品的价款500 000元,其中已领并列入业务活动费用50 000元。编制该业务的财务会计分录:

借:财政拨款收入　　500 000

　贷:库存物品　　450 000

　　业务活动费用　　50 000

(六)期末结转财政拨款收入的核算

期末,将"财政拨款收入"科目本期发生额转入本期盈余,借记"财政拨款收入"科目,贷记"本期盈余"科目。

【例6-5】2×19年,某事业单位财政拨款收入情况为:财政拨款收入(直接支付)356 000 000元、财政拨款收入(授权支付)244 000 000元。年末,将财政拨款收入转入财政补助结转。编制该业务的财务会计分录:

借:财政拨款收入　　600 000 000

　贷:本期盈余　　600 000 000

二、非同级财政拨款收入的核算

非同级财政拨款收入是指行政事业单位从非同级财政部门取得的经费拨款,包括从同级政府其他部门取得的横向转拨财政款、从上级或下级政府财政部门取得的经费拨款等。

为了反映非同级财政拨款收入增减变动情况,行政事业单位应设置"非同级财政拨款收入"科目。该科目贷方登记非同级财政拨款收入的增加额;借方登记非同级财政拨款收入的减少额;年末结账后,"非同级财政拨款收入"科目应无余额。"非同级财政拨款收入"科目应当按照本级横向财政拨款和非本级财政拨款设置明细科目进行明细核算。

行政事业单位确认非同级财政拨款收入时,按照应收或实际收到的金额,借记"其他应收款""银行存款"等科目,贷记"非同级财政拨款收入"科目;期末,将本科目本期发生额转入本期盈余,借记"非同级财政拨款收入"科目,贷记"本期盈余"科目。

需要说明的,事业单位因开展科研及其辅助活动从非同级政府财政部门取得的经费拨款,应当通过"事业收入——非同级财政拨款"科目核算,不通过"非同级财政拨款收入"科目核算。

【例6-6】2×19年,某省所属高校根据发生的非同级财政拨款业务,编制相关的会计分录。

(1)1月20日,收到省属农林局划拨横向课题财政拨款3 500 000元,款项存入银行。

编制该业务的财务会计分录：

借：银行存款　　3 500 000

　贷：非同级财政拨款收入　　3 500 000

同时，编制该业务的预算会计分录：

借：资金结存——货币资金　　3 500 000

　贷：非同级财政拨款预算收入　　3 500 000

(2)9月5日，收到教育部科研经费拨款6 000 000元，款项存入银行。编制该业务的财务会计分录：

借：银行存款　　6 000 000

　贷：非同级财政拨款收入　　6 000 000

同时，编制该业务的预算会计分录：

借：资金结存——货币资金　　6 000 000

　贷：非同级财政拨款预算收入　　6 000 000

(3)年末，将“非同级财政拨款收入”科目本年发生额结转至“本年盈余”科目。编制该业务的财务会计分录：

借：非同级财政拨款收入　　9 500 000

　贷：本期盈余　　9 500 000

第二节　事业收入和经营收入的核算

一、事业收入的核算

(一)事业收入的含义

事业单位开展专业业务活动及辅助活动所取得的收入为事业收入。事业单位开展专业业务活动及辅助活动取得的资金(即收入)主要来源两个方面：一是财政拨款；二是按照规定向服务对象收取的一定费用，以补偿提供公益性服务过程中所耗费的人力、物力和财力。

事业单位一部分收入是利用政府的权力、信誉、资源取得的，或借助这些资源提供特定公共服务、准公共服务而取得的，如广播电视事业单位的广告收入，公立学校设备、场地或房屋出租出借收入，事业单位内部非独立核算招待所的住宿费收入等。这类收入一般与其专业业务活动及辅助活动没有直接关系，通常作为租金收入、其他收入或经营收入处理。

(二)事业收入日常的核算

根据管理需要，事业单位事业收入分为财政专户返还方式管理的事业收入和直接确认的事业收入两类。前者是将取得的款项先上缴财政，待收到财政专户返还款项时再确认收入。

为了分别反映事业收入增减变动情况，事业单位应设置“事业收入”科目核算其开展专业业务活动及其辅助活动取得的收入。该科目贷方登记收到的款项或取得的收入，借方登记期末收入转销的数额。期末，将“事业收入”科目余额转入事业结转结余，借记“事业收入”科目，贷记“事业结转结余”科目。期末结账后，“事业收入”科目应无余额。

“事业收入”科目应当按照事业收入类别、项目、《政府收支分类科目》中的“支出功能分类”相关科目等进行明细核算。事业收入中如有专项资金收入，还应按具体项目进行明细核算。

1. 采用财政专户返还方式管理事业收入的核算

为了加强对由事业单位收取并使用资金的监管，根据财政部门的资金管理要求，有些事业收入取得时并不能直接作为事业单位的收入，而是要纳入上缴财政专户管理。只有当财政返还部分款项时，事业单位才能将这部分收入确认为事业收入。事业单位实现应上缴财政专户的事业收入时，按照实际收到或应收的金额，借记“银行存款”“应收账款”等科目，贷记“应缴财政款”科目；向财政专户上缴款项时，按照实际上缴的款项金额，借记“应缴财政款”科目，贷记“银行存款”等科目；收到从财政专户返还的事业收入时，按照实际收到的返还金额，借记“银行存款”等科目，贷记“事业收入”科目。

【例 6-7】2×19 年 12 月份，某事业单位代行政府职能累计收取费用 5 000 000 元。按照相关政策，应从财政专户返还款项 2 000 000 元，该单位已收到相关款项并存入银行。

(1) 收到款项，编制该业务的财务会计分录：

借：银行存款　　5 000 000

　贷：应缴财政款　　5 000 000

(2) 上缴全部代收款项，编制该业务的财务会计分录：

借：应缴财政专户款　　5 000 000

　贷：银行存款　　5 000 000

(3) 收到财政专户返还款，编制该业务的财务会计分录：

借：银行存款　　2 000 000

　贷：事业收入　　2 000 000

同时，编制该业务的预算会计分录：

借：资金结存——货币资金　　2 000 000

　贷：事业预算收入　　2 000 000

2. 采用预收款方式确认事业收入的核算

事业单位实际收到预收款项时，按照收到的款项金额，借记“银行存款”等科目，贷记“预收账款”科目；以合同完成进度确认事业收入时，按照基于合同完成进度计算的金额，借记“预收账款”科目，贷记“事业收入”科目，如果取得收入涉及应交增值税的，按照确认的应交增值税，贷记“应交增值税——应交税金（销项税额）”科目。

【例 6-8】2×19 年，甲公立学校根据发生的预收款项业务，编制相关的会计分录。

(1)9 月 1 日，该学校根据与乙公司签订的培训协议收取乙公司 18 个月职工培训费 360 000元存入银行。该培训收入未采用财政专户返还方式进行管理。编制该业务的财务会计分录：

借：银行存款　　360 000

　贷：预收账款——预收培训款　　360 000

同时，编制该业务的预算会计分录：

借：资金结存——货币资金　　360 000

　贷：事业预算收入　　360 000

(2)9 月至 12 月，每月末确认收入 20 000 元。编制该业务的财务会计分录：

借:预收账款——预收培训款 20 000
　贷:事业收入 20 000

3. 采用应收款方式确认事业收入的核算

事业单位根据合同完成进度计算本期应收的款项,借记“应收账款”科目,贷记“事业收入”科目,如果取得收入涉及应交增值税的,按照确认的应交增值税,贷记“应交增值税——应交税金(销项税额)”科目;实际收到款项时,借记“银行存款”等科目,贷记“应收账款”科目。

【例 6 -9】M 事业单位为增值税一般纳税人。2 ×19 年 5 月,该单位根据发生的应收款业务,编制相关的会计分录。

(1)5 日,向 N 单位转让一批新开发科研产品,开具增值税专用发票注明的价款为 60 000元,增值税为 9 600 元,以银行存款代垫运费 800(不考虑增值税)元,全部款项尚未收到。编制该业务的财务会计分录:

借:应收账款——N 单位 70 400
　贷:事业收入 60 000
　　应交增值税——应交税金(销项税额) 9 600
　　银行存款 800

同时,编制该业务的预算会计分录:

借:事业支出 800
　贷:资金结存——货币资金 800

(2)20 日,接到 N 单位退货通知,因部分产品质量有瑕疵,该批产品的 40% 要求退货,余款在办妥退货手续时开具转账支票予以结清。M 事业单位同意退货要求,并开具红字增值税专用发票。编制该业务的财务会计分录:

借:银行存款 42 560
　事业收入 24 000
　应交增值税——应交税金(销项税额) 3 840
　贷:应收账款——N 单位 70 400

同时,编制该业务的预算会计分录:

借:资金结存——货币资金 42 560
　贷:事业预算收入 42 560

4. 其他方式下确认事业收入的核算

事业单位采用其他方式下确认的事业收入,按照实际收到的金额,借记“银行存款”“库存现金”等科目,贷记“事业收入”科目,如果取得收入涉及应交增值税的,按照确认的应交增值税,贷记“应交增值税”科目。

【例 6 -10】2 ×19 年 5 月 10 日,某公立医院财会部门收到门诊挂号处报来当日“挂号诊察收入汇总日报表”,表中列明挂号收入 15 000 元,诊察收入 65 000 元,全部款项已存入银行。编制该业务的财务会计分录:

借:银行存款 80 000
　贷:事业收入 ——医疗收入 80 000

同时,编制该业务的预算会计分录:

借:资金结存——货币资金 80 000

贷:事业预算收入　　80 000

5. 期末事业收入转销的核算

期末,将“事业收入”科目本期发生额转入本期盈余,借记“事业收入”科目,贷记“本期盈余”科目。

【例6－11】承例6－7, 2×19年12月末,该事业单位将事业收入2 000 000元转入本期盈余。编制该业务的财务会计分录:

借:事业收入　　2 000 000

贷:本期盈余　　2 000 000

二、经营收入的核算

(一)经营收入的特点与内容

经营收入是指在专业业务活动及其辅助活动之外开展非独立核算经营活动取得的收入。事业单位的经营收入主要有:事业单位非独立核算部门销售商品取得的销售收入和提供服务取得的服务收入,未纳入“收支两条线”管理的出租房屋、场地和设备取得的租赁收入以及其他经营收入。

经营收入与事业收入同为事业单位向社会提供商品或服务而应获取的收入。不同之处在于,经营活动体现了保本获利原则,只能是从商品或服务接受方取得收入;而事业收入体现了事业活动的公益性原则,可能从商品或服务的接受方取得补偿性收入,也可能从财政取得补偿性资金。

具体的事业单位经营收入具有以下特征:

1. 经营收入的来源是经营活动

事业单位收入有的是来自专业业务活动,如公立学校的学费收入以及相关财政拨款收入,而有的是来自辅助活动取得的收入,如单位的行政管理活动、后勤服务活动等。经营收入是来自专业业务活动及其辅助活动以外的经营活动,比如,高校对社会开展服务活动,将闲置的固定资产出租出借取得的收入,属于经营活动取得的收入,但高校向社会提供的科技咨询、成果转让、实验室开放等教学、科研活动及其辅助活动取得的收入,只能作为事业收入,不能确认为经营收入;再如,作为事业单位的剧院取得的演出收入是事业收入,剧院附设的商品部取得的销售收入则是经营收入。

2. 经营收入的来源是非独立核算的收入

独立核算是指一个单位对其经济活动过程及其结果,独立地、完整地进行会计核算。其特点是:在管理上有独立的组织形式,具有一定数量的资金,在当地银行开户;独立进行经营活动,能同其他单位订立经济合同;独立计算盈亏,单独设置会计机构并配备会计人。比如,科研机构所属独立核算的经营企业,要单独设置财会机构或配备财会人员,单独设置账目,单独计算盈亏,该企业的一系列活动就属于独立核算的经营活动。

非独立核算是与独立核算相对应的一种核算形式。其特点是单位从上级单位领取一定数额的物资、款项从事业务活动,一切收入全部上缴,所有支出向上级报销,不独立计算盈亏,逐日或定期将发生的经济业务资料报送上级,并由其集中进行会计核算。比如,科研机构所属的非独立核算的车队、食堂等后勤单位,它们服务于社会取得的收入及其支出,由科研单位集中核算,并作为经营收入和经营支出处理。

需要说明的是,事业单位收到所属独立核算的经营企业上缴的纯收入,应当作为附属单位上缴收入,不能作为经营收入处理。如剧院所属的作为独立法人的乐队的商业演出收入应当单独作为经营收入核算,但如将一部分纯收入上缴剧院,剧院应当作为附属单位缴款处理,不能确认为经营收入。

(二)经营收入的核算

为了反映经营收入增减变动情况,事业单位应设置"经营收入"科目。该科目贷方登记实现的经营收入;借方登记期末转销数;期末结账后,经营收入科目应无余额。

"经营收入"科目的明细账应当按照经营活动类别、项目、《政府收支分类科目》中"支出功能分类"相关设置并进行明细分类核算。

经营收入应当在提供服务或发出存货,同时收讫价款或者取得索取价款的凭据时,按照实际收到或应收的金额确认收入。具体确认方法,根据事业单位是否为增值税纳税人而有所区别。

事业单位开展经营活动实现经营收入时,按照确定的收入金额,借记"银行存款""应收账款""应收票据"等科目,贷记"经营收入"科目。涉及增值税业务的,按照应交增值税,贷记"应交增值税——应交税金(销项税额)"科目。

期末,将"经营收入"科目本期发生额转入本期盈余,借记"经营收入"科目,贷记"本期盈余"科目。

【例6-12】2×19年10月,某高等学校取得经营收入的情况如下:学校所属非独立核算校办厂出售商品收入38 000元,学校所属非独立核算招待所取得客房、餐饮收入26 000元,确认应交增值税为1 920元。全部款项存入银行。编制该业务的财务会计分录:

借:银行存款	65 920	
贷:经营收入		64 000
应交增值税		1 920

同时,编制该业务的预算会计分录:

借:资金结存——货币资金	65 920	
贷:经营预算收入		65 920

【例6-13】甲研究院为增值税一般纳税人,2×19年10月份,该单位所属非独立核算的服务部门根据发生的经济业务,编制相关的会计分录。

(1)该院所属车队向乙单位提供运输服务35 000元,已结算款项20 000元存入银行,余款暂欠。编制该业务的财务会计分录:

借:银行存款	20 000	
应收账款——乙单位	19 550	
贷:经营收入		35 000
应交增值税——应交税金(销项税额)		4 550

同时,编制该业务的预算会计分录:

借:资金结存——货币资金	20 000	
贷:经营预算收入		20 000

(2)该院所属加工车间销售自制商品500件,开出的增值税专用发票注明售价150 000元,增值税税款为19 500元,该批商品加工成本125 000元。款项全部存入银行。

①确认收入,编制该业务的财务会计分录:

借:银行存款	169 500	

贷:经营收入 150 000

应交增值税——应交税金(销项税额) 19 500

同时,编制该业务的预算会计分录:

借:资金结存——货币资金 169 500

贷:经营预算收入 169 500

②结转成本,编制该业务的财务会计分录:

借:经营费用 125 000

贷:库存物品 125 000

(3)月末,该研究院将"经营收入"科目余额转入"本期盈余"科目。

经营收入 = 35 000 + 150 000 = 185 000(元)

编制该业务的财务会计分录:

借:经营收入 185 000

贷:本期盈余 185 000

第三节　上级补助收入和附属单位上缴收入的核算

一、上级补助收入的核算

上级补助收入是指事业单位从主管部门和上级单位取得的非财政拨款收入。为了促进各类事业的发展或弥补事业单位业务收入抵补其业务支出的不足,各类事业单位的主管部门可以利用自身组织的收入和集中下级单位的收入以一定方式对所属事业单位予以拨款补助。这部分拨入资金形成了事业单位的上级补助收入。需要说明的是,财政部门通过主管部门和上级单位转拨的事业经费只能确认财政拨款收入,而不能作为上级补助收入处理。

为了反映上级补助收入增减变动情况,事业单位应设置"上级补助收入"科目。该科目贷方登记收到的上级补助收入;借方登记缴回或转拨补助款;期末,将"上级补助收入"科目余额转入本期盈余,结账后,该"上级补助收入"科目应无余额。

事业单位确认上级补助收入时,按照应收或实际收到的金额,借记"其他应收款""银行存款"等科目,贷记"上级补助收入"科目;实际收到应收的上级补助款时,按照实际收到的金额,借记"银行存款"等科目,贷记"其他应收款"科目。

期末,事业单位将"上级补助收入"科目本期发生额转入本期盈余,借记"上级补助收入"科目,贷记"本期盈余"科目。

【例6-14】2×19年7月5日,甲事业单位收到上级主管部门非财政拨款收入5 000 000元,款项存入银行。

(1)确认收入,编制该业务的财务会计分录:

借:银行存款 5 000 000

贷:上级补助收入 5 000 000

同时,编制该业务的预算会计分录:

借:资金结存——货币资金 5 000 000

贷:上级补助预算收入　　5 000 000

(2)期末,转销上级补助收入,编制该业务的财务会计分录:

借:上级补助收入——主管部门　　5 000 000

贷:本期盈余　　5 000 000

二、附属单位上缴收入的核算

(一)附属单位上缴收入的概念

附属单位上缴收入是指事业单位附属独立核算单位按照有关规定上缴的收入,包括附属的事业单位上缴的收入和附属企业上缴的利润等。附属单位补偿事业单位在支出中垫支的各种费用,应当相应冲减支出,不能作为上缴收入处理。

(二)附属单位上缴收入的取得与转销的核算

为了反映附属单位上缴收入增减变动情况,事业单位应设置“附属单位上缴收入”科目。该科目贷方登记事业单位实际收到的款项;借方登记期末转销的款项;期末,将“附属单位上缴收入”科目余额转入事业结转结余,结账后,“附属单位上缴收入”科目应无余额。“附属单位上缴收入”科目应当按照附属单位、缴款项目、《政府收支分类科目》中“支出功能分类”相关科目等进行明细核算。附属单位上缴收入中如有专项资金收入,还应按具体项目进行明细核算。

事业单位确认附属单位上缴收入时,按照应收或收到的金额,借记“其他应收款”“银行存款”等科目,贷记“附属单位上缴收入”科目;实际收到应收附属单位上缴款时,按照实际收到的金额,借记“银行存款”等科目,贷记“其他应收款”科目。期末,事业单位将“附属单位上缴收入”科目本期发生额转入本期盈余,借记“附属单位上缴收入”科目,贷记“本期盈余”科目。

【例 6-15】2×19 年 12 月 20 日,甲事业单位收到下属独立核算的乙单位缴款 4 000 000 元;确认应收所属丙企业上缴利润 1 500 000。全部款项存入银行。

(1)确认收入,编制该业务的财务会计分录:

借:银行存款　　4 000 000

其他应收款　　1 500 000

贷:附属单位上缴收入　　5 500 000

同时,编制该业务的预算会计分录:

借:资金结存——货币资金　　4 000 000

贷:附属单位上缴预算收入　　4 000 000

(2)期末,转销附属单位上缴收入,编制该业务的财务会计分录:

借:附属单位上缴收入　　5 500 000

贷:本期盈余　　5 500 000

第四节　投资收益、租金收入和利息收入的核算

一、投资收益、租金收入和利息收入概述

投资收益、租金收入和利息收入属于让渡资产使用权收入范畴。其中：

投资收益是指股权投资和债券投资所取得的收益或损失。收益大于损失的差额为投资净收益；反之则为投资净损失。

租金收入是指本期经批准利用资产出租、出借取得的收入，包括流动资产和非流动资产的出租收入。

利息收入是指本期取得的银行存款利息和债券投资利息收入。

投资收益、租金收入和利息收入作为行政事业单位收入的有机组成部分，它们之间共同的特点是，均来源于行政事业单位通过将其控制的资产让渡给其他会计主体使用，而获得让渡这些资产使用权所带来的未来服务潜力或者经济利益。

二、投资收益的核算

投资收益主要包括：债权投资的利息收益，如国库券利息等；股权投资的股利收入，如与外单位共同投资兴办事业单位，被投资事业单位根据投资协议分配给事业单位的税后利润。按照投资收益形成的期间分类，投资收益分为持有投资期间取得利息或利润和出售或到期收回投资获得投资收益两大类。

为了反映对外投资增减变动情况，事业单位应设置“投资收益”科目。该科目贷方登记确认的投资收益以及期末转入本期盈余的投资损失；借方登记确认的投资损失以及期末转入本期盈余的投资收益。期末结转后，“投资收益”科目应无余额。“投资收益”科目应当按照投资的种类和被投资单位等设置明细科目并进行明细核算。

（一）短期投资收益的核算

事业单位收到短期投资持有期间的利息，按照实际收到的金额，借记“银行存款”科目，贷记“投资收益”科目；出售或到期收回短期债券本息，按照实际收到的金额，借记“银行存款”科目，按照出售或收回短期投资的成本，贷记“短期投资”科目，按照其差额，贷记或借记“投资收益”科目。取得投资收益涉及增值税业务的，按照应交的增值税，贷记“应交增值税”科目。

（二）长期投资收益的核算

1. 长期债券投资收益的核算

事业单位持有的分期付息、一次还本的长期债券投资，按期确认利息收入时，按照计算确定的应收未收利息，借记“应收利息”科目，贷记“投资收益”科目；持有的到期一次还本付息的债券投资，按期确认利息收入时，按照计算确定的应收未收利息，借记“长期债券投资——应计利息”科目，贷记“投资收益”科目。

事业单位出售长期债券投资或到期收回长期债券投资本息，按照实际收到的金额，借记“银行存款”等科目，按照债券初始投资成本和已计未收利息金额，贷记“长期债券投资——

成本、应计利息”科目［到期一次还本付息债券］或“长期债券投资”“应收利息”科目［分期付息债券］，按照其差额，贷记或借记“投资收益”科目。取得投资收益涉及增值税业务的，按照应交的增值税，贷记“应交增值税”科目。

2. 长期股权投资收益的核算

采用成本法核算的长期股权投资持有期间，被投资单位宣告分派现金股利或利润时，按照宣告分派的现金股利或利润中属于单位应享有的份额，借记“应收股利”科目，贷记“投资收益”科目。

采用权益法核算的长期股权投资持有期间，按照应享有或应分担的被投资单位实现的净损益的份额，借记或贷记“长期股权投资——损益调整”科目，贷记或借记“投资收益”科目；被投资单位发生净亏损，但以后年度又实现净利润的，单位在其收益分享额弥补未确认的亏损分担额等后，恢复确认投资收益，借记“长期股权投资——损益调整”科目，贷记“投资收益”科目。

期末，将“投资收益”科目本期发生额转入本期盈余，借记或贷记“投资收益”科目，贷记或借记“本期盈余”科目。

【例 6－16】2×19 年，某事业单位根据发生的投资收益业务，编制相关的会计分录。

（1）持有的短期国债投资到期收回，其本金 100 000 元，利息 2 000 元。全部款项存入银行。编制该业务的财务会计分录：

借：银行存款	102 000	
贷：短期投资		100 000
投资收益		2 000

同时，编制该业务的预算会计分录：

借：资金结存——货币资金	102 000	
贷：投资支出		100 000
投资预算收益		2 000

（2）出售持有未到期的长期债券取得款项 175 000 元并存入银行，该债券初始投资成本为 150 000 元（以前年度取得的投资），已确认的应计利息 10 000 元。出售债券确认的应交增值税 1 415 元。编制该业务的财务会计分录：

借：银行存款	175 000	
贷：长期债券投资——成本		150 000
——应计利息		10 000
投资收益		15 000
借：投资收益 ［（175 000－150 000）÷（1＋6%）×6%］	1 415	
贷：应交增值税——应交税金（销项税额）		1 415

同时，编制该业务的预算会计分录：

借：资金结存——货币资金	175 000	
贷：其他结余（以前年度取得的投资）		150 000
投资预算收益		25 000

（3）期末，确认采用权益法核算的长期股权投资持有期间应分担的被投资单位发生的净损失 30 000 元。编制该业务的财务会计分录：

借：投资收益	30 000	

贷：长期股权投资——损益调整 30 000

(4)期末，将“投资收益”科目本期发生额合计转入本期盈余。

应结转的投资收益 = 2 000 + 15 000 - 1 415 - 30 000 = - 14 415(元)

编制该业务的财务会计分录：

借：本期盈余 14 415

贷：投资收益 14 415

三、行政事业单位租金收入的核算

为了弥补事业发展经费不足，在保证完成事业任务的前提下，行政事业单位利用国有资产进行房屋、车辆、设备等出租、出借经营活动已成为其运营活动一部分。这里所说的“租金收入”是指出租资产取得的收入，包括出租流动资产和非流动资产收入。

为了反映租金收入增减变动情况，行政事业单位应设置“租金收入”科目。该科目贷方登记租金收入的增加额，借方登记租金收入减少额，年末结账后，“租金收入”科目应无余额。“租金收入”科目应当按照出租、出借的国有资产类别设置明细科目并进行明细核算。

由于行政事业单位出租资产收取租金方式不同，租金收入核算方法也有所不同。无论采用何种核算方法，行政事业单位应在国有资产出租、出借期间，在租赁期内各个期间按直线法确认收入。

(一)采用预付租金方式下租金收入的核算

采用预付租金方式的，行政事业单位收到预付的租金时，按照收到的金额，借记“银行存款”等科目，贷记“预收账款”科目；分期确认租金收入时，借记“预收账款”科目，贷记“租金收入”科目。

(二)采用后付租金方式下租金收入的核算

采用后付租金方式的，行政事业单位每期确认租金收入时，借记“其他应收款”科目，贷记“租金收入”科目。收到租金时，按照实际收到的金额，借记“银行存款”等科目，贷记“其他应收款”科目。

(三)采用分期收取租金方式下租金收入的核算

行政事业单位每期收取租金时，借记“银行存款”等科目，贷记“租金收入”科目。涉及增值税业务的，相关账务处理参照“应缴增值税”科目；期末，行政事业单位将“租金收入”科目本年发生额结转至本年盈余科目，借记“租金收入”科目，贷记“本期盈余 ”科目。

【例6 - 17】2×19 年，甲事业单位根据发生的租金业务，编制相关的会计分录。

(1)1 月 1 日，与乙公司签订房屋出租协议，将闲置房屋 3 间出租给乙公司，并收到 1 年与租金相关款项 392 400(含税)元存入银行。合同约定，收款日发生增值税纳税义务。

①1 月 1 日收到租金，编制该业务的财务会计分录：

借：银行存款 392 400

贷：预收账款 360 000

应交增值税——应交税金(销项税额) 32 400

同时，编制该业务的预算会计分录：

借：资金结存——货币资金 392 400

贷：其他预算收入——租金收入 392 400

②1 月至 12 月每月确认租金收入，编制该业务的财务会计分录：

借:预收账款 30 000

贷:租金收入 30 000

(2)6 月 30 日,与丙公司签订车辆租赁协议,将闲置班车出资给丙公司,期限为 6 个月,每月租金 50 000 元,租金于年末一次收取。不考虑增值税。

①每月确认租金收入,编制该业务的财务会计分录:

借:其他应收款 50 000

贷:租金收入 50 000

②年末收取租金,编制该业务的财务会计分录:

借:银行存款 300 000

贷:其他应收款 300 000

同时,编制该业务的预算会计分录:

借:资金结存——货币资金 300 000

贷:其他预算收入——租金收入 300 000

(3)12 月 1 日,与丁公司签订办公大楼租赁合同,租期 3 年,每月租金 120 000 元,于每月末收取。同日,收到第一个月租金及增值税 130 800 元。编制该业务的财务会计分录:

借:银行存款 130 800

贷:租金收入 120 000

应交增值税——应交税金(销项税额) 10 800

同时,编制该业务的预算会计分录:

借:资金结存——货币资金 130 800

贷:其他预算收入——租金收入 130 800

(4)12 月末,将“租金收入”科目全年发生额合计转入“本期盈余”科目。

转入“本期盈余”科目的租金收入 = 360 000 + 300 000 + 120 000 = 780 000(元)

编制该业务的财务会计分录:

借:租金收入 780 000

贷:本期盈余 780 000

四、利息收入的核算

利息收入是指行政事业单位取得的银行存款利息收入。

为了反映利息收入增减变动情况,行政事业单位应设置“利息收入”科目。该科目贷方登记利息收入的增加额;借方登记利息收入减少额;年末结账后,“利息收入”科目应无余额。

行政事业单位取得银行存款利息时,按照实际收到的金额,借记“银行存款”科目,贷记“利息收入”科目;期末,将“利息收入”科目本期发生额转入本期盈余,借记“利息收入”科目,贷记“本期盈余”科目。

【例 6 - 18】2 × 19 年 12 月初,某事业单位“利息收入”科目发生额合计为 120 000 元,12 月根据发生的银行存款利息收入业务,编制相关的会计分录。

(1)12 月末,接到银行通知,该单位本月银行存款利息 30 000 元已转入其银行存款账户。编制该业务的财务会计分录:

借:银行存款 30 000

贷:利息收入 30 000

同时,编制该业务的预算会计分录:

借:资金结存——货币资金　　30 000

　贷:其他预算收入——利息收入　　30 000

(2)12 月 31 日,将"利息收入"科目余额 150 000 元转入"本期盈余"科目。编制该业务的财务会计分录:

借:利息收入　　150 000

　贷:本年盈余——盈余　　150 000

第五节　捐赠收入和其他收入的核算

一、捐赠收入的核算

捐赠收入是指接受其他单位或者个人捐赠取得的收入。捐赠是无偿给予资产行为,其基本特征在于其无偿性,也就是出于某种原因,不支付金钱或付出其他相应代价而取得某项财产。可见,行政事业单位捐赠收入既不同于财政拨款收入,也不同于事业收入。为此,行政事业单位应将捐赠收入单独予以确认。

为了反映捐赠收入的增减变动情况,行政事业单位应设置"捐赠收入"科目。该科目贷方登记捐赠收入的增加额;借方登记捐赠收入的减少额;年末结账后,"捐赠收入"科目应无余额。"捐赠收入"科目应当按照捐赠资金的用途和捐赠单位等设置明细科目并进行明细核算。

行政事业单位应根据接受捐赠资产的不同内容分别进行核算。行政事业单位接受捐赠的货币资金,按照实际收到的金额,借记"银行存款""库存现金"等科目,贷记"捐赠收入"科目;接受捐赠的存货、固定资产等非现金资产,按照确定的成本,借记"库存物品""固定资产"等科目,按照发生的相关税费、运输费等,贷记"银行存款"等科目,按照其差额,贷记"捐赠收入"科目;接受捐赠的资产按照名义金额入账的,按照名义金额,借记"库存物品""固定资产"等科目,贷记"捐赠收入"科目,同时,按照发生的相关税费、运输费等,借记"其他费用"科目,贷记"银行存款"等科目。期末,将"捐赠收入"科目本期发生额转入本期盈余,借记"捐赠收入"科目,贷记"本期盈余"科目。

【例 6-19】2×19 年 10 月,某事业单位根据接受资产捐赠业务,编制相关的会计分录。

(1)10 日,接受捐赠现金资产 100 000 元,存入银行。编制该业务的财务会计分录:

借:银行存款　　100 000

　贷:捐赠收入　　100 000

同时,编制该业务的预算会计分录:

借:资金结存——货币资金　　100 000

　贷:其他预算收入——捐赠收入　　100 000

(2)20 日,接受捐赠专业材料一批,按照同类材料的市场价格计价为 300 000 元,已验收入库,并以银行存款支付运杂费、包装费等费用 6 500 元。编制该业务的财务会计分录:

借:库存物品　　306 500

贷:捐赠收入 300 000

银行存款 6 500

同时,编制该业务的预算会计分录:

借:其他支出 6 500

贷:资金结存——货币资金 6 500

(3)接受捐赠一台设备,按其名义金额入账。取得设备发生的相关税费、运输费等3 500元,以银行存款支付。编制该业务的财务会计分录:

借:固定资产 1

贷:捐赠收入 1

借:其他费用 3 500

贷:银行存款 3 500

同时,编制该业务的预算会计分录:

借:其他支出 3 500

贷:资金结存——货币资金 3 500

二、其他收入的核算

其他收入是指行政事业单位取得的除财政拨款收入、事业收入、上级补助收入、附属单位上缴收入、经营收入、非同级财政拨款收入、投资收益、捐赠收入、利息收入、租金收入以外的各项收入,包括现金盘盈收入、按照规定纳入单位预算管理的科技成果转化收入、行政单位收回已核销的其他应收款、无法偿付的应付及预收款项、置换换出资产评估增值等。

为了反映其他收入增减变动情况,行政事业单位应设置"其他收入"科目。该科目贷方登记其他收入的增加额,借方登记其他收入减少额;年末结账后,"其他收入"科目应无余额。"其他收入"科目应当按照其他收入的类别、来源等进行明细核算。

每日现金账款核对中发现的现金溢余,属于无法查明原因的部分,报经批准后,借记"待处理财产损溢"科目,贷记"其他收入"科目;事业单位科技成果转化所取得的收入,按照规定留归本单位的,按照所取得收入扣除相关费用之后的净收益,借记"银行存款"等科目,贷记"其他收入"科目;行政单位已核销的其他应收款在以后期间收回的,按照实际收回的金额,借记"银行存款"等科目,贷记"其他收入"科目;行政事业单位无法偿付或债权人豁免偿还的应付账款、预收账款、其他应付款及长期应付款,借记"应付账款""预收账款""其他应付款""长期应付款"等科目,贷记"其他收入"科目;在资产置换过程中,换出资产评估增值的,按照评估价值高于资产账面价值或账面余额的金额,借记有关科目,贷记"其他收入"科目;事业单位以未入账的无形资产取得的长期股权投资,按照评估价值加相关税费作为投资成本,借记"长期股权投资"科目,按照发生的相关税费,贷记"银行存款""其他应交税费"等科目,按其差额,贷记"其他收入"科目。

行政事业单位发生其他收入时,按照应收或实际收到的金额,借记"其他应收款""银行存款""库存现金"等科目,贷记"其他收入"科目。涉及增值税业务的,按照应交的增值税,贷记"应交增值税"科目。

期末,行政事业单位将"其他收入"科目本期发生额转入本期盈余,借记"其他收入"科目,贷记"本期盈余"科目。

【例6-20】2×19年12月份,某事业单位根据发生的其他收入业务,编制相关的会计分录。

(1)20 日，将纳入单位预算管理的科技成果予以转让，取得收入 150 000 元存入银行。不考虑增值税。编制该业务的财务会计分录：

借：银行存款　150 000

　贷：其他收入　150 000

同时，编制该业务的预算会计分录：

借：资金结存——货币资金　150 000

　贷：其他预算收入　150 000

(2)25 日，经批准将无法查明原因的现金溢余 100 元计入其他收入。编制该业务的财务会计分录：

借：待处理财产损溢　100

　贷：其他收入　100

(3)31 日，单位在年终资产清查中，发现部分负债项目无法清偿，如表 6 – 2 所示。

表 6 – 2　应付及预付款项情况

科　目	金额(元)	原　因
应付账款——乙公司	6 000	公司解散，款项无法支付
预收账款——丙单位	25 000	债权人豁免款项
长期应付款——丁公司	30 000	债权人豁免款项
合计	61 000	—

该单位根据表 6 – 2，编制该业务的财务会计分录：

借：应付账款——乙公司　6 000

　预收账款——丙单位　25 000

　长期应付款——丁公司　30 000

　贷：其他收入　61 000

(4)31 日，将 12 月份“其他收入”科目发生额合计数转入“本期盈余”科目。

“其他收入”科目发生额合计 = 150 000 + 100 + 61 000 = 211 100(元)

编制该业务的财务会计分录：

借：其他收入　211 100

　贷：本期盈余　211 100

思考题

1. 行政事业单位收入是如何分类的？简述财务会计收入与预算收入的关系。
2. 什么是财政拨款收入？简述财政拨款收入与非同级财政拨款收入核算的异同。
3. 行政事业单位收入确认的基础是什么？简述财政拨款收入的确认标准。
4. 简述事业收入、经营收入的异同及其确认方法。
5. 如何对事业单位投资收益进行核算？

6. 简述取得捐赠收入的确认方法。

练习题

1. 资料:某实行国库集中支付和政府采购制度的事业单位(为增值税小规模纳税人),2×19年发生经济业务如下:

(1)6月8日,该单位根据经过批准的部门预算和用款计划,向同级财政申请支付第三季度水费100 000元。6月23日,该单位收到了“财政直接支付入账通知书”,支付水费100 000元。

(2)该单位部分事业收入采用财政专户返还的方式管理。6月5日,该单位收到应上缴财政专户的事业收入5 000 000元。6月15日,该单位将上述款项上缴财政专户。10月15日,该单位收到从财政专户返还的事业收入5 000 000元。

(3)月初,收到代理银行送来的财政授权额度到账通知书,本月获得财政授权额度300 000元用于单位行政办公楼维修。

(4)6月5日,将上月通过财政直接支付购进的库存物品全部退回,其采购成本为200 000元。已接到代理银行转来的财政直接支付退款通知书。

(5)月末,结转各种收入。

要求:根据上述业务,逐笔编制相关的财务会计分录和预算会计分录。

2. 资料:2×19年,某文化事业单位发生相关业务如下:

(1)收到上级主管部门非财政补助收入500 000元,其中专项资金3 000 000元,款项存入银行。

(2)收到下属独立核算的乙单位缴款400 000元,其中专项资金280 000元;丙单位缴款135 000元为非专项资金。全部款项存入银行。

(3)期末,结转上述拨缴款收入。

要求:根据上述业务,逐笔编制相关的财务会计分录和预算会计分录。

3. 资料:某农科院所属非独立核算种子中心(为增值税小规模纳税人,适用税率为3%),2×19年发生经济业务如下:

(1)销售一批优质种子取得收入30 900(含税)元,同时,收到客户开具同等金额的商业汇票一张。该批种子的账面余额为28 000元。

(2)向某蔬菜基地提供培植技术服务取得收入20 000元,确认应交增值税为600元,全部款项存入银行。

(3)将闲置试验田出租,本期结算应收某单位场地租赁费18 000元,增值税540元,款项尚未收到。

(4)期末,将经营收入结转计入本期盈余。

要求:根据上述业务,逐笔编制相关的财务会计分录和预算会计分录。

4. 资料:2×19年,某事业单位发生相关经济业务如下:

(1)出售单位用自有资金购买并短期持有的国债50 000元,取得国债出售净额为50 800元,款项存入银行。

(2)收到被投资乙公司分配上年利润500 000元,存入开户银行。根据有关规定,该单位分享40%利润，其余部分上缴财政。

(3)接到开户银行的到账通知书，本期银行存款利息12 000元已结转记入该单位存款账户。

(4)接到债权人通知，将去年一笔应付原料款30 000元予以豁免偿还。

要求：根据上述业务编制财务会计分录和预算会计分录，并编制期末将上述收入结转计入本期盈余的会计分录。

第七章

行政事业单位费用的核算

【导言】

《基本准则》指出：费用是指报告期内导致单位净资产减少的、含有服务潜力或者经济利益的经济资源的流出。行政事业单位费用的发生可能导致单位资产的减少，也可能导致单位负债的增加，或者两者兼而有之；费用将导致行政事业单位本期净资产减少。行政事业单位的费用通常不具有可补偿性。

按照费用的功能分类，行政事业单位费用包括业务活动费用、单位管理费用、经营费用、资产处置费用、上缴上级费用、对附属单位补助费用、所得税费用和其他费用。

在会计中，将净资产减少或经济资源的流出确认为费用。除符合费用的定义外，还需要具备一定的标准。《基本准则》指出："费用的确认应当同时满足以下条件：①与费用相关的含有服务潜力或者经济利益的经济资源很可能流出政府会计主体；②含有服务潜力或者经济利益的经济资源流出会导致政府会计主体资产减少或者负债增加；③流出金额能够可靠地计量。"

【本章纲要】

费用的核算

业务活动费用和经营费用的核算	单位管理费用和资产处置费用的核算	上缴上级费用和对附属单位补助费用的核算	所得税费用和其他费用的核算
1.业务活动费用的核算★▲ 2.经营费用的核算▲	1.单位管理费用的核算▲ 2.资产处置费用的核算★▲	1.上缴上级费用的核算▲ 2.对附属单位补助费用的核算▲	1.所得税费用的核算▲ 2.其他费用的核算★▲

注：★表示行政单位有此项核算，▲表示事业单位有此项核算，★▲表示行政单位和事业单位均有此项核算。

【学习目标、重点和难点】

- 通过本章的学习，了解业务活动费用、经营费用、单位管理费用、资产处理费用、上缴上级费用、对附属单位补助费用、所得税费用和其他费用的概念，熟悉业务活动费用、单位管理费用、经营费用、所得税费用和其他费用的内容，掌握业务活动费用、单位管理费用、经营费用、所得税费用的核算方法。
- 业务活动费用、单位管理费用、经营费用的核算为本章重点。
- 业务活动费用和经营费用的核算为本章难点。

第一节　业务活动费用和经营费用的核算

一、业务活动费用的核算

行政事业单位的业务活动费用是行政事业单位依法履职或开展专业业务活动及其辅助活动中所发生的各项费用。其中:依法履职是指行政事业单位按照国家赋予的职责、职能,开展相关的业务活动,如财政机关的组织财政收入、安排财政支出、管理财政资金等活动,税务机关的组织实施税收征收与管理等活动、公安机关的维护交通安全和交通秩序活动;开展专业业务活动及其辅助活动,如教育机构的教学活动,科研机构的科研活动,医疗机构的医疗活动,文化事业单位的娱乐、演出、影像影视、广播电视、新闻出版等活动,体育事业单位的体育竞赛、体育公共设施服务、体育技术服务等。

业务活动费用包括职工薪酬和外部劳务费用、耗用库存物品、资产折旧或摊销、相关税费、计提的专用基金和其他费用等。它们是行政事业单位从事其主营或核心业务发生的主要支出,具有经常性、数额大的特点。它反映了行政事业单位在履行其职责、提供公益服务过程中发生的必要的耗费,是考核事业成果和资金使用效益的重要依据。

为了反映行政事业单位为实现其职能目标,依法履职或开展专业业务活动及其辅助活动所发生的各项费用,行政事业单位应设置“业务活动费用”科目。该科目借方登记业务活动费用的增加,贷方登记业务活动费用的减少;期末结账后,“业务活动费用”科目应无余额。

“业务活动费用”科目应当按照项目、服务或者业务类别、支付对象等进行明细核算。为了满足成本核算需要,“业务活动费用”科目下还可按照“工资福利费用”“商品和服务费用”“对个人和家庭的补助费用”“对企业补助费用”“固定资产折旧费”“无形资产摊销费”“公共基础设施折旧(摊销)费”“保障性住房折旧费”“计提专用基金”等成本项目设置明细科目,归集能够直接计入业务活动或采用一定方法计算后计入业务活动的费用。

“业务活动费用”科目所属明细科目的设置方法如表 7 - 1 所示。

(一)职工薪酬和劳务费用的核算

1. 职工薪酬的核算

职工薪酬是指为获得职工提供的服务而给予的各种形式的报酬以及其他相关支出。也就是说,凡是行政事业单位为获得职工提供的服务给予或付出的各种形式的对价,都构成职工薪酬。其中主要由劳动报酬、社会保险、福利、教育、劳动保护、住房和其他人工费用等组成。

职工薪酬的核算包括职工薪酬的结算与分配两方面内容。一是职工薪酬结算时,行政事业单位确认各项代垫款项时,借记“应付职工薪酬”科目,贷记“其他应付款”等科目;发放职工薪酬时,借记“应付职工薪酬”科目,贷记“财政拨款收入”“零余额账户用款额度”“银行存款”等科目。二是月末分配职工薪酬时,行政事业单位计提从事专业业务活动及其辅助活动人员的薪酬等,借记“业务活动费用”科目,贷记“应付职工薪酬”等科目。

表 7－1 “业务活动费用”科目所属明细科目设置方法

总账科目	一级明细科目	二级明细科目	三级明细科目
业务活动费用	教学活动	工资福利费用	工资
			津贴补贴
			社会保险费
			……
		商品和服务费用	会议费
			邮电费
			差旅费
			……
		对个人和家庭的补助费用	离休费、退休费
			抚恤金、生活补助
			医疗费
			……
	科研活动	同上	同上

【例 7－1】2×19 年 3 月，某高校经计算本月从事教学、科研活动及其辅助活动人员薪酬共计 6 060 000 元，其中基本工资 3 500 000 元，津贴 1 500 000 元，社会保险费 700 000 元，住房公积金 360 000 元。编制该业务的财务会计分录：

借：业务活动费用——基本工资 3 500 000
　　　　　　——国家统一规定的津贴补贴 1 500 000
　　　　　　——社会保险费 700 000
　　　　　　——住房公积金 360 000
　贷：应付职工薪酬 6 060 000

2. 劳务费用的核算

行政事业单位为履职或开展业务活动发生的外部人员劳务费，按照计算确定的金额，借记“业务活动费用”科目；按照代扣代缴个人所得税的金额，贷记“其他应交税费——应交个人所得税”科目；按照扣税后应付或实际支付的金额，贷记“其他应付款”“财政拨款收入”“零余额账户用款额度”“银行存款”等科目。

【例 7－2】2×19 年 9 月 5 日，某事业单位支付专家技术指导费 10 000 元，以现金付讫。代扣代缴个人所得税 1 600 元。编制该业务的财务会计分录：

借：业务活动费用 11 600
　贷：库存现金 10 000
　　　其他应交税费——应交个人所得税 1 600

同时，编制该业务的预算会计分录：

借：事业支出 10 000
　贷：资金结存——货币资金 10 000

（二）库存物品领用的核算

行政事业单位为履职或开展业务活动领用库存物品，以及动用发出相关政府储备物资，按照先进先出法、加权平均法或者个别计价法确定发出库存物品、政府储备物资的实际成本,借记“业务活动费用”科目,贷记“库存物品”“政府储备物资”科目。

【例7-3】某事业单位按先进先出法计算材料的发出库存物品成本。2×19年3月1日结存A材料100千克,每千克实际成本100元。该月发生如下有关业务:(1)3日,购入A材料50千克,每千克实际成本105元,材料已验收入库。(2)5日,发出A材料80千克。(3)7日,购入A材料70千克,每千克实际成本98元,材料已验收入库。(4)12日,发出A材料130千克。(5)20日,购入A材料80千克,每千克实际成本110元,材料已验收入库。(6)25日,发出A材料30千克。

(1)2×19年3月份发出材料,计算成本:

$$(80\times100)+(20\times100+50\times105+60\times98)+(10\times98+20\times110)$$
$$=8\ 000+13\ 130+3\ 180=24\ 310(元)$$

根据计算结果,编制该业务的财务会计分录:

借:业务活动费用　　24 310

　贷:库存物品　　24 310

(2)2×19年6月30日,专业部门交回多领材料价值800元入库。编制该业务的财务会计分录:

借:库存物品　　800

　贷:业务活动费用　　800

(三)固定资产折旧和无形资产摊销的核算

行政事业单位为履职或开展业务活动所使用的固定资产、无形资产,以及为所控制的公共基础设施、保障性住房计提的折旧、摊销,按照计提金额,借记“业务活动费用”科目,贷记“固定资产累计折旧”“无形资产累计摊销”“公共基础设施累计折旧(摊销)”“保障性住房累计折旧”科目。

【例7-4】2×19年10月份,某行政单位相关资产折旧情况如表7-2所示。

表7-2　资产折旧表　　单位:元

资产类别	月初资产折旧额	本月增加资产折旧额	本月减少资产折旧额	本月资产折旧额
行政用房屋	12 000	—	—	12 000
设备	5 200	400	200	5 400
公共基础设施	30 000	—	—	30 000
保障性住房	18 000	—	—	18 000
合计	65 200	400	200	65 400

根据表7-2编制该业务的财务会计分录:

借:业务活动费用　　65 400

　贷:固定资产累计折旧　　17 400

　　公共基础设施累计折旧　　30 000

　　保障性住房累计折旧　　18 000

(四)相关税费的核算

一些事业单位尤其是文化体育、广播电视、卫生医疗、教育科技及社会团体等事业单位,为了拓展资金来源、优化其资源配置，利用房产、土地、人才、职能优势，以众多方式（如联营、租赁、办实体等）介入非营利性的经营活动，取得各种经营性收入，如房屋、场地的租金收入；广播、电视、报纸的广告收入，有线电视的初装费收入，学校的对外办班收入，科研产品的出售收入，医疗器械的销售收入，各类实体上交的承包费、管理费收入等。按照我国税法规定，事业单位不论其属于哪个部门，实行什么管理方法，只要其取得税法规定应征税的事业收入和经营收入就应缴纳相关的流转税金，只要拥有税法规定应当征税的财产就要缴纳房产税等财产税，只要发生税法规定应当征税的某些行为就应当缴纳车船购置税等行为税，只要取得税法规定应当征税的收益就应当就其取得的收益缴纳企业所得税等。

事业单位在履职或开展业务活动中，按照税法的规定要缴纳各种税费，如城市维护建设税、教育费附加、地方教育费附加、车船税、房产税、城镇土地使用税等。确认这些税费，一方面构成了单位的业务活动费用，另一方面在缴纳之前形成了单位的负债。因此，单位按照计算确定应交纳的金额，借记“业务活动费用”科目，贷记“其他应交税费”等科目。

【例7－5】2×19年，某事业单位根据发生的业务活动确认的应交税费，编制相关的会计分录。

（1）根据本期应交的增值税确认的应交城市维护建设税3 500元、教育费附加1 500元。编制该业务的财务会计分录：

借：业务活动费用	5 000	
贷：其他应交税费——应交城市维护建设税		3 500
——应交教育费附加		1 500

（2）本期应交车船税4 600元、房产税12 500元 。编制该业务的财务会计分录：

借：业务活动费用	17 100	
贷：其他应交税费——车船税		4 600
——房产税		12 500

（五）计提基金的核算

为了促进各类事业的健康发展，抵御各类风险，事业单位有时要按照规定从收入或结余中提取一定比例的专用基金，如科研单位按规定取得科研成果转化基金，医院按规定提取医疗风险基金，等等。事业单位按照预算会计下基于预算收入计算提取专用基金并计入费用时，按照计提的基金数额，借记“业务活动费用”科目，贷记“专用基金”科目。

【例7－6】2×19年，某科研事业单位取得事业预算收入14 600 000元，经营预算结余5 000 000元。分别按照事业预算收入的15%和经营预算结余的20%提取科技成果转化基金。编制会计分录如下：

根据事业预算收入提取的专用基金＝14 600 000×15%＝2 190 000（元）

编制该业务的财务会计分录：

借：业务活动费用	2 190 000	
贷：专用基金		2 190 000

经营预算结余的专用基金＝5 000 000×20%＝1 000 000（元）

会计制度规定，从本年度非财政拨款结余或经营结余中提取专用基金，应编制该业务的财务会计分录：

借：本年盈余分配	1 000 000	
贷：专用基金		1 000 000

同时,编制该业务的预算会计分录:

借:非财政拨款结余分配　　1 000 000

　贷:专用结余　　1 000 000

（六）其他业务活动费用的核算

行政事业单位为履职或开展业务活动发生其他各项费用时,按照费用确认金额,借记“业务活动费用”科目,贷记“财政拨款收入”“零余额账户用款额度”“银行存款”“应付账款”“其他应付款”“其他应收款”等科目。行政事业单位发生当年购货退回等业务,对于已计入本年业务活动费用的,按照收回或应收的金额,借记“财政拨款收入”“零余额账户用款额度”“银行存款”“其他应收款”等科目,贷记“业务活动费用”科目。

【例 7－7】2×19 年 12 份,某事业单位根据发生的经济业务,编制相关的会计分录。

(1)10 日,通过单位零余额账户支付办公用品款项 3 800 元,购入的办公用品直接交付使用。编制该业务的财务会计分录:

借:业务活动费用　　3 800

　贷:零余额账户用款额度　　3 800

同时,编制该业务的预算会计分录:

借:事业支出　　3 800

　贷:资金结存——零余额账户用款额度　　3 800

(2)15 日,办公室王主任出差归来报销差旅费 850 元,以现金付讫。编制该业务的财务会计分录:

借:业务活动费用　　850

　贷:库存现金　　850

同时,编制该业务的预算会计分录:

借:事业支出　　850

　贷:资金结存——货币资金　　850

(3)20 日,以银行存款支付房屋维修支出 5 000 元。编制该业务的财务会计分录:

借:业务活动费用　　5 000

　贷:银行存款　　5 000

同时,编制该业务的预算会计分录:

借:事业支出　　5 000

　贷:资金结存——货币资金　　5 000

(4)22 日,通过单位零余额账户支付水费 600 元。编制该业务的财务会计分录:

借:业务活动费用　　600

　贷:零余额账户用款额度　　600

同时,编制该业务的预算会计分录:

借:事业支出　　5 000

　贷:资金结存——零余额账户用款额度　　5 000

(5)25 日,以银行存款支付网络通信费 2 000 元。编制该业务的财务会计分录:

借:业务活动费用　　2 000

　贷:银行存款　　2 000

同时,编制该业务的预算会计分录:

借:事业支出 2 000

　贷:资金结存——货币资金 2 000

月末,经计算该单位12月份共发生其他业务活动费用12 250(3 800+850+5 000+600+2 000)元。

(七)业务活动费用期末转销的核算

期末,行政事业单位将"业务活动费用"科目本期发生额转入本期盈余,借记"本期盈余"科目,贷记"业务活动费用"科目。

【例7-8】承例7-7。2×19年12月末,该单位将全部业务活动费用45 250元结转计入本期盈余。编制该业务的财务会计分录:

借:本期盈余 45 250

　贷:业务活动费用 45 250

二、经营费用的核算

(一)经营费用的概念和特点

经营费用是指事业单位在专业业务活动及其辅助活动之外开展非独立核算经营活动发生的各项费用。与经营收入相似,经营费用也应从两个方面认识:一方面,经营费用是专业业务活动及其辅助活动之外发生的各项费用;另一方面,经营费用是非独立核算经营活动发生的费用。

经营费用的主要特征:①经营费用是因非独立核算的经营性业务而发生;②经营费用需要由经营活动收入补偿;③经营费用应当与经营收入相互配比。

经营费用与事业支出均为事业单位向社会提供商品或服务而发生的支出。不同之处在于,经营活动费用体现了保本获利原则,其支出只能是从商品或服务接受方获得补偿;而业务活动费用体现了事业活动的公益性原则,可能从商品或服务的接受方得到补偿性,也可能从财政获得补偿。

为了反映经营支出增减变动情况,事业单位应设置"经营费用"科目,核算事业单位在专业业务活动及其辅助活动之外开展非独立核算经营活动发生的支出。该科目借方登记事业单位发生各项经营费用;贷方登记冲减经营费用以及期末将"经营费用"科目本期发生额转入本期盈余的数额。期末结转后,"经营费用"科目应无余额。

"经营费用"科目应当按照经营活动类别、项目、支付对象等进行明细核算。

为了满足成本核算需要,"经营费用"科目下还可按照"工资福利费用""商品和服务费用""对个人和家庭的补助费用""固定资产折旧费""无形资产摊销费"等成本项目设置明细科目,归集能够直接计入单位经营活动或采用一定方法计算后计入单位经营活动的费用。

(二)职工薪酬的核算

事业单位为在专业业务活动及其辅助活动之外开展非独立核算经营活动人员计提薪酬等,按照计算确定的金额,借记"经营费用"科目,贷记"应付职工薪酬"等科目。

【例7-9】某事业单位所属非独立核算印刷厂,2×19年12月份该单位"职工薪酬汇总表"列明的经营人薪酬总额为87 500元。编制该业务的财务会计分录:

借:经营费用 87 500

　贷:应付职工薪酬 87 500

（三）领用库存物品的核算

事业单位在专业业务活动及其辅助活动之外开展非独立核算经营活动领用、发出的存货，按领用、发出存货的实际成本，借记“经营费用”科目，贷记“库存物品”科目。

【例7－10】承例7－9，该单位12月初库存某物品100千克，单位成本6.40元。12月5日购入该库存物品200千克，单位成本6.30元，15日又购入700千克，单位成本6元。12月份发出该库存物品500千克，其中12月18日经营活动领用300千克，25日专业活动领用200千克。发出的库存物品按加权平均法计价。

库存物品加权平均单价＝（100×6.40＋200×6.30＋700×6）÷（100＋200＋700）＝6.10（元）

经营活动领用库存物品成本＝300×6.10＝1 830（元）

专业活动消耗库存物品成本＝200×6.10＝1 220（元）

编制该业务的财务会计分录：

借：经营费用——加工M设备	1 830
业务活动费用出——专用材料费	1 220
贷：库存物品	3 050

（四）资产折旧和摊销的核算

事业单位为经营活动所使用的固定资产、无形资产计提的折旧、摊销，按照应提折旧、摊销额，借记“经营费用”科目，贷记“固定资产累计折旧”“无形资产累计摊销”科目。

【例7－11】承例7－9，12月末该单位编制当月资产折旧摊销表，该表列明经营活动使用固定资产应计提折旧35 000元、专利权摊销3 000元。编制该业务的财务会计分录：

借：经营费用	38 000
贷：累计折旧	35 000
累计摊销	3 000

（五）相关税费的核算

事业单位开展经营活动发生城市维护建设税、教育费附加、地方教育费附加、车船税、房产税、城镇土地使用税等，按照计算确定应交纳的金额，借记“经营费用”科目，贷记“其他应交税费”等科目。

【例7－12】承例7－9，12月末该单位根据发生的税金业务，编制相关的会计分录。

（1）从事经营活动应交纳增值税150 000元，本月应交城市维护建设税10 500元、教育费附加4 500元。编制该业务的财务会计分录：

借：经营费用	15 000
贷：其他应交税费——应交城市维护建设税	10 500
——应交教育费附加	4 500

（2）月末经计算，本月应交车船税2 000元、房产税12 000元、城镇土地使用税3 000元，共计税金为17 000元。编制该业务的财务会计分录：

借：经营费用	17 000
贷：其他应交税费——应交车船税	2 000
——应交房产税	12 000
——应交城镇土地使用税	3 000

（六）其他经营费用的核算

事业单位发生与经营活动相关的其他各项费用时，按照费用确认金额，借记“经营费用”

科目,贷记“银行存款”“其他应付款”“其他应收款”等科目。涉及增值税业务的,按照应交增值税的金额,借记“应交增值税——应交税金”科目。

事业单位发生当年购货退回等业务,对于已计入本年经营费用的,按照收回或应收的金额,借记“银行存款”“其他应收款”等科目,贷记“经营费用”科目。

【例7-13】承例7-9,12月份该单位根据发生的其他经营费用业务,编制相关的会计分录。

(1)领用劳保用品3 000元用于经营活动。编制该业务的财务会计分录:

借:经营费用　　3 000

　贷:库存物品　　3 000

(2)经营部门王某出差归来报销差旅费5 000元,出差前预借现金6 000元,退回1 000元。编制该业务的财务会计分录:

借:库存现金　　1 000

　经营费用　　5 000

　贷:其他应收款——王某　　6 000

同时,编制该业务的预算会计分录:

借:经营支出　　5 000

　贷:资金结存——货币资金　　5 000

(3)用支票支付经营部门电费、网费5 800元。编制该业务的财务会计分录:

借:经营费用　　5 800

　贷:银行存款　　5 800

同时,编制该业务的预算会计分录:

借:经营支出　　5 800

　贷:资金结存——货币资金　　5 800

(4)对经营用设备进行维修。领用维修材料6 000元,购置零星配料支付现金300元。编制该业务的财务会计分录:

借:经营费用　　6 300

　贷:库存现金　　300

　　库存物品　　6 000

同时,编制该业务的预算会计分录:

借:经营支出　　300

　贷:资金结存——货币资金　　300

期末,经计算本月共发生其他经营费用为20 100(3 000+5 000+5 800+6 300)元。

(七)经营费用期末转销的核算

期末,事业单位将经营支出转入经营结余时,编制借记“本期结余”科目、贷记“经营费用”科目的会计分录。

【例7-14】承例7-9至例7-13,12月末该单位将本月发生的经营费用结转计入本期盈余。

本期经营费用合计=87 500+1 830+38 000+15 000+17 000+20 100=179 430(元)

根据计算结果,编制该业务的财务会计分录:

借:本期盈余　　179 430

　贷:经营费用　　179 430

第二节 单位管理费用和资产处置费用的核算

一、单位管理费用的核算

（一）单位管理费用的性质和内容

单位管理费用是指事业单位本级行政及后勤管理部门开展管理活动发生的各项费用，包括单位行政及后勤管理部门发生的人员经费、公用经费、资产折旧（摊销）等费用，以及由单位统一负担的离退休人员经费、工会经费、诉讼费、中介费等。

需要说明的是，行政单位不单独核算管理费用。

事业单位的管理费用具有以下特点：

一是单位管理费用是为事业单位依法履职或开展专业业务活动及其辅助活动提供正常条件所发生的各项耗费，其目的是为了加强事业管理，与其履行职责或专业活动及其辅助活动没有直接关系。

二是单位管理费用的发生体现在本级行政及后勤管理部门等方面的管理，具有全面性特点。因为事业单位行政管理覆盖任何单位各个部门，后勤服务也会惠及事业单位所有部门，通过单位管理费用信息，可以全面反映单位行政和后勤管理支出情况，有助于提高单位管理水平。

事业单位的管理费用主要包括人员经费、公用经费、资产折旧（摊销）等费用、相关税费、由单位统一负担的相关费用等。

由单位统一负担的相关费用，主要是指由事业单位统一负担的离退休人员经费、工会经费、诉讼费、中介费等。

为了反映单位管理费用增减变动情况，事业单位应设置“单位管理费用”科目。该科目借方登记单位管理费用的增加额；贷方登记期末结转计入本期盈余的金额。期末结转后，“单位管理费用”科目应无余额。“单位管理费用”科目应当按照项目、费用类别、支付对象等进行明细核算。

为了满足成本核算需要，“单位管理费用”科目下还可按照“工资福利费用”“商品和服务费用”“对个人和家庭的补助费用”“固定资产折旧费”“无形资产摊销费”等成本项目设置明细科目，归集能够直接计入单位管理活动或采用一定方法计算后计入单位管理活动的费用。

（二）职工薪酬和劳务费的核算

事业单位本级行政及后勤管理部门发生的职工薪酬和劳务费都是事业单位管理费用，两者的区别在于，职工薪酬是事业单位接受本单位职工提供服务而给予的报酬，而劳务费是事业单位接受外部人员提供服务而给予的报酬。

事业单位为管理活动人员计提的薪酬，按照计算确定的金额，借记“单位管理费用”科目，贷记“应付职工薪酬”科目；为开展管理活动发生的外部人员劳务费，按照计算确定的费用金额，借记“单位管理费用”科目，按照代扣代缴个人所得税的金额，贷记“其他应交税费——应交个人所得税”科目，按照扣税后应付或实际支付的金额，贷记“其他应付款”“财政拨款收入”“零余额账户用款额度”“银行存款”等科目。

【例7－15】2×19年12月，某事业单位根据发生的职工薪酬和劳务业务，编制相关的会计分录。

(1)根据“职工薪酬汇总表”，该月应付从事管理活动人员薪酬为1 300 000元。编制该业务的财务会计分录：

借：单位管理费用　　1 300 000

　贷：应付职工薪酬　　1 300 000

(2)按本月应付职工薪酬的一定比例计提管理人员工会经费。

应计提工会经费＝1 300 000×2%＝26 000(元)

编制该业务的财务会计分录：

借：单位管理费用——工会经费　　26 000

　贷：其他应付款　　26 000

(3)本月应确认应付管理人员职工基本养老保险费260 000元、基本养老保险78 000元，失业保险费26 000元。编制该业务的财务会计分录：

借：单位管理费用——社会保险费　　(260 000＋78 000＋26 000)364 000

　贷：应付职工薪酬　　364 000

(4)以现金支付临时聘用的5名清洁工的工资15 000元。编制该业务的财务会计分录：

借：单位管理费用——劳务费　　15 000

　贷：库存现金　　15 000

同时，编制该业务的预算会计分录：

借：事业支出　　15 000

　贷：资金结存——货币资金　　15 000

月末，经计算该单位12月份共发生职工薪酬和劳务费1 705 000(1 300 000＋26 000＋364 000＋15 000)元。

(三)公用经费的核算

事业单位公用经费主要是指事业单位开展管理活动发生的不能归集到个人的各项费用，主要包括办公费、印刷费、咨询费、手续费、水费、电费、邮电费、物业管理费、取暖费、交通费、差旅费、出国费、维修(护)费、租赁费、会议费、培训费、公务接待费、委托业务费、专用材料费、设备购置费、公务用车运行维护费、其他商品和服务费用等。

事业单位为开展管理活动发生公用经费，按照费用确认金额，借记“单位管理费用”科目，贷记“财政拨款收入”“零余额账户用款额度”“银行存款”“库存物品”“其他应收款”“其他应付款”等科目。

【例7－16】承例7－15，该单位根据12月份发生的公用经费业务，编制相关的会计分录。

(1)开出转账支票支付电话费12 400元、传真费800元、网络通信费25 000元，共计38 200元。编制该业务的财务会计分录：

借：单位管理费用　　38 200

　贷：银行存款　　38 200

同时，编制该业务的预算会计分录：

借:事业支出　38 200

　贷:资金结存——货币资金　38 200

(2)李源出差归来报销出差的住宿费、伙食补助等费用6 000元,原预借5 000元,补付现金1 000元。编制该业务的财务会计分录:

借:单位管理费用　6 000

　贷:库存现金　1 000

　　其他应收款——李源　5 000

同时,编制该业务的预算会计分录:

借:事业支出　1 000

　贷:资金结存——货币资金　1 000

(3)维修办公楼用转账支票支付修缮费20 000元。编制该业务的财务会计分录:

借:单位管理费用　20 000

　贷:银行存款　20 000

同时,编制该业务的预算会计分录:

借:事业支出　20 000

　贷:资金结存——货币资金　20 000

(4)以零余额账户支付单位取暖用燃料费、热力费60 000元。编制该业务的财务会计分录:

借:单位管理费用　60 000

　贷:零余额账户用款额度　60 000

同时,编制该业务的预算会计分录:

借:事业支出　60 000

　贷:资金结存——零余额账户用款额度　60 000

(5)以财政直接支付方式支付单位办公用房、职工及离退休人员宿舍等的物业管理费500 000元。编制该业务的财务会计分录:

借:单位管理费用　500 000

　贷:财政拨款收入　500 000

同时,编制该业务的预算会计分录:

借:事业支出　500 000

　贷:财政拨款预算收入　500 000

(6)开出转账支票150 000元,支付行政租赁办公用房房租。编制该业务的财务会计分录:

借:单位管理费用——租赁费　150 000

　贷:银行存款　150 000

同时,编制该业务的预算会计分录:

借:事业支出　150 000

　贷:资金结存——货币资金　150 000

(7)以财政直接支付方式支付单位举办会议按规定开支的房租费30 000元。编制该业务的财务会计分录:

借:单位管理费用　30 000

贷:财政拨款收入　　30 000

同时,编制该业务的预算会计分录:

借:事业支出　　30 000

贷:财政拨款预算收入　　30 000

(8)以现金支付单位公务用车过桥过路费 800 元。编制该业务的财务会计分录:

借:单位管理费用　　800

贷:库存现金　　800

同时,编制该业务的预算会计分录:

借:事业支出　　800

贷:资金结存——货币资金　　800

月末,经计算该单位 12 月份共发生公用经费 805 000(38 200 + 6 000 + 20 000 + 60 000 + 500 000 + 150 000 + 30 000 + 800)元。

(四)固定资产折旧、无形资产摊销的核算

事业单位为管理活动所使用固定资产、无形资产计提的折旧、摊销,按照应提折旧、摊销额,借记"单位管理费用"科目,贷记"固定资产累计折旧""无形资产累计摊销"科目。

【例 7 - 17】承例 7 - 15,12 月末该单位计提行政管理部门固定资产折旧 125 000 元,其中房屋及构筑物 50 000 元,通用设备 30 000 元,专用设备 20 000 元,家具、用具及装具 25 000元。摊销无形资产价值 40 000 元。编制该业务的财务会计分录:

借:单位管理费用——折旧费用　　125 000

——摊销费用　　40 000

贷:固定资产累计折旧　　125 000

无形资产累计摊销　　40 000

(五)税费的核算

事业单位为开展管理活动发生城市维护建设税、教育费附加、地方教育费附加、车船税、房产税、城镇土地使用税等,按照计算确定应交纳的金额,借记"单位管理费用"科目,贷记"其他应交税费"等科目。

【例 7 - 18】承例 7 - 15,12 月份该单位根据发生的相关税费业务,编制相关的会计分录。

(1)31 日,根据当月应交增值税计算的应交城市维护建设税 17 500 元、教育费附加 7 500元。编制该业务的财务会计分录:

借:单位管理费用　　25 000

贷:其他应交税费——城市维护建设税　　17 500

——应交教育费附加　　7 500

(2)31 日,经计算全年应交房产税 53 000 元、城镇土地使用税 12 000 元、车船税 13 800 元。编制该业务的财务会计分录:

借:单位管理费用　　78 800

贷:其他应交税费——应交房产税　　53 000

——应交城镇土地使用税　　12 000

——应交车船税　　13 800

（六）其他管理费用

事业单位为开展管理活动发生的其他各项管理费用，按照费用确认金额，借记“单位管理费用”科目，贷记“财政拨款收入”“零余额账户用款额度”“银行存款”“其他应付款”“其他应收款”等科目。

事业单位发生当年购货退回等业务，对于已计入本年单位管理费用的，按照收回或应收的金额，借记“财政拨款收入”“零余额账户用款额度”“银行存款”“其他应收款”等科目，贷记“单位管理费用”科目。

（七）单位管理费用的期末结转

期末，单位将“单位管理费用”科目本期发生额转入本期盈余，借记“本期盈余”科目，贷记“单位管理费用”科目。

【例7－19】承例7－15至例7－18，12月末，该单位将本月发生的全部管理费用结转计入本期盈余。

应转入本期盈余＝1 300 000＋26 000＋364 000＋15 000＋38 200＋6 000＋20 000＋60 000＋500 000＋150 000＋30 000＋800＋125 000＋40 000＋25 000＋78 800
＝2 778 800（元）

编制该业务的财务会计分录：

借：本期盈余　　2 778 800
　贷：单位管理费用　　2 778 800

二、资产处置费用的核算

（一）资产处置费用的概念

资产处置费用是指行政事业单位经批准处置资产时发生的费用，包括转销的被处置资产价值，以及在处置过程中发生的相关费用或者处置收入小于相关费用形成的净支出。如果在处置过程中处置收入大于相关费用形成的净收入，原则上应上缴财政。一般情况下，在处置过程中发生的相关费用可能会形成货币资金的流出，发生的相关收入可能会形成货币资金的流入；而转销的被处置资产价值则不会发生货币资金的流出。

行政事业单位资产处置的形式包括无偿调拨、出售、出让、转让、置换、对外捐赠、报废、毁损以及货币性资产损失核销等。资产处置的程序应当符合国有资产管理规定。

行政事业单位在资产清查中查明的资产盘亏、毁损以及报废等，应当先通过“待处理财产损溢”科目进行核算，再将处理资产价值和处理净支出计入资产处置费用科目。

短期投资、长期股权投资、长期债券投资的处置，按照相关资产科目的规定进行账务处理。

资产处置费用科目应当按照处置资产的类别、资产处置的形式等进行明细核算。

资产的类别可以分为流动资产和非流动资产，也可将流动资产细分为货币资金、应收及预付款项、存货等，将非流动资产细分为长期投资、固定资产、无形资产等。根据需要，单位还可以根据报表项目进行进一步细分。

（二）资产处置不通过“待处理财产损溢”科目核算

按照规定，行政事业单位在资产清查中查明的资产盘亏、毁损以及报废等以外的资产处置业务，不需要通过“待处理财产损溢”科目核算。

1. 注销处置资产账面价值的核算

在报经批准处置资产时，按照处置资产的账面价值，借记“资产处置费用”科目；按照处置固定资产、无形资产、公共基础设施、保障性住房的累计折旧或摊销，借记“固定资产累计折旧”“无形资产累计摊销”“公共基础设施累计折旧（摊销）”“保障性住房累计折旧”科目；按照处置资产的账面原值（或成本），贷记“库存物品”“固定资产”“无形资产”“公共基础设施”“政府储备物资”“文物文化资产”“保障性住房”“其他应收款”“在建工程”等科目。

2. 发生处置费用的核算

处置资产过程中发生的相关费用，按照实际发生金额，借记“资产处置费用”科目，贷记“银行存款”“库存现金”等科目。

3. 取得处置收入的核算

在资产处置过程中，处置收入与处置费用不会同时发生。一般来说，先发生处置费用，后取得处置收入。在会计实务操作时，发生的处置费用应及时记账，计入资产处置费用。取得处置收入时，应将处置收入与处置费用进行比较，如果处置收入小于处置费用，应将处置收入全额冲减处置费用，借记“库存现金”“银行存款”等科目，贷记“资产处置费用”科目；如果处置收入大于处置费用，应按照处置费用的金额冲减处置费用，按照取得的处置收入，借记“库存现金”“银行存款”等科目，按照处置资产过程中发生的处置费用金额，贷记“资产处置费用”科目，按照其差额，贷记“应缴财政款”等科目。涉及增值税业务的，相关账务处理参见“应交增值税”科目。

【例 7－20】2×19 年，某事业单位根据发生的资产处置业务，编制相关的会计分录。

（1）5 月 10 日，报经批准处置一批通用设备，该批设备因地震已全部损坏，无法使用。设备账面原值 500 000 元，已提折旧 450 000 元，无资产变卖收入。编制该业务的财务会计分录：

借：资产处置费用——固定资产（毁损）	50 000	
固定资产累计折旧	450 000	
贷：固定资产		500 000

未发生纳入预算管理的货币资金变动，不需进行预算会计的账务处理。

（2）8 月 20 日，该单位报经批准处置一批库存全部霉变的实验用材料。该批材料成本 500 000 元，以银行存款支付材料清理费 5 000 元。编制该业务的财务会计分录：

借：资产处置费用——存货（毁损）	500 000	
贷：库存物资		500 000
借：资产处置费用——存货（毁损）	5 000	
贷：银行存款		5 000

同时，编制预算会计分录：

借：其他支出	5 000	
贷：资金结存——货币资金		5 000

（3）10 月 6 日，该单位报经批准处置一批专用设备，该批设备使用年限已超过规定年限，账面价值 4 000 000 元，已全额计提折旧。设备变卖收入 15 000 元，按规定留归该单位使用；发生运输费 25 000 元。编制该业务的财务会计分录：

借：固定资产累计折旧	4 000 000	

贷:固定资产 4 000 000

借:资产处置费用——固定资产(报废) 25 000

贷:银行存款 25 000

借:银行存款 15 000

贷:资产处置费用 15 000

同时,编制该业务的预算会计分录:

借:其他支出 25 000

贷:资金结存——货币资金 25 000

借:资金结存——货币资金 15 000

贷:其他支出 15 000

(三)资产处置通过“待处理财产损溢”科目核算

按照规定,行政事业单位在资产清查中查明的资产盘亏、毁损以及报废等,需要通过“待处理财产损溢”科目核算。待查明原因报经批准后,将“待处理财产损溢”科目转入“资产处置费用”科目。

1. 现金短缺的核算

行政事业单位账款核对中发现的现金短缺,属于无法查明原因的,报经批准核销时,借记“资产处置费用”科目,贷记“待处理财产损溢”科目。

【例7-21】2×19年6月30日,M事业单位清查库存现金发现短缺200元,经查询未发现短缺原因。7月31日,经批准予以核销。

(1)6月30日盘亏现金时,编制该业务的财务会计分录:

借:待处理财产损溢 200

贷:库存现金 200

同时,编制预算会计分录:

借:其他支出 200

贷:资金结存——货币资金 200

(2)7月31日,经批准予以核销盘亏现金时,编制该业务的财务会计分录:

借:资产处置费用——现金(货币性损失核销) 200

贷:待处理财产损溢 200

2. 非现金资产盘亏或毁损、报废的核算

行政事业单位资产清查过程中盘亏或者毁损、报废的存货、固定资产、无形资产、公共基础设施、政府储备物资、文物文化资产、保障性住房等,报经批准处理时,按照处理资产价值,借记“资产处置费用”科目,贷记“待处理财产损溢——待处理财产价值”科目。处理收支结清时,处理过程中所取得收入小于所发生相关费用的,按照相关费用减去处理收入后的净支出,借记“资产处置费用”科目,贷记“待处理财产损溢——处理净收入”科目。

【例7-22】2×19年12月31日,N事业单位进行年度固定资产清查,发现一台专用设备已经遗失,无法找到。设备原价250 000元,已计提折旧150 000元。2×20年4月5日,该单位根据清查结果上报主管部门。6月30日,根据主管部门的批复进行处理。

(1)12月31日将设备转入待处理,编制该业务的财务会计分录:

借:待处理财产损溢——待处理财产价值 100 000

固定资产累计折旧 150 000

贷:固定资产 250 000

(2)6月30日核销待处理专用设备,编制该业务的财务会计分录:

借:资产处置费用——固定资产(盘亏) 100 000

贷:待处理财产损溢——待处理财产价值 100 000

(四)资产处置费用期末结账的核算

期末,行政事业单位将"资产处置费用"科目本期发生额转入本期盈余,借记"本期盈余"科目,贷记"资产处置费用"科目。期末结转后,"资产处置费用"科目应无余额。

【例7-23】承例7-21。2×19年6月30日,M事业单位将"资产处置费用"科目发生额200元予以转账。编制该业务的财务会计分录:

借:本期盈余 200

贷:资产处置费用 200

第三节 上缴上级费用和对附属单位补助费用的核算

一、上缴上级费用的核算

上缴上级费用是指事业单位按照财政部门和主管部门的规定上缴上级单位款项发生的费用。

根据我国事业单位财务规则规定,非财政补助收入超出其正常支出较多的事业单位的上级单位可会同同级财政部门,根据该事业单位的具体情况,确定对这些事业单位实行收入上缴的办法。收入上缴主要有两种形式,一种是定额上缴,即在核定预算时,确定一个上缴的绝对数额;另一种是按比例上缴,即根据收支情况,确定按收入的一定比例上缴,事业单位按已确定的定额或比例上缴的款项即为上缴上级费用。

为了反映上缴上级费用的增减变动情况,事业单位应设置"上缴上级费用"科目。该科目贷方登记确认应上缴的数额;借方登记按规定上缴的款项;期末,将"上缴上级费用"科目余额转入本期盈余,借记"本期盈余"科目,贷记"上缴上级费用"科目。其明细账应当按照收缴款项单位或缴款项目等设置,并进行明细分类核算。一般可以将收缴款项单位作为一级明细科目,再根据缴款项目的具体内容下设明细科目。

上缴上级费用的确认按照权责发生制原则,在满足费用确认条件时予以确认。比如,在财政部门和主管部门正式下达了上缴任务,并明确了上缴内容和金额时,就可以据此确认应上缴的费用,无须以现实的货币资金流出为前提。需要说明的是,主管部门在合并下级单位财务报表时,应当将下级单位上缴的费用与上级单位形成的收入予以抵消。

事业单位发生上缴上级费用,按照实际上缴的金额或者按照规定计算出应当上缴上级单位的金额,借记"上缴上级费用"科目,贷记"银行存款" "其他应付款"等科目。实际支付上缴款时,按照实际支付的金额,借记"其他应付款"科目,贷记"银行存款"等科目。

【例7-24】2×19年5月初,M事业单位接到上级主管部门下达的缴款通知,注明该单位应当于5月31日前上缴某项目资金200 000元。5月25日该单位将200 000元以财政授权支付方式上缴上级主管部门。编制该业务的财务会计分录:

借:上缴上级费用　200 000
　贷:其他应付款——上级主管部门　200 000
借:其他应付款——上级主管部门　200 000
　贷:零余额账户用款额度——财政授权支付　200 000
同时,编制该业务的预算会计分录:
借:上缴上级支出　200 000
　贷:资金结存——零余额账户用款额度　200 000

期末,事业单位将"上缴上级费用"科目本期发生额转入"本期盈余"科目,编制借记"本期盈余"科目贷记"上缴上级费用"科目的会计分录。期末结转后,"上缴上级费用"科目应无余额。

【例7-25】承例7-24。2×19年5月31日,该单位结转"上缴上级费用"科目本期发生额200 000元。编制该业务的财务会计分录:
借:本期盈余　200 000
　贷:上缴上级费用　200 000

二、对附属单位补助费用的核算

对附属单位补助费用是指事业单位用财政拨款收入之外的收入对附属单位补助发生的费用。"附属单位"是指事业单位附属的独立核算单位,一般应为法人单位。附属单位以协议或合同等形式,按照规定标准或比例缴纳给事业单位各项收入。但是,在附属单位开展专业业务活动及其辅助活动时,有时也存在收不抵支的情况,需要举办单位给予一定的资金支持。原则上,对附属单位补助的费用不得使用财政资金。

对附属单位的补助,从性质上看也是一种对外投资,但由于所属单位是本单位的组成部分,与对其他单位的投资相比又有所区别。因此,对附属单位补助不通过"对外投资"科目核算,而另单设"对附属单位补助费用"科目。该科目借方登记对附属单位的补助数额;贷方登记期末转入本期盈余的对附属单位补助数;期末结账后,"对附属单位补助费用"科目应无余额。其明细账应当按照接受补助单位或补助项目等设置并进行明细分类核算。一般可将接受补助的单位作为一级明细科目,再根据补助项目的具体内容下设明细科目。

对附属单位补助费用的确认按照权责发生制原则,在满足费用确认条件时予以确认。比如,事业单位与附属单位签订了补助协议,或事业单位履行了决策程序形成补助决议,并明确了补助内容和金额时,就可以据此确认费用,无须以现实的货币资金流出为前提。

事业单位发生对附属单位补助支出的,按照实际补助的金额或者按照规定计算出的应当对附属单位补助的金额,借记"对附属单位补助费用"科目,贷记"银行存款""其他应付款"等科目。

【例7-26】2×19年4月5日,M事业单位决定使用自有资金对附属的法人单位N一次性服务补贴300 000元。5月20日,M事业单位财务部门将300 000元拨付至附属的法人单位N的基本存款账户。

(1)4月5日,编制业务的财务会计分录:
借:对附属单位补助费用　300 000
　贷:其他应付款　300 000

(2)5月20日,M事业单位将资金300 000元拨付至附属的N法人单位。编制该业务的财务会计分录：

借:其他应付款　　300 000

　贷:银行存款　　300 000

同时,编制预算会计分录：

借:对附属单位补助支出　　300 000

　贷:资金结存——货币资金　　300 000

期末,事业单位将“对附属单位补助费用”科目本期发生额转入本期盈余,借记“本期盈余”科目,贷记“对附属单位补助费用”科目。期末结转后,“对附属单位补助费用”科目应无余额。

【例7-27】承例7-26。2×19年5月31日,该单位结转“对附属单位补助费用”科目本期发生额300 000元。编制该业务的财务会计分录：

借:本期盈余　　300 000

　贷:对附属单位补助费用　　300 000

第四节　所得税费用和其他费用的核算

一、所得税费用的核算

所得税费用是指有企业所得税缴纳义务的事业单位按规定缴纳企业所得税所形成的费用。

根据《中华人民共和国企业所得税法》规定,企业和其他取得收入的组织为企业所得税的纳税人,包括依法成立的企业、事业单位、社会团体以及其他取得收入的组织。可见,事业单位虽然是公益性或非营利性组织,但如果取得所得税法所规定的应纳税所得,如销售货物所得、提供劳务所得、转让财产所得、股息红利所得、利息所得、租金所得、特许权使用费所得、接受捐赠所得和其他所得,也应依法缴纳企业所得税。

从会计的角度来看,事业单位缴纳的企业所得税和其他费用一样,符合费用的定义和确认的条件,其实质就是事业单位一项费用,因此,将确认的企业所得税称之为“所得税费用”。

事业单位在计算应交所得税(或所得税费用)时,以每一纳税年度的收入总额,减除不征税收入、免税收入、各项扣除以及允许弥补的以前年度亏损后的余额,为应纳税所得额。当期应交所得税的计算公式为：

应交所得税 = 应纳税所得额 × 所得税税率

为了反映所得税费用增减变动情况,事业单位应设置“所得税费用”科目。该科目借方登记事业单位确认的所得税费用;贷方登记实际缴纳的所得税费用。

事业单位发生企业所得税纳税义务的,按照税法规定计算的应交税金数额,借记“所得税费用”科目,贷记“其他应交税费——单位应交所得税”科目;实际缴纳时,按照缴纳金额,借记“其他应交税费——单位应交所得税”科目,贷记“银行存款”科目。年末,将本科目本年发生额转入本期盈余,借记“本期盈余”科目,贷记“所得税费用”科目。

【例7-28】2×19年,某事业单位根据发生的所得税业务,编制相关的会计分录。

(1)经计算,当年取得应纳税所得额380 000元,适用的所得税税率为25%。编制该业务的财务会计分录:

借:所得税费用　　95 000

　贷:其他应交税费——单位应交所得税　　95 000

(2)以银行存款交纳所得税。编制该业务的财务会计分录:

借:其他应交税费——单位应交所得税　　95 000

　贷:银行存款　　95 000

同时,编制该业务的预算会计分录:

借:非财政拨款结余　　95 000

　贷:资金结存——货币资金　　95 000

(3)年末,将本年发生额的所得税费用95 000元转入本期盈余。

借:本期盈余　　95 000

　贷:所得税费用　　95 000

二、其他费用的核算

(一)其他费用的内容

行政事业单位发生的除业务活动费用、单位管理费用、经营费用、资产处置费用、上缴上级费用、附属单位补助费用、所得税费用以外的各项费用,均属于其他费用。其中具体包括利息费用、坏账损失、罚没支出、现金资产捐赠支出以及相关税费、运输费等。

其他费用的共同特点是它们多数与各项业务活动无直接关系,对这些费用进行单独核算的意义在于正确反映行政事业单位各项费用水平,以评价行政事业单位管理的水平。

为了反映其他费用增减变动情况,行政事业单位应设置"其他费用"科目。该科目借方登记发生的其他费用;贷方登记期末分摊转销的其他费用;年末结账后,"其他费用"科目应无余额。

"其他费用"科目应当按照其他支出的类别、《政府收支分类科目》中"支出功能分类"相关科目等进行明细核算。其他支出中如有专项资金支出,还应按具体项目进行明细核算。

(二)其他费用的核算

事业单位按期计算确认借款利息费用时,按照计算确定的金额,借记"在建工程"科目或"其他费用"科目,贷记"应付利息""长期借款——应计利息"科目。

年末,事业单位按照规定对收回后不需上缴财政的应收账款和其他应收款计提坏账准备时,按照计提金额,借记"其他费用"科目,贷记"坏账准备"科目;冲减多提的坏账准备时,按照冲减金额,借记"坏账准备"科目,贷记"其他费用"科目。

行政事业单位发生罚没支出的,按照实际缴纳或应当缴纳的金额,借记"其他费用"科目,贷记"银行存款""库存现金""其他应付款"等科目。

行政事业单位对外捐赠现金资产的,按照实际捐赠的金额,借记"其他费用"科目,贷记"银行存款""库存现金"等科目。

行政事业单位接受捐赠(或无偿调入)以名义金额计量的存货、固定资产、无形资产,以及成本无法可靠取得的公共基础设施、文物文化资产等发生的相关税费、运输费等,按照实际支付的金额,借记"其他费用"科目,贷记"财政拨款收入""零余额账户用款额度""银行存款""库存现金"等科目。

行政事业单位发生的与受托代理资产相关的税费、运输费、保管费等，按照实际支付或应付的金额，借记“其他费用”科目，贷记“零余额账户用款额度”“银行存款”“库存现金”“其他应付款”等科目。

期末，行政事业单位将“其他费用”科目本期发生额转入本期盈余，借记“本期盈余”科目，贷记“其他费用”科目。

【例7－29】2×19年12月份，甲事业单位根据发生的其他费用业务，编制相关的会计分录。

(1)15日，以银行存款归还两个月短期借款本金480 000元、利息4 800元(未预提)。编制该业务的财务会计分录：

借：短期借款 480 000

　其他费用 4 800

　贷：银行存款 484 800

同时，

借：债务还本支出 480 000

　其他支出 4 800

　贷：资金结存——货币资金 484 800

(2)20日，开出转账支票向灾区捐赠货币资金500 000元。编制该业务的财务会计分录：

借：其他费用 500 000

　贷：银行存款 500 000

同时，编制该业务的预算会计分录：

借：其他支出 500 000

　贷：资金结存——货币资金 500 000

(3)2月25日，接受乙单位捐赠一项固定资产并按名义金额入账。接受捐赠资产支付相关税费、运输费3 800元，以银行存款付讫。

①确认固定资产，编制该业务的财务会计分录：

借：固定资产 1

　贷：捐赠收入 1

②支付相关税费、运输费等，编制该业务的财务会计分录：

借：其他费用 3 800

　贷：银行存款 3 800

同时，编制该业务的预算会计分录：

借：其他支出 3 800

　贷：资金结存——货币资金 3 800

(4)31日，根据对应收款项收回风险的估计，决定对应收账款和其他应收款按其余额的5%计提坏账准备。当日，该单位不需要上缴财政的“应收账款”科目借方余额为600 000元，“其他应收款”科目借方余额为200 000元。该月初“坏账准备”科目贷方余额为30 000元。

31日应计提坏账准备＝(600 000＋200 000)×5%－30 000＝10 000(元)

根据计算结果，编制该业务的财务会计分录：

借：其他费用 10 000

贷:坏账准备 10 000

(5)月末,将12月份"其他费用"科目发生额转入本期盈余。

转入本期盈余的其他费用 = 4 800 + 500 000 + 3 800 + 10 000 = 518 600(元)

编制该业务的财务会计分录:

借:本期盈余 518 600

贷:其他费用 518 600

思考题

1. 如何理解行政事业单位费用?与企业费用相比,行政事业单位费用的特点表现在哪些方面?

2. 简述业务活动费用、单位管理费用的性质,说明其主要业务的核算方法。

3. 简述经营费用的性质,说明经营费用的特点及其核算原则。

4. 行政事业单位其他费用包括哪些内容?其核算方法如何?

练习题

1. 资料:2×19年,某公立医院发生经济业务如下:

(1)经计算本月应付从事医疗及其辅助活动人员薪酬650 000元,其中,工资390 000元,津贴150 000元,奖金110 000元;提取福利费91 000元,应付各种社会保障费117 000元。

(2)医院普通外科领用处置治疗用药品一批,其成本3 000元。

(3)全年医疗收入360 000 000元,该省规定提取的医疗风险基金比例为3‰。

(4)计提医疗设备折旧50 000元。

(5)期末,将"业务活动费用"科目余额转入"本期盈余"科目。

要求:根据上述业务,逐笔编制财务会计分录和预算会计分录。

2. 资料:某事业单位为增值税小规模纳税人,该单位所属非独立核算印刷厂2×19年12月份发生经营费用业务如下:

(1)以购买办公用品一批直接交付使用,取得增值税专用发票注明的价款1 500元,增值税195元,款项以银行存款付讫。

(2)10月份职工薪酬结算情况为:职工35人,其薪酬总额为87 500元。为职工代扣医药费500元,个人所得税800元。

(2)印制图书领用纸张一批,其成本为120 000元。

(3)印刷车间领用劳保用品1 000元;报销差旅费5 000元以现金结算,对印刷设备进行维修,领用维修材料7 000元。

(4)月末计提折旧30 000元,其中车间房屋18 000元,印刷设备12 000元。

(5)经计算,本月应交城市维护建设税10 500元、教育费附加4 500元。

(6)经计算,当年取得应纳税所得额280 000元,适用的所得税税率为25%。

(7)月末,将经营费用转入本期盈余。

要求:根据上述业务,逐笔编制相关的财务会计分录和预算会计分录。

3. 资料:2×19 年 8 月份,某事业单位发生经济业务如下:

(1)计提本月短期借款利息 2 800 元。

(2)经批准,转销现金盘亏损失 500 元。

(3)对外捐出库存物品,其账面价值 60 000 元。

(4)以银行存款支付接受捐赠资产发生的相关费用 3 800 元。

(5)应计提坏账准备 5 000 元。

(6)月末,将本月份“其他费用”科目发生额转入本期盈余。

要求:根据上述业务,逐笔编制财务会计分录和预算会计分录。

4. 资料:2×19 年 12 月 30 日,某市教育局所属经济管理学院附属中学按规定的标准上缴上级单位即经济管理学院款项 35 000 元,款项已以银行存款支付。该附属中学年终结账,将“上缴上级费用”科目借方余额 35 000 元,予以转销。

要求:根据上述业务,逐笔编制财务会计和预算会计分录。

5. 资料:2×19 年,某事业单位发生对附属单位补助及其转销业务如下:(1)1 月 10 日,对所属机构拨款 500 000 元;(2)12 月 20 日,收到所属单位根据章程规定缴回的 30 000 元剩余资金;(3)12 月 31 日,将“对附属单位补助费用”账户借方余额转账。

要求:根据上述业务,逐笔编制财务会计分录和预算会计分录。

第八章

行政事业单位净资产的核算

【导言】

《基本准则》指出:“净资产是指政府会计主体资产扣除负债后的净额。”就行政事业单位来说,净资产表明了行政事业单位的资产总额抵偿其现存一切义务后的差额。这个差额用公式可表示为“净资产 = 资产 - 负债”。

根据“净资产 = 资产 - 负债”的关系,净资产确认与计量最终取决于资产和负债的确认与计量标准,同时,净资产的变动主要来源于收入减费用的余额。因为单独确认收入导致净资产增加,单独确认费用导致净资产减少。

行政事业单位净资产的核算包括累积盈余、专用基金、权益法调整、无偿调入净资产和本期盈余的核算等。

【本章纲要】

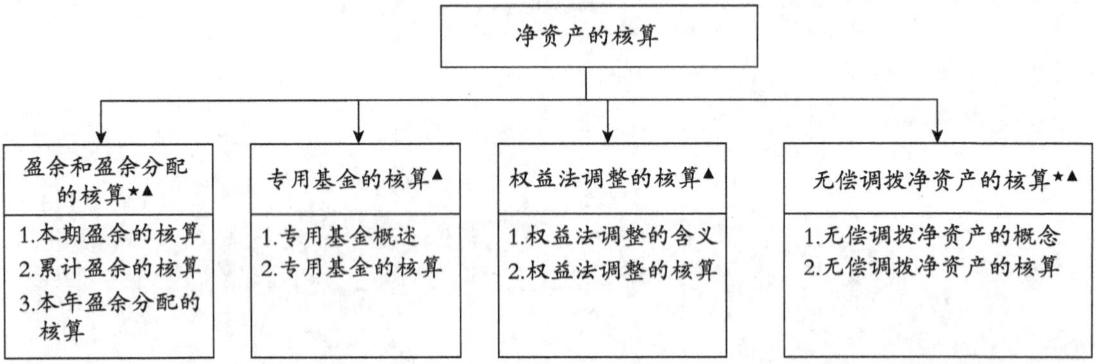

注:★表示行政单位有此项核算,▲表示事业单位有此项核算,★▲表示行政单位和事业单位均有此项核算。

【学习目标、重点和难点】

- 通过本章的学习,了解盈余和盈余分配、专用基金、权益法调整、无偿调拨净资产的概念,熟悉其内容,掌握其核算方法。
- 盈余、专用基金、权益法调整的核算为本章重点。
- 盈余、专用基金、权益法调整的核算为本章难点。

第一节　盈余和盈余分配的核算

一、盈余概述

盈余是指行政事业单位在一定期间内提供公共服务、监管社会事务等活动形成的成果，也就是一定期间内的全部收入抵减全部费用后的差额。如果收入抵减费用的差额为正数，会使行政事业单位净资产增加，反之，则会使行政事业单位净资产减少。

通过盈余指标，可以直接反映行政事业单位财务状况、管理水平、资金使用效益等诸多方面的状况，既可以评价行政事业单位管理层的运营业绩，提高财务管理水平，也可以为债权人、各级政府及其有关部门、单位自身、社会公众和其他利益相关者等财务报告使用者提供相关信息。

行政事业单位盈余主要有以下特点：

(1)行政事业单位盈余是其全部收入与全部费用相抵后的余额。行政事业单位全部收入包括财政拨款收入、事业收入、上级补助收入、附属单位上缴收入、经营收入、非同级财政拨款收入、投资收益、捐赠收入、利息收入、租金收入、其他收入；行政事业单位全部费用包括业务活动费用、单位管理费用、经营费用、资产处置费用、上缴上级费用、对附属单位补助费用、所得税费用、其他费用。盈余是行政事业单位全部收入与全部费用相抵后的差额。

(2)行政事业单位盈余与企业的利润有着本质区别。企业的生产经营活动以盈利为目的，其利润是在严格成本核算的基础上，通过产品的销售和提供劳务而形成的，它体现了企业的经营效益。行政事业单位的业务工作不以营利为目的，其盈余的形成既可能是增收节支的结果，也可能是工作任务调整的结果。

(3)行政单位的盈余与事业单位的盈余也存在差异。表现在以下两个方面：一是盈余构成不同。事业单位资金来源渠道繁多，除财政拨款外，还包括上级补助收入、事业收入、经营收入、附属单位上交收入和其他收入等，因此，其盈余是多种资金收入抵减费用后所形成的结余。与事业单位相比，行政单位的资金来源主要是财政拨款，所以其盈余构成主体是财政拨款。二是结余的管理方法不同。事业单位的盈余可以按规定提取职工福利基金等专用基金，而行政单位的盈余不允许提取基金，应按规定结转下年度继续使用。

按照计算时间不同，盈余分为本期盈余和累计盈余。前者是指本期各项收入、费用相抵后的余额，而后者主要是指历年实现的盈余扣除盈余分配后滚存的金额。

二、本期盈余的核算

本期盈余是指行政事业单位本期各项收入、费用相抵后的余额。它反映了行政事业单位一定时期(年、季或月)内开展依法行政或事业活动取得的各类经济资源及其使用的情况。

为了反映本期盈余增减变动情况，行政事业单位应设置“本期盈余”科目。该科目的贷方登记期末从各收入科目转入的本期发生的各项收入；借方登记期末从各项费用科目转入的本期发生的各项费用。期末如为贷方余额，反映行政事业单位自年初至当期期末累计实现的盈余；如为借方余额，反映行政事业单位自年初至当期期末累计发生的亏损。年末结账后,“本期盈余”科目应无余额。

期末,行政事业单位将各类收入科目的本期发生额转入本期盈余,借记“财政拨款收入”“事业收入”“上级补助收入”“附属单位上缴收入”“经营收入”“非同级财政拨款收入”“投资收益”“捐赠收入”“利息收入”“租金收入”“其他收入”科目,贷记“本期盈余”科目。

期末,行政事业单位将各类费用科目本期发生额转入本期盈余,借记“本期盈余”科目,贷记“业务活动费用”“单位管理费用”“经营费用”“所得税费用”“资产处置费用”“上缴上级费用”“对附属单位补助费用”“其他费用”科目。

年末,行政事业单位完成上述结转后,将“本期盈余”科目余额转入“本年盈余分配”科目,借记或贷记“本期盈余”科目,贷记或借记“本年盈余分配”科目。

【例 8－1】2×19 年 11 月末 M 事业单位“本期盈余”科目本年累计余额为 10 800 000 元,2×19年 12 月 31 日转账前收入、费用类科目余额如表 8－1 所示。

表 8－1　转账前各项收入、费用类科目余额　　金额单位:元

账户	借方余额	贷方余额
财政拨款收入		30 000 000
事业收入		500 000
上级补助收入		80 000
附属单位上缴收入		20 000
经营收入		3 000 000
非同级财政拨款收入		400 000
投资收益		200 000
捐赠收入		100 000
利息收入		300 000
租金收入		650 000
其他收入		350 000
业务活动费用	22 000 000	
单位管理费用	200 000	
经营费用	800 000	
所得税费用	1 200 000	
资产处置费用	200 000	
上缴上级费用	350 000	
对附属单位补助费用	150 000	
其他费用	100 000	

根据表 8－1 资料,该单位 2×19 年 12 月 31 日应编制如下会计分录:

(1)结转收益类账户,编制该业务的财务会计分录:

借:财政拨款收入 30 000 000
　事业收入 500 000
　上级补助收入 80 000
　附属单位上缴收入 20 000
　经营收入 3 000 000
　非同级财政拨款收入 400 000
　投资收益 200 000
　捐赠收入 100 000
　利息收入 300 000
　租金收入 650 000
　其他收入 350 000
　贷:本年盈余 35 600 000

(2)结转费用科目发生额,编制该业务的财务会计分录:

借:本年盈余 25 000 000
　贷:业务活动费用 22 000 000
　　单位管理费用 200 000
　　经营费用 800 000
　　所得税费用 1 200 000
　　资产处置费用 200 000
　　上缴上级费用 350 000
　　对附属单位补助费用 150 000
　　其他费用 100 000

经过对收入、费用类科目的结转,该单位12月份“本年盈余”科目贷方余额为10 600 000(35 600 000 - 25 000 000)元,即12月份实现的盈余总额。2×19年全年盈余总额为21 400 000(10 800 000 + 10 600 000)元。

三、本年盈余分配的核算

行政事业单位的本年盈余分配是指行政事业单位对本年度盈余的分配,如从非财政拨款结余中提取的职工福利基金、从经营结余中提取的科技成果转化基金等。通过对盈余的分配,一方面可以使行政事业单位开展某些方面的活动有了资金保障;另一方面可以使盈余的剩余部分及时转入累计盈余,便于行政事业单位统筹安排使用盈余资金。

为了反映本年盈余分配增减变动情况,行政事业单位应设置“本年盈余分配”科目。该科目的借方登记年末“本期盈余”科目借方余额转入数、按规定从本年非财政拨款结余或经营结余中提取的专用基金数、将本科目贷方余额转入累计盈余数;贷方登记年末“本期盈余”科目贷方余额转入数、将本科目借方余额转入累计盈余数;年末结账后,“本年盈余分配”科目应无余额。

年末,行政事业单位将“本期盈余”科目余额转入“本年盈余分配”科目,借记或贷记“本期盈余”科目,贷记或借记“本年盈余分配”科目。

年末,行政事业单位根据有关规定从本年度非财政拨款结余或经营结余中提取专用基金的,按照预算会计下计算的提取金额,借记“本年盈余分配”科目,贷记“专用基金”科目。

年末,行政事业单位按照规定完成上述处理后,将“本年盈余分配”科目余额转入累计盈余，借记或贷记“本年盈余分配”科目，贷记或借记“累计盈余”科目。

【例8－2】承例8－1。年末，该单位根据发生的本年盈余分配业务，编制相关的会计分录。

(1)根据年末收入、费用类科目的结转结果，将“本期盈余”科目余额26 400 000元转入“本年盈余分配”科目。编制该业务的财务会计分录：

借：本期盈余　　26 400 000

　贷：本年盈余分配　　26 400 000

(2)按照规定提取专用基金500 000元，其中从本年度非财政拨款结余中提取专用基金350 000元，从经营结余中提取专用基金150 000元。编制该业务的财务会计分录：

借：本年盈余分配　　500 000

　贷：专用基金　　500 000

同时，编制该业务的预算会计分录：

借：非财政拨款结余分配　　500 000

　贷：专用结余　　500 000

(3)年末，将“本年盈余分配”科目余额转入累计盈余。编制该业务的财务会计分录：

借：本年盈余分配　　25 900 000

　贷：累计盈余　　25 900 000

四、累计盈余的核算

(一)累计盈余的范围

行政事业单位的累计盈余是指行政事业单位历年实现的盈余扣除盈余分配后滚存的金额，以及因无偿调入调出资产产生的净资产变动额。此外，行政事业单位按照规定上缴、缴回、单位间调剂结转结余资金产生的净资产变动额，以及对以前年度盈余的调整金额，也属于累计盈余内容。

为了反映累计盈余增减变动情况，行政事业单位应设置“累计盈余”科目。该科目的贷方登记累计盈余的增加额；借方登记累计盈余的减少额；期末余额，反映行政事业单位未分配盈余(或未弥补亏损)的累计数以及截至上年末无偿调拨净资产变动的累计数。

“累计盈余”科目年末余额，反映行政事业单位未分配盈余(或未弥补亏损)以及无偿调拨净资产变动的累计数。

(二)累计盈余的核算

年末，行政事业单位将“本年盈余分配”科目的余额转入累计盈余，借记或贷记“本年盈余分配”科目，贷记或借记“累计盈余”科目。

年末，行政事业单位将“无偿调拨净资产”科目的余额转入累计盈余，借记或贷记“无偿调拨净资产”科目，贷记或借记“累计盈余”科目。

行政事业单位按照规定上缴财政拨款结转结余、缴回非财政拨款结转资金、向其他单位调出财政拨款结转资金时，按照实际上缴、缴回、调出金额，借记“累计盈余”科目，贷记“财政应返还额度”“零余额账户用款额度”“银行存款”等科目。

行政事业单位按照规定从其他单位调入财政拨款结转资金时，按照实际调入金额，借记“零余额账户用款额度”“银行存款”等科目，贷记“累计盈余”科目。

行政事业单位将“以前年度盈余调整”科目的余额转入“累计盈余”科目，借记或贷记

"以前年度盈余调整"科目,贷记或借记"累计盈余"科目。

行政事业单位按照规定使用专用基金购置固定资产、无形资产的,按照固定资产、无形资产成本金额,借记"固定资产""无形资产"科目,贷记"银行存款"等科目;同时,按照专用基金使用金额,借记"专用基金"科目,贷记"累计盈余"科目。

【例8－3】某事业单位(增值税一般纳税人)2×19年1月初"累计盈余"科目余额为35 000 000元,12月份该单位根据发生的与累计盈余相关的业务,编制相关的会计分录。

(1)5日,经批准使用专用基金购置一台研发设备并交付使用,取得增值税专用发票注明的价款为150 000元,增值税为19 500元,款项以银行存款支付。编制该业务的财务会计分录:

借:固定资产　　150 000
　应交增值税——应交税金(进项税额)　　19 500
　贷:银行存款　　169 500
借:专用基金　　169 500
　贷:累计盈余　　169 500

同时,编制该业务的预算会计分录:

借:事业支出　　169 500
　贷:资金结存——货币资金　　169 500

(2)按照规定上缴财政拨款结余资金300 000元,款项通过零余额账户支付。编制该业务的财务会计分录:

借:累计盈余　　300 000
　贷:零余额账户用款额度　　300 000

同时,编制该业务的预算会计分录:

借:财政拨款结余——归集上缴　　300 000
　贷:资金结存——零余额账户用款额度　　300 000

(3)31日,将"本年盈余分配"科目贷方余额5 000 000元转入累计盈余。编制该业务的财务会计分录:

借:本年盈余分配　　5 000 000
　贷:累计盈余　　5 000 000

(4)31日,将"无偿调拨净资产"科目借方余额180 000元转入累计盈余。编制该业务的财务会计分录:

借:累计盈余　　180 000
　贷:无偿调拨净资产　　180 000

(5)31日,将"以前年度盈余调整"科目贷方余额200 000元转入累计盈余。编制该业务的财务会计分录:

借:以前年度盈余调整　　200 000
　贷:累计盈余　　200 000

经计算,12月31日该单位"累计盈余"科目余额为39 889 500(35 000 000＋169 500＋5 000 000－300 000－180 000＋200 000)元。

五、以前年度盈余调整的核算

以前年度盈余调整是指行政事业单位本年度发生的调整以前年度盈余的事项,包括本年度发生的重要前期差错更正涉及调整以前年度盈余的事项。这些事项通常是在年度资产负债表日后发生的,或者发现由于计量、确认、记录等方面出现少计或多计收入、费用等错误,以及盘盈实物资产等需要对以前年度财务报表数据进行调整的事项。

为了反映以前年度盈余调整的增减变动情况,行政事业单位应设置“以前年度盈余调整”科目。该科目借方登记调整增加以前年度费用、调整减少以前年度收入;贷方登记调整增加以前年度收入、调整减少以前年度费用以及盘盈的各种非流动实物资产。年末,将“以前年度盈余调整”科目本年发生额转入累计盈余,年末结账后,“以前年度盈余调整”科目应无余额。

行政事业单位本年调整增加以前年度收入时,按照调整增加的金额,借记有关科目,贷记“以前年度盈余调整”科目。调整减少的,做相反会计分录;调整增加以前年度费用时,按照调整增加的金额,借记“以前年度盈余调整”科目,贷记有关科目。调整减少的,做相反会计分录;盘盈的各种非流动资产,报经批准后处理时,借记“待处理财产损溢”科目,贷记“以前年度盈余调整”科目。

行政事业单位经上述调整后,应将“以前年度盈余调整”科目的余额转入累计盈余,借记或贷记“累计盈余”科目,贷记或借记“以前年度盈余调整”科目。

【例 8－4】2×19 年,某事业单位根据发生的前期盈余调整业务,编制相关的会计分录。

(1)3 月 10 日,有关部门审查 2×18 年服务收入时,发现有一笔 100 000 元收入误计入其他应付款。根据审批意见,对该笔业务予以调整。编制该业务的财务会计分录:

借:其他应付款　　100 000

　贷:以前年度盈余调整　　100 000

(2)4 月 5 日,发现 2×18 年度的会计记录中有一项差错,将非独立核算经营部门管理人员工资 20 000 元误计入单位管理费用。编制该业务的财务会计分录:

借:以前年度盈余调整　　20 000

　贷:单位管理费用　　20 000

(3)4 月 20 日,经批准将“以前年度盈余调整”科目余额 80 000 元结转计入“累计盈余”科目。编制该业务的财务会计分录:

借:以前年度盈余调整　　80 000

　贷:累计盈余　　80 000

第二节　专用基金的核算

一、专用基金概述

(一)专用基金的性质

专用基金是指事业单位按规定设置、提取的具有专门用途的净资产,如职工福利基金等。事业单位资金的类型多样,其管理要求也不完全相同。在开展业务运营过程中,既有用于正常支出所需要的资金,也有其支出范围及额度受到严格限制,或需要必要积累,以满足某方面需要的资金。这部分资金就是专用基金。专用基金的来源有特定的渠道,其使用也有专门的用途和范围。

（二）专用基金的内容

1. 修购基金

修购基金是指按照事业收入和经营收入的一定比例提取，并按照规定在相应的购置和修缮账户中列支（各列50%），以及按照其他规定转入，用于事业单位固定资产维修和购置的资金。事业收入和经营收入较少的事业单位可以不提取修购基金，实行固定资产折旧的事业单位不提取修购基金。

2. 职工福利基金

职工福利基金是指按照结余的一定比例提取转入，用于单位职工的集体福利设施、集体福利待遇等的资金。

3. 其他基金是指按照其他有关规定提取或者设置的专用资金。

二、专用基金的核算

为了反映专用基金增减变动情况，事业单位应设置"专用基金"科目核算事业单位按照规定提取或设置的具有专门用途的净资产。该科目贷方登记专用基金提取、拨入、转入的增加数；借方登记专用基金的支出、转出的减少数；期末贷方余额，反映事业单位累计提取或设置的尚未使用的专用基金。其明细账应按照基金类别设置并进行明细分类核算。

（一）专用基金计提的核算

年末，事业单位根据有关规定从本年度非财政拨款结余或经营结余中提取专用基金的，按照预算会计下计算的提取金额，借记"本年盈余分配"科目，贷记"专用基金"科目；根据有关规定从收入中提取专用基金并计入费用的，一般按照预算会计下基于预算收入计算提取的金额，借记"业务活动费用"等科目，贷记"专用基金"科目；根据有关规定设置的其他专用基金，按照实际收到的基金金额，借记"银行存款"等科目，贷记"专用基金"科目。

【例8－5】2×19年，某事业单位当年实现非财政拨款结余400 000元、经营结余600 000元。根据规定，该单位按经营结余的25%计提所得税，按当年非财政拨款结余和缴纳所得税以后的经营结余的10%提取职工福利基金。

（1）计提并确认应缴企业所得税。

应缴所得税＝600 000×25%＝150 000（元）

编制该业务的财务会计分录：

借：本年盈余分配　　150 000

　贷：其他应交税费——应缴企业所得税　　150 000

（2）计提并确认职工福利基金。编制该业务的财务会计分录：

提取的职工福利基金＝（400 000＋600 000－150 000）×10%＝85 000（元）

借：本年盈余分配——提取职工福利基金　　850 00

　贷：专用基金——职工福利基金　　85 000

同时，编制该业务的预算会计分录：

借：非财政拨款结余分配　　85 000

　贷：专用结余　　85 000

【例8－6】2×19年，某科学事业单位实现事业收入1 650 000元、经营结余1 350 000元。年末，假定按照2%的比例计提科技成果转化基金。

科技成果转化基金提取额＝（1 650 000＋1 350 000）×2%＝60 000（元）

编制该业务的财务会计分录：

借：业务活动费用　　(1 650 000 ×2%)33 000

　本年盈余分配　　(1 350 000 ×2%)27 000

　贷：专用基金——科技成果转化基金　　60 000

同时，编制该业务的预算会计分录：

借：非财政拨款结余分配　　27 000

　贷：专用结余　　27 000

需要说明的是，如果事业单位未计提固定资产折旧，按照事业单位财务规则的规定，单位应按照事业收入和经营收入的一定比例提取修购基金，用于事业单位固定资产维修和购置。事业收入和经营收入较少的事业单位可以不提取修购基金。

【例8－7】某事业单位固定资产未计提折旧，分别按事业收入和经营收入的3%计提修购基金。当年实现事业收入4 000 000元，经营收入2 000 000元。修购基金计提的金额为：

修购基金提取额＝(4 000 000＋2 000 000)×3%＝180 000(元)

编制该业务的财务会计分录：

借：业务活动费用　　(4 000 000 ×3%)120 000

　经营费用　　(2 000 000 ×3%)60 000

　贷：专用基金——修购基金　　180 000

(二)专用基金使用的核算

事业单位按照规定使用提取的专用基金时，借记“专用基金”科目，贷记“银行存款”等科目。

事业单位使用提取的专用基金购置固定资产、无形资产的，按照固定资产、无形资产成本金额，借记“固定资产”“无形资产”科目，贷记“银行存款”等科目；同时，按照专用基金使用金额，借记“专用基金”科目，贷记“累计盈余”科目。

【例8－8】2×19年某事业单位根据发生的专用基金使用业务，编制相关的会计分录。

(1)使用专用基金购置设备一台，增值税专用发票注明价款为200 000元，增值税为32 000元(确认为进项税额)，发生运费2 000元、安装费3 000元，共支付增值税500元。全部款项以银行存款支付。编制该业务的财务会计分录：

借：固定资产　　205 000

　应交增值税——应交税金(进项税额)　　32 500

　贷：银行存款　　237 500

同时，

借：专用基金　　237 500

　贷：累计盈余　　237 500

同时，编制该业务的预算会计分录：

借：事业支出　　237 500

　贷：资金结存——货币资金　　237 500

(2)使用修购基金支付设备维修费15 000元，款项以银行存款付讫。编制该业务的财务会计分录：

借：专用基金　　15 000

　贷：银行存款　　15 000

同时,编制该业务的预算会计分录:

借:事业支出　　15 000

　贷:资金结存——货币资金　　15 000

(3)使用从经营结余中提取的职工福利基金购置职工娱乐活动设备一台,取得的增值税普通发票注明 28 000 元,增值税 3 640 元。全部款项以银行存款付讫。编制该业务的财务会计分录:

借:固定资产　　(28 000 +3 640)31 640

　贷:银行存款　　31 640

借:专用基金　　31 640

　贷:累计盈余　　31 640

同时,编制该业务的预算会计分录:

借:专用结余　　31 640

　贷:资金结存——货币资金　　31 640

第三节　权益法调整的核算

权益法调整是指事业单位取得长期股权投资后,根据被投资单位所有者权益变动情况,按照权益法对投资的账面价值进行的调整。

通常,事业单位长期股权投资采用权益法核算时,长期股权投资的账面价值会随着被投资单位所有者权益变动而做出相应的调整。引起被投资单位所有者权益变动的原因主要是三个方面:一是被投资单位实现净损益,二是被投资单位进行利润分配,三是发生净损益、利润分配以外的所有者权益的变动。权益法调整是事业单位根据被投资单位除净损益和利润分配以外的所有者权益变动,按事业单位应享有或应分担的份额对净资产和长期股权投资账面余额的调整。

为了反映权益法调整的增减变动情况,事业单位应设置"权益法调整"科目。该科目贷方登记权益法调整的增加额,借方登记权益法调整的减少额;年末余额,反映单位滚存的被投资单位权益变动金额。

"权益法调整"科目应当按照被投资单位设置明细科目并进行明细核算。

年末,事业单位应按照被投资单位除净损益和利润分配以外的所有者权益变动的份额,借记或贷记"权益法调整"科目,贷记或借记"长期股权投资——其他权益变动"科目。

事业单位处置长期股权投资时,因被投资企业除净损益以外所有者权益的其他变动而计入权益法调整净资产的数额,借记或贷记"权益法调整"科目,贷记或借记"投资收益"科目。

【例 8 -9】2 ×19 年至 2 ×21 年,甲事业单位根据发生的长期股权投资业务,编制会计分录如下:

(1)2×19 年 1 月 5 日,以银行存款 6 000 000 元取得乙公司 30% 的股权作为长期股权投资,并采用权益法核算。编制该业务的财务会计分录:

借:长期股权投资——成本　　6 000 000

　贷:银行存款　　6 000 000

同时,编制该业务的预算会计分录:

借:投资支出　　6 000 000

　贷:资金结存——货币资金　　6 000 000

(2)2×19 年乙公司实现净利润 3 000 000 元,按照应享有被投资单位实现的净损益的份额,编制该业务的财务会计分录:

借:长期股权投资——损益调整　　900 000

　贷:投资收益　　900 000

(3)2×19 年 12 月 31 日,乙公司持有金融资产增加其他综合收益5 000 000元。该事业单位按照应享有被投资单位其他综合收益的增加额,编制该业务的财务会计分录:

借:长期股权投资——其他权益变动　　1 500 000

　贷:权益法调整　　1 500 000

(4)2×20 年 5 月 10 日处置所持有的乙公司股份的 50%,取得价款共计 4 500 000 元。编制该业务的财务会计分录:

借:银行存款　　4 500 000

　贷:长期股权投资——成本　　3 000 000

　　　　　　　　——损益调整　　450 000

　　　　　　　　——其他权益变动　　750 000

　　投资收益　　300 000

同时,

借:权益法调整　　750 000

　贷:投资收益　　750 000

同时,编制该业务的预算会计分录:

借:资金结存——货币资金　　4 500 000

　贷:投资支出　　3 000 000

　　投资预算收益　　1 500 000

第四节　无偿调拨净资产的核算

一、无偿调拨净资产概述

无偿调拨净资产是指无偿调入或调出非现金资产所引起的净资产变动金额。无偿调入或调出的非现金资产包括存货、长期股权投资、固定资产、无形资产、公共基础设施、政府储备物资、文物文化资产、保障性住房等资产。

无偿调入或调出资产是行政事业单位之间转移国有资产的一种行为。调入或调出的主体主要是主管部门和财政部门。通过单位之间资产的调剂,一是优化事业资产配置,提高国有资产利用率和财政资金使用效益,二是对预算配置资产机制的有效的补充。

为了反映无偿调拨净资产的增减变动情况，行政事业单位应设置"无偿调拨净资产"科目。该科目贷方登记因无偿调入非现金资产而增加的净资产数额，借方登记因调出非现金资产而减少的净资产数额；年末将无偿调拨净资产余额转入累计盈余，年末结账后，"无偿调拨净资产"科目应无余额。

二、无偿调入非现金资产的核算

行政事业单位按照规定无偿调入非现金资产，其成本按照调出方账面价值加上相关税费、运输费等确定。

行政事业单位按照规定取得无偿调入的存货、长期股权投资、固定资产、无形资产、公共基础设施、政府储备物资、文物文化资产、保障性住房等；按照确定的成本，借记"库存物品""长期股权投资""固定资产""无形资产""公共基础设施""政府储备物资""文物文化资产""保障性住房"等科目；按照调入过程中发生的归属于调入方的相关费用，贷记"零余额账户用款额度""银行存款"等科目；按照其差额，贷记"无偿调拨净资产"科目。

三、无偿调出非现金资产的核算

行政事业单位按照规定经批准无偿调出存货、长期股权投资、固定资产、无形资产、公共基础设施、政府储备物资、文物文化资产、保障性住房等，按照调出资产的账面余额或账面价值，借记"无偿调拨净资产"科目；按照固定资产累计折旧、无形资产累计摊销、公共基础设施累计折旧或摊销、保障性住房累计折旧的金额，借记"固定资产累计折旧""无形资产累计摊销""公共基础设施累计折旧（摊销）""保障性住房累计折旧"科目；按照调出资产的账面余额，贷记"库存物品""长期股权投资""固定资产""无形资产""公共基础设施""政府储备物资""文物文化资产""保障性住房"等科目；同时，按照调出过程中发生的归属于调出方的相关费用，借记"资产处置费用"科目，贷记"零余额账户用款额度""银行存款"等科目。

四、无偿调拨净资产结转的核算

年末，行政事业单位应将"无偿调拨净资产"科目余额转入累计盈余，借记或贷记"无偿调拨净资产"科目，贷记或借记"累计盈余"科目。

【例 8－10】2×19 年，甲单位根据发生的无偿调入、调出资产业务，编制相关的会计分录。

（1）从系统内部乙单位无偿调入一批材料，该批材料在乙单位的账面价值为 250 000 元。以银行存款支付调入材料发生的运输费等相关费用 15 000 元。编制该业务的财务会计分录：

借：库存物品　　265 000
　贷：银行存款　　15 000
　　无偿调拨净资产　　250 000

同时，编制该业务的预算会计分录：

借：其他支出　　15 000
　贷：资金结存——货币资金　　15 000

（2）经批准从丙单位无偿调入汽车一辆，调出方汽车账面价值为 150 000 元。因调入车

辆发生相关费用为3 000元,以零余额账户支付。编制该业务的财务会计分录:

借:固定资产 153 000

贷:零余额账户用款额度 3 000

无偿调拨净资产 150 000

同时,编制该业务的预算会计分录:

借:其他支出 3 000

贷:资金结存——零余额账户用款额度 3 000

(3)经批准无偿调出一项非专利技术,该项资产账面余额为160 000元,已提摊销50 000元。

①转销非专利技术的账面价值,编制该业务的财务会计分录:

借:无形资产累计摊销 50 000

无偿调拨净资产 110 000

贷:无形资产 160 000

②以银行存款支付与资产调出相关的费用6 000元,编制该业务的财务会计分录:

借:资产处置费用 6 000

贷:银行存款 6 000

同时,编制该业务的预算会计分录:

借:其他支出 6 000

贷:资金结存——货币资金 6 000

(4)年末,将"无偿调拨净资产"科目余额转入"累计盈余"科目。

转入累计盈余的金额=250 000+150 000-110 000=290 000(元)

编制该业务的财务会计分录:

借:无偿调拨净资产 290 000

贷:累计盈余 290 000

思考题

1. 什么是净资产?行政事业单位净资产包括哪些内容?净资产与其他会计要素的关系如何?

2. 什么是盈余?行政事业单位盈余的特点主要表现在哪些方面?

3. 什么是专用基金?专用基金包括哪些内容?其特点表现在哪些方面?

4. 什么是权益法调整?被投资单位哪些经济业务的变动会引起事业单位对长期股权投资科目进行调整?

5. 什么是无偿调拨净资产?行政事业单位哪些资产调入或调出业务会引起净资产的变动?

练习题

1. 资料:2×19 年 11 月 M 事业单位"本期盈余"科目本年累计余额(贷方)为 534 000 000元,2×19 年 12 月 31 日转账前收入类科目发生额合计:财政拨款收入 30 000 000元、事业收入 3 500 000 元、上级补助收入 280 000 元、附属单位上缴收入 320 000 元、经营收入5 000 000元、非同级财政拨款收入 600 000 元、投资收益 400 000 元、捐赠收入 300 000 元、利息收入 500 000 元、租金收入 850 000 元、其他收入 650 000 元。

费用类科目发生额合计(借方):业务活动费用 42 000 000 元、单位管理费用 1 200 000 元、经营费用 1 600 000 元、所得税费用 2 200 000 元、资产处置费用 400 000 元、上缴上级费用 1 350 000 元、对附属单位补助费用 350 000 元、其他费用 200 000 元。

要求:编制该单位以下业务的财务会计分录和预算会计分录:

(1)将 2×19 年 12 月份上述收入类和费用类科目发生额转入本期盈余。

(2)计算该单位 2×19 年盈余总额。

(3)2×19 年 12 月 31 日将"本期盈余"科目余额转入"本年盈余分配"科目。

2. 资料:某公立医院 2×19 年发生专用基金业务如下:

(1)12 月 31 日,按照本年结余 20 560 000 元(假定没有财政基本补助结转)和当地规定的 40% 比例,提取职工福利基金。

(2)12 月 31 日,根据医院全年实现医疗收入 658 600 000 元的 0.2%,提取医疗风险基金。2×19 年初"专用基金——医疗风险基金"科目贷方余额 1 200 000 元。

(3)2×19 年 6 月该医院发生医疗纠纷,现经法院判决,应赔偿患者家属 1 035 000 元。

要求:根据上述经济业务,逐笔编制财务会计分录和预算会计分录。

3. 资料:2×19 年 1 月初,M 事业单位收到捐赠人张某捐赠的资金 50 000 000 元,按照捐赠协议的规定,该项捐赠资金用于设立 N 发展基金,该基金只能用于国债投资,投资收益用于事业活动。2×19 年 3 月份,使用该基金购买 5 年期国债 3 000 000 元。

要求:根据上述经济业务,编制财务会计分录和预算会计分录。

4. 资料:甲事业单位发生下列长期股权投资业务:

(1)2×19 年 1 月 3 日,以银行存款取得对乙公司股权投资,占乙公司有表决权股份的 25%,该单位将其作为长期股权投资核算并采用权益法核算。支付投资款 46 400 000 元,价款中包含已宣告但尚未发放的现金股利 1 450 000 元,另外支付相关税费 70 000 元。款项均以银行存款支付。

(2)2×19 年 3 月 16 日,收到乙公司宣告分派的现金股利。

(3)2×19 年度,乙公司实现净利润 20 000 000 元,其他所有者权益变动(不含利润分配)4 000 000 元。

(4)2×21 年 1 月 4 日,出售所持有的全部乙公司的股票,共取得价款 52 000 000 元。

要求:根据上述资料,编制该单位长期股权投资的财务会计分录和预算会计分录。

第九章

行政事业单位财务报表和预算会计报表的编制

【导言】

《基本准则》指出:政府会计由预算会计和财务会计构成。与其相适应,政府会计报告分为政府决算报告和政府财务报告。政府决算报告综合反映政府会计主体年度预算收支执行结果,政府财务报告则是反映政府会计主体某一特定日期的财务状况和某一会计期间的运行情况和现金流量。政府决算报告包括决算报表(预算会计报表)和其他应当在决算报告中反映的相关信息和资料。政府财务报告包括财务报表和其他应当在财务报告中披露的相关信息和资料。其中,财务报表包括会计报表(至少应当包括资产负债表、收入费用表和现金流量表)和附注。

财务报表和预算会计报表是行政事业单位会计对其运营活动进行确认、计量的最终结果,是向外界传递财务信息和预算信息的主要载体或手段。通过财务报表和预算会计报表,有助于与行政事业单位有利益关系各方分析、评价行政事业单位当前的财务状况、财务业绩、现金流量以及预算收支情况,正确反映行政事业单位有效履行公共受托责任状况。因此,财务报表和预算会计报表是向报表使用者提供决策有用信息的媒介和渠道,也是行政事业单位外部会计信息使用者与单位内部管理层之间相互沟通的桥梁和纽带。

【本章纲要】

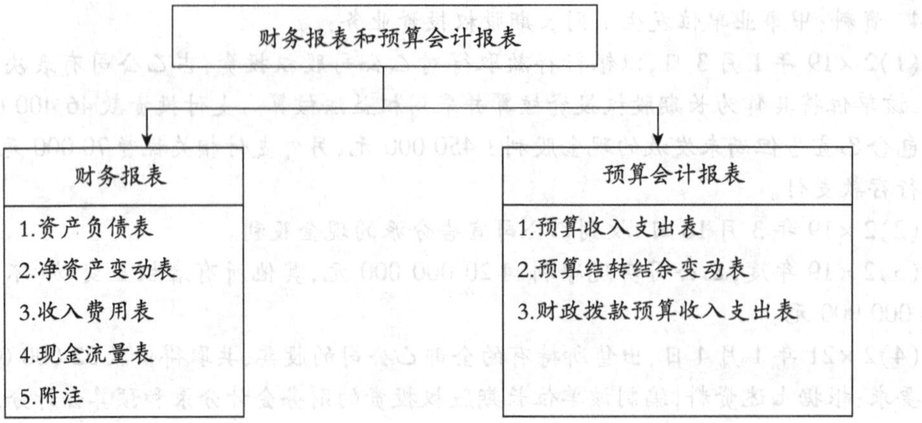

【学习目标、重点和难点】

● 通过本章的学习，了解财务报表、预算会计报表的概念、种类和作用，熟悉财务报表、预算会计报表的内容和结构，掌握财务报表和预算会计报表的编制方法。

● 资产负债表、净资产变动表、收入费用表、现金流量表、预算收入支出表、预算结转结余变动表、财政拨款预算收入支出表的结构和编制方法为本章重点。

● 资产负债表、收入费用表、现金流量表、预算结转结余变动表的编制为本章难点。

第一节　行政事业单位财务报表的编制

《政府会计准则——基本准则》第五十一条指出：财务报表是对政府会计主体财务状况、运行情况和现金流量等信息的结构性表述。财务报表包括会计报表和附注。会计报表至少应当包括资产负债表、收入费用表和现金流量表。

根据财务报表定义，行政事业单位财务报表包含以下四层含义：一是财务报表应当是对外报表，其服务对象主要是各级政府及其有关部门、债权人、政府会计主体自身和其他利益相关者等外部使用者，专门为了内部管理需要编制的报表不属于财务报表的范畴；二是财务报表应当综合反映行政事业单位的运营状况，包括某一时点的财务状况和某一时期的财务业绩与现金流量等信息；三是财务报表必须形成一个系统的文件，不应是零星的或者不完整的信息；四是财务报表包括会计报表和附注。

《政府单位会计制度》规定行政事业单位财务报表由会计报表和附注组成。其中，会计报表包括：①资产负债表，是反映单位在某一特定日期全部资产、负债和净资产的情况报表；②收入费用表，是反映单位在某一会计期间内发生的收入、费用及当期盈余情况的报表；③净资产变动表，是反映单位在某一会计年度内净资产项目的变动情况的报表；④现金流量表，是反映单位在某一会计年度内现金流入和流出的信息的报表。

附注是会计报表附注的简称，是指对在会计报表中列示项目的文字描述或明细资料，以及对未能在会计报表中列示项目的说明等。

一、资产负债表

（一）资产负债表的概念

行政事业单位的资产负债表是反映行政事业单位在某一特定日期全部资产、负债和净资产情况的报表，又称“财务状况表”。它是根据资产、负债和净资产之间的相互关系，按照一定的分类标准和一定的顺序，将行政事业单位一定日期的资产、负债和净资产项目适当排列所形成的报告文件。资产负债表能够提供行政事业单位某一日期所拥有或控制的经济资源、承担的负债义务以及投资者和债权人等享有权益的信息，有助于资产负债表使用者做出各类决策或者进行监督和管理。

（二）资产负债表的结构

资产负债表是根据“资产 = 负债 + 净资产”的会计等式，依照一定的分类和一定的程序，把行政事业单位一定日期的资产、负债和净资产项目予以适当排列，按照一定的编制要求编制而成。它是行政事业单位特定日期所拥有或控制的资产、承担的债务责任以及净资产的静态反映。

资产负债表的格式,目前国际上通用的有账户式和报告式两种。行政事业单位编制账户式资产负债表。账户式资产负债表分为左右两方,资产项目列在表的左方;负债和净资产项目列在表的右方。资产项目按照流动性的强弱排列,流动性强的在先,流动性弱的在后;负债项目按照其到期的远近排列,到期日近的在先,到期日远的在后;净资产项目按其稳定性强弱排列,稳定性强的在先,稳定弱的在后。资产表现为资金占用的形式,而负债和净资产被视为资金的来源,因此资金来源等于资金占用,所以该表的左、右两方金额相等,故资产负债表也称平衡表。行政事业单位资产负债表的基本结构如表9-1所示。

表9-1　资产负债表

会政财01表

编制单位:M事业单位　　2×20年12月31日　　单位:元

资产	期末余额	年初余额	负债和净资产	期末余额	年初余额
流动资产:			流动负债:		
货币资金	15 137 500	3 065 000	短期借款	340 000	540 000
短期投资	212 000	512 000	应交增值税	204 032	-320 000
财政应返还额度	478 000	200 000	其他应交税费	240 000	130 000
应收票据	495 000	195 000	应缴财政款	30 000	230 000
应收账款净额	2 507 050	2 185 000	应付职工薪酬	340 000	290 000
预付账款	373 000	380000	应付票据	595 600	460 000
应收股利	60 000	60 000	应付账款	78 000	263 000
应收利息	5 000	0	应付政府补贴款	0	0
其他应收款净额	672 000	665 000	应付利息	150 000	30 000
存货	8 927 000	8 810 000	预收账款	300 000	500 000
待摊费用	10 000	30 000	其他应付款	406 000	100 000
一年内到期的非流动资产	200 000	0	预提费用	85 000	50 000
其他流动资产		0	一年内到期的非流动负债	0	0
流动资产合计	29 076 550	16 102 000	其他流动负债	0	0
非流动资产:			流动负债合计	2 768 632	2 273 000
长期股权投资	7 280 000	6 000 000	非流动负债:		
长期债券投资	403 000	500 000	长期借款	2 920 000	3 200 000
固定资产原值	15 804 000	15 000 000	长期应付款	2 650 000	2 000 000
减:固定资产累计折旧	2 942 000	4 120 000	预计负债	160 000	60 000

续表

资产	期末余额	年初余额	负债和净资产	期末余额	年初余额
固定资产净值	12 862 000	10 880 000	其他非流动负债	0	0
工程物资	0	0	非流动负债合计	5 730 000	5 260 000
在建工程	0	2 000 000	受托代理负债	350 000	0
无形资产原值	850 000	850 000	负债合计	8 848 632	7 533 000
减:无形资产累计摊销	85 000	20 000			
无形资产净值	765 000	830 000	净资产:		
研发支出	220 000	0	累计盈余	127 666 418	42 150 000
公共基础设施原值	1 500 000	1 500 000	专用基金	20 969 500	19 839 000
减:公共基础设施累计折旧(摊销)	300 000	300 000	权益法调整	-280 000	-280 000
公共基础设施净值	1 200 000	1 200 000	无偿调拨净资产*	0	—
政府储备物资	1 200 000	1 200 000	本期盈余*	0	—
文物文化资产	0	0	净资产合计	148 355 918	61 709 000
保障性住房原值	109 360 000	36 000 000			
减:保障性住房累计折旧	6 000 000	6 000 000			
保障性住房净值	103 360 000	30 000 000			
长期待摊费用	500 000	580 000			
待处理财产损溢	-12 000	-50 000			
其他非流动资产	0	0			
非流动资产合计	127 778 000	53 140 000			
受托代理资产	350 000	0			
资产总计	157 204 550	69 242 000	负债和净资产总计	157 204 550	69 242 000

注:"*"项目为月报项目,年报中不需列示。

(三)资产负债表的编制方法

总体而言,资产负债表是根据行政事业单位总分类账的期末余额编制的。根据"表从账出"的原则,编制资产负债表应当以总分类账及其相关明细账的期末余额为依据。同时,资产负债表是一种比较报表,表中分别要列示"期末数"和"年初数"。行政事业单位资产负债表编制方法如下:

1."年初数"项目的填列方法。

资产负债表"年初余额"栏内各项数字,应当根据上年年末资产负债表"期末余额"栏内数字填列。如果本年度资产负债表规定的项目的名称和内容同上年度不一致,应当对上年年末资产负债表项目的名称和数字按照本年度的规定进行调整,将调整后数字填入本表"年初余额"栏内。如果本年度行政事业单位发生了因前期差错更正、会计政策变更等调整以前年度盈余的事项,还应当对“年初余额”栏中的有关项目金额进行相应调整。

2.“期末数”项目的填列方法。

前已述及,编制行政事业单位资产负债表的依据主要是总分类账及其相关明细账资料。具体说,资产负债表相关项目的编制方法分为以下几种:

(1)根据总账科目余额直接填列。资产负债表中大部分项目是根据相关总账科目期末余额直接填列的。这些项目包括:①资产类项目:短期投资、财政应返还额度、应收票据、预付账款、应收股利、应收利息、待摊费用、长期股权投资、固定资产原值(根据“固定资产”科目的期末余额填列)、固定资产累计折旧、工程物资、在建工程、无形资产原值(根据“无形资产”科目的期末余额填列)、无形资产累计摊销、研发支出、公共基础设施原值、公共基础设施累计折旧(摊销)、政府储备物资、文物文化资产、保障性住房原值(根据“保障性住房”科目的期末余额填列)、保障性住房累计折旧、长期待摊费用。②负债类项目:短期借款、应缴财政款、应付职工薪酬、应付票据、应付账款、应付政府补贴款、应付利息、预收账款、其他应付款、预提费用、预计负债、受托代理负债等。③净资产类项目:累计盈余、专用基金。

需要说明的是,资产类“待处理财产损溢”项目,应当根据“待处理财产损溢”科目的期末借方余额填列,如“待处理财产损溢”科目期末为贷方余额,以“-”号填列。

负债类“应交增值税”项目,应当根据“应交增值税”科目的期末余额填列,如“应交增值税”科目期末为借方余额,以“-”号填列。“其他应交税费”项目,应当根据“其他应交税费”科目的期末余额填列;如“其他应交税费”科目期末为借方余额,以“-”号填列。

净资产类“权益法调整”项目,应当根据“权益法调整”科目的期末余额填列。如“权益法调整”科目期末为借方余额,以“-”号填列。“无偿调拨净资产”项目,仅在月度报表中列示,年度报表中不列示。月度报表中本项目应当根据“无偿调拨净资产”科目的期末余额填列;“无偿调拨净资产”科目期末为借方余额时,以“-”号填列。“本期盈余”项目,仅在月度报表中列示,年度报表中不列示。月度报表中本项目应当根据“本期盈余”科目的期末余额填列;“本期盈余”科目期末为借方余额时,以“-”号填列。

(2)根据总账科目余额计算填列。资产负债表有些项目根据若干个总账科目的期末余额计算填列。如“货币资金”项目,应当根据“库存现金”“银行存款”“零余额账户用款额度”“其他货币资金”科目的期末余额的合计数填列;若单位存在通过“库存现金”“银行存款”科目核算的受托代理资产还应当按照前述合计数扣减“库存现金”“银行存款”科目下“受托代理资产”明细科目的期末余额后的金额填列。

“存货”项目,应当根据“在途物品”“库存物品”“加工物品”科目的期末余额的合计数填列。

“受托代理资产”项目,应当根据“受托代理资产”科目的期末余额与“库存现金”“银行存款”科目下“受托代理资产”明细科目的期末余额的合计数填列。

“其他流动资产”项目,应当根据有关科目期末余额的合计数填列。

“其他非流动资产”项目,应当根据有关科目的期末余额合计数填列。

“其他流动负债”项目,应当根据有关科目的期末余额的合计数填列。

“其他非流动负债”项目,应当根据有关科目的期末余额合计数填列。

(3)根据明细科目余额分析计算填列。资产负债表还有一些项目根据有关总账科目所属的有关明细科目的期末余额计算填列。如“一年内到期的非流动资产”项目,应当根据“长期债券投资”等科目的明细科目的期末余额分析填列。“一年内到期的非流动负债”项目,应当根据“长期应付款”“长期借款”等科目的明细科目的期末余额分析填列。

(4)根据总账科目和明细科目余额分析计算填列。如“长期债券投资”项目,应当根据“长期债券投资”科目的期末余额减去其中将于1年内(含1年)到期的长期债券投资余额后的金额填列。

“长期借款”项目,应当根据“长期借款”科目的期末余额减去其中将于1年内(含1年)到期的长期借款余额后的金额填列。

“长期应付款”项目应当根据“长期应付款”科目的期末余额减去其中将于1年内(含1年)到期的长期应付款余额后的金额填列。

(5)根据总账科目余额减去其备抵科目后的净额填列。如:“应收账款净额”项目应当根据“应收账款”科目的期末余额,减去“坏账准备”科目中对应收账款计提的坏账准备的期末余额后的金额填列。

“其他应收款净额”项目,应当根据“其他应收款”科目的期末余额减去“坏账准备”科目中对其他应收款计提的坏账准备的期末余额后的金额填列。

“固定资产净值”项目,应当根据“固定资产”科目期末余额减去“固定资产累计折旧”科目期末余额后的金额填列。

“无形资产净值”项目,应当根据“无形资产”科目期末余额减去“无形资产累计摊销”科目期末余额后的金额填列。

“公共基础设施净值”项目,应当根据“公共基础设施”科目期末余额减去“公共基础设施累计折旧(摊销)”科目期末余额后的金额填列。

“保障性住房净值”项目,应当根据“保障性住房”科目期末余额减去“保障性住房累计折旧”科目期末余额后的金额填列。

二、净资产变动表

(一)净资产变动表的性质

行政事业单位的净资产变动表是指反映行政事业单位在某一会计年度内净资产项目变动情况的报表。通过净资产变动表,可以反映行政事业单位净资产的构成内容、总额及其增减变动结果,分析净资产增减变动的原因,有助于报表使用者预测净资产发展趋势。

(二)净资产变动表的结构

净资产变动表的结构分为表头和基本内容两部分,其格式如表9-2所示。表头主要包括报表名称、编制单位、编制时期和金额单位等。

表9-2　净资产变动表

会政财03表

编制单位:M事业单位　　　　2×20年　　　　单位:元

项目	本年数				上年数			
	累计盈余	专用基金	权益法调整	净资产合计	累计盈余	专用基金	权益法调整	净资产合计
一、上年年末余额	42 150 000	19 839 000	-280 000	61 709 000	(略)	(略)	(略)	(略)
二、以前年度盈余调整(减少以“-”号填列)								

续表

项目	本年数				上年数			
	累计盈余	专用基金	权益法调整	净资产合计	累计盈余	专用基金	权益法调整	净资产合计
三、本年年初余额	42 150 000	19 839 000	-280 000	61 709 000	（略）	（略）	（略）	（略）
四、本年变动金额（减少以“-”号填列）	85 516 418	11 30 500	0	86 646 918				
（一）本年盈余	86 896 918			86 896 918				
（二）无偿调拨净资产	250 000			250 000				
（三）归集调整预算结转结余	-500 000			-500 000				
（四）提取或设置专用基金	-1 300 000	1 300 000	0					
其中：从预算收入中提取								
从预算结余中提取	-1 300 000			-1 300 000				
设置的专用基金		1 300 000		1 300 000				
（五）使用专用基金	169 500	-169 500						
（六）权益法调整								
五、本年年末余额	127 666 418	20 969 500	-280 000	148 355 918	（略）	（略）	（略）	（略）

净资产变动表基本内容以矩阵的形式列示：一方面，列示导致净资产变动的经济业务，即净资产变动的来源，对一定时期净资产的变动情况进行全面的反映（如本年盈余、无偿调拨净资产、归集调整预算结转结余、提取或设置专用基金、使用专用基金和权益法调整）；另一方面，按照净资产各组成部分（即累计盈余、专用基金、权益法调整），列示经济业务的变动对净资产各部分的影响。

（三）净资产变动表的编制

1．“本系数”栏和“上年数”栏的含义

净资产变动表的“本年数”栏反映本年度各项目的实际变动数；“上年数”栏反映上年度各项目的实际变动数（应当根据上年度净资产变动表中“本年数”栏内所列数字填列）。

如果上年度净资产变动表规定的项目的名称和内容与本年度不一致，应对上年度净资产变动表项目的名称和数字按照本年度的规定进行调整，将调整后金额填入本年度净资产变动表“上年数”栏内。

2．净资产变动表“项目”栏各项目的内容和填列方法

（1）“上年年末余额”行，反映行政事业单位净资产各项目上年年末的余额。本行各项目应当根据“累计盈余”“专用基金”“权益法调整”科目上年年末余额填列。

（2）“以前年度盈余调整”行，反映行政事业单位本年度调整以前年度盈余的事项对累计盈余进行调整的金额。本行“累计盈余”项目应当根据本年度“以前年度盈余调整”科目转入“累计盈余”科目的金额填列；如调整减少累计盈余，以“-”号填列。

（3）“本年年初余额”行，反映经过以前年度盈余调整后，行政事业单位净资产各项目的

本年年初余额。本行“累计盈余”“专用基金”“权益法调整”项目应当根据其各自在“上年年末余额”和“以前年度盈余调整”行对应项目金额的合计数填列。

(4)“本年变动金额”行,反映行政事业单位净资产各项目本年变动总金额。本行“累计盈余”“专用基金”“权益法调整”项目应当根据其各自在“本年盈余”“无偿调拨净资产”“归集调整预算结转结余”“提取或设置专用基金”“使用专用基金”“权益法调整”行对应项目金额的合计数填列。

(5)“本年盈余”行,反映行政事业单位本年发生的收入、费用对净资产的影响。本行“累计盈余”项目应当根据年末由“本期盈余”科目转入“本年盈余分配”科目的金额填列;如转入时借记“本年盈余分配”科目,则以“-”号填列。

(6)“无偿调拨净资产”行,反映单位本年无偿调入、调出非现金资产事项对净资产的影响。本行“累计盈余”项目应当根据年末由“无偿调拨净资产”科目转入“累计盈余”科目的金额填列;如转入时借记“累计盈余”科目,则以“-”号填列。

(7)“归集调整预算结转结余”行,反映单位本年财政拨款结转结余资金归集调入、归集上缴或调出,以及非财政拨款结转资金缴回对净资产的影响。本行“累计盈余”项目应当根据“累计盈余”科目明细账记录分析填列;如归集调整减少预算结转结余,则以“-”号填列。

(8)“提取或设置专用基金”行,反映单位本年提取或设置专用基金对净资产的影响。本行“累计盈余”项目应当根据“从预算结余中提取”行“累计盈余”项目的金额填列。本行“专用基金”项目应当根据“从预算收入中提取”“从预算结余中提取”“设置的专用基金”行“专用基金”项目金额的合计数填列。其中:

“从预算收入中提取”行,反映单位本年从预算收入中提取专用基金对净资产的影响,本行“专用基金”项目应当通过对“专用基金”科目明细账记录的分析,根据本年按有关规定从预算收入中提取基金的金额填列;

“从预算结余中提取”行,反映单位本年根据有关规定从本年度非财政拨款结余或经营结余中提取专用基金对净资产的影响,本行“累计盈余”“专用基金”项目应当通过对“专用基金”科目明细账记录的分析,根据本年按有关规定从本年度非财政拨款结余或经营结余中提取专用基金的金额填列,本行“累计盈余”项目以“-”号填列;

“设置的专用基金”行,反映单位本年根据有关规定设置的其他专用基金对净资产的影响,本行“专用基金”项目应当通过对“专用基金”科目明细账记录的分析,根据本年按有关规定设置的其他专用基金的金额填列。

(9)“使用专用基金”行,反映单位本年按规定使用专用基金对净资产的影响。本行“累计盈余”“专用基金”项目应当通过对“专用基金”科目明细账记录的分析,根据本年按规定使用专用基金的金额填列;本行“专用基金”项目以“-”号填列。

(10)“权益法调整”行,反映单位本年按照被投资单位除净损益和利润分配以外的所有者权益变动份额而调整长期股权投资账面余额对净资产的影响。本行“权益法调整”项目应当根据“权益法调整”科目本年发生额填列;若本年净发生额为借方时,以“-”号填列。

(11)“本年年末余额”行,反映单位本年各净资产项目的年末余额。本行“累计盈余”“专用基金”“权益法调整”项目应当根据其各自在“本年年初余额”“本年变动金额”行对应项目金额的合计数填列。

三、收入费用表

（一）收入费用表的概念

行政事业单位的收入费用表是指反映行政事业单位在某一会计期间内发生的收入、费用及当期盈余情况的报表。通过收入费用表，可以反映一定时期收入、费用发生的情况，确定运营活动结果，考核行政任务、事业计划完成情况，评价其工作业绩，预测盈余未来发展趋势。

（二）收入费用表的结构

收入费用表由表头和正表两个部分构成。如表 9－3 所示。

表 9－3　收入费用表

会政财 02 表

编制单位：M 事业单位　　　　2×20 年　　　　单位：元

项　目	本月数	本年累计数
一、本期收入	（略）	91 923 868
（一）财政拨款收入		76 400 000
其中：政府性基金收入		
（二）事业收入		8 500 000
（三）上级补助收入		3 000 000
（四）附属单位上缴收入		2 000 000
（五）经营收入		300 000
（六）非同级财政拨款收入		650 000
（七）投资收益		468 868
（八）捐赠收入		300 000
（九）利息收入		20 000
（十）租金收入		100 000
（十一）其他收入		185 000
二、本期费用	（略）	5 026 950
（一）业务活动费用		2 210 000
（二）单位管理费用		560 000
（三）经营费用		310 000
（四）资产处置费用		30 000
（五）上缴上级费用		1 500 000
（六）对附属单位补助费用		300 000
（七）所得税费用		50 000
（八）其他费用		66 950
三、本期盈余	（略）	86 896 918

表头说明报表的名称、编制单位的名称、编制报表的日期和货币的计量单位等。

正表是收入费用表的核心，分为“项目”栏和“金额”栏两部分。

正表“项目”栏反映单位全部收支相抵后运营成果各项指标的构成、分类和排列。表格采取了报告式形式，分为收入类和费用类两部分。收入类项目依次为：财政拨款收入、事业收入、上级补助收入、附属单位上缴收入、经营收入、非同级财政拨款收入、投资收益、捐赠收入、利息收入、租金收入、其他收入；费用类项目依次为：业务活动费用、单位管理费用、经营费用、资产处置费用、上缴上级费用、对附属单位补助费用、所得税费用和其他费用。表内各项目之间的关系如下：

本期收入 - 本期费用 = 本期盈余

正表“金额”栏，则反映单位不同时期（月份、年份）各项收支及运营成果达到的水平以及结余情况，便于报表使用者分析、考核单位收支、结余情况。收入费用表结构如表 9 - 4 所示。

表 9 - 4　现金流量表

会政财 04 表

编制单位：　　　　2×20 年　　　　单位：元

项　目	本年金额	上年金额
一、日常活动产生的现金流量		
财政基本支出拨款收到的现金	4 400 000	
财政非资本性项目拨款收到的现金	650 000	
事业活动收到的除财政拨款以外的现金	8 510 000	
收到的其他与日常活动有关的现金	5 135 000	
日常活动的现金流入小计	18 695 000	
购买商品、接受劳务支付的现金	0	
支付给职工以及为职工支付的现金	2 250 000	
支付的各项税费	0	
支付的其他与日常活动有关的现金	2 227 000	
日常活动的现金流出小计	4 477 000	
日常活动产生的现金流量净额	14 218 000	
二、投资活动产生的现金流量		
收回投资收到的现金	300 000	
取得投资收益收到的现金	18 868	
处置固定资产、无形资产、公共基础设施等收回的现金净额	0	
收到的其他与投资活动有关的现金	1 132	
投资活动的现金流入小计	320 000	
购建固定资产、无形资产、公共基础设施等支付的现金	73 510 000	
对外投资支付的现金	103 000	

续表

项　目	本年金额	上年金额
上缴处置固定资产、无形资产、公共基础设施等净收入支付的现金	0	
支付的其他与投资活动有关的现金	84 500	
投资活动的现金流出小计	73 697 500	
投资活动产生的现金流量净额	−73 377 500	
三、筹资活动产生的现金流量		
财政资本性项目拨款收到的现金	72 000 000	
取得借款收到的现金	0	
收到的其他与筹资活动有关的现金	0	
筹资活动的现金流入小计	72 000 000	
偿还借款支付的现金	480 000	
偿还利息支付的现金	10 000	
支付的其他与筹资活动有关的现金	0	
筹资活动的现金流出小计	490 000	
筹资活动产生的现金流量净额	71 510 000	
四、汇率变动对现金的影响额	0	
五、现金净增加额	12 350 500	

（三）收入费用表的编制方法

收入费用表各项目均需要填列“本月数”和“本年累计数”两栏。其中，“本月数”栏反映各项目的本月实际发生数。编制年度收入费用表时，应当将本栏改为“本年数”，反映本年度各项目的实际发生数。“本年累计数”栏反映各项目自年初至报告期期末的累计实际发生数。编制年度收入费用表时，应当将本栏改为“上年数”，反映上年度各项目的实际发生数，“上年数”栏应当根据上年年度收入费用表中“本年数”栏内所列数字填列。

如果本年度收入费用表规定的项目的名称和内容同上年度不一致，应当对上年度收入费用表项目的名称和数字按照本年度的规定进行调整，将调整后的金额填入本年度收入费用表的“上年数”栏内。

如果本年度单位发生了因前期差错更正、会计政策变更等调整以前年度盈余的事项，还应当对年度收入费用表中“上年数”栏中的有关项目金额进行相应调整。

收入费用表各项目的填列方法可归纳为以下二类：

第一，根据总账和明细账的本期发生额直接填列或分析填列。如财政拨款收入、事业收入、上级补助收入、附属单位上缴收入、经营收入、非同级财政拨款收入、捐赠收入、利息收入、租金收入、其他收入、业务活动费用、单位管理费用、经营费用、资产处置费用、上缴上级费用、对附属单位补助费用、所得税费用、其他费用项目应根据其相应的会计科目的本期发生额填列。

"政府性基金收入"项目应当根据"财政拨款收入"相关明细科目的本期发生额填列。

第二,根据表中项目计算填列。如"本期收入"项目应当根据本表中"财政拨款收入""事业收入""上级补助收入""附属单位上缴收入""经营收入""非同级财政拨款收入""投资收益""捐赠收入""利息收入""租金收入""其他收入"项目金额的合计数填列。"本期费用"项目应当根据本表中"业务活动费用""单位管理费用""经营费用""资产处置费用""上缴上级费用""对附属单位补助费用""所得税费用""其他费用"项目金额的合计数填列。

第三,根据总账科目的借方或贷方余额分析填列。如"投资收益"项目应当根据"投资收益"科目的本期发生额填列;如为投资净损失,以"－"号填列。

第四,根据表中相关项目相抵后的结果分析填列。如"本期盈余"项目应当根据本表中"本期收入"项目金额减去"本期费用"项目金额后的金额填列;如为负数,以"－"号填列。

四、现金流量表

(一)现金流量表概述

1. 现金流量表的概念

行政事业单位的现金流量表是反映行政事业单位在某一会计年度内现金流入和现金流出信息的报表。

在现实经济活动中,行政事业单位虽然不是以盈利作为其运营活动的核心目标和最终归宿,但其运营活动始于现金收入、终于现金支出则是一个不争事实,行政事业单位现金流转状况在很大程度上影响其履职能力和业务活动的发展。可见,现金取得与使用情况是行政事业单位重要信息之一。资产负债表虽然可以提供行政事业单位的资产增减变动的结果,收入费用表可以提供行政事业单位本期盈余总额、结构及其变动信息,净资产变动表可以反映净资产形成原因以及使用情况,但这三张报表均无法直接反映行政事业单位一定期间从事日常活动、投资活动和筹资活动产生现金流量的详细信息。现金流量表能具体说明单位现金来源渠道和运用方向。过去的现金流量总是与未来的现金流量相关,是未来现金流量的预示,所以,通过现金流量表,可以分析单位未来获取现金的能力,预测现金增减变动趋势。编制现金流量表的目的是为报表使用者提供行政事业单位一定会计期间现金和现金等价物流入和流出的信息,帮助报表使用者了解和评价行政事业单位获取现金的能力,预测行政事业单位未来的现金流量。

2. 现金、现金流量的概念及现金流量的分类

(1)"现金"的概念。现金流量表中的"现金"是指行政事业单位的库存现金以及其他可以随时用于支付的款项,包括库存现金、可以随时用于支付的银行存款、其他货币资金、零余额账户用款额度、财政应返还额度,以及通过财政直接支付方式支付的款项。

(2)现金流量的概念。现金流量是指行政事业单位现金的流入和流出。但现金内部之间发生的相关事项,如将库存现金转作银行存款,将银行存款转换为其他货币资金等,它们彼此之间的转换不构成现金流量事项,即不会导致现金流量的增加或减少。

(3)现金流量的分类。根据行政事业单位活动的性质和现金流量的来源,现金流量表将行政事业单位一定期间产生的现金流量分为日常活动现金流量、投资活动现金流量和筹资活动现金流量三类,每一类现金流量分为现金流入和现金流出。

（二）现金流量表的结构

现金流量表由表头和正表两个部分构成。现金流量表的结构如表9-4所示。

表头说明报表的名称、编制单位的名称、编制报表的日期和货币的计量单位等。

正表是现金流量表的核心，分为“项目”栏和“金额”栏两部分。现金流量表“项目”栏分为以下五部分：

1. 日常活动产生的现金流量

日常活动产生的现金流量是指单位投资活动和筹资活动以外的所有交易和事项引起的现金流入或现金流出。日常活动产生的现金流入和现金流出具体内容见表9-4。

2. 投资活动产生的现金流量

投资活动产生的现金流量是指单位长期资产的购建及其处置活动引起的现金流入或现金流出。其中：长期资产是指固定资产、无形资产、在建工程、公共基础设施等非流动资产。投资活动产生的现金流入和现金流出具体内容见表9-4。

3. 筹资活动产生的现金流量

投资活动产生的现金流量主要是指导致单位债务规模和构成发生变动等活动而引起的现金流入或现金流出。投资活动产生的现金流入和现金流出具体内容见表9-4。

4. 汇率变动对现金的影响额

汇率变动对现金的影响额是指单位本年外币现金流量折算为人民币时，所采用的现金流量发生日的汇率折算的人民币金额与外币现金流量净额按期末汇率折算的人民币金额之间的差额。

5. 现金净增加额

现金净增加额是指日常活动产生的现金流量净额、投资活动产生的现金流量净额、筹资活动产生的现金流量净额以及汇率变动对现金的影响额之和。

现金流量表“金额”栏分为“本年金额”和“上年金额”两部分，以反映构成现金流量各项目金额增减变动情况，有助于现金流量表使用者了解和评价行政事业单位获取现金和现金的能力，并据以预测其未来的现金流量。

（三）日常活动产生现金流量的计算方法

编制现金流量表时，日常活动产生的现金流量的列报方法主要有两种：一是直接法；二是间接法。

1. 直接法

直接法是指通过现金收入和现金支出的主要类别直接反映行政事业单位日常活动产生的现金流量。在直接法下，一般是以收入费用表中的本期各项收入为起点，调节与日常活动有关的项目的增减变动，然后计算出日常活动产生的现金流量。

2. 间接法

间接法是指以本期净资产变动额为起点，通过调整不涉及现金的收入、费用等项目的增减变动，调整不属于业务活动的现金收支项目，据此计算并列示业务活动的现金流量的一种方法。

按照《政府单位会计制度》的规定，行政事业单位应当采用直接法编制现金流量表。采用直接法编报的现金流量表，便于分析行政事业单位日常业务活动产生的现金流量的来源和用途，预测行政事业单位现金流量的未来前景。

（四）现金流量具体项目的填列方法

1. 日常活动产生的现金流量

（1）“财政基本支出拨款收到的现金”项目，反映行政事业单位本年接受财政基本支出拨款取得的现金。本项目应当根据“零余额账户用款额度”“财政拨款收入”“银行存款”等科目及其所属明细科目的记录分析填列。

（2）“财政非资本性项目拨款收到的现金”项目，反映行政事业单位本年接受除用于购建固定资产、无形资产、公共基础设施等资本性项目以外的财政项目拨款取得的现金。本项目应当根据“银行存款”“零余额账户用款额度”“财政拨款收入”等科目及其所属明细科目的记录分析填列。

（3）“事业活动收到的除财政拨款以外的现金”项目，反映事业单位本年开展专业业务活动及其辅助活动取得的除财政拨款以外的现金。本项目应当根据“库存现金”“银行存款”“其他货币资金”“应收账款”“应收票据”“预收账款”“事业收入”等科目及其所属明细科目的记录分析填列。

（4）“收到的其他与日常活动有关的现金”项目，反映行政事业单位本年收到的除以上项目之外的与日常活动有关的现金。本项目应当根据“库存现金”“银行存款”“其他货币资金”“上级补助收入”“附属单位上缴收入”“经营收入”“非同级财政拨款收入”“捐赠收入”“利息收入”“租金收入”“其他收入”等科目及其所属明细科目的记录分析填列。

（5）“购买商品、接受劳务支付的现金”项目，反映行政事业单位本年在日常活动中用于购买商品、接受劳务支付的现金。本项目应当根据“库存现金”“银行存款”“财政拨款收入”“零余额账户用款额度”“预付账款”“在途物品”“库存物品”“应付账款”“应付票据”“业务活动费用”“单位管理费用”“经营费用”等科目及其所属明细科目的记录分析填列。

（6）“支付给职工以及为职工支付的现金”项目，反映行政事业单位本年支付给职工以及为职工支付的现金。本项目应当根据“库存现金”“银行存款”“零余额账户用款额度”“财政拨款收入”“应付职工薪酬”“业务活动费用”“单位管理费用”“经营费用”等科目及其所属明细科目的记录分析填列。

（7）“支付的各项税费”项目，反映行政事业单位本年用于缴纳日常活动相关税费而支付的现金。本项目应当根据“库存现金”“银行存款”“零余额账户用款额度”“应交增值税”“其他应交税费”“业务活动费用”“单位管理费用”“经营费用”“所得税费用”等科目及其所属明细科目的记录分析填列。

（8）“支付的其他与日常活动有关的现金”项目，反映行政事业单位本年支付的除上述项目之外与日常活动有关的现金。本项目应当根据“库存现金”“银行存款”“零余额账户用款额度”“财政拨款收入”“其他应付款”“业务活动费用”“单位管理费用”“经营费用”“其他费用”等科目及其所属明细科目的记录分析填列。

需要说明的是，“日常活动产生的现金流量净额”项目，应当按照本表中“日常活动的现金流入小计”项目金额减去“日常活动的现金流出小计”项目金额后的金额填列；如为负数，以“-”号填列。

2. 投资活动产生的现金流量

（1）“收回投资收到的现金”项目，反映行政事业单位本年出售、转让或者收回投资收到的现金。本项目应该根据“库存现金”“银行存款”“短期投资”“长期股权投资”“长期债券投资”等科目的记录分析填列。

(2)“取得投资收益收到的现金”项目,反映行政事业单位本年因对外投资而收到被投资单位分配的股利或利润,以及收到投资利息而取得的现金。本项目应当根据“库存现金”“银行存款”“应收股利”“应收利息”“投资收益”等科目的记录分析填列。

(3)“处置固定资产、无形资产、公共基础设施等收回的现金净额”项目,反映行政事业单位本年处置固定资产、无形资产、公共基础设施等非流动资产所取得的现金,减去为处置这些资产而支付的有关费用之后的净额。由于自然灾害所造成的固定资产等长期资产损失而收到的保险赔款收入,也在本项目反映。本项目应当根据“库存现金”“银行存款”“待处理财产损溢”等科目的记录分析填列。

(4)“收到的其他与投资活动有关的现金”项目,反映行政事业单位本年收到的除上述项目之外与投资活动有关的现金。对于金额较大的现金流入,应当单列项目反映。本项目应当根据“库存现金”“银行存款”等有关科目的记录分析填列。

(5)“购建固定资产、无形资产、公共基础设施等支付的现金”项目,反映行政事业单位本年购买和建造固定资产、无形资产、公共基础设施等非流动资产所支付的现金;融资租入固定资产支付的租赁费不在本项目反映,在筹资活动的现金流量中反映。本项目应当根据“库存现金”“银行存款”“固定资产”“工程物资”“在建工程”“无形资产”“研发支出”“公共基础设施”“保障性住房”等科目的记录分析填列。

(6)“对外投资支付的现金”项目,反映行政事业单位本年为取得短期投资、长期股权投资、长期债券投资而支付的现金。本项目应当根据“库存现金”“银行存款”“短期投资”“长期股权投资”“长期债券投资”等科目的记录分析填列。

(7)“上缴处置固定资产、无形资产、公共基础设施等净收入支付的现金”项目,反映本年行政事业单位将处置固定资产、无形资产、公共基础设施等非流动资产所收回的现金净额予以上缴财政所支付的现金。本项目应当根据“库存现金”“银行存款”“应缴财政款”等科目的记录分析填列。

(8)“支付的其他与投资活动有关的现金”项目,反映行政事业单位本年支付的除上述项目之外与投资活动有关的现金。对于金额较大的现金流出,应当单列项目反映。本项目应当根据“库存现金”“银行存款”等有关科目的记录分析填列。

需要说明的是,“投资活动产生的现金流量净额”项目,应当按照本表中“投资活动的现金流入小计”项目金额减去“投资活动的现金流出小计”项目金额后的金额填列;如为负数,以“-”号填列。

3. 筹资活动产生的现金流量

(1)“财政资本性项目拨款收到的现金”项目,反映行政事业单位本年接受用于购建固定资产、无形资产、公共基础设施等资本性项目的财政项目拨款取得的现金。本项目应当根据“银行存款”“零余额账户用款额度”“财政拨款收入”等科目及其所属明细科目的记录分析填列。

(2)“取得借款收到的现金”项目,反映事业单位[1]本年举借短期、长期借款所收到的现金。本项目应当根据“库存现金”“银行存款”“短期借款”“长期借款”等科目记录分析填列。

[1] 行政单位无此项目。

(3)"收到的其他与筹资活动有关的现金"项目,反映行政事业单位本年收到的除上述项目之外的与筹资活动有关的现金。对于金额较大的现金流入,应当单列项目反映。本项目应当根据"库存现金""银行存款"等有关科目的记录分析填列。

(4)"偿还借款支付的现金"项目,反映事业单位❶本年偿还借款本金所支付的现金。本项目应当根据"库存现金""银行存款""短期借款""长期借款"等科目的记录分析填列。

(5)"偿付利息支付的现金"项目,反映事业单位❷本年支付的借款利息等。本项目应当根据"库存现金""银行存款""应付利息""长期借款"等科目的记录分析填列。

(6)"支付的其他与筹资活动有关的现金"项目,反映行政事业单位本年支付的除上述项目之外与筹资活动有关的现金,如融资租入固定资产所支付的租赁费。本项目应当根据"库存现金""银行存款""长期应付款"等科目的记录分析填列。

需要说明的是,"筹资活动产生的现金流量净额"项目,应当按照本表中"筹资活动的现金流入小计"项目金额减去"筹资活动的现金流出小计"金额后的金额填列;如为负数,以"-"号填列。

4. 汇率变动对现金的影响额

"汇率变动对现金的影响额"项目,反映行政事业单位本年外币现金流量折算为人民币时,所采用的现金流量发生日的汇率折算的人民币金额与外币现金流量净额按期末汇率折算的人民币金额之间的差额。

5. 现金净增加额

"现金净增加额"项目,反映行政事业单位本年现金变动的净额。本项目应当根据本表中"日常活动产生的现金流量净额""投资活动产生的现金流量净额""筹资活动产生的现金流量净额""汇率变动对现金的影响额"项目金额的合计数填列;如为负数,以"-"号填列。

五、财务报表之间的勾稽关系

政府会计主体的各种财务报表是一个有机联系的整体,各种财务报表之间以及每张报表内部各指标之间,相互联系,彼此制约,形成一种在数量上可据以相互查考、核对的平衡相等关系即"勾稽关系"。在财务报表的编制和审核时,必须符合这些勾稽关系,以保证编制财务报表的正确。财务报表指标的勾稽关系主要表现为财务报表内部指标间的勾稽关系和财务报表间指标的勾稽关系。

(一)财务报表内部指标间的勾稽关系

每种财务报表的某些项目之间存在一定的勾稽关系,主要表现在以下方面:

其一,"资产负债表"资产方"资产总计"的"年初余额"和"期末余额",应分别与该表负债和净资产方"负债和净资产总计"的"年初余额"和"期末余额"相等;"资产负债表"资产方各类合计数与该方资产总计相等,负债和净资产方各类合计数与该方负债和净资产总计相等。

其二,"收入费用表"中"本期收入"项目金额(本期数或本年累计数)减去"本期费用"项目金额(本期数或本年累计数)等于"本期盈余"项目的金额(本期数或本年累计数)。

❶ 行政单位无此项目。
❷ 行政单位无此项目。

其三，"净资产变动表"中有关项目之间存在以下勾稽关系：

从横向看，"净资产变动表"中"本年数"或"上年数"项目的"净资产合计"，等于该年"累计盈余""专用基金"和"权益法调整"三个项目之和。

从纵向看，"项目"栏各项目之间存在以下勾稽关系：

(1)上年年末余额 ± 以前年度盈余调整 = 本年年初余额

(2)本年年初余额 ± 本年变动金额 = 本年年末余额

其四，"现金流量表"中主要项目之间存在以下勾稽关系：

(1)(日常活动的现金流入小计 + 投资活动的现金流入小计 + 筹资活动的现金流入小计) - (日常活动的现金流出小计 + 投资活动的现金流出小计 + 筹资活动的现金流出小计)
= 日常活动产生的现金流量净额 + 投资活动产生的现金流量净额 + 筹资活动产生的现金流量净额

(2)日常活动产生的现金流量净额 + 投资活动产生的现金流量净额 + 筹资活动产生的现金流量净额 = 现金净增加额

(二)财务报表之间的勾稽关系

1."资产负债表"与"净资产变动表"

资产负债表中的净资产反映的是一个会计期间净资产变动结果，净资产变动表反映的是一个会计期间内净资产变动的过程，两张报表之间存在必然联系。

(1)"资产负债表"中"累计盈余""专用基金"和"权益法调整"三个项目的年初余额，分别等于"净资产变动表"的第一部分"上年年末余额"的"累计盈余""专用基金"和"权益法调整"。

(2)"资产负债表"中"累计盈余""专用基金"和"权益法调整"三个项目的期末余额，分别等于"净资产变动表"第五部分"本年年末余额"的"累计盈余""专用基金"和"权益法调整"。

(3)"资产负债表"中"专用基金"项目期末余额减去"专用基金"项目年初余额，等于"净资产变动表"第四部分"本年变动金额"的"提取或设置专用基金"项目金额减去"使用专用基金"项目金额。

(4)"资产负债表"中"权益法调整"项目期末余额减去"权益法调整"项目年初余额，等于"净资产变动表"第四部分"本年变动金额"中"权益法调整"项目的金额。

2."收入费用表"与"净资产变动表"

"收入费用表"中最后一行的"本期盈余"项目金额，等于"净资产变动表"第四部分"本年变动金额"中"本期盈余"项目的金额。

3."资产负债表"与"现金流量表"

"资产负债表"中"货币资金""财政应返还额度"项目的期末余额、期初余额差额之和，等于"现金流量表"第五部分"现金净增加额"项目的金额。

需要说明的是，"资产负债表"中"货币资金"项目的内容包括：库存现金、可以随时用于支付的银行存款、其他货币资金、零余额账户用款额度、财政应返还额度，以及通过财政直接支付方式支付的款项。

六、附注

(一)附注的概念、特征和作用

附注是对在会计报表中列示的项目所做的进一步说明，以及对未能在会计报表中列示的项目的说明。附注是财务报表的重要组成部分。

无论是财务报表还是预算会计报表，由于受格式、反映形式等因素的限制，有时所提供的信息不能完全满足报表使用者的需要。对此，需要附注形式来完善会计报表，为会计信息的使用者理解会计报表提供帮助。很多情况下只有通过附注，才能对会计报表有全面、准确的理解；一些在报表中以表格形式难以表达的内容，也需要通过报表附注加以反映。可见，附注既是对财务报表的补充说明，也是会计报表不可缺少的内容。

附注与会计报表及其附表相比，具有以下特点：①附注主要以文字而非数字来表达信息；②附注侧重提供定性而非定量信息；③附注对报表兼具基础和补充的作用。当然，即使附注具有其相对独立的地位和重要的作用，但不能用以取代报表中对项目的适当分类与描述，也不能与报表信息相重复甚至相矛盾。

附注的作用具体表现在以下几方面：

(1)附注能够说明行政事业单位所采用的会计政策。所谓会计政策，是指行政事业单位在会计核算时所遵循的具体原则以及所采纳的具体会计处理方法。行政事业单位对其日常核算采用的会计政策必须给予充分说明，以使报表使用者能正确地理解财务报表。

(2)附注能够说明影响行政事业单位财务状况和运营成果的特殊事项。如与具有特殊关系的单位或个人之间的交易、对未来可能产生较大影响的不确定事项(或有事项)、事业单位合并与分立[1]等。

(3)附注能够突出行政事业单位重大事项的信息。如行政事业单位发生的重要资产转让等等。通过附注的说明，便可以帮助报表使用者了解哪些是应当引起注意的重要信息，满足他们这方面的要求。

(4)附注能够补充说明财务报表本身无法表达的情况。

(二)附注内容

附注包括以下内容：

(1)单位的基本情况。行政事业单位应当简要披露其基本情况，包括单位主要职能、主要业务活动、所在地、预算管理关系等。

(2)会计报表编制基础。

(3)遵循政府会计准则、制度的声明。

(4)重要会计政策和会计估计。行政事业单位应当采用与其业务特点相适应的具体会计政策，并充分披露报告期内采用的重要会计政策和会计估计。主要包括以下内容：

①会计期间。②记账本位币，外币折算汇率。③坏账准备的计提方法。④存货类别、发出存货的计价方法、存货的盘存制度，以及低值易耗品和包装物的摊销方法。⑤长期股权投资的核算方法。⑥固定资产分类、折旧方法、折旧年限和年折旧率，融资租入固定资产的计价和折旧方法。⑦无形资产的计价方法；使用寿命有限的无形资产，其使用寿命估计情况；使用寿命不确定的无形资产，其使用寿命不确定的判断依据；单位内部研究开发项目划分研究阶段和开发阶段的具体标准。⑧公共基础设施的分类、折旧(摊销)方法、折旧(摊销)年限，以及其确定依据。⑨政府储备物资分类，以及确定其发出成本所采用的方法。⑩保障性住房的分类、折旧方法、折旧年限。⑪其他重要的会计政策和会计估计。⑫本期发生重要会计政策和会计估计变更的，变更的内容和原因、受其重要影响的报表项目名称和金额、相关

[1] 行政单位无此业务。

审批程序,以及会计估计变更开始适用的时点。

(5)会计报表重要项目说明。行政事业单位应当按照资产负债表和收入费用表项目列示顺序,采用文字和数据描述相结合的方式披露重要项目的明细信息。报表重要项目的明细金额合计,应当与报表项目金额相衔接。报表重要项目如货币资金、应收账款、存货、长期投资、固定资产、在建工程、无形资产、公共基础设施、政府储备物资、受托代理资产、应付账款、长期借款、事业收入、非同级财政拨款收入、业务活动费用等。

(6)本年盈余与预算结余的差异情况说明。为了反映单位财务会计和预算会计因核算基础和核算范围不同所产生的本年盈余数与本年预算结余数之间的差异,单位应当按照重要性原则,对本年度发生的各类影响收入(预算收入)和费用(预算支出)的业务进行适度归并和分析,披露将年度预算收入支出表中"本年预算收支差额"调节为年度收入费用表中"本期盈余"的信息。

(7)其他重要事项说明。包括:

①资产负债表日存在的重要或有事项说明。没有重要或有事项的,也应说明。②以名义金额计量的资产名称、数量等情况,以及以名义金额计量理由的说明。③通过债务资金形成的固定资产、公共基础设施、保障性住房等资产的账面价值、使用情况、收益情况及与此相关的债务偿还情况等的说明。④重要资产置换、无偿调入(出)、捐入(出)、报废、重大毁损等情况的说明。⑤事业单位将单位内部独立核算单位的会计信息纳入本单位财务报表情况的说明。⑥政府会计具体准则中要求附注披露的其他内容。⑦有助于理解和分析单位财务报表需要说明的其他事项。

第二节　预算会计报表的编制

一、预算会计报表的概念和组成

(一)预算会计报表的作用

行政事业单位的预算会计报表是综合反映行政事业单位年度预算收支执行结果的书面文件,是单位决算报告的组成部分。它以日常的预算会计核算资料为依据,经整理汇总后,按照规定的格式内容和编制方法编制,系统、完整地反映单位预算执行情况。它是编制下一年度行政事业单位预算和实施科学收支管理的主要依据和信息基础,也是政府研究调整有关政策、做好财政管理以及调控经济的重要参考依据。

(二)预算会计报表的组成

行政事业单位的预算会计报表包括三大表。

1. 预算收入支出表

预算收入支出表反映行政事业单位在某一会计年度内各项预算收入、预算支出和预算结转结余情况,以及年末非财政拨款结余的分配情况。

2. 预算结转结余变动表

预算结转结余变动表是反映行政事业单位在某一会计年度内预算结转结余变动情况以及与资金结存勾稽关系的报表。

3. 财政拨款预算收入支出表

财政拨款预算收入支出表是反映行政事业单位本年财政拨款预算资金收入、支出及相关变动具体情况的报表。

二、预算收入支出表

(一)预算收入支出表的概念

预算收入支出表,反映行政事业单位在某一会计年度内各项预算收入、预算支出和预算结转结余情况,以及年末非财政拨款结余的分配情况。该表通过对行政事业单位预算资金收入、支出及结余情况的全面列示,集中揭示了行政事业单位从事承担社会管理和公共服务职责的经费来源、去向及其结余情况。

(二)预算收入支出表的结构

预算收入支出表由表头和正表两个部分构成。预算收入支出表的结构如表9-5所示。

表9-5 预算收入支出表

会政预01表

编制单位:M事业单位　　2×20年　　单位:元

项　目	本年数	上年数
一、本年预算收入	51 683 000	(略)
(一)财政拨款预算收入	43 050 000	
其中:政府性基金收入		
(二)事业预算收入	6 105 000	
(三)上级补助预算收入	1 095 000	
(四)附属单位上缴预算收入	532 500	
(五)经营预算收入	250 500	
(六)债务预算收入	300 000	
(七)非同级财政拨款预算收入	100 000	
(八)投资预算收益	200 000	
(九)其他预算收入	50 000	
其中:利息预算收入	6 000	
捐赠预算收入	30 000	
租金预算收入	10 000	
二、本年预算支出	47 010 000	(略)
(一)行政支出	0	
(二)事业支出	4 625 000	
(三)经营支出	200 000	
(四)上缴上级支出	150 000	
(五)对附属单位补助支出	50 000	

续表

项目	本年数	上年数
(六)投资支出	200 000	
(七)债务还本支出	100 000	
(八)其他支出	60 000	
其中:利息支出	5 000	
捐赠支出	20 000	
三、本年预算收支差额	4 673 000	(略)

表头说明报表的名称、编制单位的名称、编制报表的日期和货币的计量单位等。

正表是预算收入支出表的核心,分为"项目"栏和"金额"栏两部分。

正表"项目"栏反映单位全部预算收支总量、构成,并采取了报告式形式,分为本年预算收入类、本年预算支出类和本年预算收支差额三部分。三者关系如下:

本年预算收支差额 = 本年预算收入 - 本年预算支出

其中:本年预算收入 = 财政拨款预算收入 + 事业预算收入 + 上级补助预算收入 + 附属单位上缴预算收入 + 经营预算收入 + 债务预算收入 + 非同级财政拨款预算收入 + 投资预算收益 + 其他预算收入

本年预算支出 = 行政支出 + 事业支出 + 经营支出 + 上缴上级支出 + 对附属单位补助支出 + 投资支出 + 债务还本支出 + 其他支出

正表"金额"栏的"本年数"栏反映各项目的本年实际发生数;"上年数"栏反映各项目上年度的实际发生数,应当根据上年度预算收入支出表中"本年数"栏内所列数字填列。

如果本年度预算收入支出表规定的项目的名称和内容同上年度不一致,应当对上年度预算收入支出表项目的名称和数字按照本年度的规定进行调整,将调整后金额填入本年度预算收入支出表的"上年数"栏。

(三)预算收入支出表的编制

预算收入支出表各项目的填列方法可归纳为以下三类:

第一,根据总账和明细账的本期发生额直接填列或分析填列。如财政拨款预算收入、事业预算收入、上级补助预算收入、附属单位上缴预算收入、经营预算收入、债务预算收入、非同级财政拨款预算收入、投资预算收益,以及行政支出、事业支出、经营支出、上缴上级支出、对附属单位补助支出、投资支出、债务还本支出。

第二,根据相关科目的明细记录分析填列。如行政事业单位未单设"利息预算收入""捐赠预算收入""租金预算收入"科目,与此相关的项目,应根据"其他预算收入"科目的明细记录分析填列。如果单位单设"利息预算收入""捐赠预算收入""租金预算收入"科目,应当根据相应科目本年发生额填列。

如单位未单设"利息支出""捐赠支出"科目,该表与此相关的项目,应根据"其他支出"科目明细账记录分析填列。如果单位单设"利息支出""捐赠支出"科目,与此相关项目,应当根据相应科目本年发生额填列。

第三,根据表中项目计算填列。如"本年预算收入"项目应当根据表中"财政拨款预算收入""事业预算收入""上级补助预算收入""附属单位上缴预算收入""经营预算收入""债务预算收入""非同级财政拨款预算收入""投资预算收益""其他预算收入"项目金额的合计数填列。"本年预算支出"项目应当根据本表中"行政支出""事业支出""经营支出""上缴上级支出""对附属单位补助支出""投资支出""债务还本支出""其他支出"项目金额的合计数填列。

第四,根据表中相关项目相抵后的结果分析填列。如"本年预算收支差额"项目应当根据本表中"本期预算收入"项目金额减去"本期预算支出"项目金额后的金额填列;如相减后金额为负数,以" - "号填列。

三、预算结转结余变动表

(一)预算结转结余变动表的概念和作用

预算结转结余变动表是反映行政事业单位在某一会计年度内预算结转结余变动情况的报表。该表全面反映了行政事业单位预算资金结转结余的年初余额、本期变动以及年末结余情况。预算结转结余变动表至少包括以下含义:①预算结转结余变动表反映的是预算资金结转结余情况。其中,结转资金是指当年预算已执行但未完成,或者因故未执行,下一年度需要按照原用途继续使用的资金;结余资金是指当年预算工作目标已完成,或者因故终止,当年剩余的资金。②预算资金结转结余包括财政拨款结转结余和其他资金结转结余两部分内容。③预算结转结余变动表内部项目之间相互联系、彼此制约,形成一种在数量上可据以相互查考、核对的平衡相等关系。

(二)预算结转结余变动表的结构

预算结转结余变动表由表头和正表两个部分构成。预算结转结余变动表的结构如表 9 - 6 所示。

表 9 - 6　预算结转结余变动表

会政预 02 表

编制单位:M 事业单位　　　　2 ×20 年　　　　单位:元

项　目	本年数	上年数
一、年初预算结转结余	60 000	(略)
(一)财政拨款结转结余		
(二)其他资金结转结余	60 000	
二、年初余额调整(减少以" - "号填列)	200 000	(略)
(一)财政拨款结转结余	50 000	
(二)其他资金结转结余	150 000	
三、本年变动金额(减少以" - "号填列)	4 743 000	(略)
(一)财政拨款结转结余	2 740 000	
1. 本年收支差额	2 640 000	
2. 归集调入	600 000	
3. 归集上缴或调出	-500 000	
(二)其他资金结转结余	2 003 000	
1. 本年收支差额	2 033 000	

续表

项　目	本年数	上年数
2. 缴回资金	-30 000	
3. 使用专用结余		
4. 支付所得税		
四、年末预算结转结余	5 003 000	（略）
（一）财政拨款结转结余	2 790 000	
1. 财政拨款结转	2 190 000	
2. 财政拨款结余	600 000	
（二）其他资金结转结余	2 213 000	
1. 非财政拨款结转	389 000	
2. 非财政拨款结余	1 694 000	
3. 专用结余	130 000	
4. 经营结余（如有余额，以“-”号填列）		

表头说明报表的名称、编制单位的名称、编制报表的日期和货币的计量单位等。

正表是预算结转结余变动表的核心，分为“项目”栏和“金额”栏两部分。

预算结转结余变动表“项目”栏主要是由年初预算结转结余、年初余额调整、本年变动金额和年末预算结转结余四部分构成。它们之间的关系是：

年末预算结转结余 = 年初预算结转结余 + 年初余额调整 + 本年变动金额

预算结转结余变动表“金额”栏分为“本年数”和“上年数”两个栏次，其中：“本年数”栏反映各项目的本年实际发生数；“上年数”栏反映各项目的上年实际发生数，应当根据上年度预算结转结余变动表中“本年数”栏内所列数字填列。

如果本年度预算结转结余变动表规定的项目的名称和内容同上年度不一致，应当对上年度预算结转结余变动表项目的名称和数字按照本年度的规定进行调整，将调整后的金额填入本年度预算结转结余变动表的“上年数”栏。

（三）预算结转结余变动表的编制

1.“年初预算结转结余”项目

“年初预算结转结余”项目反映行政事业单位本年预算结转结余的年初余额。本项目应当根据本项目下“财政拨款结转结余”“其他资金结转结余”项目金额的合计数填列。

（1）“财政拨款结转结余”项目，反映行政事业单位本年财政拨款结转结余资金的年初余额。本项目应当根据“财政拨款结转”“财政拨款结余”科目本年年初余额合计数填列。

（2）“其他资金结转结余”项目，反映行政事业单位本年其他资金结转结余的年初余额。本项目应当根据“非财政拨款结转”“非财政拨款结余”“专用结余”“经营结余”科目本年年初余额的合计数填列。

2.“年初余额调整”项目，反映行政事业单位本年预算结转结余年初余额调整的金额。本项目应当根据本项目下“财政拨款结转结余”“其他资金结转结余”项目金额的合计数填列。

(1)“财政拨款结转结余”项目,反映行政事业单位本年财政拨款结转结余资金的年初余额调整金额。本项目应当根据“财政拨款结转”“财政拨款结余”科目下“年初余额调整”明细科目的本年发生额的合计数填列;如调整减少年初财政拨款结转结余,以“-”号填列。

(2)“其他资金结转结余”项目,反映行政事业单位本年其他资金结转结余的年初余额调整金额。本项目应当根据“非财政拨款结转”“非财政拨款结余”科目下“年初余额调整”明细科目的本年发生额的合计数填列;如调整减少年初其他资金结转结余,以“-”号填列。

3.“本年变动金额”项目

“本年变动金额”项目反映行政事业单位本年预算结转结余变动的金额。本项目应当根据本项目下“财政拨款结转结余”“其他资金结转结余”项目金额的合计数填列。

(1)“财政拨款结转结余”项目,反映行政事业单位本年财政拨款结转结余资金的变动。本项目应当根据本项目下“本年收支差额”“归集调入”“归集上缴或调出”项目金额的合计数填列:①“本年收支差额”项目,反映行政事业单位本年财政拨款资金收支相抵后的差额。本项目应当根据“财政拨款结转”科目下“本年收支结转”明细科目本年转入的预算收入与预算支出的差额填列;差额为负数的,以“-”号填列。②“归集调入”项目,反映行政事业单位本年按照规定从其他单位归集调入的财政拨款结转资金。本项目应当根据“财政拨款结转”科目下“归集调入”明细科目的本年发生额填列。③“归集上缴或调出”项目,反映行政事业单位本年按照规定上缴的财政拨款结转结余资金及按照规定向其他单位调出的财政拨款结转资金。本项目应当根据“财政拨款结转”“财政拨款结余”科目下“归集上缴”明细科目,以及“财政拨款结转”科目下“归集调出”明细科目本年发生额的合计数填列,以“-”号填列。

(2)“其他资金结转结余”项目,反映行政事业单位本年其他资金结转结余的变动。本项目应当根据本项目下“本年收支差额”“缴回资金”“使用专用结余”“支付所得税”项目金额的合计数填列:①“本年收支差额”项目,反映行政事业单位本年除财政拨款外的其他资金收支相抵后的差额。本项目应当根据“非财政拨款结转”科目下“本年收支结转”明细科目、“其他结余”科目、“经营结余”科目本年转入的预算收入与预算支出的差额的合计数填列;如为负数,以“-”号填列。②“缴回资金”项目,反映行政事业单位本年按照规定缴回的非财政拨款结转资金。本项目应当根据“非财政拨款结转”科目下“缴回资金”明细科目本年发生额的合计数填列,以“-”号填列。③“使用专用结余”项目,反映本年事业单位根据规定使用从非财政拨款结余或经营结余中提取的专用基金的金额。本项目应当根据“专用结余”科目明细账中本年使用专用结余业务的发生额填列,以“-”号填列。④“支付所得税”项目,反映有企业所得税缴纳义务的行政事业单位本年实际缴纳的企业所得税金额。本项目应当根据“非财政拨款结余”明细账中本年实际缴纳企业所得税业务的发生额,以“-”号填列。

4.“年末预算结转结余”项目

“年末预算结转结余”项目反映行政事业单位本年预算结转结余的年末余额。本项目应当根据本项目下“财政拨款结转结余”“其他资金结转结余”项目金额的合计数填列。

(1)“财政拨款结转结余”项目,反映行政事业单位本年财政拨款结转结余的年末余额。本项目应当根据本项目下“财政拨款结转”“财政拨款结余”项目金额的合计数填列。

本项目下“财政拨款结转”“财政拨款结余”项目,应当分别根据“财政拨款结转”“财政拨款结余”科目的本年年末余额填列。

(2)“其他资金结转结余”项目,反映行政事业单位本年其他资金结转结余的年末余额。本项目应当根据本项目下“非财政拨款结转”“非财政拨款结余”“专用结余”“经营结余”项目金额的合计数填列。

本项目下“非财政拨款结转”“非财政拨款结余”“专用结余”“经营结余”项目,应当分别根据“非财政拨款结转”“非财政拨款结余”“专用结余”“经营结余”科目的本年年末余额填列。

四、财政拨款预算收入支出表

(一)财政拨款预算收入支出表的概念

财政拨款预算收入支出表是指反映行政事业单位本年财政拨款预算资金收入、支出及相关变动具体情况的报表。

为了清楚地表明财政拨款预算收入、支出及相关变动具体情况,财政拨款预算收入支出表采取矩阵形式列示。一方面,列示行政事业单位在某一特定时期实现全部财政拨款收入、发生财政拨款支出以及收入抵减支出结余情况,同时也反映了引起财政拨款增减变动的原因,如年初财政拨款结转结余、调整年初财政拨款结转结余、本年归集调入、本年归集上缴或调出、内部调剂情况、本年财政拨款收入、本年拨款支出、年末财政拨款结转结余;另一方面,列示行政事业单位一定时期财政拨款支出性质,如公共财政预算资金、政府性基金预算资金。

(二)财政拨款预算收入支出表的结构

财政拨款预算收入支出表由表头和正表两个部分构成,财政拨款预算收入支出表的结构如表 9-7 所示。

表头说明报表的名称、编制单位的名称、编制报表的日期和货币的计量单位等。

为了清楚地反映行政事业单位财政拨款收入、支出的各组成部分当期的增减变动情况以及财政拨款收支内容,财政拨款收入支出表正表以矩阵的形式列示。一方面,列示导致财政拨款收入支出变动的事项,按财政拨款收入、支出变动的来源对一定时期财政拨款收入支出变动情况进行全面反映;另一方面,按照财政拨款性质如按一般公共预算财政拨款、政府性基金预算财政拨款分类,列示每类收支变动情况。

(三)财政拨款收入支出表填列方法

(1)“年初财政拨款结转结余”栏中各项目,反映行政事业单位年初各项财政拨款结转结余的金额。各项目应当根据“财政拨款结转”“财政拨款结余”及其明细科目的年初余额填列。本栏中各项目的数额应当与上年度财政拨款预算收入支出表中“年末财政拨款结转结余”栏中各项目的数额相等。

(2)“调整年初财政拨款结转结余”栏中各项目,反映行政事业单位对年初财政拨款结转结余的调整金额。各项目应当根据“财政拨款结转”“财政拨款结余”科目下“年初余额调整”明细科目及其所属明细科目的本年发生额填列;如调整减少年初财政拨款结转结余,以“-”号填列。

(3)“本年归集调入”栏中各项目,反映行政事业单位本年按规定从其他单位调入的财政拨款结转资金金额。各项目应当根据“财政拨款结转”科目下“归集调入”明细科目及其所属明细科目的本年发生额填列。

(4)“本年归集上缴或调出”栏中各项目,反映行政事业单位本年按规定实际上缴的财

表 9—7　财政拨款预算收入支出表

会政预 03 表

编制单位:M 事业单位　　　　2×20 年　　　　单位:元

项目	年初财政拨款结转结余		调整年初财政拨款结转结余	本年归集调入	本年归集上缴或调出	单位内部调剂		本年财政拨款收入	本年财政拨款支出	年末财政拨款结转结余	
	结转	结余				结转	结余			结转	结余
一、一般公共预算财政拨款			50 000	600 000	−500 000		−200 000	43 050 000	40 410 000	2 190 000	600 000
(一)基本支出			50 000	600 000	−500 000			35 250 000	35 110 000	290 000	200 000
1. 人员经费								24 450 000	24 450 000		
2. 日常公用经费			50 000	600 000	−500 000			10 800 000	10 660 000	290 000	200 000
(二)项目支出								7 800 000	5 300 000	1 900 000	400 000
1. A 项目								300 000	300 000	—	—
2. B 项目							−200 000	7 500 000	5 000 000	1 900 000	400 000
……											
二、政府性基金预算财政拨款											
(一)基本支出											
1. 人员经费											
2. 日常公用经费											
(二)项目支出											
1. ××项目											
2. ××项目											
……											
总计			50 000	600 000	−500 000		−200 000	43 050 000	40 410 000	2 190 000	600 000

政拨款结转结余资金,及按照规定向其他单位调出的财政拨款结转资金金额。各项目应当根据“财政拨款结转”“财政拨款结余”科目下的“归集上缴”科目和“财政拨款结转”科目下的“归集调出”明细科目,及其所属明细科目的本年发生额填列,以“-”号填列。

(5)“单位内部调剂”栏中各项目,反映行政事业单位本年财政拨款结转结余资金在单位内部不同项目之间的调剂金额。各项目应当根据“财政拨款结转”和“财政拨款结余”科目下的“单位内部调剂”明细科目及其所属明细科目的本年发生额填列;对单位内部调剂减少的财政拨款结余金额,以“-”号填列。

(6)“本年财政拨款收入”栏中各项目,反映行政事业单位本年从同级财政部门取得的各类财政预算拨款金额。各项目应当根据“财政拨款预算收入”科目及其所属明细科目的本年发生额填列。

(7)“本年财政拨款支出”栏中各项目,反映行政事业单位本年发生的财政拨款支出金额。各项目应当根据“行政支出”“事业支出”等科目及其所属明细科目本年发生额中的财政拨款支出数的合计数填列。

(8)“年末财政拨款结转结余”栏中各项目,反映行政事业单位年末财政拨款结转结余的金额。各项目应当根据“财政拨款结转”“财政拨款结余”科目及其所属明细科目的年末余额填列。

思考题

1. 什么是财务报表?其作用表现在哪些方面?简述行政事业单位财务报表的种类及其编制要求。

2. 什么是资产负债表?其作用表现在哪些方面?试分析资产负债表的格式,说明我国行政事业单位资产负债表各项目排列的用意。

3. 什么是收入费用表?其作用表现在哪些方面?简述收入费用表的结构。

4. 净资产变动表与其他财务报表之间有着怎样的关系?

5. 资产负债表已经表现了现金的结存,收入费用表又表达了盈余的形成,为什么还要单独编制现金流量表?

6. 行政事业单位预算会计表由哪些报表组成?预算会计报表的作用主要表现在哪些方面?

7. 什么是预算收入支出表?编制预算收入支出表的作用主要表现在哪些方面?

8. 什么是财政拨款预算收入支出表?其结构如何?指出财政拨款预算收入支出表与预算收入支出表的关系。

9. 简述净资产变动表的概念,说明编制净资产变动表的作用。

10. 本章中介绍了财务报表附注的主要内容。请设想,如果不披露这些内容,会对财务报表的理解造成怎样的障碍?试举例说明。

练习题

1. M 事业单位为增值税一般纳税人，2×19 年 12 月 31 日，该单位会计科目余额表如表 9－8 所示。

表 9－8 M 事业单位会计科目余额表

2×19 年 12 月 31 日　　金额单位：元

科目名称	期初余额		科目名称	期初余额	
	借方	贷方		借方	贷方
库存现金	65 000		短期借款		540 000
银行存款	2 800 000		应交增值税	320 000	
其他货币资金	200 000		其他应交税费		130 000
短期投资	512 000		应缴财政款		230000
财政应返还额度	200 000		应付职工薪酬		290 000
应收票据	195 000		应付票据		460 000
应收账款	2 300 000		应付账款		263 000
预付账款	380 000		应付利息		30 000
应收股利	60 000		预收账款		500 000
其他应收款	700 000		其他应付款		100 000
坏账准备		150 000	预提费用		50 000
在途物品	360 000		长期借款		3 200 000
库存物品	8 200 000		长期应付款		2 000 000
加工物品	250 000		预计负债		60 000
待摊费用	30 000		累计盈余		42 000 000
长期股权投资	6 000 000		专用基金		19 839 000
长期债权投资	500 000		权益法调整	280 000	
固定资产	15 000 000		以前年度盈余调整		150 000
固定资产累计折旧		4 120 000			
在建工程	2 000 000				
无形资产	850 000				
无形资产累计摊销		20 000			
公共基础设施	1 500 000				
公共基础设施累计摊销		300 000			
政府储备物资	1 200 000				

续表

科目名称	期初余额		科目名称	期初余额	
	借方	贷方		借方	贷方
保障性住房	36 000 000				
保障性住房累计折旧		6 000 000			
长期待摊费用	580 000				
待处理财产损溢		50 000			
合计	79 882 000	10 640 000	合计	600 000	69 842 000
	69 242 000			69 242 000	

其他资料：

(1)"银行存款"科目余额中有100 000元为受托代管的资金。

(2)"坏账准备"科目余额150 000元中，属于应收账款的为115 000元，其余为其他应收款的坏账准备。

2×20年，M事业单位根据发生的经济业务编制相关的会计分录。

(1)收到代理银行转来的"财政授权支付额度到账通知书"，通知书中注明的授权额度为2 000 000元。

(2)本期确认提供专业服务收入8 500 000元，适应增值税税率为6%，此前已预收款项200 000元，收到客户开具商业承兑汇票面值共计300 000元，余款全部存入银行。提供专业业务服务耗用库存物品成本为450 000元。

(3)提供经营服务取得收入300 000元，增值税专用发票上注明的增值税为39 000元，全部款项尚未收到。

(4)收到上级主管部门非财政补助收入3 000 000元，收到下属独立核算的乙单位缴款2 000 000元，全部款项存入银行。

(5)接受捐赠专业材料一批，按照同类材料的市场价格计价为300 000元，材料已验收入库，并以零余额账户支付运杂费、包装费等费用12 000元。

(6)年初，以银行存款归还A银行到期的长期借款本金280 000元(利息已付清)。年末，计提从B银行借入的长期借款利息120 000元，其中计入工程成本的利息为80 000元，利息按年支付。

(7)以银行存款归还短期借款本金200 000元、借款利息10 000元(利息尚未预提直接计入当期费用)。

(8)采购材料一批，增值税专用发票上注明的价款为120 000元、增值税为15 600元，款项以银行汇票结算，材料尚在途中。

(9)发出库存物品的实际成本共计130 000元，其中：业务活动耗用80 000元，行政管理耗用30 000元，研发活动耗用20 000元。

(10)出售短期投资取得价款320 000元存入银行，该投资的账面余额为300 000元，转让投资取得的收入适用的增值税税率为6%。

(11)M事业单位对丙公司股权投资采用权益法核算并按该公司所有者权益15%的份额确认投资收益。2×19年丙公司实现净利3 000 000元。

(12)经批准,该单位使用专用基金购置一台研发设备并交付使用,取得增值税专用发票注明的价款为150 000元,增值税为19 500元,款项以银行存款支付。

(13)财产清查中,发现一台专用设备毁损,其账面余额为196 000元,已计提折旧158 000元,将该设备转入待处理资产。

(14)本期以财政直接支付方式支付全部职工薪酬2 250 000元。期末,分配职工薪酬总额为2 300 000元,其中专业活动人员1500 000元、行政管理人员300 000元、工程人员120 000元、研发人员200 000元、经营活动人员180 000元。

(15)该单位研发大楼竣工达到预定可使用状态,其入账价值为2 200 000元,结转研发大楼建造成本。不考虑增值税。

(16)期末,计提固定资产折旧180 000元,其中业务活动部门折旧费100 000元、行政管理部门折旧费50 000元,经营部门折旧费30 000元;计入管理费用的摊销支出共计145 000元,其中无形资产摊销65 000元、经营租赁房屋改良支出摊销80 000元。

(17)期末,该单位应收账款余额为2 639 000元,提取坏账准备的比例为5%,"坏账准备"科目期初贷方余额为115 000元。

(18)期末,确认本期应由业务活动费用负担的城市维护建设税42 000元、教育费附加18 000元。

(19)期末,将无法支付甲公司货款185 000元予以转账。有确凿证据表明预付丙科研所技术服务费余款7 000元因该研究所撤销而无法收回,予以转账。

(20)期末,该单位以银行存款支付价款108 000元(其中含应收利息5 000元),从活跃市场上购入5年期国债并划分为长期债券投资。债券面值为100 000元,票面利率为4.72%,按年付息。

(21)经批准,单位将一辆闲置豪华班车与N事业单位持有的长期股权投资置换。在置换日,班车的账面余额为2 000 000元,已计提折旧1 200 000元,评估价为770 000元;N事业单位持有的长期股权投资账面余额为850 000元。置换过程中,以银行存款支付补价50 000元、相关税费10 000元。

(22)从系统内部乙单位无偿调入一批材料,该批材料在乙单位的账面价值为250 000元。以银行存款支付与调入材料相关的费用15 000元。

(23)期末,摊销应由本期业务活动费负担的设备租赁费20 000元。

(24)接受委托转赠的抗旱物资一批并验收入库,该批物资凭据注明的金额为350 000元。

(25)因销售研发产品,出借给乙单位一批包装物,收到乙单位支付的押金6 000元存入银行。

(26)按规定从科研项目收入中提取项目管理费35 000元。

(27)期末,融资租入科研设备一台并交付使用,租赁协议确定的租赁价款为650 000元,租赁费分5年于每年年初偿还,以财政直接支付方式结算。

(28)该单位在经营活动中涉及一桩诉讼案,根据以往的审判案例推断,单位很可能要败诉,但法院尚未判决。估计赔款金额在80 000元至120 000元之间。

(29)外购两栋保障性住房,成本共计72 000 000元,款项以财政直接支付方式结算。以零余额账户支付相关税费1 360 000元。

(30)结转本年度财政直接支付预算指标数大于当年财政直接支付实际支出数的差额

150 000 元。

(31)按照财政部门和主管部门的规定,用银行存款上缴上级单位款项 1 500 000 元;按照规定,用非财政拨款资金补助附属单位 300 000 元,款项尚未划拨。

(32)接到银行通知有两笔款项已划入单位存款账户,其中客户交来当期房租 109 000 (含税)元,银行存款利息收入 20 000 元(不考虑增值税)。

(33)收到同级政府其他部门横向转拨的财政款 650 000 元,存入银行。

(34)经计算,本期应纳税所得额为 200 000 元,适用的所得税税率为 25%。确认所得税费用 50 000 元。

(35)以银行存款交纳应缴财政款 200 000 元。

(36)年末,根据代理银行提供的对账单注销零余额账户用款额度 628 000 元。

(37)期末,结转各项收入及费用类科目。

(38)期末,将"本期盈余"科目余额转入"本年盈余分配"科目。

(39)按照规定提取专用基金。其中根据本年度非财政拨款结余提取专用基金 850 000 元,根据经营结余提取专用基金 450 000 元。

(40)期末,进行下列结转业务:①将"本年盈余分配"科目贷方余额 85 596 318 元转入累计盈余。②将"无偿调拨净资产"科目借方余额 250 000 元转入累计盈余。③按照规定上缴财政拨款结转结余资金 500 000 元。

注:

(1)年末"长期债权投资"科目余额中包括 2×21 年 6 月 30 日到期的长期债券投资 200 000元。

(2)年末,"长期借款"科目余额包括一笔从建设银行借入的 1 000 000 元(本利和),期限从 2×19 年 8 月 1 日至 2×22 年 8 月 1 日。

要求:

根据上述资料,编制 2×20 年 M 事业单位资产负债表、收入费用表和现金流量表。

2. 资料:2×19 年末,M 事业单位结账前预算收支科目、财政拨款结转结余科目、非财政拨款结转结余科目资料如表 9-9、表 9-10 和表 9-11 所示。

(1)2×19 年,M 事业单位预算收入科目资料如表 9-9 所示。

表 9-9 M 事业单位预算收入科目发生额表 金额单位:元

总账科目	一级明细科目	二级明细科目	借方发生额	贷方发生额
财政拨款预算收入				43 050 000
	基本支出			35 250 000
		人员经费		24 450 000
		日常公用经费		10 800 000
	项目支出			7 800 000
		A 专项资金		300 000
		B 专项资金		7 500 000
事业预算收入				6 105 000

续表

总账科目	一级明细科目	二级明细科目	借方发生额	贷方发生额
	教学			3 600 000
		C 专项资金		1 100 000
		非专项资金		2 500 000
	科研			2 505 000
		D 专项资金		2 000 000
		非同级财政拨款		505 000
上级补助预算收入				1 095 000
	E 专项资金			219 000
	非专项资金			876 000
附属单位上缴预算收入	F 专项资金			532 500
经营预算收入				250 500
债务预算收入(非专项资金收入)				300 000
非同级财政拨款预算收入(非专项资金收入)				100 000
投资预算收益（非专项资金收入）				200 000
其他预算收入(非专项资金收入)				50 000
合计				

该事业单位根据表 9 -9 资料,编制年终转账的相关会计分录。

①将财政拨款预算收入科目全年发生额合计转入“财政拨款结转”科目。

②将事业预算收入科目全年发生额合计转入“非财政拨款结转”“其他结余”科目。

③将上级补助预算收入科目全年发生额合计转入“非财政拨款结转”“其他结余”科目。

④将附属单位上缴预算收入科目全年发生额合计转入“非财政拨款结转”科目。

⑤将经营预算收入科目全年发生额合计转入“经营结余”科目。

⑥将债务预算收入、非同级财政拨款预算收入、投资预算收益、其他预算收入科目全年发生额合计转入“其他结余”科目。

(2)2×19 年,M 事业单位预算支出科目资料如表 9 -10 所示。

表 9 -10 M 事业单位预算支出科目发生额表

总账科目	一级明细科目	二级明细科目	三级明细科目	借方发生额	贷方发生额
事业支出					
	财政拨款支出			40 350 000	
		基本支出		35 050 000	
			人员经费	24 450 000	

续表

总账科目	一级明细科目	二级明细科目	三级明细科目	借方发生额	贷方发生额
			日常公用经费	10 600 000	
		项目支出		5 300 000	
			A 项目支出	300 000	
			B 项目支出	5 000 000	
	非财政专项资金支出			2 900 000	
			C 项目支出(教学)	1 100 000	
			D 项目支出(科研)	1 800 000	
	其他资金支出			3 000 000	
经营支出				200 000	
上缴上级支出				150 000	
对附属单位补助支出				50 000	
投资支出				200 000	
债务还本支出				100 000	
其他支出(财政拨款支出)				60 000	

该事业单位根据表 9－10 资料，编制年终转账的相关会计分录。

①将事业支出科目全年发生额合计中的财政拨款支出转入“财政拨款结转”科目。

②将事业支出科目全年发生额合计中的非财政拨款支出转入“非财政拨款结转”科目。

③将事业支出科目全年发生额合计中的非财政、非专项资金转入“其他结余”科目。

④将经营支出科目全年发生额合计转入“经营结余”科目。

⑤将上缴上级支出、对附属单位补助支出、投资支出、债务还本支出科目全年发生额合计转入“其他结余”科目。

⑥将其他支出科目全年发生额合计转入“财政拨款结转”科目。

(3)2×19 年，该单位因发生会计差错更正增加以前年度国库直接支付款项 50 000 元，该资金属于以前年度财政拨款结转资金(公用经费部分)；按照规定从其他单位调入财政拨款结余资金 600 000 元，款项存入银行；按照规定上缴财政拨款结转资金 500 000 元，款项以零余额账户结算；经财政部门批准，该单位将其财政拨款结余项目资金 200 000 元调剂给乙事业单位。

(4)年末冲销财政拨款结转科目相关明细科目的余额。

(5)年末完成上述结转后，按规定将财政拨款累计结转的 800 000 元转入财政拨款结余，其中项目资金结转 600 000 元，非项目资金结转 200 000 元。

(6)年末，将“财政拨款结余——结转转入”科目余额转入“财政拨款结余——累计结转结余”科目。

(7)2×19 年，该事业单位收回 2×18 年已列支出的非同级财政拨款 150 000 元，存入银行；根据与拨款单位签订的《项目管理办法》的规定，年末提取项目管理费 50 000 元；按照相关规定，该单位缴回非财政拨款结转资金30 000元，款项以银行存款结算。

(8)年末，冲销非财政拨款结转科目相关明细科目的余额。

(9)年末完成上述结转后，将非财政拨款累计结转中专项剩余资金100 000元转入非财政拨款结余。

(10)年末，将非财政拨款结余科目中的“年初余额调整”明细科目贷方余额60 000元、“结转转入”明细科目贷方余额100 000元、“项目间接费用或管理费”明细科目贷方余额50 000元转入非财政拨款结余科目中的“累计结余”明细科目。

(11)年末，将“其他结余”科目余额转入“非财政拨款结余分配”科目。

(12)年末，将“经营结余”科目余额转入“非财政拨款结余分配”科目。

(13)年末，按照规定从非财政拨款结余和经营结余中提取专用基金130 000元。

(14)年末，将“非财政拨款结余分配”科目余额转入“非财政拨款结余”科目。

要求：

(1)编制上述业务的预算会计分录。

(2)编制预算收入支出表、预算结转结余变动表和财政拨款预算收入支出表。

参考文献

[1]财政部．政府会计准则——基本准则,《政府会计制度——行政事业单位会计科目和报表》,2012.

[2]王国生．事业单位会计[M]．北京:中国方正出版社,1997.

[3]财政部会计司．医院会计制度讲解[M]．北京:经济科学出版社,2011.

[4]王彦、王建英．政府会计[M]．北京:中国人民大学出版社,2012.

[5]王国生．行政事业单位会计实务[M]．北京:经济管理出版社,2014.

[6]王国生．政府会计学[M]．北京:北京大学出版社,2017.

[7]王国生．事业单位会计实务[M].2 版．北京:中国人民大学出版社,2017.

[8] 王国生．政府会计准则——基本准则分析与运用[M]．北京:首都经济贸易大学出版社,2018.